重庆市社会科学规划基金青年项目“社会治理视阈下的医疗暴力防控机制研究”（2015QNGL38）资助

冲突与治理——中国医疗暴力的现实图景与治理策略研究

冯 磊 著

科 学 出 版 社
北 京

内 容 简 介

本书从“医疗暴力”的概念着手，在分析其内涵和分类的基础上，从社会学理论出发，剖析医疗作为“工作空间”和“关系空间”对暴力产生的影响，进而从行动者视角解读“相对剥夺感”对中国医疗暴力发生的特殊意义。随后，本书以完善暴力治理的公共政策为目标，分别研究暴力信息的媒体传播、暴力行为后的医方拒诊、暴力与第三方调解等热点问题，并对各国治理医疗暴力的措施进行比较研究，从而得出我国治理医疗暴力策略优化的路径。除此之外，本书试图通过医疗暴力的治理透视转型期中国各类社会暴力行为的治理，以之作为相关政策法律制度优化的范例和模板。

本书是国内首部对医疗暴力的现实状况、防治策略进行研究的专著，综合运用了法学、社会学、传播学等多学科知识，既可以为医疗卫生系统及其从业人员防治医疗暴力提供参考，也可以为高校相关研究人员及对社会治理感兴趣的读者提供思考和借鉴。

图书在版编目（CIP）数据

冲突与治理：中国医疗暴力的现实图景与治理策略研究/冯磊著. —北京：科学出版社，2017.8

ISBN 978-7-03-054308-0

Ⅰ. ①冲… Ⅱ. ①冯… Ⅲ. ①医疗纠纷–处理–研究–中国 Ⅳ. ①D922.164

中国版本图书馆 CIP 数据核字（2017）第 213278 号

责任编辑：张　展　孟　锐 / 责任校对：高明虎
责任印制：罗　科 / 封面设计：墨创文化

科学出版社出版
北京东黄城根北街 16 号
邮政编码：100717
http://www.sciencep.com

北京凌奇印刷有限责任公司印刷

科学出版社发行　各地新华书店经销

*

2017 年 8 月第　一　版　开本：787×1092　1/16
2017 年 8 月第一次印刷　印张：12
字数：210 000

POD定价：79.00元
（如有印装质量问题，我社负责调换）

序

关于医患冲突，研究者通常是以医疗纠纷为概念表达框架，从学术研究的范式来看，医疗纠纷似乎更为客观、中性，符合研究者应有的立场。但近20年来，医疗冲突愈演愈烈，从打砸医院，到使用暴力攻击医务人员，直至杀戮医务人员，一个个暴力事件不断地冲击着人们的眼球。在这个过程中，社会舆论也发生着微妙的变化，从最初的震惊，到后来的麻木，期间甚至有人感到丝丝的快意，这正是不正常之处。随着我国医疗服务量的快速增长，医疗纠纷的绝对发生量也必然会快速增长，但不能从逻辑上得出暴力伤医案件也应该快速增长。在一个法治社会，任何纠纷的解决都应当遵循既定的程序，采用非理性的暴力手段来解决纠纷实质上是私力救济，遵循的是丛林法则，不仅非法，而且是文明的反动。更进一步说，如果暴力伤医案件只是零星的、个别的，也许还可以说这比较正常；可现实是暴力行为发生频繁，恶性程度不断提升，这就是非正常的了。所以，在笼统的医疗纠纷概念中，把暴力伤医现象单独拿出来研究，称之为“医疗工作场所暴力”，或者称之为“医疗暴力”，就显得特别有价值。

该书是冯磊博士多年来思考与探索的成果结晶，他从医疗暴力的概念重构着手，对医疗暴力的概念、特征、类别进行归纳，将医疗暴力界定为“发生在医疗空间（场域）内的针对医务人员或者医疗机构的个体或者群体暴力行为”。同时，他从空间理论出发，对医疗暴力的“医疗”分为“作为工作空间的医疗”和“作为关系生产空间的医疗”，这个让人有耳目一新之感。在现有的学术研究中，人们往往从宏观的社会制度层次去谈论医疗纠纷中暴力泛滥的原因，如卫生投入不足、制度供应不足等，很少有人从施暴者的角度来开展研究。在该书中，冯磊博士给了我们一个全新的视角，从行动者的视角来诠释医疗纠纷的发生原因，可能不是很全面，但很能给人以启发，这正是学术研究的价值所在。在对暴力伤医案件中医务人员的自助行为的研究中，冯磊博士在医务人员的诸多行为中也选择了一个独特的视点——“拒诊”来展开研究。医疗纠纷解决的制度缺失无疑是助推医疗暴力事件的原因之一，所以提供高效、公正、权威的纠纷解决制度是淡化医疗暴力事件的治本之策，这也是政府应该提供的公共产品。最后冯磊博士比较了相关治理医疗暴力的国际经验，我相信当代中国人的智慧，足以让我们找到理想的解决之策，让我们的社会更加和谐，让医疗卫生事业能够更健康地发展，也让医患双方各自的权利都能得到满足。

冯磊博士毕业于西南政法大学，现在是重庆医科大学的优秀青年学者，一直以来从事卫生法学相关的教学和研究。该书的研究范式却不是纯粹法学的范式，他综合运用了法学、社会学、管理学等诸多学科的研究方法来思考和探索医疗暴力问题，我想正反映了这样一个认识，医疗暴力问题绝不仅仅是一个法律问题，而是一个社会问题，把社会问题简化为法学问题是一种简单粗暴的不负责任行为。社会问题必须采用多种社会治理手段来解决，我想这也是该书的出发点，也必将为我国卫生法学界相关研究提供很好的参考和借鉴。

冯磊博士英俊潇洒，勤于思考，胸怀理想却又能脚踏实地，该书成稿之际，冯磊博士邀请我为他写序，我欣然接受。同时希望冯磊博士能在本领域坚持耕耘，早日为我们奉献更多佳作。

蒲　川

2017 年 1 月 4 日于重庆医科大学

目　录

导论：为什么研究中国的医疗暴力

暴力必须是任何有关社会如何运转的解释的核心。形成日益庞大的社会群体的一个必要的先决条件就是控制暴力的方法。①

——〔美〕道格拉斯·C.诺思

谁要曾经思考过历史和政治，他就不可能会对暴力在人类事务中所扮演的重要角色一无所知。②

——〔美〕汉娜·阿伦特

实例一

当穿着白色医生袍的王浩开始值班时，他并不知道，不远处，17 岁的少年李梦南和一把尖刀正在逼近。王浩只是安静地坐在哈尔滨医科大学附属第一医院风湿免疫科医生办公室里距门口最近的位置，面朝墙壁。最后，甚至连一丝求救声都未能喊出，3 月 23 日下午 4 点半左右，李梦南的水果刀插进了王浩的喉咙，割断了他的大动脉。这位即将毕业的哈尔滨医科大学硕士生，倒在了血泊中。事发前，李梦南曾与医生发生争执。风湿免疫科两位医生都认为李梦南身体状况不适合住院，李梦南却认为医生不给他看病。心生不满的他向素不相识的王浩和办公室其他医护人员举刀。

王浩被抬上轮椅直奔重症监护室。几十个医护人员守候在监护室外，走廊里一片哭声。当时守在那的同学李宏颖事后想起，当时按压、抢救了那么长时间，监测仪器上的数字却没有改变，他们完全应该明白这意味着什么。可是，抢救仍在继续。直到最后，监护室里的人绝望地看到，输进去的血全从刀口里流出来了。近两个小时后，一位护士长从监护室里走了出来，她哭着让大家"冷静一点"，"现在得拔管了"。

这意味着，抢救结束，宣告死亡。③

实例二：

因为 83 岁的父亲在自己所在的科室住院治疗，王云杰比以往更早些来到医院，先看望了父亲、查完病房，再去门诊大楼 5 楼的耳鼻咽喉科诊室坐诊。

因为看病态度耐心、技术好，每次王云杰坐诊，总有不少病人慕名而来，这一天有 30 多个门诊病人在候诊区等待。

走上门诊大楼 5 楼，左边是口腔科，右边是耳鼻咽喉科。该科门诊有 3 个诊室，60 岁的主治医生王伟杰在王云杰的对面房间看诊。这时，放射科副主任医师江晓勇在与门诊大楼相邻的影像楼 1 楼 CT 室上班。

吃了闭门羹的连恩青，径直走到王云杰的诊室。

---

① 道格拉斯·C. 诺思等. 暴力与社会秩序——诠释有文字记载的人类历史的一个概念性框架. 杭行，王亮译. 北京：格致出版社，2013：341.

② [美] 汉娜·阿伦特. 共和的危机. 郑辟瑞译. 上海：上海人民出版社，2013：83.

③ 佚名. 实习医生王浩遇害令人痛惜. 长江日报，2012-3-29（24）.

连恩青声音很大，和王云杰争执了几句，就突然掏出榔头，往他头部砸去，把榔头木柄都折断了。目击者看到，王云杰捂着头跑出诊室，跌倒在口腔科门口，紧随其后的连恩青拿出长约30厘米的匕首不断地向他身体刺去。

王伟杰听到动静冲出来，试图夺过连恩青手上的尖刀，但被刺中右胸。连恩青回到倒在地上的王云杰身旁，又连捅数刀。“谁敢帮他，我就捅谁。”连恩青不断警告周围的人。

连恩青随后静静地走下5楼，面对楼梯上迎面赶来的2个保安，他指指楼上，告诉他们凶手在上面。穿过门诊挂号大厅，他来到CT室，看到正在读片的江晓勇，连恩青问“你是不是林海勇”，江说不是，但连恩青仍连捅他要害3刀，致其心包、膈肌、大网膜被刺破。

监控显示，从连恩青刺中王云杰到被保安制服，历时约5分钟。①

这些令人震撼的场景不过是中国医疗暴力现状的缩影。本应是救死扶伤的神圣之地，却被你死我活的伤害甚至杀戮萦绕，这样的反差令人震撼。媒体从业者对暴力过程和细节的生动描述，使我们在死亡的窒息中体味到暴力的可憎、可怕，如身临其境般体会到了医务人员内心的无奈和恐惧。

理论的探寻一定来源于对现实的感悟。伽达默尔告诉我们，解释的意义往往在于提出“何者该问”，而提出问题的依据则在于“成功地将科学的经验加入我们普遍的人类的生活经验当中”②。不得不承认，以医疗暴力作为研究对象首先来源于医疗暴力事件带给我的主观冲击。这一冲击与我们的生活经验恰到好处地形成了重叠：我们不是医生，但无可避免地成为患者，我们虽然没有以暴力方式发泄自己的不满，但难道我们没有在情感上体验过对医疗服务的质疑和焦躁？对于从事医疗行业的亲人与朋友，我们是否也会因此牵挂他（她）们的安全？我们也许没有想过，日益猖獗的医疗暴力对我们就医的影响究竟如何，但我们可以假设，当医院因暴力发生骚乱时，焦急等待治疗的我们将如何自处，慌乱、恐惧、紧张、无奈？甚至，让想象力飞翔一下，在我们每个人所从事的行业中，难道就没有以暴力形态出现的情境？③这一连串的追问构成了我开始本项研究最初的动机。

动机有了，但以此作为学术研究的理由还不充分。因此，导论部分将继续对“为什么研究中国的医疗暴力”进行解释。这些解释将从“问题意识”的角度阐明研究的意义，即中国医疗暴力在现实对策的需要之外，何以构成一个值得研究的问题。④最后，本部分还

① 陆玫. 浙江温岭杀医案嫌犯的“妄想性”杀机：整个世界只剩鼻子. 东方早报，2013-10-31（A20）.

② [德]汉斯-格奥尔格·伽达默尔. 哲学解释学. 夏镇平，宋建平译. 上海：译文出版社，2004：12.

③ 以我的职业为例，作为高等院校教师，同样可能面临暴力的袭击。2008年10月28日晚18点40分左右，某大学教授程××在教室准备晚上的“比较法总论”课程，被该校一名叫付××的大四男生闯入教室后手持菜刀直接砍向右颈部后，送往医院，经抢救无效身亡。嫌疑人随后向警方自首，2009年10月20日，北京市第一中级人民法院一审宣判，以故意杀人罪判处23岁的付××死刑，缓期2年执行。该事件引起广泛的社会震动。

④ 研究以问题开始源于卡尔·波普尔的证伪主义。他认为，科学理论起源于问题，从假设和猜想开始。科学理论是按下列公式产生和发展的：P→TT→EE→P。式中P是问题，TT是尝试建立理论和假设，EE是批判检验或消除错误。参见：[英]卡尔·波普尔. 历史决定论的贫困. 杜如楫，邱仁宗译. 北京：华夏出版社，1987：45.

将对全书的总体结构进行说明。

一、为什么是暴力

面对和控制暴力是人类社会恒久的命题。暴力行动的背后往往蕴含着人性的反思、制度的反思和变革的反思，兼具静态的逻辑力量和动态的实践理性。基于经验，也基于理性，我坚信，暴力这个常见而又常被误解的概念，作为研究的起点会给予研究者丰富的馈赠。

（一）暴力是文明的反动？

除了身体攻击、未经许可的使用“力气”（physical force）等词义上的多重意涵之外，雷蒙·威廉斯洞察了暴力在威胁意义上对“无论何时何地所制订的法律和秩序”的违反。①韦南·科希借此将暴力进一步解释为：“暴力意味着侵犯和逾矩，至少含有这两层意思。从道德含义上理解的‘合理’与‘人道’两个词所划定的界限受到践踏、被逾越和冒犯。”②这也是暴力在很多时候被视为文明对立面的原因。对暴力最猛烈的抨击来自非暴力主义者，“一边是真理和非暴力，一边是谬误和暴力，在这两者之间没有调和的余地”③。马丁·路德·金对暴力的消极作用进行了透彻而精辟的论述：“暴力无法解决社会问题，而只能制造出新的更加复杂的社会问题……（暴力）既不实际也不道德。它太不实际，因它乃是一条下行螺线，乃至于破坏一切而后止。以眼还眼的古训，会害得每个人都瞎了眼睛。它又太不道德，因它不求赢得对手的理解，而只欲羞辱了对手；它求的是消灭而非转变。暴力太不道德，因它激发了恨而不是爱；它破坏了社会，瓦解了友谊。它为社会带来了自语而非对话，对幸存者造成了痛苦，给破坏者带来了残酷。”④

但仅仅痛陈暴力的毁坏意义失之经验化和简单化。不可否认的是，作为一种贯穿人类历史始终的行为，暴力似乎永不停息并以自己的方式影响着文明社会。换句话说，暴力与文明犹如孪生兄弟一般并肩而行。这将促进我们更深入地理解和思考暴力对文明的价值。早期经典作家从国家诞生于平息暴力的需要的角度进行了描述，霍布斯假想人类社会应该建立于和平的理想之上，暴力侵犯成为必须驱逐的目标。人们通过缔约的方式限定彼此的行动，并将协议如何缔结、运作与评判交由国家（利维坦）来决定。⑤洛克则认为，在自然状态下，有人放弃了自然理性或人们以不理性的方式执行自然法时，可能会由于暴力进入战争状态，此时，应建立政府，通过外在的公共权威克服执行自然法的不足。⑥以上论断虽然仍然把暴力作为控制的对象，但已经突破了将暴力视若敝屣的观念，从暴力催生秩序的层面进行了全新的解释。

从权力角度对暴力的解读则更具启发。罗伯特·F. 利特克认为，暴力来源于对支配

① [英] 雷蒙·威廉斯. 关键词：文化与社会的词汇. 刘建基译. 北京：生活·读书·新知三联书店，2005：513.

② [加]韦南·科希. 现代社会与固有的暴力. 国际社会科学杂志（中文版），1993，(2)：43.

③ 甘地. 论非暴力. 何怀宏译//何怀宏. 西方公民不服从的传统. 长春：吉林人民出版社. 2001：39.

④ 马丁·路德·金. 非暴力的历程. 张晓辉译//何怀宏. 西方公民不服从的传统. 长春：吉林人民出版社，2001：96.

⑤ [英]托马斯·霍布斯. 利维坦. 黎思复，黎廷弼译. 北京：商务印书馆，1985：128-132.

⑥ [英]约翰·洛克. 政府论（下）. 瞿菊农，叶启芳译. 北京：商务印书馆，1964：10-14.

权的欲望，暴力可以在现实和未来造成对方体力和决策能力等方面的支配权的丧失。“关于暴力，我的结论不是我们永远不要运用暴力，而是说暴力到头来常常证明，它是处理人类问题付出极高代价的办法。……我们有时候通过剥夺别人的能力来获取这种权力（支配权）。……不必要地剥夺或损害别人的协调能力和发展能力是不可取的。但我也承认有这样的可能性：如作全面的考虑，那么，在某些场合，以这种方式（即暴力方式）剥夺人的能力的办法恰恰是可取的。”①这一解读方式也存在于福柯关于权力本质的一些论述中。在福柯看来，权力是一种压制性的力量，从早期的暴力行使到如今的弥散化、隐蔽性行使，本质上并无区别，暴力本身不能作为正当与否的判断标准。权力关系的建立并不排除对暴力的使用，但同样也需要获取（多数人的）同意。缺乏其中一个，权力就绝不能施展。②这也让我们理解了为何具有革命情怀的学者盛赞暴力对旧秩序的破坏。索雷尔在其著作中高歌暴力对导向自由的价值③，萨特在为法农（Fanon）《全世界受苦的人》所做的序言中甚至高呼“不可遏制的暴力就是人类自身的再创造”④。

上述认识在暴力对文明的破坏之外叙说了暴力的价值。事实上，社会秩序并非静态的存在，真实的秩序往往是在相互冲突的各种社会单元的博弈之中存在着，规制秩序的规范也在不停地更迭中逐渐趋于合理。暴力体现的是行动者与现存秩序和规范剧烈“错位”的行动，而这种剧烈“错位”可能构成变革的强大动力，甚至一些变革依赖暴力才能获取成功。因此，挖掘暴力行动背后的“错位”原因和变革渊薮，既可以避免代价甚高的进一步暴力行动，又可以积极发现目前秩序可能存在的瑕疵。⑤

将上述研究移至医疗暴力的研究中，我的思路是，摈弃简单的批判、就事论事的对策回应，探究中国医疗暴力与传统文明和现代文明之间可能存在的隐秘关系，剖析在转型中国的背景下，医疗暴力反映的冲突的实质及其影响因素，揭示其对于医疗体制、社会规则完善的意义。总之，在将有效控制和消除医疗暴力作为立论前提的基础上，我希望在如何才能“有效”的问题上更进一步。

（二）国家垄断暴力？

对暴力的另外一个误解是高估了国家垄断暴力的能力。经典的描述来自马克斯·韦伯：“现在的特点是，其他机构或个人被授予使用暴力的权利，只限于国家允许的范围之内。国家被认为是暴力使用‘权’的唯一来源。”⑥法学家则认为，国家主导的法律将彻底取代包含暴力在内的任何自助。例如，庞德认为，法律已不容争辩地成为社会的规范力量，而国家是社

---

① [加]罗伯特·F. 利特克. 暴力与权力. 国际社会科学杂志（中文版），1993，(2)：15.

② [法]米歇尔·福柯. 规训与惩罚. 刘北成，杨远婴译. 北京：生活·读书·新知三联书店，1999：200.

③ [法]乔治·索雷尔. 论暴力. 乐启良译. 上海：上海人民出版社，2005：237-239.

④ [美] 汉娜·阿伦特. 共和的危机. 郑辟瑞译. 上海：上海人民出版社，2013：86.

⑤ 这一思路已经被诺思等制度经济学家运用于其理论的创新中，认为制度可以通过改变暴力行为的代价、建立有能力在非人际关系化的基础上实施规则的组织来限制暴力，这促使人类社会从限制权利的社会进化到开放权利的社会。[美]道格拉斯·C. 诺思等. 暴力与社会秩序——诠释有文字记载的人类历史的一个概念性框架. 杭行，王亮译. 北京：格致出版社，2013：20.

⑥ [德]马克斯·韦伯. 学术与政治. 冯克利译. 北京：生活·读书·新知三联书店，2005：55.

会控制组织主导，除例外原因，自助和自救被彻底取而代之。[①]在这一理论框架下，理论家认为，个体使用暴力的前提仅仅是自卫，并对其进行了详尽的阐释。例如，霍布斯认为，“伤生的恐惧”是自卫的前提；洛克认为，诉诸强力自卫的条件包括危险、紧急和不能诉诸法律；康德认为，为了自我保存而发生的暴力侵犯行为应免于惩罚；黑格尔则将生命危险作为行为合法的前提，认为“生命作为各种目的的总和，具有与抽象法相对抗的权利”[②]。

但这样的看法过于乐观，仅从经验上看就难以与事实相符。即便在摈弃复仇合法性的现代社会，暴力行动者也往往秉持自身关于公正的判断实施暴力行为，而国家始终难以完全垄断暴力的行使。汉娜·阿伦特较为冷静地分析了个体暴力行为，她认为，暴力来源于人性中的愤怒，“只有我们的正义感受到打击，我们才会表示愤怒”，暴力并非永远是非理性的，“在私人以及公共生活中，有一些情况下暴力行为的迅速性可能会是唯一合适的治疗方式。暴力——不要论证或者对话，不考虑后果地行事——是重新矫正正义的天平的唯一方式”[③]。在她看来，在社会不公之时，会出现个体暴力行动突破国家垄断暴力的情境。人们透过暴力重新获得社会正义的过程，并非是对社会公共生活的简单破坏，而是对自我存在意义的修补。

这就是个体采用暴力行动的心理意识和行动理由。我们可以从两个方面认识个体暴力行动的意义：一方面，褪去“非理性”的外衣，个体暴力行动所要捍卫的是一种来自民众视角的道德情感。这一情感包含了国家合法暴力惩戒是否妥当、社会与民众之间的关系是否融洽等内容。另一方面，我们也必须看到个体暴力可能会造成的问题。汉娜·阿伦特在看到个体暴力与矫正正义的关系之后，仍然不无忧虑地强调，暴力本质上是工具性的，只有在追求短期目标时，才可能是合理的。暴力将不会有效地用于相对长远的结构变化的目标。“暴力的危险也将总会是，手段盖过目的……暴力实践改变了世界，而最有可能的变化就是变成了一个更加暴力的世界。”[④]这源于个体暴力行动承载的所谓正义观可能是社会共同道德情感，也可能是个人化的偏执认知，前者促进社会变革，后者造成社会伤害。

国家无法垄断暴力的事实还促使我们重新审视国家对个体暴力行为的态度。依据经典国家理论，国家垄断暴力的前提是公民的合法权利让渡，而当公民自认的所谓正义无法恢复时，国家的态度是允许自行恢复、默认自行恢复还是坚决打击所有个体暴力？每个选择似乎都现实存在着，最“辩证”的答案可能是“因地制宜”。但如何“因地”，怎样“制宜”？我们其实一直可以追问下去。

上述认知同样对医疗暴力的研究有所启发。医疗暴力本质上是个体对国家暴力垄断的突破，即在非国家法律允许的前提下实施了暴力。而医疗暴力难以被消除甚至愈演愈烈的原因，与个体突破国家暴力垄断的理由息息相关。即便是出于个体偏执的情感，在暴力行动的瞬间，行动者仍然有理由认为，其行为是合理的。这从侧面提示我们，严格的律法主义倾向的控制力其实是有限的——实施暴力之际，很多行动者并非不知道这是国家法律禁

① [美]罗斯科·庞德. 普通法的精神. 唐前宏译. 北京：法律出版社，2001：97.

② 何永军. 论暴力私力救济. 社会科学，2006，(6)：127-128.

③ [美]汉娜·阿伦特. 共和的危机. 郑辟瑞译. 上海：上海人民出版社，2013：120.

④ [美]汉娜·阿伦特. 共和的危机. 郑辟瑞译. 上海：上海人民出版社，2013：132.

止的。而单纯的“严厉打击”甚至在某种程度上可能加剧医疗暴力的危险性——轻微的暴力倾向被律法威慑，而不满持续蓄积，因为国家垄断暴力的合理性并未得到认可，所以个体的对立情绪持续上升，最终的结果可能是，或者暴力行动在严格律法的罅隙中游窜，时有发生，或者暴力行动在某个时刻呈现山洪般的暴发，强度惊人。这提醒我们，控制或消除医疗暴力需要在医疗暴力的行动动机和目标上下功夫，包括弥补现有医疗卫生体制中可能存在的、与社会共同道德情感不符的缺陷，探析暴力行动承载的个体道德情感及其公众合理性，分析不同个体对暴力行动诉求的差别并予以分类控制，改进控制手段可能存在的简单粗暴或暧昧模糊，聚焦于“人”的问题而非某种利益的维护。

二、为什么是医疗暴力

2002 年 5 月 10 日，世界卫生组织（WHO）在《新的研究表明工作场所暴力威胁卫生服务》的公报中将医院工作场所暴力定义为：卫生从业人员在其工作场所受到辱骂、威胁或袭击，从而造成对其安全、幸福和健康明确或含蓄的挑战。医院工作场所暴力分为心理暴力和身体暴力，心理暴力包括口头辱骂、威胁和言语的性骚扰；身体暴力包括打、踢、拍、扎、推、咬等暴力行为。体力攻击的结果可能未导致伤害，也可能造成轻度损伤、明显损伤、功能障碍或永久性残疾；身体暴力还包括性骚扰和强奸（含未遂）。①从现实层面，医疗暴力已经成为社会普遍关注的问题。在中国乃至世界医疗史上，我们从未面对过如此严峻的医疗暴力压力。暴力事件已经成为医务人员忧虑医疗执业环境和干扰执业意愿的重要因素。高达 96.8%的医院表示暴力事件对医院影响非常大或比较大，其中 78.1%的医院表示严重威胁医务人员的身心健康和人身安全，恶化了医疗执业环境，严重干扰了医院的正常诊疗秩序；六成医务人员认为，当前执业环境较差，近四成医务人员有过转行的念头，16%的受访者表示“坚决不同意子女学医或从医”②。甚至有医生悲鸣：“我们希望高高兴兴上班、平平安安回家，无关乎理想抱负，只求完成工作和任务。我们从不希望被冠以天使的称号，却也不想和魔鬼挂钩。”③目前的大量研究已经表明，医疗暴力对医务人员和医疗环境的负面影响巨大，不同程度甚至可能严重阻碍了卫生服务质量的提高、良好就医环境的形成以及卫生体制改革的有序进行，造成了影响社会和谐稳定的现实问题或者隐忧。④而在巨

① 世界卫生组织. 工作场所暴力威胁卫生服务. 世界卫生组织简报，2002：1.

② 贾晓莉，周洪柱，赵越，等. 2003 年—2012 年全国医院场所暴力伤医情况调查研究. 中国医院，2014，(3)：3.

③ 郭铁. 我的自白. 民生周刊，2013，(28)：5.

④ 相关研究包括：荆春霞，王声湧，陈祖辉，等. 医护人员对医院暴力的认知状况调查. 中国公共卫生，2004，(3)：338-339；于立群，张天哲，唐晓霞，等. 国有与民营医院工作场所暴力情况比较. 中国公共卫生，2010，(12)：1510-1511；陈祖辉，王声湧，荆春霞. 广州市两所医院工作场所暴力现象调查. 中华预防医学杂志，2003，(5)：358-360；王珂，朱伟，杨力沣，等. 郑州市综合医院医务场所暴力与医务人员工作倦怠的关系. 中国卫生事业管理，2012，(5)：391-393；林汉群，闫俊辉，王箭，等. 医院工作场所暴力对医护人员工作压力影响的调查研究. 重庆医学，2012，(6)：590-592；王培席，闫娟，白琴，等. 医务人员对工作场所暴力的恐惧及影响因素. 预防医学情报杂志，2007，(1)：1-4；于立群，蒋守芳，唐晓霞，等. 唐山市医院工作场所暴力现象调查. 现代预防医学，2006，(2)：147-148；陈祖辉. 广州市工作场所医疗暴力流行病学研究. 广州：南方医科大学博士学位论文，2011；陈柏年. 我国医院工作场所职场暴力——以云林、嘉义地区为调查对象. 嘉义：台湾中正大学硕士学位论文，2013.

大压力下，医务人员呼唤暴力“零容忍”的各种行动已经展开[①]，并通过政治途径发出了呼声——2014 年 3 月 6 日，全国政协会议期间，医疗卫生界共 90 位委员联名向大会递交“紧急提案”，建议将医疗机构列为公共场所进行安保，并呼吁由国务院法制办公室牵头，尽快制定出台《医疗机构治安管理条例》。

现实亟须，对策匮乏，这样的理由对于大多数研究的开展已经足够，目前的大部分研究也围绕“现实问题—解决对策”的研究思路展开，但我仍然想更进一步。现实需求可能促进现实对策的探索与研究，但这还不足以形成创新意义上的学术，因为对策及其设计未必构成非常有价值的学术命题。[②]医疗暴力构成有吸引力的研究命题，更基于其富有“小叙事，大视野”的研究特征。“小叙事，大视野”是我国学者徐昕提出的一种研究方法，它直承社会人类学“小地方，大问题”的研究进路，强调“在边缘处发现意义，在无关中寻求关联，在细微点建构宏大，从原点到场域、从细微到宽广、从个案到法理、从单线索到多角度，面对中国问题、坚持价值中立、倡导跨学科研究、由纠纷解决至法理通思想而达社会”[③]。在我看来，这一研究方法最显著的特点就是以“问题中心”倒逼理论体系的建构，最终以微见著，在解决问题的基础上展开可能进行的宏大叙事，既能满足现实需求，也能产生智识意义上的理论创新。

但这样的研究要求“医疗暴力”必须是一个有价值的问题。提出有价值的问题往往被认为是科学研究最重要的开端。“提出问题往往比解决问题更重要也更困难，因为，解决问题仅仅是一种技能上的要求，而提出新问题、新的可能性，从新的角度去看待旧的问题，则需要有创造性的想象力，而且标志着科学的真正进步。”[④]在社会科学中，一个有价值的问题应当具有“时空延展性”，即在新的时空背景下出现了过去的解释力所不及的新状况。[⑤]“时空延展性”其实意味着，有价值的问题应兼具批判性反思和建设性前瞻的意义，前者是后者的前提，而后者更是前者的目的。前文已经提及了暴力本身包含的研究价值，而当暴力与医疗问题结合时，研究价值会在“医疗”情境下更趋具体化，既与医疗纠纷这一老问题相连，又为新时期医疗场所暴力多发这一新问题的解决提供思考的方向：医疗暴力行动暴烈，却也可能源于理性权衡；它承载个体自以为的正义，又可能形成某种程度的社会共鸣；它伤害巨大，但也许付出的代价更高；它必须被惩戒，但可能拷问了制度中最薄弱的环节……种种现象与反思纠缠在一起，

① 例如，2013 年 10 月 25 日某医院王××等医生遇刺案后，28 日上午，数百名来自该市医疗系统的医务人员举着写有“医疗暴力‘零容忍’”“维护正常医疗秩序”等文字的牌子举行抗议，呼吁打击医疗暴力。而颇具戏剧化色彩的是，就在 10 月 25 日当天，第二届中国医院临床专科建设院长峰会在武汉举行，健康界传媒还发起了“医院暴力零容忍联合签名”活动，呼吁与会医院院长以及医疗界人士联合签名，共同呼吁“医院暴力零容忍”。医疗界类似活动还包括：2013 年 10 月 29 日，中国医师协会、中华医学会、中国医院协会、中国卫生法学会四部门联合召开座谈会，强烈谴责针对医务人员的暴力行为，呼吁对医疗暴力零容忍；2014 年 3 月 8 日，南京医生签名呼吁支持打击医疗暴力的提案。

② 我赞同陈瑞华教授在这一问题上的认识。他认为，学者目前的研究往往将“问题”误以为“疑问”，或者将“问题”误认为“缺陷”。尽管解答“疑问”也是解决“问题”，但这属于教学的范畴，而不是学术研究；尽管提出“对策”也是解决“问题”，但是不可能进行理论创新。参见：陈瑞华. 论法学研究方法. 北京：北京大学出版社，2009：177.

③ 徐昕. 论私力救济. 北京：中国政法大学出版社，2005：40.

④ [美]爱因斯坦. 物理学的进化. 周肇威译. 上海：上海科学技术出版社，1962：66.

⑤ 张兆曙，姚媛. 社会研究中的问题和从问题出发的社会研究. 天津社会科学，2013，(4)：62.

形成了独特而具魅力的研究课题。

如果需要将其进一步细化，我认为，医疗暴力的研究至少具有以下意义。

（一）分析医疗暴力的过程有助于理解卫生政策和法律实施及运行的实践状况

既往对卫生政策和法律的研究多集中于法律或政策文本运行的效果和可能存在的隐患，即便是以实践案例作为研究的切入点，也仍然以法律关系的抽象和案例判决结果的分析作为研究的主要思路。这其实源于大陆法系的基本特征：以对成文法的解释和适用作为法学教育和研究的基础。这是国家主义兴起和理性全能思潮的结果，与英美法系的个体行动视角和经验主义哲学形成鲜明对比。[①]这一视角将对政策和法律制度的研究囿于国家层面，偏重静态的结构分析，其缺陷是，难以描述丰富多彩乃至风云诡谲的生活中，政策和法律适用的动态过程，忽略适用对象的反馈，即对包括政策和法律在内的规则完善的实践评价。因此，应立足经验观察，注重政策和法律运行及适用的过程分析[②]，从中提炼规则的实践理性，充分揭示相同文本在不同环境下的差异，补充自上而下视角所不能及之处。过程分析不仅仅是事件的组合、行动的集合，更追求探究制度运行背后的权力暗流以及造成的行动选择。正如日本学者棚濑孝雄所描述的，过程分析是把制度“作为一种社会过程，从参加该过程的个人的行动与他们的动机、周围环境中的各种状况等因素结合起来加以考察，并在此基础上弄清制度在实际上的运行过程”[③]。

对分析政策或法律的运行和实施来说，医疗暴力过程有着典型的代表性：它包含但不限于医疗纠纷发生或消除的规则要素，但它更质疑了为何纠纷没有如愿地被规则所处置而升级成暴力事件；它促使我们寻求化解暴力的政策和法律途径，但它更帮助我们近距离地接触了各种途径可能产生的现实局限甚至无能为力；它实质上发轫于法律界限内的权利保护，但它却基于种种原因最终突破和违反了法律界限内追寻正义的途径；它对社会秩序和现实生活的破坏显而易见，但它却进一步追问了规则理性与生活经验、道德越轨和法律规制之间的焦灼关系；它造成了被害医疗机构和医务人员的痛苦，但它却从为数不少的显性、隐性的舆论支持中拷问了医疗卫生政策和法律的立场、科学性、普及度等种种问题。最重要的是，医疗暴力过程是一个动态的过程。在政策、法律与社会的互动中，考察文本意义上的规则如何成为行动中的规则更是一个颇有兴味的过程，规则的运行、规则意识的渗透甚至对规则狡黠的利用，组成了一幅幅生动的画卷。

---

① 梅利曼在其关于大陆法系的经典著作中首次提及了这一观点。在他看来，是否有法典并非大陆法系和英美法系区别的关键，但大陆法系对完整、连贯和清晰的法典的追求，是源于革命浪潮下国家主义者对理性的盲目自信，这与保守的普通法系形成鲜明对比。参见：[美]约翰·亨利·梅利曼. 大陆法系. 顾培东，禄正平译. 北京：法律出版社，2004：26-33；我国学者谢晖则将理性划分为超验理性、先验理性和经验理性，认为分别对应宗教法、法典法和判例法，也部分解释了在理性的哲学根据上，大陆法系与英美法系存在的差异。参见：谢晖. 判例法与经验主义哲学. 中国法学，2000，(3)：68-76.

② 感谢社会学研究方法的启迪，如孙立平倡导的过程-事件分析。其初衷是想找到一种分析国家-农民关系的方法，特点是“关注、描述、分析这样的事件与过程，对其中的逻辑进行动态的解释”。参见：孙立平 “过程-事件分析”与当代国家-农民关系的实践形态. 清华社会学评论（特辑）. 厦门：鹭江出版社，2000：35-56.

③ [日]棚濑孝雄. 纠纷的解决与审判制度. 王亚新译. 北京：中国政法大学出版社，1994：35.

（二）观察医疗暴力情境下的医患冲突能使人们更深入地认识当前的医患关系

医患关系是医疗情境中主要的人际关系，往往成为医疗法律研究的起点和对象，从中导引出诸如“医患（医疗）法律关系”这样的重要概念。[①]然而，在我看来，医患关系的价值远不止于此。作为一种对人际关系的深描，医患关系最充分地表达了作为主体的人在医疗实践中的选择、期待、愿望及失落，它不仅最恰当地阐述了医学的目的——“医学的目的是社会的，它的目的不仅仅是治疗疾病，使某个机体康复；它的目的是使人调整以适应他的环境，作为有用的社会成员。”[②]同时，也与所有规则最本质的价值相契合。“法之生成与消亡，系于人、因于人、由于人，法律以人为本源。”[③]尽管规则往往被视为理性的、世俗的、功利的，但即便是规则中刚性最强的法律，“一旦被理解为积极的、活生生的人类活动，它就包含了人的全部生命，包括他的梦想，他的激情，他的终极关怀”[④]。不能忽略的是，在规则作用于社会的过程中，人是目的，而非实现规则目的的工具，人自身构成价值，而非实现规则价值的附属品。回归到医疗实践中，在繁杂而精密的现代医学科学背景之下，医患关系，即医者与患者的人际互动，仍然构成医疗活动中最基础、最活跃的社会关系，影响医疗的效果、医疗服务的质量、诊疗结果的可接受性以及社会对医界的认知。

而立足医疗暴力则可作为观察医患关系的独特视角。医患关系从“委托-信任”到“分歧-不信任”是医疗暴力产生的重要原因。在很多时候，这种不信任隐藏在心里，可能转化为行动上的疑虑、犹豫、不配合和放弃，但以上行动具备的可观察性较小，我们很难判断不信任情绪和行为的因果联系，例如，放弃诊疗是因为无法支付费用还是因为医患之间的不信任，不配合是个性使然还是怀疑诊疗的效果；而当冲突演化成暴力时，医患之间被激化为敌对状态，所有的不信任行为具备了极强的可观察性，我们可以从暴力发生的过程中探知不信任产生的原因。而且，暴力诉求还常常吸引围观，使医患之间的冲突成为公众话题，更可观察公众对医患关系的认知。

医疗暴力的发生更有助于我们认识医患关系出现的裂痕。源于医学技术局限和生命健康权的重要性，医疗纠纷在任何社会都不可避免，医疗纠纷的产生也许并不意味着医患关系出现了重大的问题。但医疗暴力则不然。尽管从外观上，医疗暴力与医疗纠纷的发生原因极为相似，但它更展示了个体在没有寻求公力救济或社会救济，或者遭遇寻求上述救济无效时，将医患之间的矛盾以激烈形式加以外化的过程。在这一过程中，医患冲突的产生、升级以及激化都通过医患直接的对峙予以表现。一方面，抛却了第三方参与的矛盾呈现直指医患关系存在的重大裂痕；另一方面，采用暴力而非诉诸其他合法救济途径的行为方式也暗示了导致医患关系紧张的复杂社会因素。这与斯科特所描述的“弱者的武器”和“隐藏的文本”有异曲同工之处，私人化的举动揭示了隐秘的关系裂痕，并可以从暴力行为中

---

① 这基本上成为我国医事法教材的通例。参见：王岳. 医事法. 北京：人民卫生出版社，2013：20；古津贤，强美英. 医事法学. 北京：北京大学出版社，2011：79-93.

② [美]H. P. 恰范特. 医学社会学. 蔡勇美，刘宗秀，阮芳赋译. 上海：上海人民出版社，1978：67.

③ 杨奕华. 法律人本主义——法理学研究泛论. 台北：汉兴书局有限公司，1997：100.

④ [美]伯尔曼. 法律和宗教. 梁治平译. 北京：中国政法大学出版社，2003：20.

抽象出不满的来源，解释和理解医患各种行为的选择依据，从话语、姿态、象征意义的分析逐渐迈向实践的控制、预防和消弭。①

（三）审视医疗暴力的发生原因放宽了人们认识卫生法制的视野

卫生制度以“卫生”为核心。余新忠从词汇含义的历史演变中对卫生的复杂性进行了阐释②；雷祥麟、杨念群、罗芸等的研究也揭示了卫生概念演变和现代卫生实践背后的政治、文化、观念等存在的互动和博弈③。这些研究无不提醒我们，卫生法制涉及的领域其实可以十分广泛。国家制度及其变革、政治思潮和行动、文化背景、观念变迁、人群的健康需求和保健愿望、经济状况及其支付能力都可能纳入卫生法制研究的视野，并可能极大左右法律解释和规则完善的研究结果，这也是卫生法制研究相较传统法学研究的特殊性。

医疗暴力为这样的研究提供了素材和切入点。医疗暴力发生的原因从微观上可以被视为某一次医疗纠纷处理失当的结果，从宏观上则可以被视为在转型中国，涉及医疗卫生的制度和文化双重作用的结果。例如，有观点认为，中国医疗暴力出现的原因包括内部因素和外部因素，前者如卫生系统投入、对医生的培训和支付不足，可能导致医疗失误、腐败和医患沟通不畅等现象；后者如媒体负面报道、公众对医学的认识不足、患者对治疗效果的过高期望、家庭灾难性卫生支出等。④也有学者从医患不信任的制度根源提炼出“暴力与不信任”的命题，指出通过强化激励和严格惩罚培育迈向程序正义的信任是解决之道。⑤本质上，医疗暴力的发生体现了现存秩序和现实冲突剧烈的“错位”：在制度反馈上，暴力可能表现出强烈的制度不能及的“反规范”冲动；在资源分配上，暴力可能呈现了卫生资源占有上的失衡、不足以及对患者造成的心理失望甚至绝望；在情感表达上，暴力反映了人们对医疗卫生实践缺陷存在的深刻心理危机。而制度、资源、情感以及其他与暴力发生相关的社会因素，都应当作为研究深入探析的对象。透过对医疗暴力发生原因及其防控的研究，我们将较为全面地认识中国卫生体制乃至国家制度投射在医疗领域中的各种影响，

---

① 斯科特对马来西亚农民的研究表明，当农民和权威（如国家）组织发生冲突时，正式大规模的集体反抗行为是罕见的。大部分反抗通过日常形式的偷懒、装糊涂、开小差、假装顺从、偷盗、装傻卖呆、诽谤、纵火、怠工等实现。这些被称为“弱者的武器”。而一切行为均形成斯科特所说的“隐藏的文本”，表现了反抗实践与反抗话语之间的相互依存和相互维系。参见：[美]詹姆斯·C. 斯科特. 弱者的武器. 郑广怀，张敏，何江穗译. 北京：译林出版社，2007：341-344. 这一分析的启示是：个体采用非正式渠道对权威予以反抗时，其实反映了两者之间关系的变迁，而这种反抗背后，隐藏的是反抗者长期以来沉淀并巩固的意识形态。

② 余新忠认为，近代以来的卫生包含四个方面的意思：首先，明确界定其为谋求增进身体健康的行为，既与医疗的概念相区隔，也包含了管理医疗活动的行为；其次，卫生成为一门建立在近代实验科学基础之上的追求更合理健康的生活方式和环境的专门学问；再次，卫生是关涉社会乃至民族国家的公共事务，需要借助社会和国家的力量来加以处理；最后，近代卫生以一种积极主动的姿态去谋求更健康的生活方式和环境。参见：余新忠. 晚清“卫生”概念演变探略. “西学与清代文化”国际学术研讨会会议论文，2005：922.

③ 参见：雷祥麟. 卫生为何不是保卫生命——民国时期另类的卫生、自我与疾病. 台湾社会研究季刊，2004，54（6）：54；杨念群. 再造病人——中西医冲突下的空间政治（1832—1985）. 北京：中国人民大学出版社，2013；[美]罗芙芸. 卫生的现代性——中国通商口岸卫生与疾病的含义. 向磊译. 南京：江苏人民出版社，2007.

④ Hesketh T. Violence against doctors in China. British Medical Journal，2012，（3）：345.

⑤ 徐昕，卢荣荣. 暴力与不信任——转型中国的医疗暴力研究：2000—2006. 法制和社会发展，2008，（1）：82-101.

进而加深对政策和法律的范畴、体系、内容及其完善的理解。

三、为什么是中国

在中国研究中国问题，这本来不应当进行解释，但随着中国学术研究国际化程度的加深及其反思，这似乎逐渐成为一个需要说明的问题。对中国问题的关注早在近代中国面临时代大变迁之际就已经发生，如梁漱溟所言“中国问题盖从近百年世界大交通，西洋人的势力和西洋文化蔓延到东方来，乃发生的。要认识中国问题，即必得明白中国社会在近百年所引起之变化及其内外形势。而明白当初未曾变的老中国社会，又为明白其变化之前提”①。而随着近年来西方理论话语的大量引入和制度实践的移植尝试，学界开始积极反思学术中国化的问题，中国问题及其研究又一次被提上了议程。

目前，社会科学界的反思大体包括三种路径：首先是“本土资源论”。法学界的苏力较早地提出并运用这一论断进行社会科学意义上的解释，随后被学者大量地借鉴和引用。从法学切入，苏力指出，盲目的法律移植未必是成功的，至少在中国，传统社会结构形成的习惯、市场经济发展的历程及其对法律的影响、法律的地方性知识属性等，都表明了法律的变革需要借助和充分考察本土资源。②随后，苏力进一步指出，本土资源论并非是对移植的放弃，而是以中国问题为依据的选择，同时，以此为依据的研究更是对世界学术话语的有效“贡献”。③由于其广泛的影响力，这一观点遭遇的批评也是最激烈的，主要集中于对中国传统法治资源是否充分，过分强调本土资源是否消解了现代法治理想的质疑。例如，邓正来认为，本土资源论内涵了现代法取向和多元法律之间的矛盾，本质上仍是“传统-现代”二元框架的产物，试图以“有效”或“可行”取代“善”和“正当”的治理模式，在根本上是否放弃或拒绝任何有关理想图景之思考的唯物主义理论模式。④但不可否认的是，这对 20 世纪 80 年代以来中国社会科学界西学成风的现象具有极大的冲击，也使学者开始思考回归传统寻觅学术资源的可能。

其次是“传统论”。持此论的学者认为，以儒家为代表的中国传统文化对现代的价值尚未完全开发，应在此基础上建立现代社会制度。其理论前提是认为，中西方是一个依各自不同的文化传统连续地、不断地变迁的过程，应当“将中国传统从制度层面上接续下去，这是使中国文化绵延不绝，中国社会实现顺利转型的重要保障”⑤。传统论中影响最大的当属所谓“儒家宪政”论⑥，强调以儒家传统理论为基础建构国家秩序和治理规则，儒家宪政论秉承儒家之治理观，从更为广泛的社会治理角度构想宪政，核心在“道、制度

---

① 梁漱溟. 中国文化要义. 上海：上海人民出版社，2005：1.

② 苏力. 法制及其本土资源. 北京：中国政法大学出版社，2004：3-22.

③ 苏力. 送法下乡——中国基层司法制度研究. 北京：中国政法大学出版社，2000：12-13.

④ 邓正来. 中国法学向何处去——建构“中国法律理想图景”时代的论纲. 北京：商务印书馆，2008：253-256.

⑤ 尹伊君. 社会变迁的法律解释. 北京：商务印书馆，2004：469.

⑥ 此说肇始于新儒家的研究。参见：蒋庆. 政治儒学. 北京：生活•读书•新知三联书店，2003：125-127. 此后，该理论被以姚中秋为代表的学者加以强化。参见：姚中秋. 儒家宪政民生主义. 开放时代，2011，（6）：26-41；姚中秋. 儒家的宪政主义传统：一个历史的论证//许章润. 历史法学. 第五卷. 北京：法律出版社，2012：123-146.

和人”[①]。此说招致了恢复人治（专制）传统、与史实不符等尖锐批评。[②]

最后是“融合论”。黄宗智指出，我国应超越西方与本土、理论与经验之间的对立，建立有目标的选择和融合，建立符合中国实际的新理论。为实现这一目标，他所指出的路径是实践主义的方法论。[③]黄宗智更赞成中国必将进入现代化理念和生活的追求中，中国所需要的仅仅是将外来文化和本土资源的长期并存和相互作用进行消化，取其精华，去其糟粕，“问题的关键其实在于形成一种允许移植和本土两者并存的制度，由它们长时期拉锯和相互渗透，允许代表各种群体的利益的公开竞争、相互作用和妥协”[④]。也有学者从不同层面表达了“融合论”的观点，例如，张曙光认为，如果我们过去主要是从“中西古今”的框架看待中国问题、中国经验的话，那么现在则应当转向“全球化与地方性”关系的框架。中国的经验与理论能够在多大程度上影响世界，中国在世界上能够获得多大的话语权，取决于中国“地方性”的经验、知识与理论能够在多大程度上成为“全球性”的经验、知识与理论。[⑤]

梳理中国问题及其研究的学术脉络并非跑题。在认识到学术中国化的复杂面相之后，我在中国医疗暴力的研究中，力图做到：第一，立足本土，认真发现问题在中国语境下的特殊性及解决方案的个性化；第二，在传统与现代之间找寻可通约的价值，但面对不可遏制的全球化浪潮和现代化进程，中国不必也不可能抱残守缺，如果一定要做出价值抉择，那么面向现代文明是应有的选择。在这一点上，我的观点可能更接近“融合论”，但“本土资源论”所提及的“乡土中国、政法传统、基层的国家权力松动”等观点和“传统论”中所体现的尊重传统文化的面相亦是我考虑的范畴。

中国的医疗暴力具有值得深思的特点：发生的强度和频率高，尤其是伤医事件频繁；暴力事件往往承载了民众对医疗卫生体制改革等存在缺陷的不满，因此，施暴者常常自认情有可原，却忘记法不可恕，暴力事件有时甚至成为一些民众批评医疗卫生服务质量不高的理由：“不逼急了，怎会施暴？”以中国社会目前部分存在的暴力性私力救济为背景，两者有相似之处。[⑥]城乡医疗暴力状态及其处理方式有着显著的差别[⑦]；以催生暴力谋利的大量特殊群体如“医闹”组织的存在，已经成为中国医疗暴力沉疴难解的重要影响因素；处理医疗暴力的纠纷解决方式和态度受到中国社会政治、经济、文化的深刻影响。

因此，在医疗暴力的研究中，作为我们“深深嵌入的世界”，中国在医疗暴力的研究

① 姚中秋，儒家宪政论申说. 天府新论，2013，(4)：4.

② 如秦晖认为，儒家宪政是无根之说，封建本身与宪政毫无关联。易中天认为，儒家对专制独裁既有所阻挡，也推波助澜，儒家学说的等级观不可能实现现代社会对政府的限权要求，盲目建立儒家宪政只可能加剧专制。参见：马立诚. 当代中国八种社会思潮. 北京：社会科学文献出版社，2012：197-205.

③ 黄宗智. 认识中国——走向实践出发的社会科学. 中国社会科学，2005，(1)：83-93.

④ 黄宗智. 中国法律的现代性. //许章润. 清华法学第10辑. 北京：清华大学出版社，2007：17.

⑤ 张曙光. 中国：问题、经验与理论. 学术研究，2009，(1)：45-54.

⑥ 暴力性私力救济成为转型中国正在出现的特殊维权方式。有学者认为，政府职能缺失、司法腐败以及纠纷解决机制之间的合作缺失使权利受到侵害的公民失去公力救济的机会或者机会甚微，导致公力救济的缺席、失效或无效率，使当事人陷入权利得不到合理救济的困境，这种困境促成了人们采取暴力性私力救济。参见：王启梁. 为了生活使用暴力和暴力对生活的毁灭——暴力性私力救济发生的结构性原因之法律社会学考察. 云南大学学报（法学版），2006，(2)：41.

⑦ 已有研究表明中国农村地区医疗纠纷引发暴力事件的比例并不高，但潜在的医疗暴力需要被防范。参见：邢朝国，李飞. 中国农村地区医疗纠纷及其解决方式——基于五省份调查数据的分析. 中州学刊，2013，(3)：76-81.

中至少可以提供如下有价值的线索。

（一）传统与现代的张力

1. 传统秩序观与现代秩序观的张力

梁漱溟、瞿同祖、费孝通等的研究深刻揭示了传统中国及其秩序观的诸多特质，如被学界熟知的伦理本位、以礼入法、差序格局、追求无讼等观念。[①]林端、梁治平的研究则相对细致地从文化尤其是儒家文化对传统法律的影响入手，对儒家礼法观下的中国法律多元主义、“礼义”观与西方私法观的差异和耦合等进行了研究，值得注意的是，此时的研究已经有意地将西方观念和制度作为比较的对象，并在努力说明差异的同时，否认一律将其作为先进参照物的做法，同时驳斥了西方学者的一些错误认识。[②]苏力的研究进一步揭示了以这些概念为代表的传统秩序观与现代法治观念的冲突，并试图以此重构中国法治的前景。[③]与传统秩序观中注重情理、关注社会和谐等实质理性特征相比较，现代秩序观更关注法律制度的刚性遵守、明晰权责等形式理性。这一差异在中国的纠纷解决上体现为，当事人更易采用情理支配下的私力救济方式，社会也支持以“说理—心服”为主要特征的解纷机制。[④]这对中国法律的实践运行形成了较大的影响。而位于现代社会的中国法律将如何在妥善吸纳、扬弃、融合传统特质的基础上处理医疗暴力则成为本书重要的考察内容。

2. 传统医学与现代医学的张力

中国有着世界上历史最悠久的传统医学，其对中国社会影响巨大，也与现代医学的传入乃至昌盛形成了张力。虽然关于传统医学在医理科学性上的争议不断[⑤]，但不可否认的是，与西方现代医学有所区别的传统医学塑造了中国人对医学的理解：在医学伦理上，传

---

① 梁漱溟. 中国文化要义. 香港：三联书店，1987；费孝通. 乡土中国. 北京：生活·读书·新知三联书店，1985；瞿同祖. 中国法律与中国社会. 北京：中华书局，2001.

② 林端. 儒家伦理与传统法律——一个社会学的试探//林端. 儒家伦理与法律文化——社会学观点的探索. 北京：中国政法大学出版社，2002：3-18；梁治平. 礼法文化//梁治平. 法律的文化解释. 第二版. 北京：生活·读书·新知三联书店，1998：392-426.

③ 苏力认为，“中国法治的滞后”是一个值得商榷的命题。作为一个现代社会的法治只有在这个社会经济、政治和文化转型并大致形成了秩序的基础上才有可能。法律本身不能创造秩序，而是秩序创造法律。而秩序的真正形成是整个民族的事业，必须在人们的社会生活中通过反复博弈而发生的合作中产生。参见：苏力. 现代化视野中的中国法治//苏力. 道路通向城市——转型中国的法治. 北京：法律出版社，2004：39-41.

④ 此处借鉴了高见泽磨的观点。他认为，中国包括调解在内的所有纠纷解决方式都带有“说理—心服”的特征，调解不过是其中比较典型的一种。参见：[日]高见泽磨. 现代中国的纠纷与法. 何勤华，李秀清，曲阳译. 北京：法律出版社，2003：1-2.

⑤ 事实上，质疑中医科学性甚至呼吁废除中医的声音一直都有。从国家层面，1914 年，时任北洋政府的教育总长的汪大燮曾决定废止中医，不用中药。1929 年，余云岫以委员身份出席中央卫生委员会会议，提出建议要求全面废止中医，并由第一届中央卫生委员会会议通过了《废止旧医以扫除医事卫生之障碍案》，因遭到全中国中医界强烈反对而未能付诸实施。从学术层面，清末俞樾的《废医论》、五四时期鲁迅“中医不过是有意无意的骗子”（《呐喊·自序》）等言论，揭开了废除中医呼声的序幕。参见：互动百科. “废除中医运动”词条. http://www.baike.com/wiki/%E5%BA%9F%E9%99%A4%E4%B8%AD%E5%8C%BB%E8%BF%90%E5%8A%A8[2014-10-10]. 近年来，方舟子、张功耀等学者一直质疑中医的科学性，提出“废医验药”“中医药退出国家体制”等言论。参见：方舟子. 批评中医. 北京：中国协和医科大学出版社，2007：5；张功耀. 告别中医中药. 医学与哲学，2006，（4）：14-17.

统医学更强调个体医德和个性化诊疗，以单独、分散执业，延请上门、坐堂看病等方式进行诊疗，这与早在古希腊时期就已经衍生出社会化团体，罗马时期就已经出现医院构造的西方医学有所差异①；在治疗理论上，与建立于解剖学基础上，强调工具理性、实验科学以致渐趋精密仪器主导的西方医学不同，传统医学注重整体性的身体照拂，具有形而上的特征②；在医患关系上，与西医封闭式诊疗、陌生技术权威主导的特征不同，传统医学与熟人社会相契合，注重择医之道，尤其是周遭熟人脉络对医患关系影响巨大。③以上特征均可作为进行中国医疗暴力分析时重要的背景，也可在医疗暴力发生态势不同于域外的原因探索中予以呈现。

（二）改革与转型的阵痛

以时代及未来的眼光来看，中国的改革是伟大的。它呼唤出一个逐渐强大的中国。但同所有的改革一样，中国的改革也是艰难的。破除旧观念、旧制度、旧利益本来就已经十分艰难了，具有开创意义的改革还要在试错中遭遇来自社会、民众的一次次质疑。以医药卫生体制改革为例：2000 年，国务院体制改革委员会、国家计划委员会、国家经济贸易委员会《关于城镇医药卫生体制改革的指导意见》出台，明确提出了医药卫生改革的具体目标首先是“建立适应社会主义市场经济要求的医药卫生体制”。然而，过度市场化的改革引发的争议也是巨大的，在“看病难”和“看病贵”等社会问题凸显的背景下，2003 年，国务院发展研究中心“中国医疗卫生体制改革”研究小组得出医药卫生体制改革基本上是不成功的结论引起轩然大波。2005 年 7 月 28 日，国务院发展研究中心的最新医药卫生体制改革报告得出了相同的结论。同年 9 月，联合国开发计划署驻华代表处发布《2005 年人类发展报告》，指出中国医疗体制并没有帮助到最应得到帮助的群体，结论也是医药卫生体制改革并不成功。④尽管来自政府层面的话语对这一结论并不认可⑤，

① 关于希腊医疗团体组织的介绍参见：Liang Y W，Lan C F，Hung C T. Cross-cultural comparison of medical ethics between traditional Chinese medicine and western medicine. The Journal of Health Science，2005，（1）：9-10；罗马医院出现的介绍参见：[英]罗伊・波特. 剑桥插图医学史（修订版）. 张大庆等译. 济南：山东画报出版社，2007：40.

② 例如，梁漱溟认为，无论西医如何解剖，其所看到的仍仅是生命活动剩下的痕迹，而非生命活动的本身，而中医则关注整个一体的生命。与西医诞生于西方科学不同，中医强调的是“形而上”（梁称其为“玄学”）的方法。参见：梁漱溟. 朝话. 天津：百花文艺出版社，2008：125.

③ 雷祥麟即认为，在中国传统医学中，患者绝不是完全无知与被动的，更不应当完全放弃个人本有的判断与知识，在积极地“试医”“择医”过程中寻找值得信任的医生。参见：雷祥麟. 负责任的医生与有信仰的病人. 新史学，2003，14（1）：54. 以家属、朋友为代表的熟人社会对医患关系的影响，参见：张孙彪，林楠，陈玉鹏. 中国古代医患关系中的信任问题——以“就医方”为考察对象. 医学与哲学，2010，（6）：38-44.

④ 朱幼棣. 大国医改. 北京：世界图书出版公司，2011：18；陈文玲，易利华. 2011 年中国医药卫生体制改革报告. 北京：中国协和医科大学出版社，2011：4.

⑤ 例如，国务院职工医疗保险制度改革领导小组办公室原主任宋晓梧即认为，跳过中国医药卫生体制改革在 20 世纪 90 年代中后期实际启动时面临的困境，撇开中国渐进式改革所形成的复杂社会经济背景，直接与计划经济体制下的一些指标简单对比，把 2000 年医药卫生体制改革已经明确提出要解决但还没有来得及解决的问题，说成是医药卫生体制改革总体上不成功，这种提出和分析问题的方法值得商榷。参见：杜珂. 医改整体上不成功的判断值得商榷——专访原国务院职工医疗保险制度改革领导小组办公室主任宋晓梧. 中国改革，2005，（10）：26-29. 又如，卫生部原副部长孙隆椿认为，中国医改是滞后而非失败。参见：郑春峰. 中国医改是滞后而不是失败. 南方日报，2008-10-10（A07）.

但改革显然未达到预期目标是不可否认的。于是，在2009年，以《中共中央 国务院关于深化医药卫生体制改革的意见》的颁发为标志的新医药卫生体制改革再次启动，承诺强化政府在基本医疗卫生制度中的责任，不断增加投入，维护社会公平正义，逐步实现建立覆盖城乡居民的基本医疗卫生制度，人人享有基本医疗卫生服务的目标。然而，改革推行至今，虽然取得了一定的成绩，但仍面临重大困难。一般认为，在公立医院改革、费用支付体系改革、医疗社会化改革等方面都还存在巨大缺陷。[①]

中国的医药卫生体制改革遭受的争议也势必折射于医疗暴力的发生中。这与改革的本质相关。1993 年，中国共产党第十四届三中全会通过的《关于建立社会主义市场经济体制若干问题的决定》就已经指出："经济体制改革是一场涉及经济基础和上层建筑许多领域的深刻革命，必然要改变旧体制固有的和体制转变过程中形成的各种不合理的利益格局，不可避免地会遇到这样或那样的困难和阻力。"尽管这是对经济体制改革本质的阐释，但无疑可以推衍到任何社会改革的领域。因此，改革的本质就是利益格局的改变，主要是对旧有的不合理利益的破除和重组。而暴力的发生原因多与利益失衡产生的怨愤情感相关。人们通过暴力实现的不仅仅是一时的宣泄和破坏的快感，更多的是从特殊出口喷涌出的利益表达。改革和暴力在利益的纽带下实现了隐秘的联系。

于是，中国医药卫生体制不成功（或"滞后"）的改革可能成为引发医疗暴力的诱因。以公立医院改革为例，直至今天，对于公立医院既得利益的改变都被视为改革的"深水区"。而从目前可获取的资讯来看，医疗暴力确实多发于公立医院尤其是大型公立医院之内。很难说，弥漫于公立医院的逐利冲动没有对暴力的发生推波助澜，至少，目前发生的暴力事件往往会呈现出"从收费上质疑医生职业操守"的不信任逻辑。[②]

改革的阵痛最终成为医疗暴力之殇的中国背景。当今中国的改革兼具系统性和细节性，伟大的成就与艰苦的试错始终共生于改革的肌体之中，它的宏大、创新、蜿蜒、细微、阻力、艰险都是前所未有的，它既是关怀中国民众的政策变迁，同时也构成了中国民众关心的时代主题。因此，在医疗暴力的研究中，不可避免地，我将试图触摸中国医药卫生体制改革的脉搏，在富有韵律的搏动中寻找化解暴力的中国方剂。

四、目前医疗暴力研究的现状及其缺陷

几个"为什么"印证的是研究价值，而研究现状则意味着可能拥有的研究空间。很遗憾，医疗暴力研究遇到的首要瓶颈就是研究的庸常化。作为社会热点，医疗暴力具有极强的感观冲击；作为研究命题，医疗暴力也具有"小问题，大视野"的典型特

---

① Yip W，Hsiao W. Harnessing the privatisation of China's fragmented health-care delivery. The Lancet，2014，384（8）：805-818；李玲. 中国的医改这些年做了什么. http：//finance.sina.com.cn/zl/china/20140501/115918982894.shtml[2014-05-01].

② 关于中国医疗暴力的媒体报道认为，医患不信任的直接原因在于患者认为医务人员职业操守普遍下降。有部分医生就诊时间短，态度冷漠，没钱不给看病，收红包，拿回扣，过度医疗，发生纠纷后，医院推卸责任，还有的涂改伪造医疗档案，甚至集体造假。这些在现实中都可能惹来杀身之祸。但医疗界普遍认为，这与政府财政投入不足有关，医院要维持正常运行，资金漏洞必须从患者医疗费中抽取，以药养医的恶果由此种下。患者和医生都要为此埋单，患者承担高昂费用，医生超负荷工作。参见：刘俊，刘悠翔. 中国医疗暴力史. http：//www.infzm.com/content/95720[2013-11-07].

征；作为制度反思，医疗暴力同样具有管中窥豹的功能。但研究价值及引发的关注热情并不等同于应有的研究深度。人类对智慧探索的无奈常常在这一刻体现得淋漓尽致，正如维特根斯坦告诫我们的，最显而易见的东西往往是最难理解的。马克斯·韦伯则更略显刻薄地提醒我们，在科学研究中，“热情，仅仅是灵感的前提……热情，无论它达到多么真诚和深邃的程度，在任何地方都逼不出一项成果来”①。医疗暴力的理论塑造和升华在某种意义上恰好受到了关注热情的影响：基于理论对现实的“及时”回应，所以学术产出的“效率”要求远远高于质量需求；基于对医疗卫生乃至国家制度痼疾的深刻感知，所以理论建构迅速“漂移”到对制度本身的批判和重建上；基于研究方法和立场的选择，所以大量重复率极高的实证调研及对策建议取代了更为深入的讨论。在我看来，这些倾向既是对医疗暴力研究现状的粗线条勾勒，也反映了目前研究存在的缺陷。我将分别对以上倾向予以阐述。

（一）研究的时评风格削弱了深度理论命题的建构

目前，关于医疗暴力的研究有强烈的时评风格：追求短、平、快的产出节奏；结论的泛化和重复性特征明显，使很多结论重复出现：医疗投入不足、医疗机构的过度谋利冲动、纠纷解决方式不尽如人意、媒体的不当报道、患方对于医学认知的能力不足、对医疗暴力打击力度不足等。这几乎已经成为此类研究得出对策的模板。这种泛化论证使相关成果的学术质量和影响力受到影响②；论证逻辑强调一气呵成而稍欠严谨，主要表现在：①视角单一。例如，在将媒体不良报道作为暴力诱因的同时，并没有指出媒体监督功能正常行使的界限。②缺乏反思。例如，在指出投入不足是主要原因的同时，并没有及时反思投入增长下医疗暴力仍然激增的原因。③结论草率。例如，对第三方调解机制作用的过度理想化、对打击暴力的过高期望等。

从学术产出的效果上看，一方面，大量呼应热点的成果涌现，对于澄清社会误解、塑造社会理性、凝聚社会共识、推动社会政策等方面确有助力，至少，人们不再单纯地将暴力事件发生的责任归咎于某一方的愚昧无知或贪婪无度，而是更深刻地认识了医疗暴力事件背后各方的苦衷及相应的公共责任缺失；但另一方面，泛化的结论与常识趋同，削弱了学术理性的力量③，甚至可能会误导政策的制定。此外，重复出现的固化结论还进一步消解了深入研究和理论创新的动力。

---

① [德]马克斯·韦伯. 学术与政治. 冯克利译. 北京：生活·读书·新知三联书店，2005：65.

② 张斌. 对医院工作场所暴力事件的思考. 中国医院管理，2006，（3）：21-24；王璠，杨小明，江启成. 医疗暴力的危害、原因及对策. 医学与哲学，2005，（11）：16-18；李恩懿，王志杰，张新庆，等. 暴力侵犯医生权利现状的原因分析. 中国医学伦理学，2009，（4）：103-105；刘瑜，王君鳌. 从医疗纠纷处理方式分析暴力索赔的原因. 中国卫生事业管理，2007，（10）：683-684.

③ 常识不同于理论，“理论所依据的道理来自常识，但是，理论解释不同于常识解释，它并不只是借用那边的道理来解释这边的事情。在一个理论中，那些包含在正常情况中的道理，通过某种疏通和变形，获得组织，其中有某些道理上升为原理，把包含在多种常识中的多种道理连成一个系统。理论用这个整体的道理对世界做出整体解释，而整体解释把我们带到对世界的更深层面或更高层面的识见”。显然，所谓疏通、变形、组织化、系统化的过程，使理论必须超越个体化的常识，进入整体化的理性识见的范畴。参见：陈嘉映. 理论与常识. 南京大学学报（哲学·人文科学·社会科学），2007，（5）：63.

（二）研究的宏观视角削弱了对策生成的实践理性

有些研究成果具有一定的理论创新意义。例如，徐昕等借用吉登斯的结构二重性理论，较早指出了医疗暴力与信任缺失之间的关联，令人耳目一新[①]；刘宗锦等构建了个体纠纷向群体纠纷升级及其干预模型，为医疗暴力的预防和处置提供了理论借鉴。[②]令人稍感遗憾的是，尽管不乏资料和数据的佐证，但上述研究仍然采用了较为宏观的视角，直指医药卫生体制的弊病；虽然有深度挖掘的理论企图，但将问题归咎于广受谴责、正在改进、一时难以修补的制度痼疾，并不是从理论迈向实践的积极态度。尤其是在对策的评价和建议上，缺乏进一步深入的富有操作意义的微观制度设计，使理论在实践之壁上的“回声”不够响亮悠长。

（三）研究的重复实证削弱了理论的解释和预测功能

研究者的身份在一定程度上决定了其研究方法和立场的选择。正如默顿指出的：“科学家的价值观影响到他们对问题的选择和提出；不同形式的问题对社会中的不同类别的群体或人具有不同的潜在应用性；因而道德倾向包含在问题的选择和提出过程中。”[③]关注医疗暴力的研究者多与医学院校、医疗部门有着各种关联，很多受过自然科学的良好训练，因此，实证调研以及流行病学意义上的统计成为重要的研究方法和结论依据。此类研究占到了医疗暴力研究的绝大多数。[④]实证研究深描了现实中医疗暴力对医疗机构及其从业人员的影响，尤其是丰富了我们对不同级别机构、不同科室、不同类型从业人员遭遇暴力之现实状况的认知，使结论有据可依，在某种意义上，甚至可被视为是目前传统政策法律研究中的清新之风——是对重理论推衍、重经验移植而缺乏实证的传统研究方法的革新。但经过梳理我们可以发现，大量实证研究存在重复调研同一问题，甚至重复调研可凭借经验基本断定的同一问题的缺陷，在结论上也有就事论事、旧调重弹的现象，这就陷入了为方法而方法的“矫情”中。在方法论上，艾尔·巴比指出：“科学的两大支柱就是逻辑和观察。科学对世界的理解必须言之成理，并符合我们的观察。”他将研究的基础概括为理论、资料收集和资料分析，“科学理论处理的是科学的逻辑层面，资料收集处理的是观察的层面，而资料分析则是比较逻辑预期与实际观察”[⑤]。按照这个分类，实证方法大致属于资

① 徐昕，卢荣荣. 暴力与不信任——转型中国的医疗暴力研究：2000—2006. 法制和社会发展，2008，（1）：82-101.

② 刘宗锦，方锐，沈江. 个体医疗纠纷向群体性事件升级过程分析及干预模型建立. 现代预防医学，2008，（16）：3097-3101.

③ [美]罗伯特·默顿. 社会研究与社会政策. 林聚任等译. 北京：生活·读书·新知三联书店，2001：76.

④ 参见：荆春霞，王声湧，陈祖辉，等. 医护人员对医院暴力的认知状况调查. 中国公共卫生，2004，（3）：338-339；王珂，朱伟，杨力沣，等. 郑州市综合医院医务场所暴力与医务人员工作倦怠的关系. 中国卫生事业管理，2012，（5）：391-393；林汉群，闫俊辉，王箭，等. 医院工作场所暴力对医护人员工作压力影响的调查研究. 重庆医学，2012，（6）：590-592；王培席，闫娟，白琴，等. 医务人员对工作场所暴力的恐惧及影响因素. 预防医学情报杂志，2007，（1）：1-4；于立群，蒋守芳，唐晓霞，等. 唐山市医院工作场所暴力现象调查. 现代预防医学，2006，（2）：147-148；荆春霞，王声湧，谭冠昶，等. 医院场所暴力发生的流行特征及原因分析. 中国公共卫生，2003，（7）：863-864；张茜，张桂青，翟永莉，等. 2009. 基层医院护士工作场所暴力与其生存质量的相关性研究. 护理学杂志，2009，（11）：7-9.

⑤ [美]艾尔·巴比. 社会研究方法. 第十一版. 邱泽奇译. 北京：华夏出版社，2009：12.

料收集，而科学理论和资料分析则更需要对资料的概括、抽象、提炼，有时甚至需要借助想象力。“实证研究同样要求精细的抽象理论思维能力，对问题的直觉把握能力，也需要想象力和想象的整合力，并且对所有这一切的要求，一点也不亚于任何其他好的研究。并不是只要去某个地方调查，把许多数据汇集整齐了，把某个问题或现象描述了一遍，就是实证研究了。没有想象力，没有基于想象的对问题的初步分析、提炼，就不可能有好的研究。”[①]在此基础上得出的理论既有论据支撑，又能更为简洁地解释现实与预测未来，而这恰好是理论的基本功能。[②]医疗暴力的研究意义显然不仅仅限于加深人们对现状的认识，更多在于准确解释成因和提出合理对策，尤其是对复杂多变的现实予以回应，作为手段的实证方法没有必要，也不可能以喧宾夺主的姿态取代理论创新本身的意义。

因此，从目前的研究来看，关于医疗暴力的研究虽然数量可观，但在解释力上却有限：既缺乏对中国医疗暴力发生机制和对策设计的深入理论探讨，又缺乏对医疗暴力现实状况多视角、多立场、多元化的细致观察；要么将医疗暴力囿于单一的医疗纠纷现象以致对策无力，要么将医疗暴力推至社会制度完善的层面以致大而无当；一方面缺乏对医疗暴力丰富理论意涵的认知，另一方面也忽略了由医疗暴力生发的中国现象及其背后的深度解释。医疗暴力的研究应当以恰当的核心概念为基础，寻求研究应有的价值中立，使用合理的研究方法，追求理论对现实的合理解释。

五、本书的内容和结构安排

除导论和结语外，本书分为七章。

导论主要是对为何研究中国医疗暴力做一交代。选择医疗暴力进行研究，既自然承接了人类对暴力的历史和现实意义的思考，又可以以之为窗口，对医疗卫生政策及法律实施和运行进行近距离观察。在中国广阔的时代变迁背景下，医疗暴力的发生和消弭，也折射出国家医药卫生体制改革乃至中国社会改革所经历的成功和挫折，所昭示的愿景和前途。

第一章是医疗暴力的概念建构。本章对医疗暴力的概念、特征和类别进行归纳，意在建立后续研究的统一话语起点。医疗暴力可以界定为：发生在医疗空间内的针对医务人员或医疗机构的个体或群体暴力行动。对人而言，既包含直接侵害的肢体冲突，也包含恐吓、威胁等精神上的施压行为；对机构而言，既包含损害财物、打伤人员等直接侵害行为，也包含以暴力威胁扰乱机构正常运行秩序为目的的施压行为。本章认为，医疗暴力的概念建构应具有学术意义上的开放空间和表达深度，在此前提下特别比较了“伤医暴力”“医疗

① 苏力. 好的研究与实证研究. 法学，2013，(4)：17.

② 何谓理论？“最强有力的理论必须是以简单的概念和命题来解说、预测最广泛的现象，因此可以有效地为人们用来控制和改造世界。……事实上，理论追求的并不是对世界的‘真实反映’，理论追求的是解说力和预测力，以及在此基础上的人的能力的扩大。”参见：苏力. 追求理论的力量（代译序）//[美]理查德·A. 波斯纳. 法律理论的前沿. 武欣，凌斌译. 北京：中国政法大学出版社，2003：11-12。陈瑞华则认为，理论提出的境界包括：“一是总结出某一问题、事实的基本要素，从而做出一条模式化的分析；二是对某一问题形成的原因进行揭示，并将这种因果关系上升为‘普遍规律’，从而揭示出某种‘因果律’。”参见：陈瑞华. 论法学研究方法. 北京：北京大学出版社，2009：177，208. 这些论述其实都是反复强调理论具有的解释和预测功能。

工作场所暴力”等类似概念与“医疗暴力”之间的差别，并解释概念建构可能导向的研究进路。

第二章是第一章逻辑的延伸，以医疗暴力概念所蕴含的研究空间和理论猜想为思考的起点。本章从空间理论出发，将医疗分为“作为工作空间的‘医疗’”和“作为关系生产空间的‘医疗’”，以之对医疗暴力的特殊性进行进一步的研究。本章认为，作为工作空间，医疗空间的结构、类型和属性均对暴力发生有着重要的影响，目前的认识存在不足或者偏差；而作为关系生产空间，“医疗”一方面是符合现代医学知识而进行的客观诊断和治疗，另一方面也是双方共同面对疾病的互动关系的生产过程，“医疗”本质上既是事实性的，也是关系性的。两者均对完善暴力防控机制和策略有所启发。

第三章是对医疗暴力发生原因的深入解释。本章研究发现，强烈的“相对剥夺感”是使暴力实施者认同并采取医疗暴力行动的内在原因，它兼具主观和客观属性，可以使行动者陷入暴力情境和偏执情绪中，从而引发暴力行为。“相对剥夺感”的内容包括利益剥夺感、期待剥夺感和救济剥夺感。利益剥夺感主要指医疗费用过高造就的相对剥夺感，经济状况、上涨率、费用合理性、支出预期、医疗保障制度和其他成本支出等均会不同程度加重其“相对剥夺感”。期待剥夺感是指在医疗活动中患者期待与现实落差产生的相对剥夺感，包括健康期待剥夺、服务期待剥夺和参与期待剥夺，在对这三者的认识上，医患之间有着明显的分歧。救济剥夺感是指救济机制未能良好运行导致对救济失去信任引发的相对剥夺感，研究发现，无论是自行协商还是行政调解和诉讼，均未能使“相对剥夺感”有所缓和，从而增加了暴力私力救济的可能。

第四章考察了医疗暴力信息的媒介传播。本章旨在探索医疗暴力信息传播与治理暴力的公共政策之间的关联。事实上，媒介信息常常成为我们认识和分析医疗暴力事件的信息来源，也可能成为构建医疗暴力治理政策的依据。本章以媒介框架理论为依据，将所考察的新闻样本根据新闻议题分为医疗框架、社会框架、政治框架、法律框架和防控框架。从历年议题框架的变化、文本结构样式的差别和信息来源的比较中可以发现，医疗暴力事件的演化对媒介信息的传播产生了直接影响：当医疗暴力事件日益成为重大社会治理问题时，媒介信息逐渐以传达、解释公共政策为主要传播目标。但其仅限于宣传功能，势必会减弱公共政策的论证力和防控效果。因此，我们期待媒体以更多元的角色、更独立的理性成为政策科学化的推动力量。

第五章研究的是一个充满争议的话题。面对日益严重的医疗暴力，医生采取了以拒诊为代表的自助行为，法律规范和道德伦理对此进行的解释存在模糊地带，使得这一行为的合理性引发巨大争议。本章发现，在本质上，看似客观的法律解释是随着解释者的意图和目的而有所改变的，在判断某一行为合理性上功能有限。拒诊等自助行为的合理性应与权利的道德基础相关，以此观之，担心拒诊泛滥或者潜在患者利益受损缺乏依据。参考国外立法，法律或伦理规则对拒诊的条件、方式和内容都有明确的规定，可以作为重要借鉴。

第六章是对医疗纠纷第三方调解机制对于医疗暴力影响的单独考察。本章运用了社会调查的方法，对某地基层医疗纠纷第三方调解机构及其调解过程进行了考察，最终发现，调解中有着不同程度的淡化暴力现象。这与调解旨在治愈医患关系相关，也与政策中隐含的注重消弭暴力的效率以及追求稳定的秩序观紧密相连。这可能导致在赔偿利益上的模糊和表面稳定下的合法性困境。本章最终对这一问题进行了较为深刻的反思，为医疗纠纷第三方调解机制的完善、大调解的完善及公共政策科学化等提供了思路。

第七章以比较的视野对医疗暴力防控机制进行了富有操作化的研究，这也是本书研究的落脚点。综合全书对医疗暴力治理多层面的研究，立足全球视野，本章总结了以治理理念和风险管理为核心的医疗暴力治理策略，应着眼于如何化对抗为治理的具体措施，在法治框架下维护医疗机构及其医务人员的合法权益，加强医院管理的科学性和实用性。

结语是关于医疗暴力与中国社会的鸟瞰式研究，意在揭示医疗暴力研究可能展现的更广阔意义的启迪作用。结语在本书全部内容的基础上，首先，检视了社会领域的“单一身份化”导致的污名化对暴力发生的影响；其次，对中国社会变迁产生的个体化进程进行了反思，其基本结论是：医疗暴力其实展示的是中国社会个体化进程中个体行为与公共制度的撕裂。寻求在公共制度黏合下的与个体化进程相符合的市场调节和社会自治，可能是当前社会治理中最紧迫的问题；最后，还以医疗暴力治理政策为例，对公共政策如何实现其理性进行了追问。

第一章　医疗暴力的概念建构

熟悉的地方没有新的风景/残存在脑海中的是旧的风景/该如何去寻找新的风景//离开熟悉的地方/离开熟悉的人/到一个陌生的地方寻找

——汪国真《熟悉的地方没有风景》

但愿人们不要说，我并没有说出什么新东西：题材的处理就是新的；在我们打网球的时候，双方打的只是同一个球，但总有一个人打得更好些。[①]

——帕斯卡尔

医疗暴力的概念似乎是一个不言自明的问题，理解起来也仿佛不艰难。但正如生活经验所昭示的，越是熟悉的事物，往往越容易蜕变成“熟悉的陌生人”，就像奥古斯丁谈及时间时所说的：“时间究竟是什么？谁能轻易概括地说明它？谁对此有明确的概念，能用言语表达出来？可是在谈话之中，有什么比时间更常见，更熟悉呢？……那么，时间究竟是什么？没有人问我，我倒清楚，有人问我，我想说明，便茫然不解了。”[②]医疗暴力也给人有类似的感觉。

因此，本书仍然遵循基本的学术规范和逻辑，从概念入手认识医疗暴力的基本含义和类型。“概念是研究的起点”，这句套话般的表达不仅仅表示清晰的概念是研究开展的基础，还暗示着概念具有确立研究方向的功能。因此，概念不仅仅限于某种定义的陈规，解读概念形成的事实和理论基础并归纳可能昭示的方向尤为重要。概念能够激发我们进一步探索的欲望，评估一个概念必须对构成概念的事实和理论体系进行分析，而且也因此需要不断突破学科的壁垒。“概念是一桩有关衔接、剪裁和互为印证的事情”[③]，概念“无法与情状相分离，我所说的情状意指它们对我们的生命所产生的强烈效应；无法与感应相分离，也就是说，它们在我们身上所激发的新的看与感知的方式”[④]。从这一意义上，界定概念就不仅仅成为“学术规范”问题，而应成为真正意义的“规范学术”问题。

一、医疗暴力的概念表达及其建构

医疗暴力概念的表达多种多样。在目前所能搜集的资料中，有伤医暴力（violence against doctors）、医疗机构工作场所暴力（workplace violence in health care）、医院暴力（hospital violence）等。概念首先体现了对事实的归纳程度。“概念的形成对科学来说是多么重要：我们不去考虑对我们的意图来说无关的那些事实特征，而通过把事实引入概念之

① [法]帕斯卡尔. 思想录. 何兆武译. 北京：商务印书馆，1985：103.

② [古罗马]奥古斯丁. 忏悔录. 周士良译. 北京：商务印书馆，1963：262.

③ [法]吉尔·德勒兹，菲力克斯·迦塔利. 什么是哲学？张祖建译. 长沙：湖南文艺出版社，2007：220.

④ [法]吉尔·德勒兹，菲力克斯·迦塔利. 资本主义与精神分裂：千高原. 姜宇辉译. 上海：上海书店出版社，2010：13.

下简化了事实，同时通过把该类型的所有特征包括在内扩大了事实。”[①]正是对概念内涵所简化事实理解的差异，导致了概念表达的微妙区分，我将对这些区分予以阐释，并试图说明与之相关的研究建构向度。

（一）“伤医暴力”的表达及其建构

该表达更多源于对医疗暴力后果的直观感受。医疗暴力真正引起社会关注是由屡屡发生的伤医事件经由媒体报道所产生的社会效应。这包括：2011 年，北京某医院徐×医生被刺后，伤人者王××的博客文章引发的广泛讨论；2012 年，哈尔滨医科大学附属医院医生王浩被杀后，中央电视台《新闻 1+1》栏目的报道；2013 年，温岭人民医院医生王云杰被杀后，《人民日报》、中央电视台等作出的专题报道，等等。这些报道都以“伤医”或“杀医”这些具有新闻热点意义与情感共鸣意义的关键词为核心，引起了广泛的社会关注。

从概念建构的过程来看，伤医暴力最直接地表达了医疗暴力行为中最激烈、最能引起关注的情感“核心”，这是概念建构中的“拟情式再体验”。在马克斯·韦伯看来，“拟情的确认，适用于那些可以完全再体验当事者所经历的情感关联的行动……我们自己越涉入以下这些的情感性反应，如焦虑、愤怒、野心、羡慕、嫉妒、爱、狂热、骄傲、仇恨、忠诚、奉献和各种不同欲望以及所衍生的非理性行为时，我们越能够同情地去理解”[②]。“伤医暴力”表达中蕴含的情感共鸣既能使医务工作者内心的表达欲望得以宣泄，也能恰当地激发社会民众反思暴力事件对医生、社会乃至自身的伤害，作为标题既鲜明清晰，又触目惊心，这也是域外评论采用“violence against doctors”（伤医暴力）描述中国医疗暴力的主要原因。[③]

但这也成为这一表达最可能产生缺陷的原因。伤医暴力在引发情感共鸣的同时，在概念涵盖范畴和排除情感干扰上均存在不足：伤医暴力将医疗暴力局限于“伤”这一典型的肢体暴力行为及其后果，难以涵盖非伤害类肢体举动的其他医疗暴力行为——辱骂、围堵甚至施压等“冷暴力”；伤医暴力更限定了医疗暴力的概念外延，“医”作为“伤”的对象排除了针对其他对象的暴力行为——如对医疗机构进行的打砸抢、对不特定院内人员的暴力行动；虽然，伤医暴力的表达更容易引起受害者及其同情者的情感激愤，但其对达到“伤害”才予以关注的聚焦中心，极容易忽略暴力行动蓄积和烈度上升的过程，从而难以对其成因和防治措施进行理论深描；甚至，仅以“伤医”进行的描述也可能难以获得执法者和民众的感情共鸣——在执法者看来，伤可能是互相殴斗；而在民众看来，仅强调受伤害，可能是一种“挂彩就是有理”的强横逻辑，增加其对暴力行径“是否正当”的猜测。因此，在实现概念的类型建构功能上，即便是重视情感体验的韦伯也曾郑重指出，“所有非理性的、由情感决定的行动要素，都可以视作与目的理性行动的概念式纯粹类型的‘偏离’部分加以研究与描述”[④]。这其实反映了伤医暴力的表达难以完成兼具清晰度和客观性的概

① [德]恩斯特·马赫. 认识与谬误. 洪佩郁译. 北京：商务印书馆，2007：75.

② [德]马克斯·韦伯. 社会学的基本概念. 顾忠华译. 南宁：广西师范大学出版社，2011：5-6.

③ Hesketh T. Violence against doctors in China. British Medical Journal，2012，(3)：345；Jiang Y，Ying X，Kane S，et al. Ending violence against doctors in China. The Lancet，2012，379（9828）：1764.

④ [德]马克斯·韦伯. 社会学的基本概念. 顾忠华译. 南宁：广西师范大学出版社，2011：7.

念类型化建构，而且在实践中，其更成为研究难以摆脱时评风格的重要渊薮。

（二）医疗机构工作场所暴力的表达及其建构

由于国际劳工组织（ILO）、国际护士学会（ICN）、世界卫生组织（WHO）、国际人口服务组织（PSI）联合发布的题为“工作场所暴力威胁卫生服务”的研究报告中采用了这一表达，因此该表达显得最为官方，似乎也最为权威。[①]研究报告对工作场所暴力予以了界定：工作场所暴力是指职员在其工作场所受到辱骂、威胁和攻击，从而造成对其安全、幸福和健康的明确的或含蓄的挑战。这一定义完全可以被挪用至医疗机构工作场所暴力的直接界定：可以将职员替换为卫生服务人员，工作场所替换为医疗机构（医院）——事实上，目前关于医院工作场所暴力研究的文献也是这样做的。而且，与“伤医暴力”的表达相比，该表达进一步明确了暴力的内涵，即包括肢体暴力和心理暴力两类。心理暴力是指故意用力反对他人或集体，导致对身体、脑力、精神、道义和社会发展的损害，包括口头辱骂、污辱、威胁、攻击、折磨和言语的骚扰。身体暴力是指以体力攻击导致身体及心理的伤害，包括打、踢、拍、扎、推、射、咬等暴力行为，还包括躯体的性骚扰和强奸（含未遂）。这也使得这一表达成为目前唯一具有清晰定义的概念。在此基础上，也产生了“医院暴力”这样的表达——有医学界代表认为，“伤医事件”和“医疗暴力事件”表述有歧义，应该统称为“医院暴力”，这样才可能通过加大法律惩戒力度以避免暴力事件的发生。[②]从上述认识中可以发现，以“医院”或“医疗机构工作场所”为“暴力”的前缀，显然具有一定的理性色彩：更清晰地界定了暴力发生的场所，在理解上较其他暴力概念更具有区分意义；并不一味强调被伤害对象的情感感受，中立地表达了暴力行为对公共秩序的破坏性，从而更容易被社会接受受害方对暴力进行控制的意愿；在概念建构上，与工作场所暴力的概念和相应的防控机制接轨，使其不显得突兀，并且借鉴后者相对成熟的研究方法、内容和结论，论证也更具说服力。

但从概念表达的建构过程来看，这一概念存在的局限也较为明显。这一表达被广泛使用是在上述报告发布之后。尽管报告较早地聚焦于卫生医疗机构内发生的暴力事件，以令人震撼的数据直陈暴力对医疗卫生服务产生的负面后果，对全球认识、预防、处置医疗暴力影响深远，但“工作场所暴力”的限定并非偶然。在概念表达的建构上，“工作场所暴力”应当属于“前概念”的范畴。在强调知识考古的福柯看来，尽管概念的形成规律具有进化的特征——除却内涵变得丰富，还包括错觉、偏见、谬误、传统等影响，但“前概念范围使话语的规律性和局限性显现出来，这些规律性和局限性又使概念的异质多样成为可能”[③]。在现实医疗暴力猖獗的情形下，人们借鉴了“工作场所暴力”这一前概念，直接将医疗机构加之于前，并将之作为单独的概念表达。但从概念建构产生的研究向度来看，

---

① New Research shows workplace violence threatens health services. http：//www.who.int/mediacentre/news/releases/release37/en/[2002-05-10]。由于该说法来自世界卫生组织调查报告，在我国影响力较大，所以很多相关研究均以“医院工作场所暴力”“医院场所暴力”等命名。

② 委员：“伤医事件”和“医疗暴力事件”表述有歧义. http：//health.sina.com.cn/news/2014-03-10/1119127627. shtml [2014-03-10].

③ [法]米歇尔·福柯. 知识考古学. 谢强，马丹译. 北京：生活·读书·新知三联书店，2007：67-68.

由于有这样的前概念存在，“医疗工作场所暴力”本质上归属于暴力流行病学①或职业安全管理②范畴，尽管由于屡屡发生和危害较大而被日益重视，但与其他工作场所暴力的研究框架是基本一致的：在流行病学研究方法下，强调发生因素和实用性预防、控制、处置对策的研究。③其优点是有较为成熟的研究体系可以借鉴——职业安全研究显然不是以医疗机构开始的④，流行病学调查的方法和体系也非由此而生；而其局限性则在于无法显示中国医疗暴力的独特性和丰富性——衍生医疗暴力的制度生态、文化环境的回溯、考证、评价、预测远非规范的流行病学方法所能囊括，更重要的是，中国医疗暴力的发生频率、发生烈度、影响力也不是略显广泛的职业安全保障所能概括的。通过对医疗工作场所暴力的文献计量分析，有研究发现国外工作场所暴力的研究中医疗机构并非主要研究对象（如欧洲，仅 34%），但中国的工作场所暴力基本都是关于医疗机构的（87.7%）⑤。这个有趣的发现表明我们对这一问题的认识与域外相关研究是有所区别的，至少，在我国，遏制医疗暴力的需求已经超出简单职业安全的范畴，成为社会治理的重大问题。在某种意义上，中国医疗暴力所衍生的各类问题所具备的研究特质，必须要超越“工作场所暴力”研究相对成熟也因而相对保守的研究方法与结论，这也符合以“前见”为概念基础时所应当达致的超越性和创造性。⑥

（三）医疗暴力的表达及其建构

“医疗暴力”的使用没有上两种表达使用得频繁。如果不是妄加揣度的话，这一概念的形成有点“无心插柳”的感觉。最早使用“医疗暴力”作为概念的学术成果是王蟠、杨小明等的论文。但在定义上，他们仍然沿用了“医疗工作场所暴力”的定义。⑦但这一概念后来被反复使用，其内涵逐渐超越了最初形成时的含义。使用这一概念在文献领域影响力最大的当属徐昕、卢荣荣的论文《暴力与不信任——转型中国的医疗暴力研究》和刘俊等在《南方周末》的报道《中国医疗暴力史》。前者被反复引用，成为该领域研

---

① 王声湧，林汉生. 暴力流行病学. 北京：人民卫生出版社，2010：1-2.

② 域外研究大多遵循此种思路，其学术意味低于其实践意义，更多是为职业安全管理机构出台不同类别的职场暴力预防、控制措施提供政策参考，如美国职业健康安全协会于 2004 年颁布的《医疗和社会服务工作者防止工作场所暴力指南》。这方面的研究可参见：Sharon D，Tabak N. Patients，violence towards the staff in psychiatric institutions. Medical & Law，2000，(19)：713-736；García-Calvo T，Guijarro R，Osuna E. The phenomenon of physical aggression against health service personnel：Different perspectives. Medical & Law，2010，29（3）：307-342；McPhaul K M，Lipscomb J A. Workplace Violence in Health Care：Recognized but not Regulated. http：//www.ncbi.nlm.nih.gov/pubmed/15482093[2004-09-30].

③ 遵循此种思路展开的研究可参见：荆春霞，王声湧，谭冠昶，等. 医院场所暴力发生的流行特征及原因分析. 中国公共卫生，2003，7：863-864；王培席，闫娟，白琴，等. 医务人员对工作场所暴力的恐惧及影响因素. 预防医学情报杂志，2007，(1)：1-4；陈祖辉，王声湧，卢业成，等. 医院工作场所暴力的流行病学特征及危险因素分析. 中华流行病学杂志，2004，(1)：3-5.

④ 可参见：梁子君，王蕊，贺育华. 工作场所暴力理论评述以及对医院暴力的启示. 中国医院，2014，(11)：15-17；陈柏年. 我国医院工作场所职场暴力——以云林、嘉义地区为调查对象. 嘉义：台湾中正大学硕士学位论文，2013.

⑤ 王焕强，吴曙霞. 医院工作场所暴力的文献计量分析. 中国职业医学，2014，(5)：200.

⑥ 在伽达默尔看来，尽管由历史形成的前见是概念产生的基础，但不妨碍我们在概念理解过程中予以补充完善，他强调前见的开放性，强调对前见可能经由时间阶段产生的创造性理解。参见：[德]伽达默尔. 真理与方法——哲学诠释学的基本特征（上册）. 洪汉鼎译. 上海：上海译文出版社，1999：256-260.

⑦ 王璠，杨小明，江启成. 医疗暴力的危害、原因及对策. 医学与哲学，2005，(11)：16-18.

究的重要文献[①]；后者则在温岭人民医院伤医案后较为全面和及时地回顾和评论了中国医疗暴力的现状和原因，影响力在同类报道中较大。[②]而在实践领域，这一表达常常作为醒目的口号或呐喊出现[③]，这一口号的使用虽然也得到了来自官方的沿用[④]，但在此类现实使用中，其作为概念表达其实并不清晰。[⑤]这也与另外一种现实倾向相印证，即除来自口号外，迄今为止，该概念的使用率在官方的权威发布中并不高，仅偶尔以“医疗暴力事件”的名称出现。[⑥]

但医疗暴力的概念表达不应被学术研究所忽视。这要从概念的价值层面进行理解。概念的价值主要在于：“概念的形成是推理过程中必不可少的步骤。它是我们进行思考、批评、辩论、解释和分析的工具。仅有对外部世界的感知本身是不足以获得关于外部世界的知识的。为了认识世界，在某种意义上我们必须赋予其特定的含义，而这一任务是通过建构概念来完成的。”[⑦]英国学者哈特更进一步认为，“一个词的定义能够提供这样一张地图：在同一个时间范围内，它可以使指导我们如何用词的潜在原则得以明确，并可以使我们用该词所表示的现象与其他现象之间的关系得以显现”[⑧]。也就是说，从学术意义上，一个概念所提供的并非仅仅是一种经验性的认知，概念还应包括以下能力：从含义上，能够容纳包括常识或经验在内的认知空间，但不囿于常识或经验，应当可以作为推进经验认识的工具；从界限上，不仅能够与相关概念作较为清晰的区分，而且能够揭示与概念所指向的现象相近似的现象之间的关系；从价值上，不仅仅作为描述性或规范性的术语，还能作为对实践进行反思、分析的基础，甚至作为引发争议的渊薮，“定义的目的是让争论能集中于事实上，好的定义的应有结果是把对术语的争论转变为对事实的不同看法，从而掀起进一步研究所需的争论”[⑨]。

由此可见，“伤医暴力”以限定暴力对象和手段的方式，将最富冲击力的经验认识上升到概念，优点在于含义明确，缺陷在于给予学术研究的空间非常小，暴力行动的内容被

---

① 徐昕，卢荣荣. 暴力与不信任——转型中国的医疗暴力研究：2000—2006. 法制和社会发展，2008，(1)：82-101. 截至2015年6月28日，该文献在中国知网下载频次1265次，被引用频次59次，远高于同类文献。

② 刘俊，刘悠翔. 中国医疗暴力史. http：//www.infzm.com/content/95720[2013-11-07]. 此文献亦被多家媒体转载，在网络媒体上传播尤其广泛。

③ 在温岭杀医案发生后，医疗人员曾自发集会，举着“医疗暴力零容忍”的标语牌表达心中的愤慨。其后，2013年10月29日，中国医师协会、中华医学会、中国医院协会和中国卫生法学会四部门联合召开座谈会，强烈谴责针对医务人员的暴力行为，明确呼吁对医疗暴力“零容忍”。参见：中国医师协会耳鼻咽喉科医师分会办公室. 中国医师协会等联合呼吁：对医疗暴力零容忍. 中国医学文摘（耳鼻咽喉科学），2013，(6)：333.

④ 例如，湖南省副省长、省综治委医疗纠纷治理工作组组长李友志在全省维护医疗秩序打击涉医违法犯罪专项行动电视电话会中明确提出：坚持“医疗暴力零容忍。参见：颜秋雨. 湖南省重申“医疗暴力零容忍”. 健康报，2014-9-15（02）.

⑤ 在中国医师协会等四协会发布的严正声明中，既有“医疗暴力零容忍”的字样，也有“针对医务人员的暴力”“医疗场所暴力”“医院场所暴力”“伤医事件”等不同概念指称，其在使用概念上显得比较随意。声明全文参见：傅立波. 中国医师协会等四协会呼吁：对医疗暴力零容忍. http：//health.people.com.cn/n/2013/1031/c14739-23383433. html[2013-10-31].

⑥ 例如，在官方统计中，以“医疗暴力事件”作为指称。“卫生部统计资料显示，2006年全国医疗暴力事件共发生10 248件，到2010年陡增至17 243件。”参见：青海省卫计委. 2011年10月8日卫生资讯. http：//www.qhwst.gov.cn/xxzx/zx/2011/10/08/1318035583125. html[2010-10-08].

⑦ [英]安德鲁·海伍德. 政治学的核心概念. 吴勇译. 天津：天津人民出版社，2008：5.

⑧ [英]哈特. 法律的概念. 张文显，郑成良等译. 北京：中国大百科全书出版社，1993：16.

⑨ [英]C. 赖特·米尔斯. 社会学的想象力. 陈强，张永强译. 北京：生活·读书·新知三联书店，2001：35.

逼仄到某一特定举动“伤医”，暴力的价值判断也被完全单一化——具有反规范内容的伤害本身就意味着暴力行动的非法化，从而冲淡了医疗暴力在制度反思、权力协调、国家治理等方面的研究价值；而“医院工作场所暴力”的表达，限定了暴力发生的物质空间和职业特质，较“伤医暴力”的表达更为严谨，但仍可能停留在经验及实践性描述的层面，学术视野不够开阔。

相较而言，“医疗”则给予了“暴力”更为开放的研究空间。相较以上“暴力”的前缀，“医疗”含义既较为明确也最为丰富。“医疗”本意是涉医，但实质则是一种富有空间感的限定。“医疗”既可以指涉医疗场所，也可以标识医疗中的关系，这有益于认识暴力和总结控制暴力的措施。关于“医疗”作为空间在医疗暴力研究中的意义及其价值，我将在下一章予以详述。仅就概念表达而言，医疗暴力给予的研究空间和深度都高于前两种表达。

在这里，我想更多解释的是，为什么必须给予“暴力”在概念表达上的空间和深度。这源于暴力本身的开放性和复杂性。工作场所暴力的研究已经关注到暴力并非仅限于肢体或者语言上的暴力，还包括精神上的暴力或压力，但这仍然不足以概括医疗暴力可能容纳的深度命题。仅就当代暴力研究的成果而言，其内涵已经蔚为大观。例如，齐泽克认为，暴力既包含了直接可见的“主观暴力”，也包含了从属于意义体系的“符号暴力”，更包含以驯服暴力为主旨的“系统暴力”。主观暴力被视为对事物正常和平秩序的扰乱，符号暴力从属于语言本身，是某个意义体系的强制性作用；系统暴力则是指某种为了经济或政治体系顺畅运作而通常会导致的灾难性后果的东西。[①]又如，加尔通则在其关于和平与暴力的理论中，将暴力划分为直接暴力和间接暴力。他将有具体影响主体的暴力称为人为或直接暴力，将没有具体影响主体的暴力称为结构或间接暴力。这两种暴力形式都会产生伤害或死亡，其区别主要在于在人为或直接暴力中，可以追溯到主体的暴力施行者；而在结构或间接暴力中，却没有具体的暴力施行者可以申诉和斥责，因为这种形式的暴力是植入结构的，其作用形式表现为一种不平等的权力分配或不对称的资源分配所导致的不均衡的生活境遇。结构暴力往往呈现出隐形暴力的特点。[②]加尔通后来还提出了文化暴力的概念，认为“三种暴力形式（直接暴力、结构暴力和文化暴力）在时间维度上的表现存在差异性，如果以地震理论相类比：直接暴力好比一场惨绝人寰的地震，结构暴力就是一个地壳在不断发生变化的过程，而文化暴力则是板块间的断裂带”[③]。

上述研究其实都在反复重申一种解释：暴力是现象和本质的综合体，是社会诸系统作用的结果，暴力本身构成一种社会行动，“（社会行动）不只是规范遵循，而且还有越轨行为，都被看成是结构化社会系统的一个元素，即被包含在系统中。但是，规范遵循与越轨行为的区别并没有标示出系统与环境之间的界限；这个区别是一个系统内的分化。……只有在得到确保的系统边界内，把认知期望和规范期望分开才是可能的，并且，依据规范遵循和越轨行为的分离而事先建立独立于情境的规范期望处理机制也才是可能的”[④]。无论

① [斯洛文尼亚]斯拉沃热·齐泽克. 暴力：六个侧面的反思. 唐健，张嘉荣译. 北京：中国法制出版社，2012：1-3（导言）.

② Galtung J. Violence，peace，and peace research. Journal of Peace Research，1969，6（3）：34-83.

③ Galtung J. Culture violence. Journal of Peace Research，1990，27（3）：115-168.

④ [德]尼可拉斯·卢曼. 法社会学. 宾凯，赵春燕译. 上海：上海人民出版社，2013：156，159.

是齐泽克，还是加尔通，对暴力所蕴含的系统性意义都有所揭示：暴力既是含有威胁的行动，同时也是一种语言或文化符号，暴力的猖獗往往与社会对暴力的态度相关，也往往来源于权力与资源分配上的不均。甚至，用以驯服暴力的暴力手段可能在控制暴力的同时，带有增加暴戾情绪和对抗意识的潜在推动暴力功能。

开放，而非限制医疗“暴力”对观念、制度、秩序所产生或昭示的意义，才是医疗暴力研究能够被称为一份“学术研究”所具备的特质，也是在概念上突破经验归纳的路径所在。因此，医疗暴力作为概念表达，最大的优势就是将作为社会系统元素的“医疗”整合成“暴力”的修饰词——既有效限制研究的对象，又给予足够的研究空间。如果比较“伤医暴力”或“医疗工作场所暴力”，其概念的关注焦点自然从“伤害”的情感共鸣和“工作场所”的物质空间转移到“暴力”本身，更有利于挖掘医疗“暴力”所具备的社会系统意义。

综上所述，我使用了医疗暴力的概念，并将其初步定义为：发生在医疗空间（场域）内的针对医务人员或医疗机构的个体或群体暴力行动，对人而言，既包含直接侵害的肢体冲突，也包含恐吓、威胁等精神上的施压行为；对机构而言，既包含损害财物、打伤人员等直接侵害行为，也包含以暴力威胁扰乱机构正常运行秩序为目的的施压行为。

二、当前中国医疗暴力的特征

（一）暴力行动发生频繁，恶性事件多，破坏性大

中国医疗暴力的烈度从语言威胁等冷暴力形式直至伤害、杀害等高危险形式，发生频繁，社会影响和危害性都较大。中国医师协会 2013 年所做的关于医疗暴力的全国性调查显示，医务人员遭到谩骂、威胁较为普遍，发生医院的比例从 2008 年的 90%上升至 2012 年的 96%；医务人员躯体受到攻击、造成明显损伤事件的次数逐年增加，发生医院的比例从 2008 年的 47.7%上升至 2012 年的 63.7%。[①]另一份调查显示：2008～2013 年，只有 36.6%的医务人员称未被患者辱骂过，31.6%的医务人员称自己被辱骂过 1～2 次，31.8%的医务人员称自己被辱骂过 3 次及以上；85.7%的医务人员称自己未与患者发生过肢体冲突，11.1%的医务人员称发生过 1 次肢体冲突，3.2%的医务人员称发生 2 次及以上的肢体冲突。医生群体遭受工作场所暴力的频率最高。医生遭受语言侮辱高达 66.9%，与患者发生肢体冲突高达 17.3%。[②]

恶性医疗暴力事件的频繁发生更是中国医疗暴力令人忧虑的特征。2003～2012 年，全国共发生严重暴力伤医事件 40 起，2012 年达到顶峰，共 11 起，其中有 9 起造成人员死亡。除却被杀伤的危险，医疗暴力的恶性也常常表现为对医务人员的人格侮辱和职业践踏。

医疗暴力的破坏性也是其重要特征，首先体现为对医务人员的影响。出于在暴力阴影

① 贾晓莉，周洪柱，赵越，等. 2003 年-2012 年全国医院场所暴力伤医情况调查研究. 中国医院，2014，(3)：3.

② 王亮，李梅君，张新庆. 暴力侮辱伤医状况的调查分析. 医学与哲学，2014，(9A)：47-48.

下对医疗执业环境的担忧，医务人员的执业意愿受到重大影响。高达 96.8%的医院表示暴力事件对医院影响非常大或比较大，其中 78.1%的医院表示严重威胁医务人员的身心健康和人身安全，恶化了医疗执业环境，严重干扰了医院的正常诊疗秩序；六成医务人员认为当前执业环境较差，近四成有过转行念头，16%的医院表示“坚决不同意子女学医或从医”①。目前的大量研究已经表明，医疗暴力对医务人员和医疗环境的负面影响巨大，造成医疗服务人员工作倦怠感增强、工作满意度下降、工作压力倍增、工作能力受限，不同程度甚至可能严重阻碍了卫生服务质量的提高、良好就医环境的形成以及卫生体制改革的有序进行。②更有甚者，由医疗暴力转化为重大的群体性事件，造成了影响社会和谐稳定的现实问题或者隐忧。

医疗暴力的破坏性也体现为对医疗机构财产的毁坏。调查显示，2008～2012 年，因暴力伤害医务人员事件造成财产损失的医院越来越多，而且损失金额也越来越大。2008 年，58.0%的医院表示暴力伤害医务人员事件给医院造成财产损失，损失金额在 10 万元以上的医院比例占 8.0%；到了 2012 年，68.2%的医院表示财产因暴力伤害医务人员事件而受损，损失金额在 10 万元以上的医院比例上升到 11.8%；5 年间，财产损失为 3 万～10 万元的医院数量增长较快，且 2012 年是 2008 年的 3 倍多③，这还不包括医疗机构为受伤害的员工所支付的医疗、工伤保险等费用。而可预期的是，医疗机构的财产损失必然会影响医疗质量，而最终的成本转嫁或承受方往往是更广泛意义的患者。

医疗暴力的破坏性更体现在其罔顾治理规则的一意孤行，这可能比单一的人身威胁和执业忧虑更令人不安。在国家陆续颁布了一系列针对医疗暴力的政策法规之后④，医疗暴力的威胁并未因此而大量减少。仅以 2015 年 6 月为例，据媒体统计，20 天内接连发生媒体报道的恶性医疗暴力事件就已经有 12 起。⑤在以严厉打击为主的国家治理态度下，医疗暴力仍旧频发的现状造成了比暴力本身更危险的后果——不仅挑战了国家治理的权威性和有效性，而且形成了对政策法规正当性和合理性的质疑。这种破坏显然是更深层次的，“规则的巨大权力来自正当性。规则质量的好坏要看所要控制的

---

① 贾晓莉，周洪柱，赵越，等. 2003 年—2012 年全国医院场所暴力伤医情况调查研究. 中国医院，2014，(3)：3.

② 相关研究包括：荆春霞，王声湧，陈祖辉，等. 医护人员对医院暴力的认知状况调查. 中国公共卫生，2004，(3)：338-339；于立群，张天哲，唐晓霞，等. 国有与民营医院工作场所暴力情况比较. 中国公共卫生，2010，(12)：1510-1511；陈祖辉，王声湧，荆春霞. 广州市两所医院工作场所暴力现象调查. 中华预防医学杂志，2003，(5)：358-360；王珂，朱伟，杨力沣，等. 郑州市综合医院医务场所暴力与医务人员工作倦怠的关系. 中国卫生事业管理，2012，(5)：391-393；林汉群，闫俊辉，王箭，等. 医院工作场所暴力对医护人员工作压力影响的调查研究. 重庆医学，2012，(6)：590-592；王培席，闫娟，白琴，等. 医务人员对工作场所暴力的恐惧及影响因素. 预防医学情报杂志，2007，(1)：1-4；于立群，蒋守芳，唐晓霞，等. 唐山市医院工作场所暴力现象调查. 现代预防医学，2006，(2)：147-148；陈祖辉. 广州市工作场所医疗暴力流行病学研究. 广州：南方医科大学博士学位论文，2011；陈柏年. 我国医院工作场所职场暴力——以云林，嘉义地区为调查对象. 嘉义：台湾中正大学硕士学位论文，2013.

③ 王玲玲，王晨，曹艳林，等. 医院场所暴力伤医趋势、不良影响分析及思考. 中国医院，2014，(3)：4.

④ 主要包括 2012 年 4 月 30 日公安部、卫生部联合发布的《关于维护医疗机构秩序的通告》；2013 年 12 月 20 日，国家卫生和计划生育委员会、公安部等多部委颁布的《维护医疗秩序打击涉医违法犯罪专项行动方案》；2014 年 4 月 1 日，公安部颁布的《公安机关维护医疗机构治安秩序六条措施》；2014 年 4 月 22 日，最高人民法院、最高人民检察院、公安部、司法部、国家卫生和计划生育委员会颁布的《关于依法惩处涉医违法犯罪 维护正常医疗秩序的意见》；2016 年 6 月 30 日，国家卫生和计划生育委员会等九部委联合颁发的《关于严厉打击涉医违法犯罪专项行动方案》；等等。

⑤ 刘子阳. 近 20 天暴力伤医案发生 10 余起 最高检要求快捕快诉高压打击. 法制日报，2015-6-25（05）.

人们的行为的情况”①。哈贝马斯也转引韦伯的观点指出，一种理性的治理至少满足两个条件：“①必须从正面建立规范秩序；②在法律共同体内，人们必须相信规范秩序的正当性，即必须相信立法形式和执法形式的正确程序。”②具体到当前的医疗暴力，当政策法规控制力减弱时，受暴力侵害的被害人会对国家治理能力产生不满、怀疑甚至失望，而旁观者则可能会拷问政策法规的正当性，进而质疑国家治理的价值倾向和实际效果。

（二）实施暴力的原因主要是对医疗服务的不满，进而成为暴力行动者“合理化”其行动的依据

医疗暴力的实施原因主要是对医疗服务的不满。中国医师协会的调查显示，治疗方案、治疗效果、检查结果等不满意而迁怒医生的占近八成。③而在2013年的另一份调查中，医疗暴力的医方原因分别包括：第一，服务态度差。36.3%的管理人员和16.8%的医生称“服务态度差”是引发医患冲突的诱因。第二，医患沟通不到位。75.2%的医务人员称，诱发医患冲突的根本原因是“与患者沟通不到位”，排在所有诱因的首位。第三，医疗事故和差错。25.9%的医生称，漏诊、误诊、误治是引发医患冲突的诱因，医务人员的医疗事故、医疗差错往往是造成医疗纠纷、医患冲突、医疗场所暴力事件的导火索和重要原因。第四，与患者争利，诚信出现问题。④

医疗服务质量与医疗暴力之间的因果联系，一定程度上赋予了暴力行动被民众理解的可能。由于正在进行的医药卫生体制改革还没能完全解决“看病难”“看病贵”等问题，民众对医疗卫生服务的评价整体偏低。2007年，中国社会科学院所做的“中国社会心态调查”中，仅有9.5%的民众认为医疗有安全感，居所有调查项目（个人信息、人身、食品安全、交通）之末。⑤2013年，在广州社情民意的调查中，医疗服务满意度虽然较以前有所提升，但仍居所有服务项目最后一名。⑥这些评价和情绪与医疗暴力发生的原因遥相呼应，最终产生的奇特现象是民众对医疗暴力“事出有因”的同情感。每当医疗暴力事件发生，民众并非众口一词地谴责暴力行动的非法性和侵害性，而常常将自己对医疗服务不满的情绪倾泻于暴力事件的评论中，甚至为之喝彩。⑦这样的情绪甚至可能影响执法者。基于“事出有因”的预判，执法者在医疗暴力事件中往往迟滞，甚至采用选择性执法，不

① [美]德博拉·斯通. 政策悖论——政治决策中的艺术. 顾建光译. 北京：中国人民大学出版社，2006：297.

② [德]尤尔根·哈贝马斯. 合法化危机. 刘北成，曹卫东译. 上海：上海世纪出版集团，2009：107.

③ 王玲玲，王晨，曹艳林，等. 医院场所暴力伤医趋势、不良影响分析及思考. 中国医院，2014（3）：4.

④ 王亮，李梅君，张新庆. 暴力侮辱伤医状况的调查分析. 医学与哲学，2014（9A）：47-48.

⑤ 中国社会心态调查：医疗安全感最低. http：//www.china.com.cn/economic/txt/2007-05/23/content_8298094.htm[2007-05-03].

⑥ 广州社情民意研究中心. 民调：新闻传播获民众好评 医疗服务不满仍多. http：//gz.ifeng.com/shangyezixun/detail_2013_12/12/1584259_0. shtml?_from_ralated[2013-12-12].

⑦ 2012年3月23日，哈尔滨医科大学附属第一医院王浩被刺之后，人民网刊登了这条消息，在这条消息里有“疑因医患纠纷”这样的字眼，之后腾讯网转发后有一个调查：读完这篇文章之后您心情如何呢。当时参与人数是6161人，选择高兴的高达4018人。可见，医疗纠纷引发的医方责任赋予暴力行为正当性的作用。参见：新闻1+1. 杀医生，我们也可能是凶手. http：//news.cntv.cn/china/20120326/123448.shtml[2012-03-26].

利于暴力事件的控制和防范。①

而将自己的行为归咎于医疗卫生服务的质量，尤其是认定与个体乃至群体性腐败相关，赋予了中国医疗暴力者行动的正当化理由。暴力行动者尤其是恶性医疗暴力事件的肇事者往往以受害者自居，其行动理由包括医生严重不负责任、逐利倾向明显、服务态度恶劣、医疗群体“沉默共谋”无法获得救济、医疗腐败等。例如，哈尔滨医科大学附属第一医院实习医生王浩被杀案的凶手李梦南在庭审中声称，医生不负责任的反复误诊，致使自己在经济上和身体上遭受重大摧残，是行凶的主要原因。②类似案例还有很多。③这使得暴力行动者即便受到法律制裁，其内心的愤慨仍然不能终止，并在一定程度上赢得民众同情，导致在暴力事件的定性上法律与民情发生冲突，也间接造成了政策和法律的运行弱化。

（三）暴力有猝发特征和强烈的去个体化特征

传统的暴力理论认为，暴力与社会冲突达到一定程度相关，是实施者迫不得已的选择。因此，约翰·基恩一边告诫“无论在哪儿，无论什么时候，都要努力废除或者阻止暴力手段的私有化”，一边要求“永远要设法理解施暴者的诸多动机和他们的环境”。④与之不同的是，中国医疗暴力常常呈现猝发形态，很难说施暴者是基于无奈或被迫。很多暴力在暴发前并无征兆，“沾火就着”、猝起发难，这为预防和控制造成了较大的困难。例如，2013 年 10 月发生在广州医科大学附属第二医院的伤医事件，患者家属罗某埋怨医生晚通知“一分钟”使其未见到死者最后一面而大打出手。⑤又如，2015 年 7 月发生在中山大学附属第一医院的伤医事件，患者与医生素无接触，也无纠纷，仅因为就诊时医生在查房，说“查完房帮你看”而感到不满而持刀砍伤医生。⑥当然，医疗暴力的猝发也有其可解释的理论空间，下文将对其作为医疗暴力类型之一的偶发型暴力予以进一步的解释，此处不赘述。

中国医疗暴力还有另一个特征，即暴力的去个体化。所谓去个体化，是指“当人们被视为某一类别或群体的成员，而不再是独特的个体时，他们就被去个体化了（deindividuated）。这种知觉……通过减少共情和削弱规制攻击之规范的力量，来逐渐破坏

① 面对医疗暴力时，警方的选择性执法备受诟病，主要表现为不出警、出警不出力等。参见：白宣娇. 医院早就是公共场所“警察是选择性执法”. http：//www.cd120.com/specialevent/64636.jhtml[2014-03-18].

② 吕博雄，刘承. 杀医者李梦南的“当庭独白”. 中国青年报，2012-7-27（07）.

③ 如温岭杀医案的凶手连恩青的母亲则认为，未曾缴纳红包，是连恩青手术做坏的关键。而连恩青自己则认为，以杀医讨公道的主要原因是医生相互勾结，对失败的手术始终不肯承认。参见：陆玫. 浙江温岭杀医案嫌犯的“妄想性”杀机：整个世界只剩鼻子. 东方早报，2013-10-31（A20）；又如，2011 年 2 月 2 日发生的上海新华医院伤医事件中，患者家属反映被打伤的医生丁芳宝服务态度恶劣是致其不满的重要原因，“对方查房时，他们曾多次问父亲为什么一直发烧。对方则反问：人为什么会生病？一加一为什么等于二？”参见：柴会群. 沪“最严重医患血案调查，各方表述大相径庭”. 南方周末，2011-2-18（A01）.

④ [英]约翰·基恩. 暴力与民主. 易承志，荣启涵，黄振乾等译. 北京：中央编译出版社，2014：159.

⑤ 毛一竹，肖思思. 晚通知“一分钟”引发伤医案 医患关系为何“一点就着”. http：//news.xinhuanet.com/legal/2014-05/11/c_1110630440. htm[2014-05-11].

⑥ 黎秋玲，罗艳琼，乡汝浩. 患者带着菜刀去看病 因不愿多等挥刀砍女医生. http：//news.zhuhai.gd.cn/mss_view.aspx?id=35715[2015-07-17].

抑制攻击行动的因素”[①]。因此，在社会冲突理论中，去个体化是侵犯升级的表征，也是使侵犯合理化和正当化的方式。具体到医疗暴力，去个体化表现为，暴力行动虽然是因某次医疗服务而诱发，但在发生之时，行动者常常模糊诱发暴力行动的个体，而将医务人员、医疗机构作为整体攻击的对象和目标。这种去个体化一方面反映了医患关系呈现一种整体的不信任和不和谐；另一方面的负面影响是，由于指向的是医疗群体，在无辜者/无关者被害造成群体性恐慌的同时，又很容易与民众对医疗服务整体的不满相呼应，从而模糊暴力本身的伤害性，变成一种富有“复仇”气息的行为。

三、医疗暴力类型化分析

类型化是我们认识世界的基本方法，在社会科学研究方法中，韦伯的“理想类型”方法影响深远。韦伯的“理想类型”方法强调通过主观认知去理解社会行动的客观意义，其方式是根据一定的因果关系将之进行逻辑加工，进而以类型化形成统一的分析结构。而在因果关系的判断中，韦伯特别强调行动者的主观经验及由此形成的一般经验规则，注重通过个体经验的分析上升到客观归类。韦伯将之称为“理解的社会学”。[②]在我看来，类型化方法简明、清晰地展示了以行动者为核心的中国医疗暴力图景，我们亦可从类型的划分中部分感知医疗暴力的成因，为后面诉诸暴力的理论归纳提供基础。

（一）情感型医疗暴力和工具型医疗暴力

情感型暴力和工具型暴力是美国学者迪恩·普鲁特对社会冲突中的暴力进行的划分。工具型暴力是一种能达到目的的手段，旨在强化冲突一方与另一方发生冲突的理由；情感型暴力则是指伤害另一方本身就是目的，而不是达到目的的手段，“这种暴力涉及的情感——诸如愤怒、敌意或是复仇的愿望——都直指另一方，这些情感可能来自因另一方而感知到的烦恼，或者说，它们可能映射出另一方给冲突一方或其所在的群体所带来的侮辱、痛苦或是相对剥夺”[③]。此分类可以作为医疗暴力分类的参考。情感型医疗暴力是指患方基于情感失控或者发泄产生的暴力行为，工具型暴力则是指患方为达到一定目的而采取的暴力行为。在我国目前的研究中，对于医疗暴力类似的分类已经出现。例如，徐昕将医疗暴力分为“情感宣泄型”和“索赔策略型”并进行了较为详细的解读：前者是指患方情绪失控引发的暴力，后者是指患方为获得赔偿或更多赔偿而将暴力作为一种手段或策略向医方施压的行为。“索赔策略型”约占医疗暴力的两成左右。[④]而在实践中，工具型医疗暴力也许指向但不局限于索赔策略：通过激烈的表达，强化自己在医患纠纷中的“无辜”和“有理”，争取达致诊疗期望或在日后的

① [美]狄恩·普鲁特，金盛熙. 社会冲突——升级、僵局及解决. 王凡妹译. 北京：人民邮电出版社，2013：136.

② 参见：[德]马克斯·韦伯. 社会科学方法论. 李秋零，田薇译. 北京：中国人民大学出版社，1999；王威海. 韦伯：摆脱现代社会两难困境. 沈阳：辽海出版社，1999：271-274.

③ [美]狄恩·普鲁特，金盛熙. 社会冲突——升级、僵局及解决. 王凡妹译. 北京：人民邮电出版社，2013：98-99.

④ 徐昕，卢荣荣. 暴力与不信任——转型中国的医疗暴力研究：2000—2006. 法制和社会发展，2008，(1)：87-88.

纠纷处理中获得同情[①]；通过模糊暴力对象的暴力表达，吸引更有权威的机关的关注（通常是政府部门而非司法机关），摆脱自认为难以得到公正解决的纠纷处理现状[②]；通过暴力的声称或表态，改变在医患冲突博弈格局中的弱势地位，获取至少是医方或者纠纷处理机构态度上的重视或平等对待。

此外，徐昕等的研究敏锐地发现，两种暴力类型之间有着混合交融、彼此促进的关系，“事实上，医疗暴力的上述分类并非泾渭分明，两者常常混合重叠，难分彼此。一方面，情感宣泄型医疗暴力并不排除对赔偿结果的追求。另一方面，索赔策略型医疗暴力也包含着患方的情感诉求，他们既主张赔偿，也要求医方认错，给个说法，以实现感情上的慰藉或平衡。只是出于现实考虑，尤其是医疗成本的高昂，这种暴力更多地倾向于索赔。情感宣泄型和索赔策略型医疗暴力往往也是相互转换的。一方面，情感宣泄型医疗暴力可能是索赔未果所致，是患者寻求多种救济无效后的终极救济。另一方面，暴力索赔的过程不仅是理性选择和策略运用，很大程度上也受情绪的催化和煽动”[③]。工具型暴力与情感型暴力的混融可以经由理性与情感的分野与交融进行解释。生物进化论认为，理性与情感均是帮助人做出选择的评估机制，情绪成为生物决定的过程，取决于脑的先天结构。情绪的装置存在于一个相当有限的皮层下区域，这些装置遇刺激可以自动运转，不需要深思熟虑。[④]也就是说，情感较理性而言，是一种更快的应激性反应。而情感尤其是共同体情感（非个体化情绪）的形成本身离不开经验的理性积淀。[⑤]因此，我们应用情感做出选择，更可能因为，这是一种低成本的理性思考，无须对情境进行更细致的分析，也无须借助既有的成功经验。波斯纳同时指出，情感是一种认知捷径，当经验越匮乏时，人越愿意诉诸情感判断。情感引发的判断失误，更可能是因为今天复杂和多变的生活还来不及使理性积淀为有效的情感认知。[⑥]也正是在此意义上，情绪支配着我们一切重大决策。[⑦]

上述分析的启示在于，尽管医疗暴力是一种极端冲突行为，情感型暴力明显多于工具型暴力，但情感选择并非没有理性依据。情感型暴力的发生通常与情感赖以形成的日常行

---

① 例如，2014年12月5日，河南信阳第三人民医院急救车前往信阳市三五八厂家属院31号楼出诊时，因无法找到具体位置有所延误，上门后急救人员又因具体诊疗措施与患方发生争议，最终患者家属持刀威胁急救人员。在接受媒体采访时，肇事者刘某则认为，首先，医生拖延了急救的时间；其次，由于常年患病，自己有一定的抢救经验，积极介绍病情时医生不予理会，而是“一直摇晃处于昏迷状态的病人，询问病情”，无奈之下，他拿出菜刀，医生才给病人测量血糖，并给病人服用葡萄糖。参见何正权. 六旬老汉持刀威胁120医生：病人有闪失 砍死你们. http：//www.huashengjp.com/article-133432-1.html[2014-12-09].

② 通常在谋求政府协调处理中出现，往往伴随信访等后续行为。具体例证参见：陈柏峰. 群体性涉法闹访及其法治. 法制与社会发展，2014，（3）：17-28.

③ 徐昕，卢荣荣. 暴力与不信任——转型中国的医疗暴力研究：2000—2006. 法制和社会发展，2008，（1）：89.

④ [美]安东尼奥·R. 达马西奥. 感受发生的一切：意识产生中的身体和情绪. 杨韶刚译. 北京：教育科学出版社，1999：41.

⑤ 譬如在情感上对于争议双方中力量弱小者的同情。这些情感的产生其实有着理性的溯源：从力量对比上，弱者一般难以对强者构成威胁，更容易被侵犯；而强者往往更希望通过诉诸力量而非“讲道理、辨是非”的方式解决问题。尽管可能有克制的强者，也可能有无理取闹的弱者，但从概率上讲，显然，同情弱者是更合乎理性的选择。

⑥ [美]理查德·A. 波斯纳. 法律理论的前沿. 武欣，凌斌译. 北京：中国政法大学出版社，2003：237.

⑦ [美]保罗·艾克曼. 情绪的解析. 杨旭译. 佛山：南海出版社，2008：6. 柯林斯对情感能量的解释可以作为另一个注脚，在他看来，情感可以成为互动仪式市场（interaction ritual market）上加强团体归属感的“能量”（emotional energy），人们追求情感能量的本质是参与社会互动并成为团体成员的身份渴求。这其实是对情感理性化的又一种描述，尤其是针对冲动、利他等看似非理性行动的理性解读。Collins R. Interaction Ritual Chains. Princeton：Princeton University Press，2004.

为选择相联系。情感的行为表达也许具有个体差异，但当医疗暴力作为构成社会问题的共同行动选择时，情感发生的背景和环境就具有了研究的意义。有学者指出，暴力背后隐含了一整套“正义观”的话语，包括“暴力私力救济的正当性”传统、革命话语的潜在影响、暴力经验和朴素正义观的影响等。[①]此外，情感型暴力的工具意义同样值得关注：一方面，情感型暴力其实隐含着对未来的威慑，不问理由地诉诸暴力的行动构成被侵害者避免此类暴力发生的更强动机；另一方面，情感型暴力的效果可能作为未来工具型暴力的依据，这使情感型暴力具有更长远的工具意义。情感宣泄一方面具有冲动的特征，另一方面也可能形成某种深思熟虑的前兆。

（二）蓄积型医疗暴力和偶发型医疗暴力

蓄积型医疗暴力是指随着医患冲突的升级，从没有暴力的冲突激化为暴力行动的医疗暴力。例如，2013 年 11 月 2 日，某医院神经外科病房住院患者唐××的父亲唐某因为不满医生给女儿停用某些药物，情绪激动之下朝医生挥动手里的菜刀，威胁医护人员。而其女儿唐××是在 4 年前的生产过程中出现昏迷成为植物人的。唐某与妻子以照料女儿为由已经在病房居住了 4 年，在缴纳了 18 万元医疗费后，因无钱再没有缴纳过费用，其间因治疗和用药与医方多次发生纠纷和冲突。此次剧烈冲突是多次冲突的激化。[②]偶发型医疗暴力则是指未经明显分化的冲突过程，暴力发生较为突然的医疗暴力。例如，被广泛报道的醉汉类医疗暴力基本均可归为此类。[③]前者的发生是有一定先兆的，往往存在交涉未果、怨恨或误会增加的过程，施暴者范围较广，可能是未直接参与诊疗过程的亲属或其他关系人；后者的发生难以预测，但施暴者一般为性格冲动群体，除了个性偏执使然，以醉酒、精神病等意志能力较差或缺乏者为典型代表。

此类分类的意义在于遴选影响暴力发生和暴力防控的有效因素。这可以在相关研究中获得启发。在对越轨行为的研究中，贝克尔将其分为连续性模型和即时模型，并指出：“在探寻越轨行为产生原因的过程中，人们通常会使用多变量分析的方法……多元变量分析假设所有导致现象产生的变量因素是同时产生作用的，但事实上并非所有因素同时对人的行为模式产生影响力，因此我们需要的是一种将行为模式的形成过程视为一个具有先后次序的解释模型。”[④]这提醒我们，在对类同于即时模型的偶发型医疗暴力进行解释时，可以将解释的变量简单化，无须太多引申——如神智缺陷、一时冲动等，与之匹配的，防控措施也相应直接，重在遏制或威慑冲动的发生、排查及警惕神智缺陷者的行为；而对蓄积型医疗暴力进行解释时，就必须将解释变量予以时空的划分，既关注

① 王国勤. 违法的正义，暴力观对群体性事件的影响. 探索与争鸣，2014，(6)：23-24.

② 彭蓓. 女患者父亲持刀威胁医生. 深圳商报，2013-11-5（05）.

③ 梁峻菱，陈连波. 达州一醉汉深夜大闹医院 暴打医生被刑拘. http：//cd. qq.com/a/20141117/020301.htm[2014-11-17]；文婷. 醉汉打砸医院逼院长下跪 院方和解被医生炮轰. http：//www.guancha.cn/local/2014_08_31_262395.shtml[2014-08-31]；王楠. 温州医院一夜发生两起打砸事件 涉案者被控制. http：//www.zj.xinhuanet.com/newscenter/focus/2013-11/21/c_118229956.htm [2013-11-23].

④ [美]霍华德・S. 贝克尔. 局外人：越轨的社会学研究. 张默雪译. 南京：南京大学出版社，2011：18-19.

影响因素的多元化，也关注多元因素的演变和递进次序；既关注对结果出现的控制，也关注整个过程中的情势变更；既关注实体上的预防和控制措施，也关注其间情感曲折的波动和迸发。与之相匹配的预防和控制措施也必然呈现多元化、过程化和内在化的特征。

但需要补充说明的是，第一，在一定程度上，某些偶发型暴力同样来源于蓄积的情感，只是未必直接来源于已经发生的医疗纠纷而已。有研究表明，事先无计划、成本收益衡量甚少的表达性暴力（expressive violence）仍可能源于长期积蓄的怨恨。例如，邢朝国在对熟人社会中暴力冲突的研究中发现，包含怨恨情感特质的争吵与纠纷，由于得不到及时有效的解决，从而使怨恨在冲突中不断加深，郁结的怨恨引发暴力行为。①因此，尽管这种怨恨的来源较为复杂，但怨恨产生的机制仍然可以作为医疗暴力生成的研究课题。②仅凭目前披露的案例推断，作为偶发型医疗暴力原因的怨恨多源于对医院收费、服务态度、诊疗方式等的长期不满，个别甚至可能来源于社会怨恨的积蓄。而弱势群体是医疗暴力高发群体的调查结论也间接印证了这一判断。中国医师协会所做的调研表明，伤医事件中小学和初中文化水平的施暴者占到了 50%；家庭贫困者如无业、下岗、农民、打工族占到了 60%；家庭多有不幸者如父母离异、离婚、童年生活坎坷等占到了 50%，诸多因素叠加，使得这一本应获得更多社会同情的群体成了伤医事件的主力。③

第二，蓄积型医疗暴力拓展了医疗暴力的形态。由于蓄积型医疗暴力的发生与医疗纠纷的过程交融互动，所以，在纠纷过程中其目标、冲击力、效果都不亚于暴力行为，甚至与各种暴力行为交叉的各种“闹”的行为，也应被视为医疗暴力的拓展形态一并加以研究。有研究者将之称为“冷暴力”，体现了两者在现实中的叠加：“冷暴力的‘冷’体现为隐形暴力而非显性暴力；冷暴力中的‘暴力’体现为强行胁迫医疗机构为一些不该也不想的事情。他们不鉴定、不起诉、不调解、不打砸医院设施、不殴打威胁医务人员、不设灵堂、不烧纸钱，只是采取非暴力不合作手法：一直纠缠医务人员并要求解决、穿着统一服装在医院走动并散布谣言、大批人员端着遗像在病房及医院大门口静坐、拦截车辆堵塞交通等。”④目前的政策法规（如《关于依法惩处涉医违法犯罪维护正常医疗秩序的意见》）将各种“冷暴力”与暴力行为并列为“涉医违法犯罪行为”，也从侧面体现了其与医疗暴力行为在危害能力和治理方式上的共同性。

---

① 邢朝国. 怨恨：暴力纠纷的情感解释. 学海，2013，(5)：88-95.

② 舍勒是较早对怨恨产生的社会机制予以研究的学者，他将怨恨的产生归于嫉妒等心理现象，并归纳出，“一个群体的政治、法律或者传统的地位与其实际的权力，越是不一致，则怨恨扩散的心理动力就越强”。参见：Scheler X. Ressentiment，Milwaukee. Wisconsin：Marquette University Press，1994：33. 对于当代中国怨恨积蓄的原因，学者一般归咎于社会结构变迁中的经济、制度、伦理等要素，如有学者等认为，怨愤产生的原因有：在政治层面，政府构造及官员行为存在一定的不足；在经济层面，民众的相对剥夺感日益突出；在社会层面，社会流动的相对停滞；在文化层面，意识形态对当下中国社会现实的失语。参见：郝宇青，车跃. 怨恨情绪及其化解——一个必须高度关注的话题. 探索，2011，(4)：70-76；也有学者认为，政府管控能力不足是泄愤事件频发的原因。参见：于建嵘. 抗争性政治：中国政治社会学基本问题. 北京：人民出版社，2010：160-163. 刘同舫则认为，不可忽视技术发展和与之带来的精英意识对怨恨产生的作用。参见：刘同舫. 怨恨对技术合理性的反叛. 自然辩证法通讯，2007，3：43-48.

③ 商涛. 2012 暴力伤医调研报告公布：贫穷者更易使用暴力. http：//news.39.net/more/130815/4238292.html[2013-08-16].

④ 谢小丽. “医闹”冷暴力索赔现象的法律分析. 人民论坛，2011，(2)：96.

（三）个体型医疗暴力和群体型医疗暴力

个体型医疗暴力是指暴力实施者为个体或少数几人的医疗暴力行为，群体型医疗暴力则是指参与者人数众多的医疗暴力行为。相较个体暴力，群体型暴力行为是更值得研究的行为。

群体性事件已经成为中国医疗纠纷最大的隐患之一。尽管缺乏全国性的数据予以佐证，但区域性的数据已经使我们得窥全豹：2013 年，成都市共发生医疗纠纷 1131 例，其中群体型医疗暴力事件 169 起[①]；2007～2013 年，东莞市人民医院和市中医院等 6 家公立三甲医院和常平医院、石碣医院等 7 家镇级医院，13 家公立医院共发生医疗纠纷 974 起，其中群体性“医闹”事件为 152 起，占医疗纠纷发生数量的 15.6%[②]；湖南省株洲、常德、娄底等 8 个市州 2007～2009 年医疗纠纷总数分别为 2676 起、2773 起和 2326 起，导致群体性或“医闹”事件的医疗纠纷分别为 441 起、526 起和 511 起，严重扰乱了正常的医疗秩序[③]。群体性医患冲突事件往往伴随有暴力举动（辱骂、推搡、殴打）或者扰乱医疗机构秩序的隐形暴力举动（摆花圈、设灵堂、拉条幅），其冲击力、破坏力、影响力都比个体型医疗暴力更大。而群体型医疗暴力以转型中国群体性事件多发的现实为背景，是对后者在演进中逐渐呈现暴力化的具体展示[④]，这使其在预防和控制上更为艰难。

目前，中国群体型医疗暴力的特征主要有以下几个方面。

1. 往往经历个体—群体的发展演变历程

这一特征与蓄积型医疗暴力相重合，但蓄积的不仅仅是冲突的烈度，还包括参与者的递增和协同性的加强。有学者对医疗纠纷从个体纠纷向群体纠纷的发展进行了研究，将其分为纠纷产生期、矛盾激化期、群体事件期和事件平息期，并对各个时期升级的结构性原因进行了剖析。[⑤]但这样的类型研究较为平面化，难以深刻展示医疗暴力个体—群体变化的内部结构和外部效应的改变，尽管研究者聚焦的重点不是变化而是原因，但平面的分析使得原因分析也显得较为单薄。相较之下，美国学者查尔斯·蒂利关于集体暴力的类型化研究更富有启发。蒂利以二维度对集体暴力的变化进行解释，包括短期伤害的显著性和暴力行动者的协同性，其构建的模型如图 1-1 所示。[⑥]

---

① 成都出台医疗纠纷处置办法，重点整治专业医闹. 华西都市报，2014-9-12（B2）.

② 汪万里. 东莞 15.6%医疗纠纷变成医闹 保卫室可配钢叉、催泪剂. 广州日报，2014-12-16（08）.

③ 刘柱，向立成. 湖南 8 市州三年发生群体性或医闹事件医疗纠纷 1478 起. http：//www.chinanews.com/jk/2010/07-23/2422803. shtml[2010-07-23].

④ 肖唐镖在其对群体型事件的实证研究表明，在超过 50%的事件案例中民众采取了含暴力、低暴力或非暴力的复合型抗争手段。其中，虽然有六成案例使用了非暴力手段，但仅限非暴力手段的案例占 34.3%；暴力程度上升到低暴力的案例占 23.6%，上升到暴力的案例则达 42%，两项合计达 65.6%。这表明，多数群体性事件选择了含暴力手段的抗争，属于一般违法或严重违法的事件。参见：肖唐镖. 当代中国的“群体性事件”：概念、类型与性质辨析. 人文杂志，2012，（4）：154-155.

⑤ 刘宗锦，方锐，沈江. 个体医疗纠纷向群体性事件升级过程分析及干预模型建立. 现代预防医学，2008，（16）：3097-3101.

⑥ [美]查尔斯·蒂利. 集体暴力的政治. 谢岳译. 上海：上海世纪出版集团，2011：14-15.

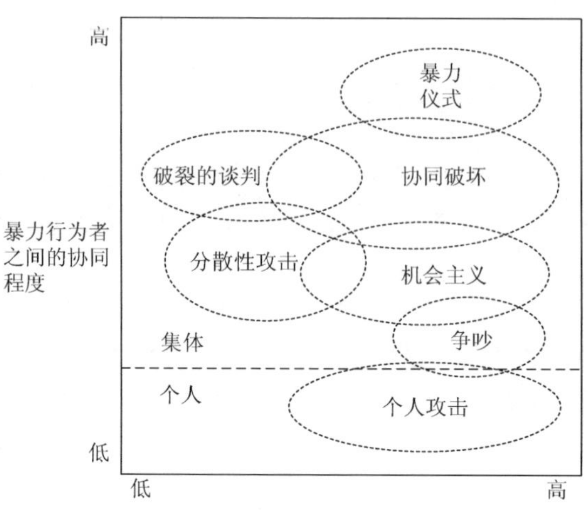

图 1-1　短期伤害的特点

这一模型较为精确地描述了集体暴力产生的轨迹和其伤害递增及协同加强之间的关系。在蒂利看来，以集体暴力的显著性和协同性确认暴力类型的意义在于："①在相关的结果和因果机制的结合方面，它们能够辨别有意义的和连贯的变化；②它们能够确定那些具有相似原因的集体暴力的位置；③找到了那些原因之后，它们能够帮助解释规模、持久性、破坏性、非对称性和接近政府机构的变化。"[①]借助这一模型分析群体型医疗暴力，我们不仅可以观察到平面意义上的行动变迁，还可以深入集体暴力的内部区分出不同的暴力形态：从时间延展上看，群体型医疗暴力一般都经历了个体纠纷、谈判受挫、协同破坏等过程；从烈度上看，也逐渐由争吵向更剧烈的暴力行动发展；从其群体凝聚的方式看，协同性的加强显然标志着其破坏力在威慑意义上的加强。该模型更精致的地方在于，对机会主义、暴力仪式化背后隐藏的工具型暴力有着深刻的洞识，进而揭示出群体型医疗暴力行动隐含的策略选择。

2. *群体型医疗暴力参与者的组织化程度较强*

尽管也有个别引发广泛社会冲突的群体型医疗暴力[②]，但整体上群体型医疗暴力以患方集体行动为主，因此，组织化程度和行动上的协同能力都比较强。但协同性的加强并不意味着暴力行动的实质破坏性增强，这与通常媒体报道的群体型医疗暴力往往是恶性冲突有所区别。[③]需要分辨的是，当群体协同性加强时，医疗暴力并不因为组织

---

① [美]查尔斯·蒂利. 集体暴力的政治. 谢岳译. 上海：上海世纪出版集团，2011：15.

② 例如，2006 年四川省广安市医疗纠纷引发社会冲突的案件。2006 年 11 月 7 日，因一幼童误服农药中毒在广安市第二人民医院抢救无效死亡引发医患纠纷，患方把死者尸体摆放在医院门口，并且在医院门口烧纸、摆放花圈、坐在医院举牌等，持续时间长达 3 天，引起数万市民围观。11 月 10 日，数千名不明真相的群众聚集在该院门口，11 月 10 日晚事态进一步恶化。参与人员对市第二人民医院、交警一大队设施进行打砸，对执勤武警、民警进行辱骂、殴打，并放火烧毁警车，造成了重大经济损失及恶劣社会的影响。参见：吴松涛，江戈，冯剑辉. 打砸医院烧毁警车，广安十一被告全部获刑. http: //scnews. newssc. org/system/2007/08/10/010439536. shtml[2007-08-10].

③ 媒体报道予人的印象是，群体型医疗暴力的冲突更激烈，破坏性极大。例如，福建南平医患冲突调查：医生政府门前静坐. 中国青年报，2009-06-29（05）.

肌体数量的增加，变得更加积极，破坏力也远没有想象中的大。真正严重的暴力举动往往是在谈判和威慑没有起到效果时才暴发。事实上，无组织化往往是群体性事件中引发暴力行动的重要因素。这符合目前相关研究的结论。有研究表明，群体性事件中，社会抗争与社会冲突完全无组织化的表现形式，直接导致社会冲突与社会抗争行为的“不可预测”“防不胜防”“乱哄哄”的状态，以及“暴烈性”“破坏性”的后果。尤其是在利益冲突比较集中的社会转型时期，社会利益没有得到有效的组织，社会中间组织缺失，分散的个体很容易被卷入群体化的行动之中。①而组织协同的加强反而会强化行动风险、责任及其坐实的认知与评估机制，有助于集体行动的自我约束。②这也是遏制群体型医疗暴力需要注意的方面，与群体的沟通要谨防信息的异化、情绪的激化及无组织规模的不当膨胀，一旦进入无组织化或组织控制力下降的状态，暴力风险会大大增加。

3. 医疗纠纷当事人之外的参与者行动对群体型医疗暴力的影响甚大

首先，职业“医闹”已经成为医疗纠纷重要的推动者。2006 年 7 月，卫生部新闻发言人毛群安在新闻发布会上指出，现在在全国的不少医疗机构中，活跃着一批专门替发生医疗纠纷的患者到医院闹事而从中获取经济好处的人，媒体把他们称为“医闹”。③这是来自官方的较早的对“医闹”的描述，从内容上看特指以“闹”为职业的群体。我也同样将讨论范畴限制在职业“医闹”的内涵上。④职业医闹的广泛存在已经是个不争的事实。⑤而其组织或参与群体型医疗暴力的特殊性在于：打乱了组织协同性加强与约束机制的关联，使暴力行为更容易被引发；职业“医闹”的经验和技能使防范和控制暴力的一般对策可能失效；事态的刻意扩大化可能使群体型暴力的参与者范围进一步增加，酿成广泛的社会冲突。

其次，地方政府对群体型医疗暴力的态度往往成为暴力行动延续与否的关键。在

① 刘琳. 无组织化：转型期群体性事件的主要风险因素. 当代世界社会主义问题，2012，(2)：48。另请参见：朱力. 中国社会风险解析——群体性事件的社会冲突性质. 学海，2009，(1)：69-78；张紧跟. 从社会组织的视角看群体性事件. 探索与争鸣，2009，(3)：18-19. 以上研究都从冲突无组织化与冲击加剧的角度阐释了中国群体性事件的风险特征。

② 肖唐镖. 群体性事件中暴力何以发生——对 1189 起群体性事件的初步分析. 江苏行政学院学报，2014，(1)：46.

③ 陆铁琳. 卫生公安联手打击医闹. 家庭中医药，2006，(9)：19.

④ 目前“医闹”概念使用较为混乱。有研究者指出，医闹有广义和狭义之分，广义上的“医闹”泛指一种行为方式，是患方为了解决医疗纠纷而采取的非理性行为方式；狭义上的“医闹”特指体通常以某起医疗纠纷为名，不通过司法途径，直接到医院挑衅寻事，严重扰乱了医疗秩序，企图用“闹”的方式谋求医院高额赔偿的群体。从利益相关者上看，仍可以继续划分为直接利益相关者（即患方及其家属）和利益不相关者（即职业医闹）。参见：时乐平. 治理‘医闹’：医疗纠纷的制度根源及其约束. 上海：复旦大学硕士学位论文，2011：45-46. 在我看来，太广泛的含义没有学术意义的区分度，直接利益相关者的“医闹”其实更类似于工具型索赔行为。

⑤ 目前可见的报道包括福建省、黑龙江省、广东省、安徽省、湖南省、北京市、四川省、湖北省、重庆市等。可参见栾微，张智威. 哈尔滨出现“职业医闹”团队 文武兼备月入数千元. 黑龙江晨报，2010-9-13（07）；黄宙辉. 广州半数医闹案是职业医闹所为. 羊城晚报，2014-09-24（A03）；鲍晓菁，廖君，肖思思. 全程控制、随时出手、敲诈分成——揭秘职业医闹的生意经. http：//news.xinhuanet.com/health/2013-11/28/c_125777311.htm[2013-11-28]；张浩，龚化. 长沙职业医闹大起底：闹一天 350 元 赚死人钱提 8%. 三湘都市报，2014-07-01(09)；宋永坤. 成都出现职业医闹. http://news.sina.com.cn/c/h/2006-07-17/053010442502.shtml[2006-07-17]；武汉“职业医闹”公司化运作 5 年多. http：//news.qm120.com/yq51/2010122390663.htm[2007-08-01]；罗小光. 职业医闹：分工严密收入不菲. 重庆晨报，2010-02-05（08）.

医方看来，在医疗暴力的处理过程中，一些地方政府的态度往往不够坚决，而这些政府也自认内有苦衷。中国农工民主党此前在基层医疗机构进行的调查显示，72.8%的医务人员认为在受到“医闹”的不法侵害时没有得到公安部门的有效保护。甚至有人认为，出于同情，警方并不尽力。而警方则表示，警力不足、专业技能有限，使得自己既缺乏能力应对群体性事件，也难以判定是非对错。[①]对于群体型医疗暴力事件，政府的态度则更为谨慎，刘德海形象地将政府对待群体型暴力的态度倾向称为“机会主义”：“①如果社会弱势群体的情绪和行动尚未激化，至多停留在集体上访或集会等体制内平和的诉求手段，机会主义的地方政府将采取高压强硬策略；②一旦弱势群体中出现暴力抗争的行动，由于机会主义政府转而做出较大让步，从而诱导其他弱势成员相继采取暴力抗争行动，事态反而进一步呈现扩大趋势。”[②]这样的态度和做法也已经在群体型医疗暴力中出现。[③]虽然，随着处置医疗暴力的法律规则愈加清晰，政府在处理上逐渐更加果敢和严厉，但毋庸置疑的是，某些地方政府态度仍然对医疗暴力的发生或消弭有着重要的影响。

① 葛江涛，杨明，米艾尼. 求解医闹. 瞭望东方周刊，2011，(10)：5-8.

② 刘德海. 群体性突发事件中政府机会主义行为的演化博弈分析. 中国管理科学，2010，(1)：175.

③ 例如，在福建南平2009年发生的“6·21”群体型暴力事件中，相关领导要求公安部门既要迅速出警，制止违法行为，尽快平息事态；又要坚持慎用警力、慎用武器警械、慎用强制措施，防止因举措失当、应对不妥而导致矛盾激化、事态扩大。南平市延平区公安分局副局长宋建喜在接受采访时表示，医患纠纷引发的群体性事件不同于单一的刑事案件，不简单是抓不抓人的问题，党委、政府在选择处置方式时，都是非常慎重的。总的原则，就是绝不允许因为处置不当引发更大的矛盾，将医患间的纠纷，转变为患者家属和公安机关甚至政府的矛盾。这样的态度使得南平地区一度成为“医闹”示范区。参见：唐磊，刘刚. 福建南平成医闹示范区，政府医院息事宁人. http：//www.chinanews.com/jk/jk-hyxw/news/2009/07-07/1764262.shtml[2009-07-07].

第二章　医疗暴力中的“医疗”：空间及其意义

疾病是生命的阴面，是一重更麻烦的公民身份。每个降临世间的人都拥有双重公民身份，其一属健康王国，另一则属于疾病王国。尽管我们都只乐于使用健康王国的护照，但或迟或早，至少会有那么一段时间，我们每个人都被迫承认我们也是另一王国的公民。①

——〔美〕苏珊·桑塔格

我们的日常语言常有这样的表述，“每样东西都有它们自己的位置”或者“你所指的是哪个，是这边这个，不是那边那个吧”。这显然是在提醒我们空间的作用。这边，那边，位置都与关于这个世界的空间框架的知识的某一部分相关。②

——〔美〕罗伯特·戴维·萨克

概念蕴含的理论猜想是构建可能的研究向度的基础。在这一意义上，本章既是对上一章内容的继续说明，也是一项全新的研究——医疗，这样一个既有明确内容限定又不乏开放性的词汇，对医疗暴力的研究而言，究竟能起到怎样的作用，本章试图回答这个问题。

一、作为工作空间的“医疗”

医疗，从词义上看毫无歧义。《辞海》解释为“1. 医治。2. 疾病的治疗”。但作为暴力的前缀（定语），“医疗”以行为方式表明或限制了暴力的发生空间，意义更加丰富。与之相较，“伤医”以对象取代了空间，缩小了甚至转换了医疗暴力的空间表达——没有伤害医生的院内暴力将如何称谓？发生在医院外的普通伤医将如何称谓？而“医疗工作场所”作为前缀的表达虽然足够清晰，但过于执着物理空间，隔绝了更为广阔的想象空间——暴力行动难道仅仅与职业因素相关？

因此，我在这里分外强调“空间”这个词。社会理论的空间转向是现代西方社会学的新动态。20世纪70年代以来，在列斐伏尔、福柯、布迪厄、吉登斯等一批社会理论家的共同推动下，空间概念逐渐成为社会学理论的核心概念之一。较早进行空间理论研究的列斐伏尔将空间分为空间实践、空间表象和表现的空间，分别意指被感知的维度（即物质空间）、概念的维度（即生产关系和秩序空间）和象征的维度（即象征和符号系统的形而上空间）。③他强调，空间不仅仅是物理构成，而且是社会生产关系和秩序的产物，空间不停地进行着生产活动，而非仅仅是在空间中的生产。空间的生产在一定程度上也是一种主导权力的生产。④列斐伏尔对行为与空间的联系极富洞察力：“事实上，社会空间与社会行为

① [美] 苏珊·桑塔格. 疾病的隐喻. 程巍译. 上海：译文出版社，2003：5.

② [美]罗伯特·戴维·萨克. 社会思想中的空间——一种地理学的视角. 黄春芳译. 北京：北京师范大学出版社，2010：5.

③ Lefebvre H. The Production of Space. Nicholson-Smith D（tran.）. Malden，Oxford，Carlton：Blackwell Publishing Ltd，1991：24-29.

④ 郑震. 空间——一个社会学概念. 社会学研究，2010，（5）：178-179；邹诗鹏. 空间转向和激进社会理论的复兴. 天津社会科学，2013，（3）：14.

结合在一起，与那些有生有死、受苦和能动的个人或集体的主体性行为结合在一起。……从认知的角度来看，社会空间（与其概念一起）是作为社会分析的工具。接受这一观点就意味着要立刻剔除在社会行为与社会场所之间、在空间功能与空间形态之间那种简单化的一一对应的模式。”①空间理论将对社会问题的凝视限制在固定的时段和区域，其基本观点是：任何社会行动都是空间性的行动，都有其具体的场所——以物理环境为基础的社会空间，并以不同的方式参与了空间的构造。空间理论关注社会主体的行动，展示具体场域中行动的经验内涵，讨论不同空间下行动的类型和面貌，分析各种行动的情境性特征和建构因素，剖析行动内在的关系结构，最终达致对人类行动的深入解释。正如哈维所指出的，“一旦我们发现了空间是什么，而且找到了呈现空间的方式，那么我们就可以将我们对于人类行为的理解，安放到某种一般性的空间概念里”②。

尽管空间理论的功过得失学界自有评论，但将“医疗”视为空间对于医疗暴力的研究却意义重大。空间理论的引入意味着与医疗有关的权力③、知识和关系在医疗空间内的博弈、交错、冲突、并行以及互补都将被纳入研究的视野。

大部分医疗暴力的发生地点在医院内，伤害人群以医护人员为主。在这一点上，关于职业安全的研究完全可以被医疗暴力研究所吸纳，但从空间意义上看，可以纳入视野的显然不仅仅是职业。这将构成我对空间意义的“医疗”进行分析的开端。

（一）工作空间的结构

这里的“结构”着眼于包括建筑在内的物质实体的特征。已经有研究关注了空间结构与医疗决策的关系：“医院空间结构形式主要包括医院范围内各种物质实体的密度、位置（布局）和形态三个方面，是医院系统内决策、运行、支持等各分系统结构的空间投影，是医院作为一个系统存在和发展的空间形式。”④但结构不仅限于医疗机构内部，也应扩展至外部。因此，我将“医疗”工作空间的结构归结为布局和形态两个方面。

在布局上，医疗卫生机构的设置必须遵循区域卫生规划的基本要求，即以满足区域内全体居民的基本卫生服务需求、保护与增进健康为目的，对机构、床位、人员、设备等卫生资源进行统筹规划、合理配置。⑤显然，区域卫生规划与卫生资源的优化配置相关。区域卫生规划将确保充分利用法律、经济、行政手段，特别是将充分利用政府投入和规制的杠杆作用，合理配置卫生资源，引导卫生资源合理流动，优化卫生资源，调整存量，控制

---

① [法]亨利·列斐伏尔. 空间的生产（节译）. 建筑师，2005，（10）：59.

② Harvey D. Social Justice and the City. London：Edward Arnold Ltd，1973：218.

③ 这里的权力借用了福柯的观点，即一种支配和被支配的关系。每个人都处于相互交错的权力网络中，在权力网络中运动，既可能成为被权力控制、支配的对象，又可能同时成为实施权力的角色。同时，福柯还指出了权力的非中心化和非压抑性，将权力视为非中心化的、多元的、分散的关系存在，从边缘和底层挖掘权力关系的存在。参见：[法]米歇尔·福柯. 权力的眼睛. 严锋译. 上海：上海人民出版社，1997：29-32；[法] 米歇尔·福柯. 规训与惩罚. 刘北成，杨远婴译. 北京：生活·读书·新知三联书店，1999：233-235；[法]米歇尔·福柯. 必须保卫社会. 钱瀚译. 上海：上海人民出版社，2010：14-29.

④曹文秀. 论医院合理的空间结构. 中国医院管理，1993，（7）：32.

⑤ 参见：《关于开展区域卫生规划工作的指导意见》（1999 年 3 月 15 日，国务院批准，国家发展计划委员会、财政部、卫生部联合颁布）另请参见：候岩. 我国区域卫生规划的沿革与创新. 中国卫生政策研究，2011，（9）：1-4. 该文较为权威和细致地描述了我国对区域卫生规划从认识到开展再到深化的过程。

增量。[①]但我更关注“区域”对“医疗”的空间意义及其对暴力发生的衍生后果。区域(region)是典型的空间概念，以区域为中心的资源配置比沿袭自苏联的以床位、人口数为依据的规划更为科学。而规划方法的嬗变强化了空间的区分意义，正如我们常常挂在嘴边的“中国是一个××发展不平衡的大国”，不平衡的重要原因是地域辽阔及其带来的发展区别。这对理解医疗暴力的发生和制定应对策略具有重要意义。例如，我们常常把卫生投入不足作为影响医患关系进而影响医疗暴力发生的重要原因，而笼统的投入不足因为太具普适性的解释力，实质上反而不具备解释力——试想，从财政投入的角度，何为充足，有限的财政怎能满足多多益善的投入需求？只有将区域作为投入需求的考察要素，具体考量特定区域内的医疗服务供需之间的冲突，才能有效弥合供需之间的裂痕，从而改善医患关系。对“区域”的重视要求我们更加细致地考察特定区域内“医疗”的特殊性，包括其与政治、经济、科技、文化甚至民风的关联，这样才能更为准确地研究其对医疗暴力发生的影响。已经有研究指出，医院地理位置可能成为暴力发生的危险因素之一。通过对广东省的调研发现，深圳市和广州市的发生率最高，东莞市次之，揭阳市最低，可能与人口流动、经济文化水平及卫生资源配置相关。但进一步的探析尚有待展开。[②]

在形态上，“医疗”更是一个具体而微的空间。空间的物理特征往往具有更宽泛的社会意义。[③]“医疗”也是如此。医疗空间与医疗模式[④]、医患关系[⑤]之间往往具有隐秘的关系。在目前对域外应对医疗暴力的介绍中，美国的医院建筑结构在防范和控制医疗暴力上的作用给我们留下了深刻的印象：在易引发暴力的急诊中，接诊区和病人候诊区在空间上予以分离。两个区之间一般有一道单向的门隔开，从外面进入需要密码或胸牌，病人及家属无法随意进入医生的工作区接近医生。[⑥]与之相适应的，在美国职业健康安全协会2004年颁布的《卫生保健及社会服务工作者预防工作场所暴力指南》中，更是将空间作为重要因素予以强调。[⑦]这是因为，暴力在现实意义上首先是具备物理特征的——包括肢体、语

① 任苒. 区域卫生规划与卫生资源配置. 医学与哲学，2000，(5)：9.

② 王声湧，林汉生. 暴力流行病学. 北京：人民卫生出版社，2010：175.

③ 可参考关于建筑的社会科学研究。例如，关于建筑与文明的关系，参见：[美]理查德·桑内特. 肉体与石头——西方文明的身体与城市. 黄煜文译. 上海：上海译文出版社，2016：9-13，导论. 又如，关于建筑与政治的关系，参见：[法]托克维尔. 论美国的民主（下卷）. 董果良译，北京：商务印书馆，1988. 其中第十二章 “为什么美国人既建造一些那么平凡的建筑物又建造一些那么宏伟的建筑物”解释了建筑与政治制度的潜在联系。一个精当而有趣的解读参见：贺卫方. 建筑的政治学. 南方周末，2008-05-15（D24）.

④ 有学者认为，医疗机构建筑应从人性化关怀、情感照护等方面体现“生物医学”到“生物-心理-社会医学”模式的转换，从“以技术为本”转向“以人为本”。参见：翟斌庆. 医疗理念的演进与医疗建筑的发展. 建筑学报，2007，(7)：89-91；巴志强，徐洪斌. 医学模式发展对医院建筑环境、功能的影响. 中国医院管理，2007，(4)：54-55.

⑤ 例如，有学者认为，现代医疗建筑剥去了“教堂—医院”的崇高性，提供给患者高效率、专业化、简洁一致性的空间，但是“控制”和“施与”的性质却没有改变。在这样的流程里，患者被流线、效率和整齐划一的环境所限定，作为疾病的载体在医院中流动；医生作为现代科学医学的代言人对患者发号施令，建筑设计的研究和结果无不强调了这种医患关系。参见：周欣. 中小型医疗机构建筑探讨. 长沙：湖南大学硕士学位论文，2008：19-21.

⑥ 美国医院是怎么防止院暴的？http：//news.medlive.cn/all/info-news/show-58597_97.html[2014-02-26].

⑦ 包括设置严格门禁制度；设置紧急员工避险房间，保证治疗区有备用出口；家具布置和治疗区陈设应避免妨碍员工脱困，避免设置容易刺激暴力或被用来行凶的物品；提供可锁的、安全的员工卫生间，符合消防规定的情况下，锁住所有未使用的门，限制出入；室内外安装明亮、有效的照明系统。参见：Guidelines for Preventing Workplace Violence for Health Care. http：//www.osha.gov/Publications/OSHA3148/osha3148.html[2014-07-06].

言冲突的接触性，伤害对象的具体性以及损害结果的可测度性。而医疗空间形态正是物理意义上的暴力的表达“场域”，它既容纳了暴力的过程，又限定了暴力的要素（原因、对象、方式等），正因如此，它还可以作为暴力拓展的想象空间以及暴力控制的策略技巧。在我国，因为空间控制不力或布置不得当而加剧了医疗暴力的事例也屡见不鲜。例如，2012年湖南“4·28衡阳市第三人民医院血案”中，衡阳市第三人民医院南院地处偏僻，庭院幽深。案发地点住院部是座独立的大楼。从门诊办公区到住院部，有一段长五六百米的坡道，若慢行要走10分钟。住院部楼层没有安装监控，也未设置保安，人们可随意出入。案发当天，只有医生陈钰娜一个人在办公室。①这样的空间布局显然更有利于施暴者的出入和行凶。

（二）工作空间的类型

类型化是指作为工作空间的“医疗”的不同类别，包括医疗机构的区分、医疗机构内部部门的区分以及医疗机构服务人员的类型化。需要说明的是，之所以将人员放入空间类型化中，是因为在医疗空间的生产中，人员类型是与生产方式和能力紧密相关的，同时，不同类型的医疗工作人员所处的医疗空间从经验上看是有所区分的，如医生和护士、不同专科的医生、同一科室的不同类型医生（如门诊医生和住院医生等）。

类型化会对工作空间的特征产生明显的影响。首先是医疗机构的区分。等级较高的医院门类设置多样齐全，医疗技术能力较强，可能出现人潮涌动的景象，而等级较低的医院由于医疗技术能力相对较弱，吸引力不足，则可能门可罗雀。这同样对医疗暴力的发生产生影响。当然，就诊量不一定与医疗暴力的发生呈绝对正比关系。有关医疗纠纷的研究表明，虽然就诊人数多意味着纠纷风险概率提高，但由于医疗技术和质量管理等因素，等级较高的医院规避纠纷风险能力可能强于等级较低的医院。医疗纠纷大多集中在二级医院。②与此同时，其他的区分方式也会对医疗暴力的发生有所影响，例如，国有与民营的区分：对部分城市的抽样研究表明，国有医院工作场所暴力发生率为62.198%，高于民营医院的19.160%；国有医院暴力事件多发生在病房，民营医院多发生在医生办公室，发生率为32.135%；国有医院和民营医院发生工作场所暴力的最主要原因分别为肇事者酗酒和患者病情无好转或自认为无好转。③又如，医院类别的区分，有对精神病专科医院与综合医院的医疗暴力研究表明，前者暴力发生率高于后者，且以本人肇事为主，身体暴力频发；后者则以亲属肇事为主，身体暴力发生率低于前者。④其次是医疗机构内部部门的区分。不同部门遭遇的医疗暴力是不同的，研究者普遍认为急诊科发生率较高，检验科/影像科、儿科、妇产科、内科、外科等也较其他部门为高。⑤从区域上看，不同区域的医疗暴力

① 李敏. 恶性袭医事件中医院公共危机管理的新思考. 理论月刊，2013，(8)：110.

② 何雪华，黄瑶，张淼. 南方医科大学发布全省100家医院三年间医患纠纷研究报告. 广州日报，2015-01-04（06）.

③ 于立群，张天哲，唐晓霞，等. 国有与民营医院工作场所暴力情况比较. 中国公共卫生，2010，(12)：1510-1511.

④ 陈祖辉，王声湧. 2006. 精神病专科医院与综合性医院工作场所暴力对比研究. 中华预防医学会第二届年会论文.

⑤ 参见：荆春霞，王声湧，谭冠昶，等. 医院场所暴力发生的流行特征及原因分析. 中国公共卫生，2003，(7)：863-864；陈祖辉. 广州市工作场所医疗暴力流行病学研究. 广州：南方医科大学博士学位论文，2011；寇长贵，李波，宁宇，等. 2006. 医院工作场所暴力流行病学特征分析. 中国公共卫生，2006，(8)：964-965.

发生状况亦有区别。中国医师协会的调研表明，住院区（87.3%）、就诊区（73.2%）、办公区（48.6%）居暴力伤医事件频发场所前三位。另外，收费处、候诊区、分诊台、挂号处等也是暴力伤害医务人员事件频发的主要场所。①最后是人员的类型化。研究者普遍认为，护士遭遇的医疗暴力较为突出，但也有个别研究指出，医生遭遇暴力的发生率高于护士。②

（三）工作空间的属性

目前的医疗服务是一种公共服务，“医疗”工作空间也具有公共性。从空间意义上，判断“公共性”其实非常单纯，能够任意出入即属于公共场所，由此可能带来的是人流密集、引发公共议题等衍生后果。因此，在建筑设计上，往往会对医疗机构的公共空间格局予以格外考虑③，甚至参照宾馆、公园等公共场所予以设计安排。④医院的公共场所属性在医疗暴力频发之际，已经成为业内人士关注的焦点，甚至成为政治议题，其理由是由于我国医疗机构以公立机构为主，一直以来适用的均为内部安保措施，在法律保障、安保能力、危机处置上均有缺陷，不利于对医疗暴力的防范和处理。在2014年的两会上，全国政协医卫界90名政协委员于3月6日联名提案，建议将医院升级为公共场所，从而防止伤医事件发生。⑤这一议题在医疗暴力引起公共关注的大背景下，很快得到了法律层面的回应。

回应主要包括：①有法律界人士指出，尽管在《刑法》《治安管理处罚法》中医院未被列入“公共场所”，但医院是公共场所其实有法律依据，体现在2013年《最高人民法院、最高人民检察院关于办理寻衅滋事刑事案件适用法律若干问题的解释》第5条中，医院已经与车站、码头、机场、商场、公园、影剧院、展览会、运动场同时作为“公共场所”出现。⑥②北京市医院管理局在《2014年基础运行管理工作要点》中提出，将增强市属医院的安保力量，并统一为医院购买公众责任保险。公众责任保险适用于各种公共设施场所，如工厂、办公楼、学校、医院、商店以及工程建设工地等。这一地方性规定突破了旧有的《企业事业单位内部治安保卫条例》。⑦

但我对于目前医院“升格”为公共场所的动机和意义均有所保留。从目前的信息来看，确认医院为公共场所的主要动机是进一步加强安保——包括动用警力予以保障，这其实在现实中已然紧锣密鼓地实施着⑧，并在之前就得到了规范层面的确认。⑨而业内人士普遍认

---

① 王玲玲，王晨，曹艳林，等. 医院场所暴力伤医趋势、不良影响分析及思考. 中国医院，2014，(3)：4-5.

② 于立群，蒋守芳，唐晓霞，等. 2006. 唐山市医院工作场所暴力现象调查. 现代预防医学，2006，(2)：148.

③ 张珊珊，梅季魁. 现代医院公共空间逻辑秩序的建立——辽宁营口市中心医院创作实践. 建筑学报，2008，(5)：80-82.

④ 黄少英. 以病人为中心的医院建筑思路. 中国医院管理，2000，(1)：57-58.

⑤ 陈芳. 暴力伤医违法，建议将医院列为公共场所. 中国商报，2014-3-14（P02）.

⑥ 宗媛媛，周明杰. 医院是公共场所，又如何？北京晚报. 2014-03-11（22）.

⑦ 吴帅. 医院是“公共场所”应该形成共识. 南方日报，2014-5-29（F02）.

⑧ 早在2004年，大连市中心医院就已经设置了警务室。而据中国医师协会法律事务部主任邓利强所言，自2007年“平安医院”建设以来，很多公安机关陆续都在医院建立了警务室。参见：葛江涛. 政协委员反医闹. 瞭望东方周刊，2011，(10)：21-22.

⑨ 2012年5月4日，卫生部发出紧急通知，要求各级卫生行政部门协调公安机关向二级以上医院等重点医疗机构派驻警务室，共同加强医疗机构治安管理，维护正常诊疗秩序，保障医患双方合法权益与人身安全。

为，确立医疗机构公共场所的属性，通过加强安保，能够对控制医疗暴力有所裨益。的确，公共场所的安全保障更为有力，无疑可以震慑暴力行动的企图发起者，可以尽快控制或处置正在发生的暴力行动，但这并非确认医疗机构为公共场所的全部意义，因为仅如此，内部安保的加强未必无法达到类似效果；“公共场所”呼吁和设置所隐含的内部证成也许更为重要——与警力等公权力部门的协作会使暴力行动者从开始就位于秩序破坏者的假定中，这样才能使暴力遏制手段和策略更富有正当性。但这也是我产生疑问的渊薮。且不说有限的警力是否能够满足这样的保障级别，仅仅“公共场所”的笼统提法也存有疑问。回归空间本身属性，我们将更清晰地认识这一问题。

1. 公共性与安全性的关系需要进一步明确

在自由出入的根本标准上，“医疗”工作空间以入门、候诊等典型空间为例，确是公共场所无疑。但公共场所的安全保障措施尤其是动用公权力保障的必要则要视公共性与安全性之间的联系，这其实是两个逻辑层面的问题，而目前不甚恰当地搅在了一起。公园、宾馆、广场、公路等公共场所的暴力安全问题及其危害性引起关注，大多来源于其公共性本身产生的诸如人群聚集规模大、公共投入成本巨大以及社会秩序样本功能等；而医疗空间的公共性与暴力事件之间的关联虽然有，但目前看来并不明显——更多来源于对象明确、事出有因（尽管“因”未必正当）的暴力报复或泄愤行为，尽管保障医务人员人身安全非常重要，也兼具间接保障患者健康权益的功能，但与泛泛的安全保障不同，公权力介入医疗空间尤其将医疗暴力行动者明确等同于其他公共场所的秩序破坏者的假定，而罔顾其原因，可能在一定程度上被视为偏袒、“拉偏架”，在原有的冲突上增加对立情绪。现实中也会给警力的使用带来困惑。①

2. 公共性带来的其他后果未必是医院愿意承担的

在阿伦特看来，公共“首先意味着，在公共领域中展现的任何东西都可为人所见、所闻，具有可能最广泛的公共性。对于我们来说，展现——即可为我们，亦可为他人所见所闻之物——构成了存在”②。公共场所在空间上更容易形成开放性，成为向公众展览之物。因此，我不肯定，除了公权力介入带来的安保能力加强，医疗机构是否做好了承担成为公共场所所面临的被公开注视的准备。这意味着，暴力行动的理由将同暴力行动的细节一起面对信息时代的传播、扩散乃至扭曲，这既可能巩固了社会监督，又可能带来一定的成本损耗——如医院声誉的下降、医院成为社会关注焦点带来的不必要侵扰以及对尤其是公立医院的领导个人带来的不良影响。我们还可以猜测，在医患之间信息难以对称的医疗活动中，即便公开全部细节，人们可能至少在短期内难以理解由专业术语包装的医疗风险，而

① 实践中，警方并未像医方所期望的那样，以强有力的行动震慑暴力，而更多采用了调解、协商的方法控制暴力的激化，甚至努力让当事人理解与医院“不是一头儿的”。“开始，患者家属总是以为我们跟医院是一头儿的，还会骂我们‘狗腿子’。我就要讲清楚，我们是公安局派驻的，和医院的工作性质不一样，至少要让老百姓信任公安机关是公平公正的。”“我在警务室这些年，看到大小无数医患纠纷，我认为不能简单地说责任在哪一方。”参见：艾米尼，李兆生. 我在医院当警察. 瞭望东方周刊，2011，（10）：25-27.

② [德]汉娜·阿伦特. 人的条件. 竺乾威译. 上海：上海人民出版社，1999：38.

转向对所谓“事出有因”的患方暴力行动的同情。

3. 从本质上讲，公共场所的界定不是形式上的，而是事实上的

“公共场所”的法律界定最先来源于治安管理的分类需求，这种所谓的明示法定形式其实是在特定法律框架（《治安管理法》）下才产生相应意义，且有其历史背景。[①]除此之外，在随后的法律规范性文件中，“公共场所”的界定一直是顺应现实需要而变化的，在法律上，从来没有一个呆板的“公共场所”的含义。从空间的视角来看，“公共场所”的空间意义其实是明确的，无非就是可以基本自由出入的场所。因此，所谓“内保单位保障力有限”的说法绝非论证意义的，而是事实意义的——银行、大学等可以基本自由出入的场所目前仍然属于内保范畴，相关单位并未提出保障力有限的问题，可能更主要的是，其没有发生如医疗暴力一般频繁的暴力冲突事件。也就是说，在法律对公共场所界定并非十分严格的状况下，某场所秩序是否需要公共执法力量的介入，从来只是根据现实需求而定，而非形式要件所能制约的。值得考虑的并非法定依据，而是合理性问题，包括警力资源能否满足大量驻扎的要求，警方介入能否起到减轻而非加剧医患对立的目标，甚至警方会不会在处理极易成为公共话题且责任难辨的医患冲突中“引火上身”等，事实上，我更愿意相信，所谓内保单位导致的出警障碍，也不过是上述考虑的遁词而已。所以，公共场所的问题可以提出，但不必过于强调，因为没有公共立法、执法机构会真心地认为这个问题的形式意义有如此重要。有力的例证是，2015 年 8 月通过的《刑法修正案（九）》中，将严重扰乱医疗秩序的违法行为增加入“聚众扰乱社会秩序罪”，立法者将“工作、生产、营业、教学、科研和医疗”等企事业单位并列，以“社会秩序”这样的概念对企事业单位的秩序维护进行总的概括，并没有强调医疗场所作为公共场所的特殊性。

二、作为关系生产空间的“医疗”

将空间作为社会分析的工具并与行动相关联，也开启了所谓“关系空间”的理论创新。关系的概念意涵丰富[②]，但从最本质意义上，关系即联系，也就是人与人在社会交往中形成的联系和互动，它既是静态的结构，又可能是动态的变迁；既发乎于心并饱含情感，又锱铢必较并形成策略；既是个人生活所需，又是社会存在必需；既有世相浮绘的万种风情，

---

① 正如有法律工作者指出的，在过去的计划经济时代，大型国企、事业单位的内部保卫科，与公安机关之间的区别很模糊，甚至他们有的就直接行使着抓捕、审讯等公安机关的公权力。随着中国社会主义市场经济改革的深入，企业、事业单位的员工当“警察”，暴露出越来越多的问题。为厘清这种关系，2004 年国务院公布了《企业事业单位内部治安保卫条例》，确立了“单位负责，公安监督”的企事业单位的“内部保卫原则”。简单地说，就是这些企事业单位，依法对自己单位内部安保负责，由公安机关监督、指导这些单位的内部安保工作，遇到治安违法、刑事犯罪，再由警察处理。“这个很好解释，单位内部的日常安全保障，是单位自身的责任，当然要自己掏钱、自己负责管理，同时接受行政监督；公安机关是负责社会治安的，不可能成为个别单位的保安。”参见：沈彬. 医院确实不是“公共场所”. http://paper.oeeee.com/nis/201404/04/198364.html [2014-04-04].

② 关系研究大致可以分成儒家社会理论的立场、社会学的立场和人类学的立场等。参见：翟学伟. 关系研究的多重立场和理论重构. 江苏社会科学，2007，（3）：118-129. 另有学者将其分为关系本质、关系类型、关系管理、关系运作、关系结果等，参见：曾国权. “关系”动态过程的理论建构. 社会，2011，（4）：96-114.

又是自古贯今的文化延续。

空间与关系的联系更成为空间理论中最引人瞩目的明珠。在《空间：社会产物与使用价值》一文中，列斐伏尔对空间的关系性给予具体的说明，认为空间是一种社会关系，社会关系不仅弥漫在空间中，并且被生产关系所形塑，是一种生产关系和社会关系的再生产。[①]更具影响力的福柯、布迪厄等继续对空间所蕴含的"关系"要素予以理论延伸。福柯分析了"监狱""疯人院"等特定空间中的权力运行，并考察了权力与知识在空间中的联系。在他看来，"一旦知识可以通过区域、领域、置入、移置、易位来加以分析，人们就可以把握知识作为权力的一种形式发挥作用并撒播权力的影响的过程"[②]。因此，他兴奋地宣称："当今的时代或许应是空间的纪元。"[③]布迪厄则更强调空间社会性产生的关系偏好，他认为，空间是一个关系的体系，人们居于一定的社会空间会形成一定的个人地方感，并由此形成这一共同地方比较一致的惯习。惯习将使社会空间构成各不相同的场域，产生类似的实践和性情系统。[④]

在大多数研究中，"医疗"中的关系要素主要以"医患关系"的形式出现。在本书的导论中，我曾从人本意义角度解释了医患关系的价值。在"医疗"的空间中，医患关系的脉络尤其枝蔓交错——除了是医者和患者之间关于疾病和健康的互动之外，还可能是社会政治、经济、文化因素的延伸。开创医疗空间关系生产研究先河并产生重大影响的是福柯。他敏锐地将医疗空间的形成与诊断的权力运行结合起来。在福柯看来，医院以及病区的划分形成一种空间技术，由同一病种构成的病区建构了整齐划一的医疗秩序，在医学专业人士的管理下，患者的社会关系被切断（指与家庭和外界的联系）和重塑（与医疗照护者的关系），借此，医疗空间充分展示了监控、规训、关系再生产等权力方式。[⑤]国内学者中，杨念群对医疗过程中身体—制度—空间之间互动的研究是典型代表。他强调西医"空间"介入对中国"地方性知识"的冲击和影响，同时揭示了中国"地方性知识"对西医"空间"的改造和支配，建构出一个超越疾病与治疗意义的关系空间。[⑥]为更深入地阐释医疗空间所营造的关系对暴力的影响，我尝试对传统意义的"医患关系"予以拓宽，以医疗空间为场域，既着眼于医疗过程中医患关系的现实特征，也超越医疗过程探究医患关系的应然属性，从中探寻医疗空间中的关系生产对医疗暴力发生或消弭的意义。

（一）医疗空间的关系生产

医疗空间产生的医患关系与医疗知识本身息息相关。医学成为具有垄断意义的专

---

① 夏铸九，王志弘. 空间的文化形式与社会理论读本. 台北：明文书局股份有限公司，2003：20-21.

② Gordon C. Foucault：Power/knowledge. New York：Pantheon Books，1980：45.

③ [法]米歇尔·福柯. 不同空间的正文与上下文//包亚明. 后现代性与地理学的政治. 上海：上海教育出版社. 2001：18.

④ [法]皮埃尔·布迪厄. 实践与反思——反思社会学导引. 李猛，李康译. 北京：中央编译出版社，1998：131-135；另参见：文军，黄锐. "空间"的思想谱系与理想场景：一种开放性实践空间的建构. 社会学研究，2012，(2)：50.

⑤ 参见：[法] 米歇尔·福柯. 临床医学的诞生. 刘北成译. 北京：译林出版社，2001：17-18，45-46；[法]米歇尔·福柯. 疯癫与文明. 刘北成等译. 北京：生活·读书·新知三联书店，1999：256-257.

⑥ 杨念群. 再造病人——中西医冲突下的空间政治（1832—1985）. 北京：中国人民大学出版社，2013：608-616.

业知识始于18世纪中后期。随着专业医疗机构的兴起和实验室医学的发达，医学逐渐成为科学知识的重要组成部分，并开始拒斥外行参与，英国学者朱森形象地将之描绘为"患者的消失"（disappearance of the sick）的过程。他将1770～1870年西欧工业化时期的医学发展与变迁划分为三个阶段：18世纪后30年的"床边医学"（bedside medicine），大体以苏格兰爱丁堡大学为中心；19世纪头30年的"医院医学"（hospital medicine），以法国巴黎的医院学校为中心；19世纪中叶的"实验室医学"（laboratory medicine），以德国的大学为中心。朱森认为，在医学专业性加强的过程中，患者的意见日益受到忽略。[①]福柯有一段关于这一转变的精彩描述："这个新结构体现在一个细小但决定性的变化上：十八世纪医生总是以这样一个问题开始与病人的对话：'你怎么不舒服？'但是这种问法被另一种问法所取代：'你哪儿不舒服？'我们从中可以看到临床医学的运作及其全部话语的原理。"[②]而与所有在专业分化中逐渐成为超越常识的知识一样，医学知识又凭借常人难以理解和触及的诊断论证过程和实验科学及其形成"外包装"的术语体系，获得了某种程度的"不明确性"（indeterminacy），这使医学知识成为仅仅通过技术性模仿（如按照书籍指引亦步亦趋地复制）难以复制的专业话语。而在美国学者加穆斯看来，某专业的专业知识所具有解释的"不明确性"（indeterminacy）的比例越高，其相对技术性越强，社会地位也就越高；而若该专业的社会地位越高，其专业性和知识性就越受到社会的肯定，因此，求诊者在面对医疗专业者时，就越无力抗拒其权力。[③]

正因为如此，医疗空间中的医患关系具有独特性。医生在医疗过程中必须掌握疾病图谱和专业词汇，这成为进行职业诊断、治疗和预后的基本要求，以此为基础，医生借助精密的仪器辅助和独特的从医经验形成了一整套医疗技术，患者的意见，尤其是参与诊疗的意愿，则被逐渐边缘化。"因此，许多现代的医生们似乎是按这样的等级顺序来排列医学证据的价值：通过复杂的科学诊疗得到的事实，他们认为这是最准确以及与诊断结论关系最密切的证据；其次是他们凭经验感知发现的事实；最后才是病人自述的事实。"[④]可见，在医疗空间中，以医疗知识为基础的内部关系显示出了一边倒的结构——而需要注意的是，医生并非有意忽略患者的意见，而是根据所受科学训练和从医经验而形成的内心确信对其进行比照，当两者明显不能叠合时，医生可能会将患者的意见过滤掉，以确保医学决策的做出符合职业教育形成的知识体系。实现此类医患关系的空间技术包括病区划分与委托管理，前者实现了对病患的分类管理和隔离看护，后者则以住院、委托监护（在儿科治疗中存在）等方式实现了对不谙医学知识的亲属干涉的排除。这些技术借助医学知识的垄断性特征获得认可。福柯将之概括为，"人们如何安置病人、区分病人、划分医院空间，

---

① Jewson N D. The disappearance of the sick-man from medical cosmology，1770-1870. International Journal of Epidemiology，2009，(38)：622-633. 关于这一阶段的医学发展更详细的介绍，可参见：[英]罗伊波特. 剑桥插图医学史（修订版）. 张大庆等译. 济南：山东画报出版社，2007：40，109-115. 该著作认为，从注重器质性损伤的医院医学开始，到注重细胞和生化微观层次的实验室医学，医学逐渐形成了外行人难以介入的专业知识话语。

② [法]米歇尔·福柯. 临床医学的诞生. 刘北成译. 北京：译林出版社，2001：13.

③ Jamous H，Peloille B. Changes in the French University-Hospital System//Jackson J A J. Professions and Professionalization. Cambridge：Cambridge University Press，1970：111-152.

④ Reiser S J. Medicine and the reign of technology. New York：Cambridge University Press，1978：267.

并对疾病进行系统的分类？这些都是相辅相成的运作，其中有两个因素——分配和解析、监督和理解——不可分割地联系在一起”①。也有中国学者通过白描的方式，深入描述了现代医疗机构中的空间技术对加强医疗话语权威的意义：“医院是一个特殊的场所，它不仅是使病人康复的人道机构，也是一种隔离机构，把病人还原成孤立无援的身体所有者……病房是一个狭窄、秩序井然和刻板寂静的空间；病床不仅是病人的眠床，而且是观察台和手术台。病人在病床上被当作一个肌体、番号，仅有病历而不计其他的人……医生（或和蔼，或严峻，或冷漠）却见得多想得少，不易被病人的痛苦震惊而保持着不凡的冷静和矜持，信心十足地支配着病人。”②

这样的关系在一定程度上是受医方欢迎的，因为仪器、技术、程序的连接以客观方式避免了医疗的主观色彩和由此带来的不确定性，以躯体和器官为单位的病症分解一方面形成了专业隔膜（即所谓“隔行如隔山”），另一方面也提供了对诊疗方案更明白无误的解释，从而巩固了医疗的权威。但也可能出现的结果是，由知识巩固的权威形成医患之间强弱有别的不对等关系：“在门诊医患会话交际中，医生通常用发问、阐述、指令类言语行为来行使自己的职责，以体现其权威性和权势的优越感；而处于权力弱势地位的患者却常用问答、表达、阐述类言语行为来表现对医生的顺从和尊敬。”③这一不对等关系在治疗效果尚可时也许波澜不惊，但当治疗效果不佳时，身处弱势地位的患方更可能“想不开”，将健康受损的怒火一股脑地倾泻到医方身上。延伸至医疗暴力的发生，最典型的例子莫过于温岭暴力杀医案中的肇事者连恩青的认知。在中央电视台的访谈节目中，已被宣判死刑的连恩青态度激动地回溯了自己对医方话语的认识过程：

连恩青：他们什么都要讲究证据。

董倩：你先回答我的问题，假如医生错了，由谁来纠正医生的错误？

连恩青：也是他们狼狈为奸所造成的。

董倩：谁和谁狼狈为奸？

连恩青：好，说得好。问题又来了，杭州浙江大学医学院附属邵逸夫医院医生，也就是那个汤建国，他来温岭第一人民医院，当时我一进去，我那个心情真高兴啊，以为我这事情有希望了，有希望了，我抓住他的手使劲地摇啊摇啊摇，结果他接下来说出来的话，我心里又冰凉冰凉的。当时我坐下去，我首先告诉他我目前什么病，“医生啊，我现在头疼，每次呼吸都头疼，腰疼、胸疼，很难受，还流鼻涕，反正比上次手术还要差，严重，效果还要恶劣”。“你做什么工作？你游不游泳？说到第三句话还更有意思，你有没有老婆”，你说这是不是推诿和敷衍，是不是敷衍？④

从连恩青的陈述中可以得知，尽管在现有医学的知识体系中，连恩青的手术是成功的，但他个人的症状体验与医学知识意义上的“成功”显然无法形成对接——他关注的是健康的感受，而医方关注的是是否以符合科学标准的方式对疾病进行了诊治。在所有的鉴定和检验中，疾病被一次次还原为各种指标和证据，换言之，尽管医方可能否认，但在现代医

① [法]米歇尔·福柯. 临川医学的诞生. 刘北成译. 北京：译林出版社，2001：168.

② 吴亮. 医院简略图//汪民安. 身体的文化政治学. 郑州：河南大学出版社，2004：158-162.

③ 陈海庆，李慧帧. 言语行为视阈下医患会话权势不对等关系探析. 中国海洋大学学报（社会科学版），2011，(4)：93.

④ 浙江温岭杀医凶犯接受采访：医生自作孽不可活. http：//news.qq.com/a/20140407/000525.htm[2014-04-07].

学知识体系中，疾病而非罹患疾病的人成为医生潜意识中的治疗对象。谈话进一步印证了这一点。我们可以推测的是，当躯体指标不能推导出治疗有误时，明智的医生（汤建国）可能迅速转向了对连恩青精神状态和心理状态的诊断，这又是一次符合医学知识体系的诊疗，但更加强化了连恩青对于医生“冷漠”“狼狈为奸”的想象，成为潜在暴力冲突的新刺激。

这部分是因为医疗空间内的关系生产也与患方所处的社会关系密切相关，与医方相对单纯的技术诊断相比，患方对医疗的理解更加多元化，其中认知的来源也更加复杂。美国学者阿特金森指出：“（生物医学）在形式上是化约的，在多方生物结构和过程中寻求造成反功能的解释，生物医学重视这类解释，却忽略社会、文化和个人经历的解释。”①美国学者米什勒用“医疗的声音”（voice of medicine）和“生活世界的声音”（voice of life world）来解释现实中医患关系的互动。米什勒认为，患方发出的“生活世界的声音”可以提供很多丰富素材供医疗者做治疗时的参考，若医疗专业者不倾心聆听，只一味让“医疗的声音”主导诊治，结果必然不可能达到医疗预期的效果，因此，“人的照顾”（human care）便成为重要的医疗过程，医方应当了解并且认知到疾病对患者和其生活世界的影响，以及对患者的意义。②也有关于中国的实证研究表明，患方对于疾病的认知是多元化的，包括社会文化背景、教育层次、求医经历、自我想象等，这些话语构成与医方专业知识足以博弈的互动策略。③以连恩青为例，“狼狈为奸”“收钱不办事”“法律无能为力”等想象可能与其在生活中接收的关于医疗甚至社会各界的负面信息相关，而其相对匮乏的收入与医疗花费之间的紧张这一生活现状又加剧了这一想象造成的刺激。

所以，从关系意义上，医疗空间内的治疗过程远比单纯对身体的诊疗更为复杂。哈林·科里斯等指出，医学是科学，同时也是救助手段。作为科学的医学，不管花费多少时间必须想方设法得到正确答案，而作为救助手段的医学必须当下就给出答案，减轻患者痛苦或给予其帮助。④作为救助手段的医疗本身是对患者个体及其生活世界的回应。对医疗空间关系生产的再认识也构成消解“诊断的暴政”的重要方法。“诊断的暴政”是美国学者查尔斯·罗森伯格所提出的观点，意指诊疗所隐含的权力与服从属性。罗森伯格进一步指出，如果想要消解“诊断的暴政”，必须将诊断看作“是一种连接医患双方的感性和认知的仪式，并通过其确立了医生和医疗体制的权威性，同时促进临床决策以及从文化上为个人体验提供双方共同商定的意义”。“诊断不仅是一种仪式，同时也是一种交流方

① Atkinson P. From honey to vinegar：Levi-Strauss in Vermont//Morley P，Walli R. Culture and Curing. Pittsburgh：University of Pittsbugh Press，1978：180.

② Mishler E G. The Discourse of Medicine：Dialectics of Medical Interviews. New Jersey：Ablex Publishing Corporation，1984：33-42.

③ 王路，杨镒宇，李志斌. 医患关系的认知人类学解读——基于广州市儿童医院的调查事例. 开放时代，2011，(10)：122-136. 台湾地区也有类似的研究。如通过具体事例的考察，成令方认为，患方具有的一定程度的医学知识，社会建构知识（取决于地方、历史、性别、族群、阶级、文化等）与个人隐晦的知识，成为患方行为选择的基础。参见成令方. 医“用”关系的知识和权力. 台湾社会学刊，2002，(3)：11-71.

④ [英]哈林·科里斯，[英]特雷弗·平奇. 勾勒姆医生——作为科学的医学和作为救助手段的医学. 雷瑞鹏译. 上海：上海科技教育出版社，2009：2.

式……”[①]换言之，必须看到，诊断作为关系生产的“发动机”，既是事实性的，也是关系性的，既能够传递医学专业知识体系对疾病的认知，也应能承载医方对作为人及其生活世界代表的患者的注视。医患关系的融洽在一定程度上取决于诊断过程中医方话语与患方话语融洽的程度，取决于医学专业知识在多大程度上能够被生活世界建构的经验所理解、包容、信任和遵从。

（二）关系生产空间的启示：医患沟通与暴力预防

借助医疗空间的关系属性，我们可以准确地区分一般工作场所暴力与医疗暴力。医疗空间的关系冲突应当是医疗暴力的重要前因，这与其他工作场所面对的暴力是有所区别的，这也解释了我对“医疗”这一前缀予以重视的原因。而更重要的是，医疗空间的关系及其生产也给了我们预防医疗暴力的思路，即医患之间的良好沟通可以在一定程度上预防甚至消弭暴力的萌芽。正如前文对连恩青的访谈所体现的，冲突的过程是连续累积怨恨的过程。未得到患者认可和信任的医学专业知识，可能并无失误之处，但与失误的诊疗所引发的冲突后果却并无不同。随着怨恨的蓄积，最终引发了暴力。如果（此时只能以如果表示遗憾和假设）医方能够通过沟通及时对其予以疏导和关怀，结果可能会有所不同。而对沟通不畅的反思也往往成为伤医暴力事件发生后总结教训的重要主题。[②]

尽管被日益重视，但医患沟通的现实仍然面临一些较为关键的问题。从宏观层面，卫生体制及其改革的缺陷、医学人文教育的缺失、社会信任的匮乏和利益分化形成的不平等现象等社会问题亟待改变已经成为此类讨论的共识[③]，但是我将放弃对这些问题的泛泛讨论（注意，并不是不讨论），一方面，过于宏大的讨论往往只能停留在意识层面——先验性的理想图景很美好，但实现理想的路径却不能仅仅以先验性为依据；另一方面，这些讨论作为医疗空间的外围，与医患沟通的直接关联显得稍弱——我们不能在研究任何物理问题时都拿出牛顿力学或相对论论证一下，同样地，我们不能在讨论社会问题时总是把体制等重大问题作为最重要的因果联系而忽略更直接、更有效的因果路径。从微观层面，现有研究表明，医务人员应加强沟通意识和沟通技能[④]，我赞同上述结论，但沟通意识有了，技能培训了，是否就真的解决了医患沟通可能出现的问题？是否真实地有助于预防或化解可能的冲突甚至暴力风险？如果是这样，医患沟通还是一个值得研究和讨论的问题吗？我希望能从本章所论及的关系生产的层面更深入地解释医患沟通可能面临的真实困境，即便

---

① [美]查尔斯·罗森伯格．诊断的暴政——特殊疾病与个体体验．杨璐玮译//余新忠，杜丽虹．医疗、社会与文化读本．北京：北京大学出版社，2013：67.

② 如江苏省某医院妇产科医生刘××被打伤事件。据当事人之一的患者庞××回忆，“双方发生矛盾是因为一句话”。当时，庞××的丈夫见有男医生刘××参与查房，觉得不大高兴，便质问其是干什么的，而刘××则直接回复：“你说我像干嘛的。”这句话让其丈夫感觉医生“特别傲”，为后来殴打刘××的伤医事件埋下了隐患。参见：李超，汪诗韵．或可避免的伤医事件．中国青年报，2014-04-25（04）.

③ 关于这一问题比较详细的研究综述可参见李斌，孙晓阳，王锦帆．医患沟通障碍因素研究综述．中国卫生事业管理，2009，(5)：302-303.

④ 可参见：刘平．医患沟通与医患沟通现状及促进策略的综述．重庆：重庆医科大学硕士学位论文，2014；董和桂．某三级甲等医院门诊医患沟通质量及其影响因素研究．济南：山东大学硕士学位论文，2014.

是重大问题，也能努力缩小到可操作的技术层面。基于此，我认为，现实中医患沟通的具体障碍主要包括以下几个方面。

首先，医务人员主观的沟通意愿难以得到实现。这仿佛不仅仅是个关乎技巧的问题。邱泽奇等对医患关系的社会学研究发现，医务人员主观上具有与患者沟通的愿望和动机，医务人员与患者所希望的沟通方式是一样的，阻碍医患沟通的因素主要是医患双方的认知差异。研究列举的访谈记录表明：医方（一位医学教授）认为，没有检查就推断病情是不准确的，而且解释每一个在医学上存在的假设非常困难，也不可行；而患方则觉得医方有义务向其进行解释，并认为“几句话就可以告诉我的，你不愿意告诉我”，与此同时，医学检查的价格也强化了患方的疑虑，“我就想了解清楚，不然我为什么要去做这个检查？这个检查要上千块”[①]。而在类似的实证研究中，研究者同样发现，医患沟通的相互期望存在落差：“病人最期望医生能够态度和蔼，但是事实上，在病人看来，医生却不如理想中热情、友好；同样，医生希望患者能够听从医嘱、给予他们足够的尊重和信任，但是实际上，从问卷数据来看，在医生看来，却并不是所有的病人都足够真诚。”[②]不得不承认的是，以医疗暴力为代表的医患冲突强化或逼迫了医方重视沟通的动机，但沟通效果仍有不尽如人意之处，甚至，有时越沟通，越误解。

是沟通不到位吗？有可能。因为，良好的医患沟通不仅仅包括对所涉医学知识信息的解释。通常认为，医患之间的沟通应包括以下内容：第一，工具性行为，如提供医疗方面的专业信息咨询、风险告知等；第二，社会情感性行为，如表示同情、关注、称赞，认真倾听，发表个人评论，自我介绍，积极鼓励，热心帮助等；第三，咨询的情感品质，如说话口气是否友好、亲切、耐心、诚实，是否微笑服务，是否表现出兴趣。[③]在医患沟通的研究中，后两者实现的方式往往被称为“共情”[④]或“移情”[⑤]，尽管在学术意义上两者有所区分，但在实践中，都是强调情感沟通的方式。

可以将医务人员沟通不畅的结果归于情感沟通上的缺失，但这一归咎可能有点草率。从医疗空间的关系生产而言，医患关系可以通过沟通而融洽，但其中关乎医疗知识的部分天然就不可能完全信息对称，情感沟通能解决一部分，但未必能解决全部。指望态度解决问题，本身就可能是一种不负责任的态度。甚至，我们可以推测，这种信息不对称是双方的，医生也绝不可能了解患者情感形成的全部生活根据，所谓情感沟通，可能最多是尽力

---

① 邱泽奇，徐玲，张拓红，等. 医患关系现状的社会学研究//卫生部统计信息中心. 中国医患关系调查研究：第四次国家卫生服务调查专题研究报告（二）. 北京：中国协和医科大学出版社，2010：174-175.

② 姜鸿文，王凌云，孙少晶. 医患期望及沟通能力研究：基于深度访谈与问卷调查. 新闻大学，2013，（3）：94.

③ Ong L M L，de Haes J C J M，Hoos A M，Lammes F B. Doctor-patient communication：A review of the literature. Social Science & Medicine，1995，40（7）：903-918.

④ 共情是指在人际关系中设身处地理解他人想法的心理过程。医患沟通中共情的过程与步骤包括：①医生站在患者的角度，设身处地地体验患者的内心世界；②用言语准确地表达对患者内心体验的理解；③引导患者对其内心体验做进一步思考。参见王娟，李莉，林文娟. 共情——改善医患沟通的新视野. 医学与哲学，2011，（11）：25-29；薛霖辉，刘虹. 论共情在建构和谐医患关系中的途径与价值，南京中医药大学学报（社会科学版），2013，（9）：180-184.

⑤ 在医患沟通的语境下，移情偏好是协调和谐、高效沟通的工具，当医生利用其与患者沟通时，会以对方的偏好去做价值判断，而不是在保留自己偏好的情况下设想与对方交换角色。参见：李淑静. 移情偏好与医患沟通. 医学与哲学，2014，（1A）：51-57.

而为。无论是“共情”抑或“移情”，在患者或医方心中，极可能是传统的“救死扶伤”或“为人民服务”的另一种表达。情感沟通质量的评价标准，没有那么复杂，大多数情形下转化为道德评价，而道德评价对于实践中的医务工作者，有必要，但也有可能是一种负担。以“移情”为例，过度移情可能会干扰医生的判断，甚至影响医生的身心健康：“在长期的医疗工作中，医生为了自身的身心健康不受患者影响而建立起一道心理防线，即医生的自我反移情，医生自我反移情的临床作风的形成和医生工作的对象以及面对的问题相关。”①而因此建立的适度移情又可能成为被指责冷漠的原因。

同时，患者的成本支出提高了情感沟通的要求。医疗支出仍是决定患者满意度的重要因素。②与之相对应地，被认为是额外开支的过度检查排位甚高。③患者对医疗开支的重视必然会导致关乎此类行为的情感认知相对敏感。医方尽管可能通过态度热情、诚恳的交流消解部分疑问，但与上文类似地，在医疗空间中的医患关系之间的知识壁垒在本质上是难以消融的，这也让我们质疑情感沟通究竟能在多大程度上取得效果。

其次，医务人员客观上缺乏沟通时间。这更是一个严重的问题。不同层次、不同范围的调查或事例显示，在较大的医院，患者的就医时间非常短暂，与等待就医的时间严重不成比例。④这表明，即便医方有强烈的意愿、足够的耐心和充分的技巧，却可能因为时间仓促的原因无从实施有效的沟通。这还是最好的情形。而现实是，医生在大量的诊疗中筋疲力尽、燃尽激情，能够完成基本的医疗服务、少出差错已属奢求，更别说完成有质量的沟通了。

别小看客观条件对于医患沟通的制约，这仍是作为关系生产空间的“医疗”本身所具备的特质。马克思就认为，“空间是一切生产和一切人类活动所需要的要素”。这意味着，空间仍然受到诸如生产力、行为能力等客观条件的制约，所生产的关系也将即时地打上客观条件的烙印。

因此，在这里，从关系生产空间的视角，除继续强调重视沟通、加强医学人文素养和沟通技巧等沟通基础之外⑤，要解决的核心问题有两个：

---

① 邹文君. 移情对建立新型医患关系伦理模式的利与弊. 中国医学伦理学，2006，(6)：46-47.

② 在卫生部组织的第四次国家卫生服务调查中，“医疗费用高”在门诊就诊患者最不满意的项目中排第二，在住院患者中排第一。参见：卫生部统计信息中心. 中国医患关系调查研究：第四次国家卫生服务调查专题研究报告（二）. 北京：中国协和医科大学出版社，2010：44。在吕兆丰等承担的国家社会科学基金项目“医患关系对构建和谐公平社会的影响及对策研究”的实证调研中，患者期望过高和承担不起医疗费用分别列“影响医患关系的患方要素”的前两位。参见吕兆丰，王晓燕，张建. 医患关系现状、原因及对策研究——全国十城市医患关系调查研究报告. 北京：中国书店，2010：48.

③ 在吕兆丰等的调查中，患者不满意的前两名分别是“提供的医疗服务不令人满意”和“医院存在过度医疗现象”，参见吕兆丰，王晓燕，张建. 2010. 医患关系现状、原因及对策研究——全国十城市医患关系调查研究报告. 北京：中国书店，2010：41.

④ 关于此类报道或事例，请参见：何雪华. 医生平均2.4分钟看个病人专业人士吁限号看病. 广州日报，2009-07-30(A6)；实地调查：某医院平均问诊时间只有5-7分钟. http：//health.sohu.com/20090730/n265599155.shtml[2014-12-18]；霍键. 我国医生平均看病时间382秒专家提醒注重交流. http：//news.39.net/yltx/141218/4539438.html[2014-12-18].

⑤ 沟通的具体技巧可参见：鲍勇. 医患关系现状与发展研究：基于信任及相关政策的思考. 上海：上海交通大学出版，2015. 医院沟通制度的建立可参见：重庆市卫生局. 重庆医科大学儿童医院实行医患沟通制的举措、推广和体会. 中国卫生质量管理，2000，(1)：54-57.

1. 建立医患之间相对稳固的沟通关系

这是目前弥补主观或客观沟通障碍的最好方式。所谓稳固的沟通关系，是指医患通过反复的接触，形成以信任为基础的为双方所能理解的沟通关系。在生活中，“路遥知马力，日久见人心”，医患沟通其实也有类似之处。主观上因知识壁垒、成本支出等形成的沟通障碍，客观上因沟通时间短暂形成的沟通障碍，必须经由多次反复沟通才能予以克服，也就是形成空间内有效的“关系交换”：“关系交换只能产生于彼此相互熟悉的两方之间。……构成熟悉性的因素有相互信任和相互负责，这两个因素通过确定对发展关系的动议的心领神会而为关系铺平道路。”①在中国的医疗传统中，建立于“熟悉”基础上的医患沟通古来有之，台湾学者叶永文在梳理传统社会中医者与患方之间的信任关系之后，发现：在传统社会，通常医生与患者是熟识的，往往也会认识患者全家，因此医生不但熟知患者的病史，也往往熟知患者全家的健康状况。②也有观点认为，建立于熟人社会基础上的“一对一”诊疗模式及医疗科技的匮乏，使得古代的医生更注重了解患者的基本生活、思想观念及家庭背景等资料，从而建立起以人情默契和道德信任为主的医患关系。③这样的医患沟通在当代社会也仍有延续，房莉杰在关于村医和乡镇卫生院的医患互动的田野观察中指出，农民对乡镇卫生院医生和村医有不同的角色期待——农民将前者当作专业权威看待，将后者当作半熟人和半专业权威看待。即便承认专业技能上的差别，但在医患沟通上，与作为半熟人的村医沟通更为顺畅，更易接受其医疗建议。④这表明，建立于“熟悉”基础上的稳固的医患沟通一般较为顺畅，也鲜见纠纷。

但这并不容易，建立稳固的医患沟通与医疗资源的合理配置相关。大医院人满为患，基层医疗机构门可罗雀，使得沟通常常呈现“非不愿也，实不能也”的尴尬局面。而医疗资源优化配置的核心则是分级诊疗制的建立和有效运行。所谓分级诊疗制度，就是要按照疾病的轻、重、缓、急及治疗的难易程度进行分级，不同级别的医疗机构承担不同疾病的治疗，实现基层首诊和双向转诊。我国分级诊疗制度的建立完善一直是医疗卫生体制改革的重要目标⑤，但目前尚在积极推进中，医疗资源集中化的倾向虽然有所缓解，但情势仍然严峻，以国家卫生和计划生育委员会2014年1～11月的统计为例，经核算，公立医院13 343个，诊疗人次23.5亿人次，同比提高8.2%，平均诊疗量17.6万人，其中三级医院

① [美]杨美惠. 礼物、关系学与国家——中国人际关系与主体性建构. 赵旭东，孙岷译. 南京：江苏人民出版社，2009：97.

② 叶永文. 医病关系：一种信任问题的考察. 台湾医学人文学刊，2012，(5)：97-98.

③ 李丛. 古今医患关系的社会学对比分析. 中国医学伦理学，2007，(5)：21. 另参见：张卫霞. 论中古时期的医患关系. 西安：陕西师范大学硕士学位论文，2012：51.

④ 房莉杰. 半乡土社会的医患互动：以抗生素使用为例的研究//清华大学国际传播研究中心. 中国健康传播大会优秀论文集. 2011：189-199.

⑤ 2009年《关于深化医药卫生体制改革的若干意见》中明确提出“逐步建立分级诊疗和双向转诊制度”，2013年11月，中国共产党十八届三中全会《中共中央关于全面深化改革若干重大问题的决定》提出“完善合理分级诊疗模式，建立社区医生和居民契约服务关系”的医改要求，2015年4月1日，中央全面深化改革领导小组第十一次会议在《关于城市公立医院综合改革试点的意见》中继续强调“推动建立分级诊疗制度”。2015年5月17日，《国务院办公厅关于城市公立医院综合改革试点的指导意见》中也提出“构建起布局合理、分工协作的医疗服务体系和分级诊疗就医格局，有效缓解群众看病难、看病贵问题”的目标。

1898 家，诊疗人次 12.1 亿人次，平均诊疗量 63.8 万人，同比提高 13.8%；基层医疗卫生机构 92.2 万个，诊疗人次 39.2 亿人次，同比提高 3.4%，平均诊疗人次是 4.2 万人，其中社区卫生服务中心（站）3.4 万个，诊疗人次 5.9 亿人次，同比增长 3.3%，平均诊疗人次是 1.7 万人次。无论是增长比例还是平均诊疗人次对比，都会看出之间的差距巨大，呈现出“倒三角形”的结构。①学界的共识是，未来应当从制度系统的角度继续完善分级诊疗制②，但这一定需要时间成本的沉淀。分级诊疗制对医患沟通的意义在于，从关系生产空间的视角，基层医疗机构内更容易实现相对稳固的沟通——既基于地缘上的接近，也基于人缘上的亲近，是建立于“熟悉”和“反复”基础上的沟通。如果不能实现基层医疗机构初级诊疗的普遍化和普及化，患者继续蜂拥至大型公立医院，那么，所有技术层面的改进对无暇也无动力进行医患沟通的大型医院来说，都可能收效甚微。

2. 医患沟通的重点应从疾病转向体验

在关系生产空间内的医患沟通必定基于一定的关系共识，“支配着人与人之间交往的基本社会过程，其据源在于原始的心理过程，如作为个体间吸引的感情及获得各种报酬的欲望之基础的过程”③。希冀好的诊疗结果肯定构成医患共识的组成部分，即“获得报酬的欲望”，这是外在的沟通激励；但对诊疗结果尚未确认的诊治过程中的沟通，情感上的吸引将更为重要，构成内在的沟通激励。如果处理不好，将形成巨大的沟通障碍。

这与上文讨论的“移情”或“共情”有类似之处，但正如前文所述及的，这两者的宽泛界定可能使得医患沟通无所适从——如何“移情”或“共情”？是否要了解其全部“生活世界的声音”？其实，情感沟通的关键在于从疾病的症状中适当脱身，去感受患者的疾病体验。人类学学者凯博文曾就医患交流中的“病痛”与“疾病”的分歧进行了细致的分析：“当病人去看医生的时候，临床交流的渠道是出于同一种文化圈的医患双方对共享病痛含义的常识性理解，因而一开始，医患之间的谈话就是一种病痛的语言。但是，在临床交流的过程中通常会发生一种根本的变化，医生开始把病人的问题解析为疾病，使用专业术语系统把病人的问题当作一种特定的异常来感知、标签、解释和对待。”④在另一本著作中，凯博文进一步指出，医师在专业训练养成的过程中，被鼓励去相信“疾病”（disease）

---

① 参见：中华人民共和国国家卫生和计划生育委员会. 2014 年 1-11 月全国医疗服务情况. http://www.nhfpc.gov.cn/mohwsbwstjxxzx/s7967/201501/0faf05af332b4f9f83bc1244b84f6dfb.shtml[2015-01-12]；中华人民共和国国家卫生和计划生育委员会. 2014 年 11 月底全国医疗服务机构数. http://www.nhfpc.gov.cn/mohwsbwstjxxzx/s7967/201501/1e39cfd2159d426c8e46e29280dbd7f9.shtml[2015-01-12].

② 如李立明、王波等认为，完善分级诊疗制应包括：一是完善区域卫生规划，优化区域内医疗资源配置，明确不同级别医疗机构的职能定位和疾病诊疗范围，为分级诊疗制度的建立奠定基础。二是通过重视全科医生培养，加强基层医生的继续教育与专业培训，鼓励大医院医生到基层多点执业，组建医疗联合体，构建合理的补偿与激励机制等措施，全面提高基层医疗队伍的专业技术水平和医疗技能。三是加大对基层医疗机构的财政投入，改善基层医疗机构的医疗条件和设施。四是充分发挥医疗服务价格和医保报销比例的经济杠杆作用，通过对不同级别医疗机构实行差异化的收费和医保报销标准，对患者就医行为进行引导。五是完善转诊标准和转诊流程，建立不同级别医疗机构之间的分工协作机制，保持双向转诊通道顺畅有效。六是通过健康教育与媒体宣传，转变群众就医观念，积极引导患者在基层首诊。参见：李立明，王波. 以分级诊疗解决看病难. 人民日报，2015-5-28（05）.

③ [美]彼得 • 布劳. 社会生活中的交换与权力. 北京：商务印书馆，2008：22.

④ [美]凯博文. 苦痛和疾病的社会根源——现代中国的抑郁、神经衰弱和病痛. 郭金华译. 上海：上海三联书店，2008：48.

比“病痛”（illness）更为重要，他们所需要的只是生物医学知识，而不是病痛叙事。生物医学系统以科学化“硬性的”知识，来替代被判定为“软性的”心理社会学的意义关怀；硬性的被高估，软性的被低估。这个价值转换是现代医学的严重缺失。①

就医患沟通而言，医方必须清楚，患者的体验是具体而独特的。有学者认为，生病主要表现为一种根本的整体感的丧失，表现为对于躯体的紊乱和损伤的感受，这种感受不是简单地意识到某种特殊症状的存在，而是对于身体完整性丧失的一种深刻感受。同时，生病是处于一种不协调、不平衡、失去能力和不舒适的状态，这种状态体现了一种熟识世界的丧失感，包括对日常生活及其事件的破坏感，对空间控制的破坏感等。②换言之，在诊疗过程中，患者身携病痛、体弱，兼具无助、恐慌、渴求、期待、疑虑、脆弱、猜忌、易怒、烦躁等多情感因素，著名内科医生罗森鲍姆曾详细地描绘了其病后接受治疗的患者体验，包括对医生话语权力中冷漠的体会、等待时的焦虑、被误诊时的愤怒等，从兼具医生和患者的视角论证了上述情绪的真实存在。③这都需要医方在与患者沟通时予以注意。

从技术层面，重视体验的沟通必定重视患者的叙述，更为关注其陈述中的体验。在陈述中，患者会详尽描述生病对其产生的意义，这些意义，可能超越现代医学可量化的病症指征，更多指向情感体验。对叙述的重视推动人类学衍生“病患叙事”的研究主题，将抽象的、指标化的疾病具体化为患者带有主观性的陈述，包含了患者对疾病症状的个体感知、生活经验、文化信仰等多重要素。④这也催生了在医学人文观指导下的“叙事医学”的诞生。2001 年 1 月，美国哥伦比亚大学长老会医院的丽塔·卡蓉在《内科学年报》上发表《叙事医学：形式、功能和伦理》一文，首次提出“叙事医学”（narrative medicine）的概念。2001 年 10 月，卡蓉又在《美国医学会杂志》上发表《叙事医学：共情、反思、职业和信任的模型》一文，对叙事医学做出了定义：叙事医学在于建构临床医生的叙事能力，它是一种吸收、解释、回应故事和其他人类困境的能力，这种能力有助于临床医生在医疗活动中提升对患者的共情能力、职业精神、亲和力（信任关系）和自我行为的反思。⑤目前，叙事医学已经逐渐引起了学界的关注，从基本原理、实践应用、教育革新等方面进行了许多有益的探讨。⑥仅从医患沟通的视角，叙事医学最主要的功能是建立关系生产空间内情感的共鸣，实现诊疗视阈与体验视阈、科技进步与人文关照、疾病关注与生命关怀的统一，最终形成有效且和谐的医患沟通。

在医疗空间内良好的医患沟通是预防暴力的基础，这一解释其实远比我们想象得更为

① Kleinman A. The Illness Narratives：Suffering，Healing，and the Human Condition. 转引自蔡友月：遵不遵医嘱：国家偏远医疗治理与达悟族精神失序者的“混乱叙事”. 台湾社会研究季刊，2013，9：83.

② 屈英和. “关系就医”取向下医患互动的错位与重构. 社会科学战线，2010，(2)：244-245.

③ Rosenbaum E E. A Taste of My Own Medicine：When the Doctor is the Patient，Random House，1988：67-83.

④ [美]拜伦·古德. 医学、理性与经验——一个人类学视角. 吕文江，余晓燕，余成普译. 北京：北京大学出版社，2010：145-182.

⑤ 王一方. 临床医学人文：困境与出路——兼谈叙事医学对于临床医学的意义. 医学与哲学，2013，(9A)：15-16.

⑥ 基本原理参见：张新军. 叙事医学——医学人文新视角. 医学与哲学，2011，(9)：8-10；实践应用参见：管燕. 现代医学模式下叙事医学的价值. 医学与哲学，2012，33 (6A)：10-11；叶云婕，黄紫薇. 叙事医学的发展前景及现状. 循证医学，2015，15 (2) 10-12；对教育革新的意义参见：杨晓霖. 美国叙事医学课程对我国医学人文精神回归的启示. 西北医学教育，2011，19 (2)：219-226.

深刻。从医疗技术层面向医患关系生产层面的转向，是实现医学知识社会建构的过程，诊疗、健康和疾病就此成为广泛意义的社会行动而非仅仅是静止、封闭的单一技术行为。从这一意义上，医疗暴力，这一激烈的社会冲突和极端行为，与本属于自然科学、数字量化、试验指征的医学知识终于产生了交集，而暴力的其他意义——包括破坏和建构才具有进一步阐释的空间和必要。

第三章　为什么诉诸暴力：行动者视角下的医疗暴力

一旦我们声称能够区分“好”暴力和“坏”暴力，我们就失去了这个词的正确用法并陷入困境。[①]

——〔英〕穆勒

人类生活就是一个错误接着一个错误，我们犯下错误，审视这些错误，纠正它们，然后继续犯更多错误。犯错与纠错充斥于我们的生活。[②]

——〔美〕查尔斯·蒂利

医疗暴力是个具有独特研究特质的问题，这在很大程度上源于暴力的意义和医疗暴力的研究价值。所谓“独特研究特质”，就是能够提供独特知识的问题，即其所蕴含的知识结果既有所传承，又不乏创新；既立足过往，又面向未来；既源于经验，又不乏理性。秉此思路，我所思考的问题是，究竟是什么，使暴力这一极端行为成为冲突一方的行动选择。这一设问隐含着我除了直接的控制策略之外的其他思考——事实上，控制暴力的欲望和企图始终是任何社会维持秩序所必需的，对暴力的反感、焦虑和指责也是任何直面暴力侵害的人最可能的态度，但想有限度地阻止暴力，必须对暴力的发生机制和酝酿过程予以关注。以医疗暴力为代表的社会暴力行动实质上是一种非理性与理性纠缠的行为。从行为动机上，作为看似不计后果的冲动行为，社会暴力行动也未必绝对与理性相逆。波斯纳曾指出，看似成本极高的非理性报复行动，因其不计后果的攻击性而产生对侵害者的威慑，可能遏制侵害行为的发生，这在公共执法缺乏的社会中更有利于人的存活。[③]因此，私人暴力既可能是威胁安全的行为，又可能在公共权力的薄弱环节发挥控制功能。[④]但从行为外观上，暴力行动的偏执和破坏力，带给受害者的恐惧不安以及引发的社会效应则很难以理性揣度。因此，有学者认为，“医患之间的冲突存在利益冲突的理性化和非理性共生的特点，而暴力冲突整体上归于非理性”[⑤]。以此观之，医疗暴力破坏性极大、负面评价相对稳定。但对于医疗暴力的研究仍然可以更加细致和深入，我希望做的是，研究结论不应仅仅产生这样简单的公共决策：通过改变暴力行为后果的代价即追加惩罚的方式来解决暴力泛滥的问题——这可能是现在国家政策中广泛采用的但却未必是最好的方式，而是试图深入探究暴力发生的真实原因，从中寻求对其更有效的控制方法。

① [斯洛文尼亚]斯拉沃热·齐泽克. 暴力——六个侧面的反思. 唐健，张嘉荣译. 北京：中国法制出版社，2012：56.

② [美]查尔斯·蒂利. 集体暴力的政治. 谢岳译. 上海：上海世纪出版集团，2011：14-15.

③ [美]理查德·A. 波斯纳. 正义/司法的经济学. 苏力译. 北京：中国政法大学出版社，2012：216-219.

④ 有观点认为，私人暴力是把“双刃剑”，视乎国家追加秩序控制成本的意愿，当国家暴力资源紧缺时，私人暴力往往作为国家暴力的补充而存在。这一观点虽有待商榷，但指出了私人暴力与秩序控制之间的隐秘关系。参见：桑本谦·私人之间的监控与惩罚——一个经济学的进路. 济南：山东人民出版社，2005：143.

⑤ 邱杰. 当代医患纠纷的伦理域界. 合肥：安徽大学出版社，2011：35.

一、为何选择行动者视角

（一）“制度论”视角

这主要是指将医疗暴力的频发归于转型中国医疗卫生制度及其他配套制度的缺陷。较有代表性的研究如李玲等将之归为医疗费用上升过快、健康知识教育覆盖面窄、分级转诊体系失灵、医疗保障和服务水平地区差异大、医院内部收入分配不合理、媒体宣传导向等卫生体制方面的原因。[①]域外有学者也认为，中国医疗暴力的出现原因包括内部因素和外部因素。前者如卫生系统投入、对医生的培训和支付不足，可能会导致医疗失误、腐败和医患沟通不畅等现象；后者如媒体负面报道、公众对医学的认识不足、患者对治疗效果的期望过高、家庭灾难性卫生支出等。[②]上述研究提供的解释，在制度论者看来是一种趋向“本体论”的解释，“我们声称这种本体论对于任何就法律领域和实际上是就所有那些为人类和社会所特有的制度和想象所做的现实主义的分析、解释或描述来说是有必要的”[③]。“本体论”趋向的研究一般具有较强的洞察力，尤其擅长揭示行为背后的制度渊薮，但其将行为与宏观制度改革直接相连的方式却并非毫无疑问。

首先，这类型的研究没有区分医疗纠纷与医疗暴力发生原因的差别。在上述研究中，医疗暴力仅仅作为医疗纠纷激化的形态，其产生的原因与医疗纠纷所差无几，这样普适的结论是否具有防控暴力的意义有待商榷。至少，从实践认知的逻辑上，我们可以看出其具有的问题：制度缺失导致纠纷多发，而解决纠纷的走向可能有诉诸法律、诉诸协商甚或诉诸沉默，纠纷的解决也可能从温和到酷烈，从行为选择的理由上，对患方为什么诉诸暴力，其实是没有解释清楚的。探寻制度与暴力的关联，需要更直接和更具体的因果联系。

其次，上述研究过于强调制度对行为建构的意义，而忽略了行为与制度的互动。与制度相连的本质主义结论常常只能因制度变迁的缓慢与艰难而导向无奈，而缺乏对个体偏好的考察也使得制度的变迁和公共政策的回应或滞后，或不当。因此，个体行动与制度的互动进而影响制度建构和政策制定已经成为政治学上制度主义研究的新趋势。[④]吉登斯的结构二重性理论[⑤]和布

---

① 李玲，江宇. 如何解决暴力伤医问题. 求是，2014，(9)：22. 另外，类似观点可参见：王晨，曹艳林，郑雪倩，等. 医患双方对暴力伤医事件的认知与态度分析. 中国医院，2014，(3)：7；刘兰秋，陈特，赵然. 我国医疗纠纷的现状：成因及防控对策研究//文学国，房志武. 中国医药卫生体制改革报告（2014—2015）. 北京：社会科学文献出版社，2014：209-243. 略有区别的是，郑文强调社会保障、保险等社会风险分担机制，刘文强调与医疗纠纷相关的法律机制。

② Hesketh T. Violence against doctors in China. British Medical Journal，2012，(3)：345.

③ [美]麦考密克，魏因贝格尔. 制度法论. 周叶谦译. 北京：中国政法大学出版社，1994：10.

④ 参见：唐兴军，齐卫平. 政治学中制度理论综述：范式与变迁. 社会科学，2013，(6)：25-31；马海韵，张琴. 新制度主义及其对公共政策范式演进的启示. 甘肃社会科学，2011，(5)：166-169.

⑤ 吉登斯认为，社会生活是一个通过社会实践而不断实现结构化的过程，社会行动和社会制度同时存在，二者不可分离地在结构化中交织在一起，结构化成为制度制约行动和行动创造制度运动方式。参见：[英]安东尼·吉登斯. 社会的构成：结构化理论大纲. 李康，李猛译. 北京：生活·读书·新知三联书店，1998：78-88.

迪厄的“惯习”理论[①]都确立了从认知解释制度的认识论基础，基本观点是，制度不是先验性价值，而是通过行动者行为与规范的互动不断地被建构的过程。由此观之，我们发现，诉诸暴力首先是一个关乎个人选择的问题，即作为行为选择的原因首先是个体性的，这些个体性的原因虽然与制度缺陷本质相关，但在表现上却未必一致。如健康知识普及度不高会导致对诊疗行为的误解，但健康知识普及度增加也可能会增加对医生行为的无端猜疑，毕竟医学是一门精密度高、封闭性强的专业学科，普及到何种程度能消解误会，其实标准很难控制。另外，本质主义更关注可能构成公共事件和公共治理需要的暴力行动，便于形成公共机构对制度的反思，而轻微的暴力如辱骂、推搡等很难被公共权威机构察觉或干涉进而构成公共问题。但没有构成公共问题的医疗暴力因其日常性而更令医务人员警惕不安，也成为行动者暴力行为难以被杜绝的重要原因。[②]因此，从制度视角上的观察有必要，也重要，但因此提出的自上而下的改造方式可能缓慢迟滞，甚至未必得当。

（二）“医患关系”视角

“医患关系”视角即从医患关系的恶化出发，认识并总结医疗暴力发生的主要原因。目前，较为深入的研究是徐昕、卢荣荣关于“暴力与不信任”的命题提炼。其研究以吉登斯的结构二重性为依据，徐昕等将医疗暴力分为情感宣泄型和索赔策略型，细致梳理了患方对医方和纠纷解决机制的双重不信任的原因，进而从行为-心理与制度的结构互动中分析了现有制度的缺陷，并提出过程导向的信任培育机制。[③]该项研究最大的亮点在于从主体视角对医疗暴力背后的意识机制进行了剖析，指出纠纷解决机制不畅在暴力发生中的意义，在一定程度上区分了暴力与纠纷成因的区别，较之纯粹宏观的“制度决定”类研究更具实践意义和深度，也因此成为本书研究的重要基础和起点。然而，颇有意味且有趣的瑕疵在于，尽管以疏通信任为主旨，但通读全文的整体印象是，无论是制度原因（卫生体制、资源分配、保险制度等），还是个体选择（服务态度、收费混乱、虚假承诺等），对医方归责的立场稍重。仅从研究过程来看，作者本身就难以排解对医疗费用、医生操守的“不信任”之感，从侧面印证对韦伯提出的社会科学研究中“价值无涉”的忧虑。[④]

---

① 布迪厄认为，惯习创造了与人们在他们所持续再生产的社会结构占据的位置相联系的思想、抱负、偏好、评价模式、行动策略等规则制度与习性密不可分：一种制度只有找到在这种制度中会得到某种利益或好处的某一个人，才可能被实施或激活。参见：[法]皮埃尔·布迪厄. 实践与反思——反思社会学导引. 李猛，李康译. 北京：中央编译出版社，1998：163-166.

② 吴飞关于自杀的研究在这方面提供了思路。吴飞指出，尽管大多数研究者将自杀问题归于社会问题，即来源于不公、纠纷和争吵等带有社会和政治色彩的原因。但自杀问题却常常与公共社会空间隔绝，不涉及公正，也难以有公共权威插手解决。因此，他认为：“自杀问题可能更多涉及的是私人的公正与委屈，与私人的幸福生活相关，这样，理解自杀问题的关键就成了：人们在日常生活中最在意的公正是什么？”参见：吴飞. 浮生取义：对华北某县自杀现象的文化解读. 北京：中国人民大学出版社，2009：3-13. 这一研究对医疗暴力研究的启发正在于：暴力行动者在日常暴力中更在意的行为选择动机是什么？

③ 徐昕，卢荣荣. 暴力与不信任——转型中国的医疗暴力研究：2000—2006. 法制和社会发展，2008，（1）：82-101.

④ 马克斯·韦伯提出，在社会科学研究中应尽可能保持“价值无涉”，即尽可能在经验事实的认知中排除价值判断，从而保持科学认识的客观性和中立性。但韦伯同时指出，社会科学研究者的判断可能带有“价值关联”，即将包括个人兴趣、阶级利益和纯粹理想等主观认知与一定的经验事实发生联系，从而将实在事实转变为文化现象。参见：[德]马克斯·韦伯. 社会科学方法论. 韩水法，莫茜译. 北京：中央编译出版社，1998：65. 在这一解释中，“价值关联”与“价值无涉”其实构成社会科学研究不可解的难题，也频频被韦伯之后的学者质疑，认为研究事实的选择、提出和论证本身带有价值判断，难以做到价值无涉。参见：Andreski S. Max Weber's Insight and Errors. London：Routledge，Kegan Paul. 1984：19；[美]罗伯特·默顿. 社会研究与社会政策. 林聚任等译. 北京：生活·读书·新知三联书店. 2001：76.

这于无形中启发了进一步的思考。就论证过程而言，“医患关系论”缺乏对“不信任”的适当分辨。当“不信任”被归为理由并对其予以分析的同时，“不信任”的正当性论证就已经完成，这也是上文在研究立场上出现有趣偏差的原因。但值得深思的是，很多医疗暴力的发生，也许仅仅是对医风、医德乃至医疗过错的猜测，其间甚至包含对纠纷解决机制的自觉回避。[①]没错，这是不信任，但以对未经验证的事物发生的不信任为理由付诸暴力，恐怕“不信任”的合理性是首先需要论证的问题。匆忙以其为起点直接导向不信任背后更为复杂的社会机制的研究，在一定意义上，仿佛赋予了“不信任”天然理直气壮的理由，忽略了暴力行为客观的破坏性和非法性。甚至，更为让人担忧的追问是，如果社会机制上的问题未能解决，那么“不信任”难道应当在一定时空内得以合理延续，暴力行为也应当随之永无休止？因此，“医患关系论”的研究仍然导向一种本质主义的研究，尽管做出了努力，但仍然没能实现宏观与微观的有效结合。

在现实层面，这种关乎暴力行动选择的“不信任”也遭遇了拷问和质疑。呼吁暴力“零容忍”的医方率先认为，医院暴力与医患矛盾之间有关联，但不能被一并视之，更不能认为后者未解决前者就无法解决。“无论是从哪个角度上来说，我们必须要把这个事情分开了说，千万不要缠在一起，大家就说你是医患矛盾有若干个理由，有政府的理由，有体制的理由，有舆论的理由，有社会诚信的理由，还有医生不自律的理由。这么多理由，你治到什么时候能完呢？如果这些事情都治不完，是不是警力或者维护治安就可以不执行呢？所以把它摘开了说。这一点是很重要的。”[②]这样的看法也得到了法律实务部门较高层人士的回应，认为医疗纠纷和伤医暴力分属不同的法律领域。如全国人大代表、河南省高级人民法院院长张立勇在接受记者采访时认为，砍杀医生不是医患纠纷，而是严重的刑事犯罪，必须在法律的框架内解决，而且要加以严惩。一定要把医疗纠纷、医患矛盾和暴力伤医事件区分开。即使有医疗纠纷，也不能成为伤医、害医的借口，对于伤医、害医的犯罪行为应严厉制止和依法严惩。医患纠纷应严格按照医患纠纷的法律程序办理，伤害案件应严格按照刑事犯罪的程序和适用法律办理，不能以不满意治疗效果为由实施恶意伤害，任意践踏法律，也不允许把刑事案件归类为医疗纠纷。[③]有媒体更直接而尖锐地对医疗暴力发生后甚嚣尘上的“体制原罪论”进行批驳：“反思社会背景，还原行凶者的立体化人生，这算是一种进步，但必须警惕到当对社会背景的反思超越了对暴力本身的反思时，暴力就有可能被美化，甚至有可能‘合理化’。”[④]因此，“医患关系”视角中的“不信任”在为医疗暴力归因的同时，却将行动者行为的动机单一化，赋予了其行为被同情以至立场模糊的可能，这些也许并不利于医疗暴力防控机制的建立和开展。

---

① 典型的如2009年福建南平发生的杨××手术后死亡引发的群体性暴力事件。南平市第一医院的院内专家讨论未发现医疗行为过错，建议尸检；主管院长则建议走司法途径，经由鉴定确认医疗过错。但患者家属既不相信讨论结果，又坚持不走司法途径，更不愿意尸检确认，最终冲突升级，酿成规模较大的群体性暴力事件。参见：杨帆. 医闹事件何以愈演愈烈. 吉林人大，2010，（10）：28-30。另外，医方完全没有过错但遭遇暴力的案例，请参见：肖流. 直击医院暴力——受到伤害医生的故事. 医院管理论坛，2004，（4）：24-28.

② 凌锋. 建议把医院内保变安保，让警察有所作为. http：//health.sohu.com/20140308/n396267652.shtml[2014-03-08].

③ 李雨桦. 人大代表：砍杀医生不是医患纠纷，而是严重刑事犯罪. http：//www.huashengjp.com/article-53467-1.html [2014-03-12].

④ 陈方. 医患矛盾不是暴力伤害的理由. 北京青年报，2012-9-5（02）.

（三）选择行动者视角的理由

必须要承认的是，无论是制度视角还是医患关系视角，都为认识医疗暴力的发生提供了可资借鉴的思想资源和现实对策。但其共同的缺陷均在于不能实现宏观与微观视角的融合，难以为建立立体且具体的防控措施提供更充分的思想资源和理论依据。因此，在我们探究医疗暴力行动的原因时，应当注重对提炼防暴力措施更加有效的理论视角。这一理论视角必须摆脱本质主义的不易操作性、单一归因的片面性和意识形态先行的悖谬感。

因此，我选择行动者视角作为医疗暴力发生原因的观察视角，即从医疗暴力肇事者的越轨行动出发观察医疗暴力的发生。从理论上看，行动者的行动方式、能动作用、态度立场是社会行为发生的最直接、最根本、最现实的依据。德国学者曼海姆深刻地指出："除了各种社会决定因素之外，或者我们在讨论各种社会决定因素时恰恰遗忘了一个不可消除的因素，那便是行动者，指出这一点，不是说要摒弃任何社会因素，而在于考虑必须以什么方式重新阐述知识的概念。"①行动者能动作用的实质既包括行为意图和理由，也包括行为所能改变的后果及由此带来的反思。"能动作用涉及个人充当实施者的那些时间，即在行为既有顺序的任一阶段，个人都可以用不同的方式来行事。倘若这个人不曾介入，所发生的事或许就不会发生。"②因此，要理解不同模式的社会行为，就必须依靠行动主体的能动性，而不能简单地将其归因于外界社会压力的各种影响，应当识别和刻画不同行动者的社会实践、策略和基本原理、所处的各种环境、如何互锁（interlock）在一起、解决具体问题的生存能力与有效方法以及扩大社会网络的方式等。③

行动者视角不等同于个人主观视角，也能有效形成解释社会制度的重要途径。在承认行动者的行为受外界条件影响的前提下，观察行动者在相同环境下的不同策略选择，既凸显了能动性对环境的回应，也便于区别非直接因果关系的环境联系，甚至，更可能监测到因意外后果的出现而改变环境的契机。吉登斯因之提出"行动的反思性监控"的概念：通过"反思性监控"，行动者将自身行为、他人行为与社会环境联系在一起，行动者习以为常地被自己所处情境的社会特性与物理特性所塑造，能够以话语形式对所作所为给出自己的意图和理由，也对他人产生着影响，同时，行动者会根据行为的各种后果反思行动未被认识到的条件。以上都可能成为改变社会制度或所处环境的契机。④科尔曼也指出，只有从个体行为出发，才能达致从微观到宏观的解释。他运用了个体行动的"合理性"作为桥梁，并指出"如果社会理论的目标是解释以个人行动为基础的社会组织的活动，理解个人行动便意味着寻找其隐藏在行动内部的各种动机……换句话说，局外人认为行动者的行动不够合理或非理性，并不反映行动者的本意。用行动者的眼光衡量，他们的行动是合理的"⑤。进而，科尔曼以解释合理性的

① [德]卡尔·曼海姆. 意识形态与乌托邦. 黎鸣译. 北京：商务印书馆，2000：301.

② [英]安东尼·吉登斯. 社会的构成：结构化理论大纲. 李康，李猛译. 北京：生活·读书·新知三联书店，1998：70.

③ Long N. Development Sociology，Actor Perspectives. London，New York：Routledge，2001：47.

④ [英]安东尼·吉登斯. 社会的构成：结构化理论大纲. 李康，李猛译. 北京：生活·读书·新知三联书店，1998：65-66.

⑤ [美]詹姆斯·S. 科尔曼. 社会理论的基础（上）. 邓方译. 北京：社会科学文献出版社，1999：23.

形成为切入点，对社会系统为此种合理性提供了怎样的论证进行了有效的分析。上述研究表明，行动者视角虽然发轫于个体认知，但并没有违反社会科学解释社会系统的基本原理。

具体到医疗暴力，我认为，行动者视角更直接，更生动，也更清晰——既有别于“制度论”视角的宏大高远，也有别于“医患关系”的羼杂交错。行动者视角不是同情式的观察，更不是将重点放在对医方归咎上，事实上，行动者视角看似仅从单方出发，但经由辨析，化繁为简，更容易保持观察上的理性，避免在对医患双方的比较中出现感情上的倾向。从行动者视角出发，我们可以更直接地认识医疗暴力的行为类型和发生情境，避免抽象地讨论暴力。认识暴力是分析暴力成因的基础。因其在历史进程中的无法避免，在人类逐渐理性认识暴力的过程中，理论家将暴力行动与社会制度联系起来加以认识的过程从来未曾停止。但暴力因此被抽象化、模糊化、主观化，高谈阔论甚于直面其巨大的破坏性。必须承认，暴力首先是一种具体的行动，尽管暴力的概念有理论上的争议，但暴力“总是被体现出来”，我们往往选择从暴力的外观来认识暴力，即着眼于行为：“暴力依旧与如下行为有关，其中暴力的受害者不是作为其‘他者特性’被识别和尊重的主体，而仅仅是不自愿地被视为身体应受伤害或毁灭的对象。”[①]无论是“制度论”还是“医患关系论”（事实上，两者也往往交错），都将医疗纠纷与医疗暴力并列讨论。这一选择本身并没有太大问题，暴力由纠纷发展而来，这仿佛是公理般的命题。但医疗暴力的具体选择过程则在上述研究中被淡化，纠纷何以发展为暴力，行动者选择暴力解决纠纷的动机究竟为何：冲动？无奈？策略？报复？而当具体的冲突发展过程被忽略的时候，宏观的制度改善建议则显得大而无当。

（四）行动者视角下既往部分归因的省察

从行动者视角观之，暴力归因的顺序往往是，选择暴力的动机首先成为关注的对象，而形成心理动机的制度环境或外界条件则自然纳入思考的范畴。例如，美国学者步德茂在关于18世纪中国财产权的暴力纠纷的研究中，围绕暴力争端中行动者选择暴力的行为过程及处理过程展开，揭示出经济制度的变革要求加剧了暴力争端的可能性。[②]刘梦对中国婚姻暴力的研究[③]和陈柏峰对鄂南陈村的乡村暴力事件的考察也是如此。[④]虽然我同样承认，制度原因对于暴力的形成与加剧有着不可分离的联系；但我希望，通过动机的分析，遴选出对暴力产生最直接、关系最紧密的制度原因。时间可能是个重要的辨识标准。譬如健康知识宣传不够普及、卫生投入不足、医疗服务水平存在地区差异等制度因素，在中国

---

① [英]约翰·基恩. 暴力与民主. 易承志，荣启涵，黄振乾等译. 北京：中央编译出版社，2014：24.

② [美]步德茂. 过失杀人、市场与道德经济——18世纪中国财产权的暴力纠纷. 张世明等译. 北京：社会科学文献出版社，2008.

③ 刘梦的研究从访谈受害妇女着手，挖掘施暴者的动机，总结出婚姻暴力屡禁不止的保护机制，最终尝试构建从宏观到微观的暴力控制策略。参见：刘梦. 中国婚姻暴力. 北京：商务印书馆，2003.

④ 通过对暴力行动者行为的深入访谈，陈柏峰发现村民之间广泛使用暴力与坚韧忍耐屈辱并存的心理机制，从而从国家、秩序和文化上对之进行了有价值的解读。参见：陈柏峰. 暴力与秩序——鄂南陈村的法律民族志. 北京：中国社会科学出版社，2009.

医疗服务的发展历程中一直存在着，并没有数据显示，近年来这些因素出现了明显的滑坡，相反，倒有数据显示其有了明显改善①，但与此同时，医疗暴力并没有减少，反而愈演愈烈。我不否认，上述制度因素可以作为暴力行动的背景式原因，但显然，其直接关联度有待商榷。

此外，医疗纠纷的典型成因并不一定适用于医疗暴力。以医疗过错为例，在医疗暴力产生的原因中，医疗过错所占的比例并不大。《中国青年报》记者检索了 2000 年至 2014 年 2 月的 177 篇相关新闻报道，统计显示，在上述报道中，98 起是因为对治疗效果不满意，17 起是由于不信任医生治疗方案，另有 11 起是认为医护人员态度不佳。真正存在医疗事故的，只有 6 起。2013 年发布的《医院场所暴力伤医情况》在分析暴力伤医原因时也称，对治疗方案、治疗效果、检查结果等不满意迁怒医生的占八成以上，只有三起是和医院有医疗纠纷。②这将在一定程度上澄清我们的观念，即医疗暴力在报复意义上的正当性。从目前对医疗暴力发生的民意调查来看，认为医院“有责任”的呼声相当之高。例如，在卢加发等对 2011 年 1 月 31 日“上海新华医院群体暴力事件”和 2011 年 9 月 15 日“北京同仁医院徐××被刺案”两例医疗暴力事件的网络评论所做的调查中，统计结果发现，各网站的评论观点中，医院责任论评论最多，为 938 条，占 40.36%；批评医闹论最少，为 63 条，占 2.71%。③这里的“责任”尽管是民众心中模糊的印象，但应包括对医方医疗过失的技术过错、缺失医德的伦理过错的整体评价，即在民众心中，即便是暴力行径，仍然“情有可原”，甚至“幸灾乐祸”。但回归现实，医疗暴力产生的更多原因是认知分歧——包括费用、态度、治疗效果等，而无论是对分歧的认知，还是对分歧致损的认知，都带有非常浓烈的主观色彩，这就剥离了暴力是因对方造成损害而引发的报复心态的普遍判断。显然，相较于分歧，报复更易获得“同情式的理解”，这既与复仇的文化传统相关④，也与复仇和秩序的关系相连接⑤，甚至可以审察到人性深处的报复冲

---

① 以卫生投入来看。2009～2013 年，国家财政对医疗卫生累计投入 22 427 亿元，占财政支出的比例从 4.4%提高到了 5.7%。中央财政对医疗卫生累计投入 6555 亿元，占财政支出的比例，从 2.28%提高到了 3.19%。参见：中国医疗卫生投入占比比别国低因为统计口径不同. http：//news.sohu.com/20130314/n368842294.shtml[2013-03-14]。另外，石光、贡森的研究也表明，1978～2002 年，中国卫生总费用从 110.2 亿元，增加到 5684.63 亿元，增长了 51.6 倍，年均名义增长率为 17.86%。同期，中国国内生产总值（GDP）增长了 28.9 倍，年均名义增长率为 15.05%。可见，卫生总费用年均增速比 GDP 快 2.8 个百分点。参见：石光，贡森. 改革开放以来中国卫生投入及其绩效分析//国务院发展研究中心. 中国发展评论. 北京：中国发展出版社，2005：29-46.

② 卢义杰. 医患血案后面的制度困局. 中国青年报，2014-2-26（07）.

③ 卢加发，顾建华，杨顺露. 两例医闹事件网络评论观点调查分析. 医学与哲学，2012，（5A）：31.

④ 瞿同祖认为，中国传统文化中的复仇源于亲属复仇的伦理许可。瞿同祖. 中国法律与中国社会. 北京：中华书局，2003：72-76. 霍存福则认为，复仇观念首先源于“施”“报”的文化观念传统，后被儒家伦理中的“孝”“义”观所强化，尽管在经学典籍和法律制度中不乏对复仇的制约，但遵循儒家伦理的个体以及国家法律体制甚至社会舆论都对复仇抱有同情态度，对此类案件一般以宽为主。可参见霍存福. 复仇·报复刑·报应说——中国人法律观念的文化解读. 长春：吉林人民出版社，2005：7-18.

⑤ 在波斯纳的一系列著作中，他详细地分析了复仇与法律等社会控制机制的关系。在波斯纳看来，复仇与荣誉、伦理等社会观念相关，是早期社会控制体系的组成部分，遏制了不法行为等破坏秩序的行径。但复仇的残酷性、个体化、不稳定及无法达至最佳惩罚、成本过高等缺陷，使其逐渐被作为控制体系的法律制度所取代，复仇仍然在法律救济的边缘处存在。波斯纳特别强调，正因为如此，复仇在制度上被取代，但在情感上仍然有存在的空间。参见[美]理查德·A. 波斯纳. 法律与文学. 李国庆译. 北京：中国政法大学出版社，2002：63-77；[美]理查德·A. 波斯纳. 正义/司法的经济学. 苏力译. 北京：中国政法大学出版社，2002：215-224. 日本学者穗积陈重也持类似的观念，他将复仇与法律制度的关系概括为“私力公权化”的过程，认为复仇是社会进化之路上必然的现象，公权化过程包括将无限制的私力复仇交由国家等共同体统筹使用，也包括国家授权私人在某种条件下的复仇。参见[日]穗积陈重. 复仇与法律. 曾玉婷，魏磊杰译. 北京：中国法制出版社，2013：3-27.

动[①]，这也可以作为理解为何民众总是对医疗暴力持暧昧甚至支持态度的原因。但经由责任分析，可以发现，医疗暴力的发生显然不纯粹是复仇理论的又一次重申和实践。

此外，有些原因需要进一步地解释。譬如社会保障制度的不足、医疗信息不对称、纠纷解决机制的缺失等，每个原因都可能导致患方在诊疗中的困窘感，但这种困窘感怎么会上升至暴力冲突仍需要解释。日常生活经验告诉我们，不是所有的委屈和不公都能上升到暴力冲突的层面，譬如保障制度之于养老，信息不对称之于高科技含量的商品购买，纠纷解决机制缺失之于拆迁等纠纷类型，上述情形并没有出现如医疗暴力一般普遍的暴力冲突。因此，正如社会冲突理论指出，冲突往往是由现实的冲突情境和行动者在其中投入的情感两个方面构成，“进攻‘冲动’或敌对‘冲动’并不足以对社会冲突提供充分的解释。只有在主体与客体的互动中，冲突才可能发生”[②]。在社会冲突升级中，互动常常成为核心要素。冲突升级的模型包括争斗-防御模型、螺旋上升模型和结构变化模型，每个模型都揭示出冲突的升级与双方行动紧密相关，而不仅仅是外界条件所致。[③]因此，医疗暴力的发生原因不应停留在静态的外界原因解释上，而应深入探析在医疗情境中暴力行动生根、萌芽和爆发的过程，揭示外界原因与暴力动机的互动交融。

二、相对剥夺感与医疗暴力的产生

（一）相对剥夺——一个暴力行动的理论解释框架

在中国，暴力常常被视为无奈之举。寺田浩明的研究指出，在传统中国的乡土社会中，人们面对争议时，往往采用避让的态度，但让步是有界限的，“实际上，一旦发生争执，为了保卫自己的利益，人们往往可能做出过分的反应。日常的生活世界于是充满了‘反·互让’的主张和过剩的自我防卫”[④]。郭星华、储卉娟等关于以农村居民为主的监狱暴力犯罪者的调查研究表明，暴力行动常常是乡土社会中诉诸其他救济无法达成目标后的最终选择。[⑤]因此被迫选择暴力的行动者以弱者自居，“一方面，他们承认自己犯了法，做了错事，但另一方面，他们的道德判断仍然紧紧围绕犯罪之前的纠纷，时时强调自己才是整个纠纷的受害者，而不是被法律界定为‘被害人’的一方。在他们对整个纠纷过程的描述过程中，

---

① 从生物的自保本能上，复仇是对危害其自身存在的刺激进行反击的活动。达尔文曾经观察过狒狒复仇的事实，发现生物自保本能中包含了报复的特征。参见[英]达尔文. 人类的由来. 潘光旦，胡寿文译. 北京：商务印书馆，1997：104. 李斯特认为，生物报复生活中的各种伤痛基本上都出自本能，并不仅仅为了击退未来的危害，也是对已发生的祸害进行反击，以其人之道还治其人之身，以此慰藉自己的愤怒。参见：[日]穗积陈重. 复仇与法律. 曾玉婷，魏磊杰译. 北京：中国法制出版社，2013：28. 徐昕借英国学者鲍桑葵在《关于国家的哲学理论》中的“路人受袭反击”的例子对无需解释的本能进行了现实的解释，并认为这是个无需理论建构的问题。参见徐昕. 论私力救济. 北京：中国政法大学出版社，2005：184.

② [美]L. 科塞. 社会冲突的功能. 孙立平译. 北京：华夏出版社，1989：47.

③ [美]狄恩·普鲁特，金盛熙. 社会冲突——升级、僵局及解决. 王凡妹译. 北京：人民邮电出版社，2013：107-147.

④ [日]寺田浩明. 权利与冤抑：寺田浩明中国法史论集. 王亚新译//王亚新，梁治平. 明清时期的民事审判与民间契约. 北京：法律出版社，1998：213.

⑤ 郭星华，曲麒瀚. 纠纷金字塔的漏斗化——暴力犯罪问题的一个法社会学分析框架. 广西民族大学学报（哲学社会科学版），2011，（7）：67-72；储卉娟. 暴力的弱者：对传统纠纷解决研究的补充——基于东北某市监狱的实证研究. 学术研究，2010，（2）：60-69.

时时会表露出一种‘无路可走只能如此，运气不好所以犯罪’的态度”[①]。

社会学中的“相对剥夺”（relative deprivation）概念给予了上述分析最强有力的理论支撑，也因此构成医疗暴力归因的理论框架。美国社会学家塞缪尔·斯托夫在其关于美军士兵心理状况的研究中首次提出了“相对剥夺”概念。[②]一般认为，“如果冲突一方认为合理的愿望未获得满足，那么由此带来的不良体验就常常会导致利益分歧，这样一种体验称为相对剥夺。这种情况下，一方的剥夺感是相对于某种合理标准产生的，因此这种剥夺感具有相对性”[③]。从本书所倡导的行动者视角来看，暴力现象始终源于行动者对剥夺感的认知，即当外界剥夺的是行动者较为珍视的、很难复制的、休戚相关的事物时，暴力就具备了前提。以传统社会中的社会暴力为例，传统上人们重视由“面子”“情感”（亲情、乡情等）带来的长远关系维系，因此常常采取“忍让”的态度，当侵犯不断带来名誉重大贬损、利益巨大丧失等撕裂长远关系维系可能的情状时，同样为了杜绝这种长远威胁，挽回“面子”，反击势必猛烈。

相对剥夺理论可以分为横向剥夺和纵向剥夺两个分支。

1. 横向剥夺

横向剥夺主要是指与横向参考群体相比较产生的剥夺感，即剥夺感的产生并非取决于自身利益的增减，而是取决于与同时期其他群体利益增减的比较。默顿进一步强化了横向剥夺中关于参考群体的意义，他认为，参考群体除了传统的隶属群体之外，可能存在多重性，“进一步的事实说明，人们在塑造自己行为、形成各种态度时，所取向的常常不是自己的群体，而是别的群体”[④]。在此基础上，默顿提出了“冲突的参考群体”和“相互支持的参考群体”的概念，前者是指参考背景目的相悖的群体，后者是指参考背景目的相同的群体，这大大拓宽了横向剥夺感产生的依据。[⑤]

聚焦至医疗暴力，横向剥夺可能展现为：暴力实施者或潜在的实施者的剥夺感既来自医方的行为和境况，也来自其他类似患者的经验和比较，这比简单的“医患关系”更为复杂，也更为开阔。在这种比较中，除了传统的费用支出、服务态度等，医方的收入状况和服务产出、医方对待不同患者的态度（熟人/非熟人）、同期其他患者的类似经历，都可能成为横向剥夺感的来源。

2. 纵向剥夺

纵向剥夺主要是指与纵向参考群体相比较产生的剥夺感，古尔发展了相对剥夺的理论，引入了价值期待的概念。价值期待（value expectation）是人们认为他们应当获得的一

---

① 储卉娟. 暴力的弱者：对传统纠纷解决研究的补充——基于东北某市监狱的实证研究. 学术研究，2010，(2)：68.

② 塞缪尔·斯托夫发现，美军中一些升迁较快的成员，反而是最心怀不满的人。因为他们始终把军中地位显赫的高层人物视为参照群体，通过在权力、收入、声望等方面的比较，发现自己总处于劣势，从而觉得自己受到剥夺，老是被滞留在通往理想职位的道路上。对于早已定格在心目中的参照点似乎总是可望而不可即，进而产生了不满、怨恨、愤怒等主观反应。参见：周明宝. 浅析“相对剥夺感”. 社会，2002，(5)：37.

③ [美]狄恩·普鲁特，金盛熙. 社会冲突——升级、僵局及解决. 王凡妹译. 北京：人民邮电出版社，2013：24.

④ [美]罗伯特·K. 默顿. 社会理论和社会结构. 唐少杰，齐心译. 北京：译林出版社，2006：341.

⑤ [美]罗伯特·K. 默顿. 社会理论和社会结构. 唐少杰，齐心译. 北京：译林出版社，2006：348-358.

般价值地位，既指现在的又指将来的地位。人们期待保有他们现在的价值地位，而对将来应当获得的条件有许多期待和要求。[①]相对剥夺感与纵向价值期待有密切关系，包括与过去的比较和对未来的期盼。当目前感知的价值地位与既往有较大差距或未来可能无法达致预期时，相对剥夺感会加剧。而更为吊诡的是，从行动者视角出发，他可能仅仅关注自己最重视的某一项价值期待的比较，而未必做出整体价值地位的衡量。当该项价值期待无法满足时，行动者会有剧烈的被剥夺感，哪怕实际上并未如想象的那么严重。

同样聚焦到医疗暴力，纵向剥夺可能展现为：暴力实施者或潜在的实施者的剥夺感可能来自与既往经历的比较，也可能来自对未来效果的期待。与既往诊疗经历比较包括费用的增加、服务质量的变化、治疗复杂程度对生活的影响等，对未来效果的期待主要是根据自身对医疗服务能力的认识得出的可能治疗效果，一旦难以落实，相对剥夺感将会较为强烈。

（二）医疗暴力中的相对剥夺感与偏见体验

上文只是个框架式的推测。事实上，我们的解释仍可更进一步：虽然经由分析，医疗暴力现象被推测为与剧烈的“相对剥夺感”相关，但剧烈的“相对剥夺感”导致医疗暴力的路径却仍然不清晰。有几个问题可以继续追问下去：在医疗暴力实施者看来，被剥夺的是什么？为什么会导致暴力行动的产生？我将就这些问题继续展开分析。

相对剥夺感导致暴力的重要路径是由剥夺感产生的偏执情绪。相较一般医疗纠纷所产生的冲突行为，暴力行动更加激烈甚至残酷，这表明在行动者的心理动机上，相对剥夺感引发了更为偏执的情绪。对这一情绪的解释可追溯至社会心理学上的“偏见”。社会偏见研究的兴起与20世纪20～30年代美国政府的种族歧视政策和种族隔离现象相关。1925年和1928年，包格达斯（E. S. Bogardus）利用“社会距离”尺度测定法所做的调查，证明了白种人对有色人种的偏见是人类社会生活中产生的一种社会心理现象。近年来，随着对偏见的研究日益推进，一般认为，偏见属于社会认知的一种，是“先入为主”的，有情感偏向的，可能妨碍进一步认知的心理态度；偏见既可能是先天的，更可能是后天形成的，与各种因素引致的社会认知偏差相关；偏见既是社会进化中个体或群体避免伤害的心理进化机制，但也是导致社会歧视和社会冲突的重要根源。[②]

一旦偏见产生，可能具有将负面情绪扩大化的功能，同时形成对其行为进行辩解和正当化包装的理由。偏见可能根源于情绪性的联想，根源于行为辩解的需要，或者源自被称为刻板印象的负性信念，常常表现出先入为主、以偏概全、不顾事实、不易改变等特点。[③]偏见“在个人的精神和情感世界建立了一个顽固的逻辑结果，正是通过这种本性，仇恨便具有对外惩罚性，即仇恨者确信错误存在于他所仇恨的事物之中，只要他相信这一点，他

① Gurr T R. Why Men Rebel，Princeton：Princeton University Press，1971：75-86.

② 参见：王沛. 现代社会认知理论框架下的偏见研究及其走向. 心理科学，1998，（5）：445-448；贾林祥. 社会偏见：制约和谐社会构建的社会心理因素. 陕西师范大学学报，2010，（3）：18-23；魏铮，葛超，屈艳. 偏见：进化的生存机制. 心理学探新，2013，（2）：105-109.

③ [美]戴维·迈尔斯. 社会心理学. 侯玉波等译. 北京：人民邮电出版社，2006：235-248.

就对其自身无情的心理状态没有丝毫的罪恶感”①。

在医疗暴力中，偏见的产生与相对剥夺感的加重息息相关。基本的实现路径是，在冲突中，相对剥夺感往往伴生沮丧感和愤怒感，使人们更经常、更卖力地应对剥夺，当剥夺被认为是不合理的且一直持续时，与此同时，所有的应对被认为是无效的，这将最终引发行动者的绝望感，认为除暴力外其他方式均不能解决问题。

应当看到的是，在医疗暴力实施者的动机中，相对剥夺的体验必然是多元化的，我将其划分为利益剥夺感、期待剥夺感和救济剥夺感。医疗暴力行动既可能是较为关注上述三种剥夺感之一的人直接实施的，也可能是多重剥夺感叠加而形成的。这也使医疗行为与其他可能发生暴力行动的现实情状有所区分，能产生如此多元化的相对剥夺体验，不仅增加了暴力行动发生的概率，也增加了暴力行动防控的难度。

三、利益的相对剥夺感

（一）医疗费用造就的相对剥夺感

首先应承认医疗费用的客观上涨，是产生利益剥夺感的基础。成为医药卫生体制改革重要原因的“看病贵”首先是指费用支出在客观上的居高不下。在2009年新医改之前，无论官方还是学界，普遍认为客观上的“看病贵”问题较为严重。官方的代表性言论如2005年8月4日，卫生部原部长高强做了有关卫生形式的专题报告，指出“看病贵”是造成群众“看病难”的一个主要原因。该报告数据显示，1997～2005年近8年来，医院人均门诊和住院费用平均每年分别增长13%和11%，大大高于居民人均收入增长幅度。2003年与2000年相比，卫生部门管理的医院院均诊疗人数下降4.7%，但医院均收入却增长了69.9%。据统计，2003年在中国6598亿元卫生总费用中，政府投入仅占17%，企业、社会单位负担占27%，其余56%由居民个人支付。②学界也就看病贵的问题展开了热烈的讨论，认为政府自筹资金政策、不合理收费、不健全的医保制度等是重要的原因。③而医改至今，尽管官方声称，个人支出占卫生费用比重由2008年40.4%下降到2013年的34.4%，“看病难”和“看病贵”问题有所缓解④，但较为细致的分析研究表明，新医改仍没有完全解决客观上的“看病贵”问题：2008～2012年，虽然个人相对卫生支出逐年下降，但个人绝对卫生支出却在逐年上升，2012年个人卫生绝对支出较2008年上涨了64.31%。这说明，个人相对卫生支出的下降，不是源于个人绝对卫生支出的下降，而是

① Allport G. The Nature of Prejudice. New York：Addison-Westly，1954：363.

② 魏武. 高强斥责某些医疗机构见利忘义. http://news.xinhuanet.com/health/2005-08/04/content_3308463.htm[2005-08-04].

③ 参见：黄丞，张录法. 医疗服务供求矛盾：透视与破解. 上海：上海三联书店，2009：41-50，79-91；郝模. 谁之过——论“看病贵”问题的成因. 中国卫生资源，2006，(1)：3-5；钱军程，饶克勤，高军，等. 关于“看病难，看病贵”的证据分析、成因探讨与建议. 卫生软科学，2007，(5)：353-358；于宝军，刘宝，黄丞. 看病贵和看病难问题：对医院患者的调查. 中国卫生资源，2007，(6)：267-269；王颖. “看病贵”问题产生的根源：政府医疗服务筹资职能的撤退. 中国医学伦理学，2009，(1)：140-143；何鸿鹏，何倩，于金枝，等. 看病贵看病难研究的文献评价. 中华医院管理杂志，2006，(10)：701-704.

④ 孙志刚就落实三中全会精神，推进医改工作的答问. http://www.gov.cn/gzdt/2013-11/26/content_2534748.htm[2013-11-26].

源于个人绝对卫生支出的涨幅低于政府绝对卫生支出的涨幅和社会绝对卫生支出的涨幅。2009 年居民消费价格指数（CPI）下降 0.7 个百分点，卫生总费用上涨 20.7 个百分点；2011 年 CPI 上涨 5.4 个百分点，卫生总费用上涨 21.5 个百分点。物价对卫生支出影响有限，不是其增长的主要原因。其结论是，政府巨大投入没有减轻个人的直接负担。[①]此外，亦有学者认为，在一定程度上，补需方的财政投入方式刺激了药费和检查费的上涨。[②]

但客观的费用上涨仅仅是冲突可能发生的“引子”。仅从支付上看，改革开放以来物价的上涨对个体来说也是客观的费用增加，但未必会引发强烈的冲突甚至暴力事件。况且，医疗费用的客观上涨未必会造成支付能力的困窘。[③]我们必须解释客观的“看病贵”如何引发主观上强烈的相对剥夺感，最终导向极端的暴力实施。来自官方的认识对这种“主观贵”已有涉及。卫生部原部长陈竺曾指出，“看病贵”也有几种：第一是“个人主观感受的‘贵’”。患者认为，看病就医所花的钱超过了自己的预期，或者觉得所花医疗费不是“物有所值”。第二是“家庭无力支付的‘贵’”。就是看病就医总花费超过了家庭支付能力，造成“因病致贫和因病返贫”，其实质是疾病的经济负担过重而缺乏有效的社会医疗保障问题。第三是“社会无法承受的‘贵’”。从社会发展角度看，全社会医疗费用的总水平有一种不断增长且增速居高不下的趋势，但如果不能有效控制，当它超过了整个社会的承受能力时，就会影响经济社会的可持续发展。[④]以上解读包含了客观上的昂贵和主观感受上的昂贵，尤其是对个人主观感受的“贵”的解释，已经接近我们所描述的“相对剥夺感”。

我认为，主观上的感受与以下几个因素密切相关。

1. 暴力实施者的经济状况

数据显示，施暴者中多数家庭比较贫困，贫困比例达到 55%。而施暴者职业范围，无业者多达 37%，农民为 18%。[⑤]施暴者的经济状况越窘迫，医疗费用在其支出的比例越高，越容易引发强烈的不满，暴力行动的危险系数也就随之越高。

2. 费用上涨的速率

有研究表明，1980～2003 年的 24 年中，我国卫生总费用对 GDP 的弹性系数平均为

---

① 文学国. 政府不当管制与医改面临的困境//文学国，房志武. 中国医药卫生体制改革报告（2014—2015）. 北京：社会科学文献出版社，2014：96-97.

② 李玲发现，2008 年医改之前，卫生总费用 1.2 万亿元，公立医院药品费用大约 2314 亿元；药品制造业总资产大约 6000 亿元；药品流通行业销售总额大约 4700 亿元。2013 年医改之后，卫生总费用 3.2 万亿元，公立医院药品费用大约 5501 亿元；医药制造业总资产大约 1.85 万亿元；药品流通行业销售总额 1.3 万亿元。这说明自新医改以来，药品流通行业营业额有较大幅度增长。她认为，虽然毛利率总体下降，但利用新医改机会药品流通行业净利率不降反升。王娟，黄宝莹. 专家称医改后医疗费用不降反增 药价虚高. http：//news.sina.com.cn/c/2015-07-11/044932096313.shtml[2015-07-11].

③ 有研究者举例，1980 年，一个广州普通公务员月收入 40～60 元，2006 年广州的公务员月收入达 3000～5000 元，较 1980 年上涨了 60～100 倍，其他行业（包括农民工）收入上涨幅度也在 30～200 倍。医疗费用的上涨幅度是低于工资收入的上涨幅度的。再推敲个人年均医疗费用 512.5 元，平均到每个月不过 42.7 元，一辆小车每月的维护至少要 200 元，每月花费 42 元维护人的健康算贵吗？相信没有人把健康看得如此不值钱。参见：李瑞. “看病贵”现状评价研究. 合肥：安徽医科大学硕士学位论文，2007：6.

④ 周婷玉. 卫生部部长回应“看病难”、“看病贵”等 6 大问题. http：//www.gov.cn/jrzg/2011-02/19/content_1806198.htm [2011-02-18].

⑤ 李婧. 医院场所暴力伤医情况调查报告出炉 我国十年恶性伤医事件 40 起. 北京晚报，2013-11-4（08）.

1.37，1996～2000年，我国卫生总费用对GDP的弹性系数连续4年大于1.5。相比之下，20世纪90年代，世界卫生组织191个成员方的卫生总费用对GDP的弹性平均系数为1.11，而在中等收入国家则为1.07。[①]一份关于医疗费用增长和预测的研究报告指出，1991～2013年，我国人均医疗费用的年均增长率为17.49%，如果现有的政策环境不变，且不做干预的话，预计到2020年，我国医疗费用将依然保持12.08%～18.16%的年均增长率，这一增速将明显高于社会经济发展水平，且会加重目前存在的社会问题。[②]飞速增长的医疗费用虽然未必超过所有人的支付能力，但超越了人们调节消费结构的准备和心理预期，较同期其他一些费用增长的速率，较强的相对剥夺感油然而生。

3. 医疗费用的合理性

这在当前对医疗费用支出的质疑中显得尤为突出。邱仁宗在谈及医患关系紧张原因时认为，只谈自付比例增高，回避了医疗费用增高是否合理这一重要问题可能是舍本逐末："难道目前医院从病人那里收取的费用是合理的吗？是病人病情的实际需要吗？即使按市场规律来计算是在成本基础加上合理的利润吗？"[③]医疗费用支出不合理的描述屡见不鲜，其焦点集中在过度医疗、医用耗材和药物价格畸高、医院收费不规范、红包腐败现象等方面。[④]值得注意的是，来自各方面的信息也大多传递的是个人体验和典型事例，虽然偶见理论上对此现象发生的解释[⑤]，但目前并没有证据表明不合理收费在医疗收费的比例非常高。然而，从相对剥夺感的视角，来自经验的认识已足以加深剥夺感的主观感受，尤其是在传媒对事例进行传播时，医疗费用不合理的印象很可能被夸大式地映射于大众心中。

4. 医疗费用支出的预期

患方对费用的预期常常决定了贵与不贵的感受。有学者将患方对费用的预期来源归于"价格调整中沿袭思维与现实的落差"和"对医疗支出占收入比例的过低预期与现实的落差"[⑥]，前者是纵向历史比较形成的不满，后者是对健康产品公共性过高估计导致的失落。除此之外，支出预期也包括对自我疾病认识不足、对医学手段运用存在不信任等形成的费用预期与实际花费之间的落差。新医学技术、新药特效药进口药、一次性用品的使用是导致看病贵的客观原因。仅以影像诊断为例，以往靠的是平面的X射线机，现在电子断层扫描技术CT诊断已日渐普及。现在不仅双螺旋CT、磁共振成像（MRI）等高科技含量的昂贵先进设备投入临床使用，就连先进到分子生物诊断技术的PET（正电子发射计算机

---

① 李瑞. "看病贵"现状评价研究. 合肥：安徽医科大学硕士学位论文，2007：12.

② 黄辛. 我国医疗费用增长预测及治理研究获重要成果. http：//news.sciencenet.cn/htmlnews/2015/4/316499.shtm？id=316499[2015-04-08].

③ 邱仁宗. 医患关系严重恶化的症结在哪里. 医学与哲学，2005，(11)：6.

④ 参见：顾兆农，付文. 新医改6年大众仍抱怨看病贵什么稀释了医改获得感. 人民日报，2015-3-27（05）；刘华. 老百姓看病贵在哪. 中国社会保障，2005，(10)：41.

⑤ 一个理论的解释是运用制度经济学的租值耗散理论对看病贵进行解释，认为诊疗的非市场定价导致医生采用开大处方和收红包等隐性价格机制去分割置入公共领域的租值，并使部分租值最终被各参与主体分割，从而最终造成"看病贵"。参见：翁舟杰. 看病难，看病贵的经济分析——西方租值耗散理论的视角. 经济学家，2012，(10)：65-70.

⑥ 张录法. 新医改短期内缓解"看病贵"的效果预期及初步验证. 浙江学刊，2012，(1)：161.

断层显像）也已投入临床应用。[①]这直接增加了费用支出的成本，而这样的成本很难在患方的认识预期之内。

5. 医疗保障制度对费用支付的支撑

医疗保险是一种补偿机制，可以平衡费用支出的相对剥夺感，但目前医疗保障制度并不完善。在关于“看病贵”的研究中，二元或多元的医疗保障机制[②]、医疗保障费用的筹资方式[③]、保险报销存在的问题[④]等均被作为原因提及，这些医疗保障制度现存的缺陷将加剧主观上的相对剥夺感，尤其是当来自官方媒体渲染和宣传的“政策报销比”与“实际报销比”产生差距后，这种心理落差将作为医疗保障制度运行不畅或无效的主观印象而投射于“看病贵”的认知中。此外，我国城镇医疗保险制度的转轨过程，是一个“全免—部分自付—相当比例自付”的过程，“社会福利这种东西，如果从少到多的话那是人人高兴，如果有不满的话那也是横向比为什么‘我少他多’，而从多到少的话那是人人抱怨。所以，我国城镇参保者对医疗费用负担的感受尤为敏感，这种敏感程度甚至超过农村居民，因为农村居民没有经过这种大的制度变迁”[⑤]。这也是造成医疗保障制度间接造成费用相对剥夺感强烈的重要原因。

（二）其他利益上的相对剥夺感

1. 除医疗费用之外的其他交易成本的支出加剧了相对剥夺感

其他交易成本包括搜寻成本、时间成本、避免服务差异成本、约束成本等交易成本。搜寻成本包括：由于疾病显著的个体差异，患者要为得到特殊医疗服务而进行搜寻的成本；由于医疗知识的匮乏，患者要对医疗机构的资质、信誉等信息进行搜寻的成本；由于附近医疗资源的限制，患者要在更广阔的范围内对医疗资源进行搜寻的成本等。时间成本主要是指预约、排队等待等时间上的成本，该成本高低与患者病症是否紧急成正比。避免服务差异成本主要是指当患方受诊疗之外的其他信息影响，对服务质量是否因人而异存在疑虑时，而积极寻求影响服务差异的成本支出，包括寻求熟人网络、以“红包”等方式进行贿

① 吴圣明. 辩证地看“看病贵”. 中国医院管理，2006，(6)：8.

② 我国目前的医疗保障制度总体包括城镇职工基本医疗保险、城镇居民基本医疗保险和新型农村合作医疗保险等几类，各地亦在此基础上有所差异，但每类保险的报销政策有所区别，就面对同样医疗价格的低收入人群而言，仍存在保障力度有限的问题。甚至未能参加保险的人群，感觉费用压力更大。参见：张蕴萍. “看病难”和“看病贵”为什么会同时存在？学习与探索，2011，(5)：63-64. 一个更早的分析参见：郝模. 谁之过——论“看病贵”问题的成因. 中国卫生资源，2006，(1)：4.

③ 有研究指出，社会统筹和个人账户相结合，特别强调职工工资及其税收为基础的社会保障体系，改变原有的公费、劳保医疗中政府财政投入为主的筹资体系，使得享受社会医疗保险的人群即使是在个人经济能够承担个人医疗费用支出的情况下，也能感觉到个人医疗费用负担的相对加大。参见：王颖. “看病贵”问题产生的根源：政府医疗服务筹资职能的撤退. 中国医学伦理学，2009，(1)：142.

④ 主要包括跨地区、跨制度流动时转续难，异地就医结算难，流动人口报销不易，城乡、职业区分的制度壁垒使医保权利公平性不足等，参见：孙淑云. 中国基本医疗保险立法研究. 北京：法律出版社，2013：100-102. 也有权威媒体对异地报销存在的问题进行了详尽的报道。参见：顾兆农，付文. 新医改6年大众仍抱怨看病贵什么稀释了医改获得感. 人民日报，2015-3-27（05）.

⑤ 郝模. 谁之过——论“看病贵”问题的成因. 中国卫生资源，2006，(1)：5.

赂等。约束成本主要是指患者通过各种努力探寻可以约束医生不当行为的成本支出，包括与既往诊断的比对、多家医疗机构的对照、网络及咨询熟人等自我搜寻式求证等。以上成本支出虽然不直接表现为金钱支出，但加剧了相对剥夺感。这源于两个理由：其一，成本付出的不甘心；其二，对收益的不良评价。而这两个理由均与医疗服务市场的信息不对称密切相关。

首先是不甘心。医疗服务市场的信息不对称已经成为共识。大多数人认为，这与医疗技术的专业性和复杂性、服务价格的单方决定性、监管难以实现绝对控制等因素相关。①单独的信息不对称其实并不一定形成交易障碍，买方可以选择其他更透明的产品以避免信息不对称。但医疗健康产品的特殊性在于其具有不可替代性，而提供该产品的市场又居于垄断地位，因此信息不对称才成为交易的重大障碍。作为买方的患方必须被迫为搜寻和获取有效信息付出搜寻成本和时间成本，为避免差异对待付出避免歧视的成本，为防止被交易欺骗而不停地找寻约束成本。在患方看来，这些成本的付出在信息对称的其他市场交易中大部分是可以避免的，甚至有些付出（如红包）属于非法范畴②，所以，不甘心是必然的。

但更重要的是不良评价。不甘心未必最终导致相对剥夺感的加重，如果成本支出的效果评价良好，哪怕是被迫支出，也可能转化为利弊权衡后的心理平衡。——话说回来，生活中有哪项支出是绝对心甘情愿的呢？但由于信息不对称的交易现状，患方对成本付出的收益评价常常表现出怀疑甚至否定的态度。这其实构成一个颇有深意的悖论：原本付出成本是为了弥补信息上的不对称，但由于身处信息荒漠之中，成本付出后的收益状况仍然暧昧不明，从而导致负面的收益评价，而成本支出越多，这样的负面评价就越容易产生，因为成本的收益期待随着成本追加而提高。这是信息不对称的二重困境，除了加大需方的交易成本，还增加了供方的道德风险。而关于医方在信息不对称下机会主义行为的信息披露更加剧了对道德风险的猜测，包括揣度医方实施的价格歧视、过度治疗以及药品、检查等方面存在的滥用现象等。③因此，患方较难做出对上述交易成本的正面评价，有学者将之称为"诚信期待的异化"："医方的信息优势反而演化为使其自身沦为被裁判的对象。医方的治疗行为结果以医疗费用、患者对疾病治愈与否的满意度来衡量，而不是以医疗费用与疾病难度的相关性来衡量。在此境遇之下，患者由于信息不对称，医学知识匮乏，认为医方应该对疾病的治愈负全部责任，从而导致自身权利的非理性扩张。"④这表明，其他交易成本的支出，非但难以缓和信息不对称造成的交易障碍，反而加剧了相对剥夺感。

---

① 可参见：张琪，朱俊生. 医患关系的经济学分析. 北京：中国劳动社会保障出版社，2011：25-26；单清，戴春阳，朱启发等从医患纠纷看医疗市场的信息不对称现象. 中国医院管理，2002，（8）：1-2；吕本友. 医疗服务市场的规范管理研究——信息不对称现象分析. 管理论坛，2005，（4）：44；曹乔，陈光. 基于交易成本理论的医患冲突新阐释. 中国卫生事业管理，2015，（5）：344-345.

② 对于医疗过程中红包与医患关系的研究，可参见：周弘，张俊. 医疗卫生行业中"红包"现象的社会史分析. 中国人口科学，2004，（1）：23-31；李伟民. 红包、信任与制度. 中山大学学报（社会科学版），2005，（5）：110-117. 以上研究指出，从社会史的层面，红包承载了多重功能，包括经济收益、关系建构和信任产生的催化剂等，但现代社会和商品经济的发展使其剥离了人格化特质和服务费用等特征，逐渐成为正式制度约束限制的对象。这一分析潜在地帮助我们理解为什么看似自愿付出的红包带有极其强烈的不甘心，也成为被制度否定的对象。参见：《医患双方不收和不送红包协议书》通知发布. http://www.gov.cn/gzdt/2014-02/20/content_2616571.htm[2014-02-20].

③ 吕本友. 医疗服务市场的规范管理研究——信息不对称现象分析. 管理论坛，2005，（4）：45.

④ 谢裕安. 论信息不对称境遇下患者的诚信期待异化. 医学与哲学，2009，（2）：32.

2. 对医疗机构收益与自身利益付出的比较加剧了利益剥夺感

这是既往被忽略的相对剥夺感因素。尽管有研究指出医方对收入分配方式的不满，并认为这是影响医方行为进而影响医患关系的重要原因。[①]但在国家统计局发布的2014年度数据中显示，我国770万医护人员，工资总额4397.8亿元，年平均工资收入59 200元，位列全国第九。虽然许多医护人员认为自己尚未达到平均数[②]，但患者（潜在患者）很难认同医疗机构收入分配问题对医方行为的影响，大多数人在经验视野内，认为医生的收入是不低的，社会普遍认知与医生个体感知发生了重大分歧。[③]

尽管很少有人关注这一分歧对冲突产生的意义，但实质上患方始终无法认可医方收入低下的原因是，患方潜在地将自己利益的丧失归于医方利益的获得。这就是冲突形成理论中的"零和思维"。所谓零和思维，也称为总量固定假设，就是相信他人所得必定是自己的所失，反之亦然。[④]在这一思维下，冲突极易发生。尽管在很多情形下，冲突的形成并不是因为问题在本质上具有零和性，但仅因主观上的零和认定就可以形成冲突。患方对医方收入尤其是经由各种信息渠道得知的无法确证的"灰色收入"的猜疑，加剧了患方的相对剥夺感。而这一剥夺感反映在医疗暴力的动机中，常常表现为对"过度医疗""滥用药"的猜疑和激烈反对。[⑤]

四、期待的相对剥夺感

在中国医院协会所做的调研中，认为暴力伤医事件发生诱因中排序第一的是"诊疗实际结果与患者期待落差大"，认为该原因是诱因的受调查医院有98.1%，医务人员有87.7%，患者有70.0%。[⑥]这一将"患者期待"作为指标的调研与我将相对剥夺感作为暴力动机的假设有异曲同工之处——"结果与期待的落差"更类似主观上的相对剥夺感受，落差并不代表结果意义上的恶劣或糟糕，更多是主观上的不可接受和不能理解。但"诊疗结果与期待"这一指标的设计仅从结果出发，简化了期待剥夺感的内容。从目前医疗暴力的案例中可以发现，患者的期待剥夺既有结果意义的，也有程序意义的，包括以下几个方面。

---

① 殷东风，王立波. 社会转型期医患关系的社会学研究. 沈阳：辽宁大学出版社，2014：85-86. 一个更详细的关于医生薪酬与医患关系的分析可参见：张琪，朱俊生. 医患关系的经济学分析. 北京：中国劳动社会保障出版社，2011：233-240.

② 马晓华. 公立医院薪酬改革试点方案酝酿中，人的激励成改革关键. 第一财经日报，2015-7-27（04）.

③ 网络为这一问题提供了观察的平台。天涯论坛曾经粘贴出某三甲医院医生工资单（约1万元每月），引发热议，回复者大都认为收入很高，甚至有回复者认为这只是明账收入，实际收入可能不止于此。参见：大家看看三甲大医院医生真实的收入. http：//bbs.tianya.cn/post-news-143542-1.shtml[2009-09-19]. 与此同时，相关调研表明，医生认为自己的工作收入与劳动付出很难匹配，参见：吕文坚. 中国医生到底拿多少钱？http：//innovation.ifeng.com/focus/detail_2014_08/11/2743349_0.shtml [2014-08-11].

④ [美]狄恩・普鲁特，金盛熙. 社会冲突——升级、僵局及解决. 王凡妹译. 北京：人民邮电出版社，2013：27.

⑤ 例如，2014年3月8日发生在四川省绵竹市的医疗暴力事件，急诊内科医生发现患者（女，80多岁）主要症状为呕吐、失语、头昏，很像脑血管意外，加之患者有高血压、糖尿病既往病史，于是开了头部CT检查，无恙后确诊为急性胃炎，家属认为CT为过度诊疗，便拳脚交加。参见：王瑞峰. 四川一公安局副局长亲属殴打医生 称对方过度治疗. 新京报，2014-3-10（A22）.

⑥ 王晨，曹艳林，郑雪倩，等. 医患双方对暴力伤医事件的认知与态度分析. 中国医院，2014，（3）：7.

（一）健康期待的相对剥夺

健康需求是患者就医的首要需求，也是致使医疗暴力发生的常见动机。在既往的案例中，暴力发生的大致路径是，暴力实施者往往认为“诊疗结果”与其健康期待不同，进而认为医务人员不负责任或过度治疗，因此萌发暴力动机。[①]

健康期待尤其是偏执期待的形成，显然具有个体因素，但从众多伤医案例中得知的信息是，这可能形成某种普遍认识。而如果诊疗的实际结果并未出现重大偏差，却总是与患方期待存在较大落差的话，我们必须解释，这一落差是如何形成的。这对于理解健康期待的相对剥夺具有重要意义。

撰写 20 世纪医学史的大卫·罗斯纳以其史学家的敏锐眼光发现：“20 世纪里，人类对疾病的体验以及疗效的期望发生了根本性的转变。科学和医学洞察生命、治愈疾病的能力大为增加，公众对现代医学能力的态度和期望发生了根本性的转变——生命更加乐观，更加‘信任’医学，也诱发了过度投资与消费，过度期望的情绪，使得医学‘做得更多，抱怨更多’。”[②]解读这段耐人寻味的话的关键在于解释为何信任愈多，抱怨愈多。从理论上讲，信任建立了诚意的期待，降低了冲突的风险，信任可以“强化现有的认识和简化复杂的能力，强化与复杂的未来相对应的现在的状态，增加了对不确定性的宽容，进而增加了人们行动的可能性和勇气”[③]。信任甚至可以作为风险和过失的抵消机制，它可以“暂时中止了对于不可化约的社会脆弱性与不确定的考虑，似乎它们已经得到积极的解决，因此对于他人的或多或少的特殊行为与动机维持一种积极的态度”[④]。

如果是这样，落差不会形成。因为即便健康期待较高，但由于对医学的信任度高，当健康期待未能满足时，也应当默认其努力的意义，达成信任的结果。已经有对中美医疗纠纷比较的研究认为，正是从法律到民众均认识到“医学尚有其局限性，医学是把双刃剑，每个个体都有差异性，医疗合同不以结果为目的等特征，因此，在处理医疗纠纷时，能严格按照医学科学规则和医疗行为的特点定案，而不会苛求于医学”，所以美国医疗纠纷的数量才并不高。[⑤]这部分论证了对医学的信赖可能同样包含着对其过失的宽容。也正因此，在诊疗过程中，信任可以将患者延伸至不可观察的医疗过程与他们难以理解的医疗决策上，从而减少他们的心理焦虑与认知负担，使医患之间敞开心胸，坦诚交流信息，建立安全感，实现相互理解与合作。[⑥]

---

① 例如，温岭杀医案中，即便在反复检查确认手术成功之后，杀医者连恩青始终认为自己的鼻子未曾治愈，最终因对疗效和处理结果的不满而付诸暴力。参见：陆玫. 浙江温岭杀医案嫌犯的“妄想性”杀机：整个世界只剩鼻子. 东方早报，2013-10-31（A20）. 又如，发生在贵州的伤医事件，加害人因为对疗效不满意，用刀刺伤主治的骨科医生。参见：程媛媛，林野. 贵阳一骨科医生被男子连捅数刀究竟有什么深仇大恨？新京报，2015-7-31（16）.

② 王一方. 中国人的病与药——来自北大医学部的沉思. 北京：当代中国出版社，2013：87.

③ 郑也夫. 信任论. 北京：中国广播电视出版社，2001：102.

④ Mollering G. Trust：Reason，Routine，Reflexivity. Amsterdam：Elsevier，2006：111.

⑤ 张赞宁. 美国医疗纠纷缘何较少. 法制与社会，2012，(1)：15.

⑥ Pask E J. Trust an essential component of nursing practice—implications for nurse education. Nurse Education Today，1995，15（3）：190-192.

但关于健康期待的问题显然不遵循上述逻辑。实质上，关于期待与现实落差的解释与信任的类型相关。吉登斯将信任定义为“对一个人或一个系统之可依赖性所持有的信心”，首次区分了个体信任与系统信任，并认为“我们在象征标志或专家系统内所谈论的信任，是建立在信赖（那些个人并不知晓的）原则的正确性基础之上的，而不是建立在对他人‘道德品质’（良好动机）的信赖之上”[①]。这一区分和解释对于解读中国医患关系有着重要的意义。医学的飞速发展，建立了公众对医学系统的信赖，包括对医院制度、医疗技术和医学知识的信心，但这并未顺理成章地过渡为对医务人员的信任。个体信任与系统信任在这里发生了严重的断裂——一方面，他们希冀高明甚至近乎神迹的医学知识解除其罹患的病痛；另一方面，他们将病痛未能解决归咎于医生的误诊、渎职甚至恶意。信赖和猜忌的并存，也就催生了健康期待与系统信任的断裂。健康期待在这里脱离了医学知识所能及的范畴，变成了对个体医务人员的抱怨——由于没能建立恰当的个体信任，医患之间表现出了猜忌、对抗的特点；由于存在系统信任，才可能有较高甚至不切实际的健康期待。这才是健康期待被剥夺感的根源。

当然，对医务人员的猜忌显然与我们前面所分析的利益剥夺感的形成（不合理费用、其他费用支出等）有着密切的关系，在这一意义上，健康期待的剥夺本质上是利益剥夺的衍生物，而非仅仅与期待提高相关。因此，健康期待不仅仅是个医学问题。目前提出的通过普及健康知识可以缓解健康期待的不当，但很难从根本上解决健康期待与诊疗效果之间落差的问题。

哈里·科林斯等指出，因其涉及政府、保险、农业等领域，健康已经形成了一个政治问题，在维持或者增加健康方面也已经是一种生活和消费方式。[②]甚至，“对于健康的定义和期望在很大程度上是服从与负载于个体身上的经济逻辑类型”[③]。而现代医学本身面临资本主体化的“双刃剑”式的考验，这是指医生、医院与医药产业部门的资本联盟，致使医院在运营上类同企业管理，同时形成医药产业链。其正面意义在于正视医疗机构及其人员的利益需求，其负面意义是大医院的盲目扩张，以及过度医疗、炫耀医疗、非治病医疗、欺诈医疗、开发医疗等负面医疗的出现。[④]这又对健康期待形成反冲击——一方面，医方出于利益考虑可能不恰当地提升健康期待[⑤]；另一方面，患方可能因利益失去而扭曲正常的健康期待，最终形成健康期待的相对剥夺。

（二）服务期待的相对剥夺

服务期待包括对服务态度、服务主动性和服务质量的综合考量，是构成诊疗环节的程

---

① [英]安东尼·吉登斯. 现代性的后果. 田禾译. 北京：译林出版社，2000：30.

② [英]哈林·科里斯，[英]特雷弗·平奇. 勾勒姆医生——作为科学的医学和作为救助手段的医学. 雷瑞鹏译. 上海：上海科技教育出版社，2009：2，200.

③ [法]马赛尔·德吕勒. 健康与社会——健康问题的社会塑造. 王鲲译. 北京：译林出版社，2009：96.

④ 杜治政. 技术、资本的主体化与医学. 中国医学伦理学，2011，(6)：275-279.

⑤ 如用虚假或夸张广告吸引患者，最终未达承诺而令其不满。2001 年 7 月 10 日发生在湖南长沙的王万林医生被刺案，其重要原因就是之前关于疗效的广告误导了患者彭世宽，而经事后证明，这些广告不但涉嫌虚假，王万林还涉嫌以未通过的诊疗技术非法行医。参见：中央电视台《社会经纬》. 天使之死. http：//www.cntv.cn/lm/240/22/37459.html[2002-02-28].

序性内容。第四次国家卫生服务调查显示，患方对医疗服务的满意度受医疗类型（门诊或住院）、医疗机构、所受社会保障、收入水平等方面的影响。总体来看，门诊服务评价中满意度与医院级别成反比，三级医疗机构更易出现“高期望，低满意度”的情形；门诊中无社保人员满意度反而最高，住院中，其他社保人员满意度最低；收入越高，满意度越低。①而服务能否提供好，显然受卫生资源配置及利用的影响。拥挤的大型公立医院，其服务时间受到严重挤压，服务质量常常令人难以满意。

但上述理由并不能直接与服务期待完全挂钩。例如，前往大型公立医院就医的患者应当对拥挤、时间成本等有一定的主观认知，因此，未必能形成服务期待的剥夺。服务期待被剥夺首先来源于患者需求与服务提供之间的落差。其实，目前并没有证据表明，医院服务对诊疗结果存在重大影响，或者，医院服务在技术环节上存在重大瑕疵。大多数提高服务的研究和对策也主要与服务态度、人性化服务等服务措施相关。②因此，更多的服务期待与需求之间的落差可能来源于对态度的感受。这与患者的特殊需求相关。吕兆丰等指出，患者入院后因患者角色产生紧张、焦虑等情绪，需要信息、安全以缓解情绪，也需要被尊重和关怀以慰藉精神。因此，这种格外的需求与重技术的医疗服务理念不相适应，才有患者自觉“不受尊重和关心”的感受。③

但还不止于此。从目前医疗暴力的案件来看，我们非常惊讶地发现，被剥夺而导致暴力的服务期待往往是不合理的。④这使我们不得不重新反思一个看似崭新的问题：暴力行动者扭曲或不合理的服务期待来自何处？

仅就服务本身而言，成本支出一般不存在不合理——高支出意味着高质量服务，低支出意味着低质量服务。这是个符合现代服务业理念的经济逻辑。所以真正的问题在于，医疗服务是不是个关乎“消费—服务”的问题？我们可以发现，在医患双方看来，这个问题是有所差异的。发轫于网络，盛传于医务人员内部的一段话可以印证：“不管这家五星酒店多么豪华，当客满时，你会被拒绝。不管这个酒楼多么美味，当客满时，你会被拒绝。因为你是消费者。当医院再满再挤时，只要你是急诊时起码不会被拒绝。因为你是病人。超市可以打烊，饭店可以关门，商店可以停业，医院从来不歇业不打烊。到医院请不要以消费者自居！因为，急诊从来没有拒绝过你。请尊重医院里的每一名工作人员！”因此，

---

① 卫生部统计信息中心. 中国医患关系调查研究：第四次国家卫生服务调查专题研究报告（二）. 北京：中国协和医科大学出版社，2010：20-22.

② 对医疗服务质量的评价方式趋于多元化，但普遍认为现代医疗服务质量的评价标准应当是以患者为中心来建立。既包括了医护技术的提高，也包括了服务态度、环境设施的保障和医院文化建设等。参见：沈蕾. 基于患者特征的医院服务质量评价体系与影响因素研究. 中国医院管理，2006，（12）：27. 也有学者就人性化医疗服务体系建设进行了详细的探讨，参见：邱国栋，王丽华，姜林. 以病人为中心的医院服务组织体系构建. 中国软科学，2011，（10）：73-83.

③ 吕兆丰，王晓燕，张建. 医患关系现状、原因及对策研究——全国十城市医患关系调查研究报告. 北京：中国书店，2010：53.

④ 例如，2015 年 6 月 28 日，朝阳医院田姓医生因拒接为患者加号遭遇殴打，参见：刘洋. 女医生拒绝患者加号惨遭殴打肇事者施暴后逃离. http：//news.sohu.com/20150630/n415873303.shtml[2015-06-30]. 2013 年 10 月 9 日，温州苍南县中医院急诊科李友军医生因询问急诊孕妇病情被患者家属嫌啰唆，而后被围殴至骨折。参见：苍南急诊医生问孕妇病情被骂太啰嗦. http：//www.cccity.cc/news/anjian/2013/1116/31907.html[2013-11-16]. 2013 年 9 月 11 日，天津宝安人民医院怀孕护士白某凌晨巡房，惹产妇家属反感遭其殴打。参见：怀孕护士凌晨巡房惹产妇家属反感遭殴打. http：//news.qq.com/a/20130912/000863.htm[2013-09-12].

从本质上，经受医学训练，并以专业技术人员自居的医务人员并不完全从内心认可所谓“消费—服务”的理念，这与其遵守诊疗规范、提高技术能力的共识是有所区别的。更进一步看，这与目前的医疗收费中体现其服务价值的费用不足直接相关。尽管从政策层面，国家一直强调“体现医务人员服务价值”①，但由于各种原因始终未得到良好的落实或正在落实中，医务人员因此更难有动力改变“重技术轻服务”的观念。

而患方则更可能认同“消费—服务”的模式。一方面，患方并不会详细区分服务价值和医疗价值，在其看来支出总额应包含了服务本身；另一方面，包含不合理支出在内的高额支出，又使其坚信应当获得较好甚至优待的服务。社会学研究表明，患方以消费者自居的心态导向卫生服务的消费主义倾向，落实在现实中体现为患者不但要求在医患关系中居于较高地位，还希望在待遇上至少不低人一等。②在消费主义导向的其他市场服务中，一些不合理的服务要求是可以被提供服务者变通的，这在现实中并不少见。而在难以将自己作为“消费—服务”模式中的服务者，而且也无法从服务中获取更多利益的医方看来，这是绝对不可能实现的。由此，扭曲或不合理的服务期待同服务提供之间的尖锐矛盾由此产生，而基于消费主义导向的患方自感剥夺感严重，暴力动机也可能油然而生。

在一定程度上，医疗服务乱象也加剧了不合理服务期待的可期待性。诸如借助熟人在服务上获取便利、以贿赂方式获取更专注和更细致的照顾等，再经社会传播系统不恰当放大，也会造成扭曲的服务期待以及因此带来的剥夺感，进而成为暴力实施者心中愤愤不平的理由。③

（三）参与期待的相对剥夺

参与期待是指患者参与医疗决策过程并希望各类信息公开的诊疗过程型期待。患者参与权的扩张与医患关系模式的转型相关。从现实需求上，一般认为，近代生物医学赋予医生，尤其是医学仪器以垄断的地位，使得医生更关注仪器指标所指证的躯体疾病，忽略了患者的自身体验，医患双方使用的话语出现分歧，导致医患关系的紧张④；从意识形态上，

---

① 早在2009年，国家发展和改革委员会、卫生部、人力资源保障部就印发了《改革药品和医疗服务价格形成机制的意见》，提出了废除以药养医、增加医疗服务价值的措施；2012年5月，卫生部时任部长陈竺、副部长张茅在《求是》刊发《取消‘以药补医’机制深化公立医院改革》一文，明确指出：一方面，“要降低药品和高值医用耗材价格，降低大型医用设备检查、治疗价格”，另一方面要“合理提高诊疗费、护理费、手术费等医疗服务价格，使之体现医疗服务合理成本和医务人员劳动价值，使公立医院通过提供优质服务获得合理补偿”。2014年3月6日，国家卫生和计划生育委员会主任李斌在两会的新闻发布会中指出，我国医疗服务劳务技术价格偏低，严重地背离了医务人员的劳动价值，严重影响了医务人员工作积极性，间接造成不合理收费的出现。2015年5月9日，《国务院办公厅关于印发深化医药卫生体制改革2014年工作总结和2015年重点工作任务的通知》明确指出进一步理顺公立医院医疗服务价格，研究制定开展医疗服务价格形成机制改革试点的指导性文件。在保证公立医院良性运行、医保基金可承受、群众负担不增加的前提下，坚持“总量控制、结构调整、有升有降、逐步到位”的原则，降低药品、耗材、大型设备检查等价格，提高体现医务人员劳务价值的医疗服务价格。

② [美]威廉·考克汉姆. 医学社会学. 高永平，杨渤彦译. 北京：中国人民大学出版社，2012：135-136.

③ 2015年6月24日，重庆医科大学附属儿童医院发生的伤医案件中，当事医生的意见是，患儿达不到入院的指征，建议去门诊输液，双方由此发生争论，家长愤而认为源于没有熟人才不让住院，后来演变为言语和肢体冲突。参见：王丹. “迫不得已”可否避免. 健康报，2015-6-30（04）.

④ 吕小康，汪新建. 何为“疾病”：医患话语的分殊与躯体化的彰显——一个医学社会学的视角. 广东社会科学，2012，(6)：197.

世界范围内个体主义的兴起产生了质疑医生权威的动机，尤其是对医生诊疗和决策的参与期待改变了医患关系的模式①。现代医患关系模式经历了主动被动型、指导合作型与共同参与型三个发展阶段。②共同参与型显然更强调医患之间的互动，强调患者不仅主动配合，并通过参与实现更好的诊疗决策效果。

在医疗暴力案件中，患者参与期待的相对剥夺感主要体现在医疗信息知情和医疗方案决策上与医方的分歧。在信息知情上，患方总是感觉医方要么有所隐瞒，要么另有所图（如知情同意书常常被患者视为“推卸责任书”）；在医疗方案决策上，患方更是感觉医生的专断令其无从插手，最终只能根据未达成的疗效来倒逼心中的怨恨。前者可以通过进一步的诊疗信息透明化来解决③，但后者则需要更深入的分析。

应当承认的是，有一部分决策隐瞒确实是源于医方基于信息不对称而做出的恶意行为或者防御性行为，如前面提及的彭世宽刺杀王万林案就是如此。但这也仅仅是个例。从根本上讲，参与期待被剥夺源于患者参与权后果和医生职业伦理及责任之间的分歧。一个棘手的问题是，患者参与了，但出事了，责任谁负？显然，负有专业技能和知识的医方在职业伦理和职业责任上很难以“患者参与”作为遁词。因此，有学者敏锐地发现，“虽然部分医生重视促进与患者的协作关系，但多数更愿意教育患者并主导医疗决策的过程。在医疗决策关系中，医患并没有惯例的合作形式，只是给患者一些建议作为优先选择，而后在医生作为权威进行最后的决策时让患者参与而已。一种符合伦理道德的模式必须考虑不同的决策背景区别优先决策和决策权威”④。因此，解决患者医疗决策参与的剥夺感可能首先要改变的是不分青红皂白的“参与至上”理念和简单粗暴的归责模式。在此之前，参与剥夺感可能会在一定时期内较为强烈。

五、救济的相对剥夺感

根据目前的法律规范，医疗纠纷的救济一般包括自行协商、人民调解、卫生行政机构调解、诉讼等方式。救济是一种事后补救机制，如该机制运行顺畅，将会弥补在医疗纠纷之前或过程中生成的相对剥夺感。然而，在医疗暴力的生成中，我们发现，很多暴力实施者认为，目前的救济方式并不可信或可行，这一强烈的救济剥夺感，使得以暴力为代表的私力救济方式成为首选。我将渐次对救济方式造成相对剥夺感的原因进行分析，其中，医疗纠纷人民调解的发展方兴未艾，其效果整体呈现良好势头，但适用率和调解能力仍在不断提高中，谈相对剥夺感问题依据有限，本书将从另一视角对该方式另行专章论述，此处不赘述。⑤

---

① [美]威廉・考克汉姆. 医学社会学. 高永平，杨渤彦译. 北京：中国人民大学出版社，2012：135-136.

② H. P. 恰范特，蔡勇美，刘宗秀，阮芳赋. 医学社会学. 上海：上海人民出版社，1987：34-35.

③ 当然，患者能否正确认知信息则是一个更加复杂的问题。这与利益剥夺和健康期待剥夺等有着互为因果的关系。这里不加以展开，参见前文。

④ McGuire A L，McCullough L B. 医生是否应该让患者参与医疗决策. 郭肖华，阎茹译. 医学与哲学，2005，(12)：80.

⑤ 详见本书第六章。

（一）自行协商

自行协商是指患者与医疗机构之间的协商，协商其实是医疗纠纷发生后的主要救济方式。但在协商过程中，造成患者救济剥夺感存在的原因主要有三个方面：第一，医患之间协商能力的差距。相较个体患方，医方在资源控制、人力调动、应对经验等方面占有一定优势，这让患方对协商中可能被裹挟心存疑虑。第二，医患之间的信息不对称。医学技术专业性较强，这使得患方在协商时，难以掌握与医方相同的诊疗信息，其对医方行为是否有过错的判断也因此难具有说服力，这常常让患方感觉正面的协商难以占到优势。第三，医患之间对协商意义的理解不同。作为一次博弈方，患方进行协商可能仅仅是想“讨个说法”或者“赔钱了事”，但医方是多次博弈方，每一次的协商和赔偿，医方都将慎重考虑，谨慎承诺，以避免对未来形成不利影响，因此，患方希冀协商快点完成的愿望往往难以实现。

（二）卫生行政机构调解

卫生行政机构的调解造成救济剥夺感存在的原因：第一，调解的前提是医疗事故的认定。根据《医疗事故处理条例》，卫生行政机构调解医疗纠纷的基础是判定其是否构成医疗事故①，而是否构成医疗事故则需要进行医疗事故技术鉴定。这一鉴定方式因其中立性被质疑和赔偿限制，目前已经鲜被使用。②而且，调解仍需鉴定的程序在患方看来不免失之烦琐，不符合其申请调解以避免繁杂法律程序的初衷。第二，调解的公信力不足。医疗行政机构由于其主管部门的地位，其处理结果难以令人信服，患方会猜测其是否与医疗机构有内在利益关联以致偏袒。第三，调解的患方利益收益不足。医疗行政机构即便判定某医疗行为构成医疗事故，其做出的对医疗机构的行政处罚难以为患方带来更多收益，而根据《医疗事故处理条例》所调解的赔偿金额，也会低于患方基于人身损害的获赔预期。也正因为如此，近年来，卫生行政机构逐渐退出了医疗纠纷救济的中心地带。③

（三）诉讼

医疗纠纷诉讼造成救济剥夺感的原因较为复杂。目前的大量研究指出，在医疗纠纷诉讼中，患者的胜诉率其实是相当高的，如江苏省高级人民法院 2002 年的报告指出，医疗

① 《医疗事故处理条例》第四十六条：发生医疗事故的赔偿等民事责任争议，医患双方可以协商解决；不愿意协商或者协商不成的，当事人可以向卫生行政部门提出调解申请，也可以直接向人民法院提起民事诉讼。

② 依通说，主要原因有：首先，医疗事故技术鉴定的鉴定主体是医学会，鉴定人是来自医疗机构中的医务人员，属医学鉴定性质，虽然鉴定专业并非来自同一医院，但仍是“一家人”，属于“亲族鉴定”。有学者指出，尽管有回避制度，但仍无法避免“近亲鉴定”存在的潜规则：“对于责任不是很明显，可认定为、也可不认定为医疗事故的医疗纠纷，尽量鉴定为不构成医疗事故；对于一些给患者造成严重后果、医院过错很明显的纠纷，则避重就轻地降低事故等级。”参见：王晓雁. “亲族鉴定”法律缺失监督困难医疗事故鉴定制度需施“手术”. 法制日报，2008-3-18（08）. 其次，医疗事故赔偿是限额赔偿，其赔偿金额低于人身损害赔偿，这造成损害程度大，反而赔得少的怪现状。参见：杨立新.医疗损害责任研究. 北京：法律出版社，2009：8-9，13. 另参见：杨立新. 医疗侵权法律与适用. 北京：法律出版社，2008：13-20；艾尔肯，方博. 我国医疗损害赔偿案件法律适用问题调查研究报告. 河北法学，2010，（2）：127.

③ 邢学毅. 医疗纠纷处理现状分析报告. 北京：法律出版社，2008：197.

纠纷中，患者胜诉率较高。据统计，苏州地区患者的胜诉率为 83%，南京地区患者的胜诉率在 80%以上。整体上，患者的胜诉率为 57%。[①]北京市西城区人民法院 2003～2007 年审理的医疗纠纷案件中，患者败诉率为 30%～40%。[②]宁波地区各基层法院 2010～2012 年审理医疗纠纷案件 351 件，其中，医方完全胜诉的案件占 40 件，占判决案件的 27.78%。[③]北京市各级法院 2013 年审结的 390 件医疗损害责任纠纷案件中，患者胜诉率高达 86.67%。[④]研究者忧心忡忡的证据规则等规定对胜诉率的影响其实非常有限。[⑤]

但同时也有研究指出，诉讼途径并非医疗纠纷救济途径的首选，甚至适用率相当低。[⑥]有学者对东莞市 4 家医院医疗纠纷情况的调研显示，4 家医院发生医疗纠纷总数 260 例，多自行协商和解解决，通过诉讼解决的仅有 20 例，占 7.69%。[⑦]据北京市海淀区人民法院统计，中国人民解放军总医院 2009 年门诊人数为 3 007 100 人，住院人数为 88 700 人，手术数量为 50 900 人，被诉至法院的案件数量为 12 件。北京大学第三医院 2009 年门诊人数为 2 154 065 人，住院人数为 51 961 人，手术数量为 31 437 人，被诉至法院的案件数量为 19 件。海淀医院 2009 年门诊人数为 978 377 人，住院人数为 14 855 人，手术数量为 4620 人，被诉至法院的案件数量为 6 件。[⑧]胜诉率高可以被视为是诉讼解决纠纷的利好信息，但诉讼量稀缺又近乎矛盾地展现了诉讼救济对纠纷解决的无力感，从侧面反映救济的相对剥夺感是可能存在的。

如何理解结果利好情形下产生的相对剥夺感？我认为，主要与以下因素有关：第一，诉讼胜诉仅是笼统的统计，但具体来看，患方诉求与实际结果之间仍存在差距。由于医疗纠纷是涉及生命健康的纠纷形态，在诊疗过程中认为受侵害的患方对赔偿的期望值较高，尽管最终胜诉，但其获赔额与期望值之间的差距仍令其感觉审判难以令人信服。例如，关于宁波市医疗纠纷审理的调研显示，患方普遍要求医院承担全部责任，而不考虑责任比例，并且申请缓、减、免交案件受理费的比例较高，但目前 84.73%的案件医院只承担次要责任、轻微责任或无责任，因此患方诉求与法院判决结果有所差距。[⑨]此外，北京市 2013 年医疗纠纷的审理也表明，患者索赔额与实际赔偿额在最高额、总赔偿额方面差距较大。[⑩]

---

① 江苏省高级人民法院民事审判一庭. 关于医疗损害纠纷赔偿案件的调查报告. 人民司法，2002，(7)：21.

② 邢学毅. 医疗纠纷处理现状分析报告. 北京：法律出版社，2008：100.

③ 浙江省宁波市第一中级人民法院课题组. 侵权责任法实施以来医疗纠纷案件审理情况报告. 人民司法，2013，(9)：77.

④ 刘兰秋，陈特，赵然. 我国医疗纠纷的现状：成因及防控对策研究//文学国，房志武. 中国医药卫生体制改革报告（2014—2015）. 北京：社会科学文献出版社，2014：216.

⑤ 很多研究者认为，2002 年最高人民法院《关于民事诉讼证据的若干规定》中“因医疗行为引起的侵权诉讼，由医疗机构就医疗行为与损害后果之间不存在因果关系及不存在医疗过错进行举证”的规定将会导致医疗侵权诉讼井喷式增长。但林文学的统计表明，医疗纠纷案件基本保持稳定，由于医疗纠纷胜诉率较高，该规定对患者胜诉率的影响也有限。参见：林文学. 医疗纠纷解决机制研究. 北京：法律出版社，2008：131.

⑥ 蒋廷玉，仲崇山，翟慎良，等. 医患和谐，有待各方做加法. 新华日报，2007-11-22（A07）.

⑦ 李大平. 基层医疗机构医疗纠纷现状实证研究——对东莞市 4 家基层医院的调研. 证据科学，2013，(2)：201.

⑧ 北京市高级人民法院医疗损害赔偿调研课题组. 新形势下医疗损害赔偿纠纷案件的审理情况、问题与对策. 证据科学，2011，(3)：378.

⑨ 浙江省宁波市第一中级人民法院课题组. 2013. 侵权责任法实施以来医疗纠纷案件审理情况报告. 人民司法，2013，(9)：77.

⑩ 刘兰秋，陈特，赵然. 我国医疗纠纷的现状：成因及防控对策研究//文学国，房志武. 中国医药卫生体制改革报告（2014—2015）. 北京：社会科学文献出版社，2014：216-217.

第二，诉讼的成本支出令患方望而止步。正如徐昕指出的，“人们对纠纷解决的态度是一种典型的实用主义逻辑，为什么信任或不信任诉讼，源于人们现实或预期利益之激励，取决于不同救济方式的收益、成本、效率、机制、功能等方面的比较”①。除却诉讼费用、参加诉讼的其他成本考虑等影响诉讼参与的一般原因外，医疗纠纷的诉讼由于常常与鉴定程序交叉使用，所以其审理时间较长，往往难以在审限内结案。例如，北京市2003～2007年审理的医疗纠纷案件中，76%的审理时间在6个月以上，其中1年以上的案件达600件，占总数的31.7%。②2013年北京医疗损害赔偿案件的审理天数平均为309.2天，最长为2454天，超过一半的案件进行了鉴定。③江苏省高级人民法院2002年抽查的100例医疗纠纷审理案件中，一审案件的平均审理周期为226.69天（即7.5个月），超过法定审限一个半月。④这也导致可能寻求救济的患方在鉴定结论的等待过程中耗尽精力，产生私力救济的冲动。⑤

第三，患方在社会结构中的地位对其选择有重要影响。施暴者中多数家庭比较贫困，贫困比例达到55%。而施暴者职业范围，无业者多达37%，农民为18%。这一状况显示，暴力行动者中有一大部分在社会结构中属于相对底层地位。唐纳德·布莱克指出，社会结构将预测某起案件引发的法律控制量，“社会地位较高者针对地位较低者的案件比相反方向的案件引发的法律更多：向下的法律比向上的法律更多”⑥。因此，基于其社会结构中的地位，医疗暴力行动者选择法律满足其诉求的愿望、能力和动力均有所不足，更习惯于诉诸私力救济。

六、结语兼说明

本章围绕行动者视角对医疗暴力发生的主要原因进行了解释。而医疗暴力发生的复杂多样性使得这一研究看起来是片面的，如本书并没有把诸如“以暴力进行博弈”（索赔策略）、“职业医闹推动暴力”等医疗暴力常见现象纳入研究范畴。这并非完全因为已经有类似研究成果⑦，更多源于我对行动者视角的理解。在这一点上，柯林斯对暴力的微观社会学解释富有启发意义。在他看来，不同形式的暴力有着共同的特点，即暴力实施者必须克服情境中的紧张与恐惧，才能顺利实施暴力。克服这种紧张与恐惧的不同路径包括：寻找

① 徐昕，卢荣荣. 暴力与不信任——转型中国的医疗暴力研究：2000—2006. 法制和社会发展，2008，（1）：94.

② 邢学毅. 医疗纠纷处理现状分析报告. 北京：法律出版社，2008：100.

③ 刘兰秋，陈特，赵然. 我国医疗纠纷的现状：成因及防控对策研究//文学国，房志武. 中国医药卫生体制改革报告（2014—2015）. 北京：社会科学文献出版社，2014：218.

④ 江苏省高级人民法院民事审判一庭. 关于医疗损害纠纷赔偿案件的调查报告. 人民司法，2002，（7）：21.

⑤ 如2011年北京某医院徐××医生被刺案，暴力实施者王××早在2008年就已经起诉，但“三年当中，他从朝阳区法院到东城区法院，从东城区医学会到司法鉴定中心，从医疗事故鉴定到医疗过错鉴定，因为受制于病历的分歧，司法程序始终停留在原点上，最终王××选择杀回了医院”。参见：书法家挥刀砍女医生. http://www.art-child.com/Article/sh/shyf/201111/219658_2.html[2011-11-14].

⑥ [美]唐纳德·布莱克. 正义的纯粹社会学. 徐昕，田璐译. 杭州：浙江人民出版社，2009：66.

⑦ 关于索赔型医疗暴力的研究，可参见：徐昕，卢荣荣. 2008. 暴力与不信任——转型中国的医疗暴力研究：2000—2006. 法制和社会发展，2008，（1）：88-89. 关于医闹索赔的研究，可参见：聂洪辉. “医闹”事件中“弱者的武器”与“问题化”策略. 河南社会科学，2010，（5）：127-130. 关于职业“医闹”的现状及工作方式的调查，可参见：岳勇. 一名职业医闹是怎么出炉的. 廉政瞭望，2009，（9）：13-15；金起文. 是维权还是违法：透视职业医闹. 视点，2009，（8）：30-31.

软弱的受害者；通过制度化的规则与纪律来压倒紧张与恐惧；从围观者身上汲取情感支持；通过双方的心照不宣来让暴力成为一种表演。①

从行动者视角，我们最需要探索的，其实也就是行动者克服暴力情境可能产生的紧张或恐惧，最终将暴力诉诸行动的原因。在此意义上，行动者强烈的“相对剥夺感”可以作为最有效的解释。至于其他原因，如索赔策略、“医闹”撺掇等，大致都是在行动者自认为暴力行动已然具有一定的实施理由的前提下，即其已经跨过了因实施暴力行动可能产生的紧张或不安后，或采用了不同暴力实施方式进行博弈，或通过外力坚定其暴力行动的信心。因此，我更强调的是促使暴力行动发生的更本质、更稳定、更具有解释力的原因，也是建立防控机制真正需要考虑的原因。

仅从防控策略上，解决诸如“暴力索赔”或“职业医闹”等问题的方案可能相对简单，对于前者，国家可以通过相对严厉的规范将暴力行动与索赔截然分开，规定如有暴力行动，未经处理绝不能索赔②；对于后者，国家可以通过大力打击“职业医闹”来减少其介入，甚至是规定“职业医闹”介入后，对患方予以一定程度的惩戒如减少赔偿额、治安处罚乃至刑罚等。③但欲要缓解强烈的“相对剥夺感”可能尚需医药卫生体制改革上更为长远的政策规划、对医疗质量和医患关系更为深刻的认识、对纠纷解决机制更为周密和全面的设计，还包括应当考虑短期遏制和长期缓解之间可能存在的冲突和平衡，不可因操之过急的政策设计而使“相对剥夺感”不但没有得以缓解，反而愈加强烈。

在立场上，认识并分析作为医疗暴力原因的强烈“相对剥夺感”，与严厉打击暴力并不冲突。对构成违法犯罪的暴力应当从严惩处，所谓“从严”，无非是从程序上加快效率——如快捕、快诉、快决等程序促进制度，从实体上在自由裁量范围内择严而罚——在法定刑或行政处罚空间内选择较重的幅度。但这仅仅是事后，事后惩戒可能对暴力行为形成一定的威慑力，但不能直接作为真正意义上的防控机制。我承认打击的意义和必要性，但寻求原因更重要的目的是，根据发生原因，针对性地构建有效的防控机制。从这一意义上，居于行动者视角，并对强烈“相对剥夺感”进行分析，恰好弥补了目前对医疗暴力事前防范务虚，事后惩戒着力的防控规则之缺陷。

---

① Collins R. Violence：A Micro-Sociological Theory. Princeton：Princeton University Press，2009.

② 例如，2016 年 3 月 30 日，国家卫生和计划生育委员会、中央综治办、公安部、司法部等四部委下发了《关于进一步做好维护医疗秩序工作的通知》明确规定，“医疗纠纷责任未认定前，医疗机构不得赔钱息事”。“滋事扰序人员违法行为未得到制止之前，公安机关不得进行案件调解。坚决不得纵容以闹取利的违法犯罪行为。”此类规定明显增加了暴力索赔的难度。

③ 事实上，关于涉医违法犯罪的打击已经使采用“闹”尤其是暴力行动的难度大大增加。相关规范包括：国家卫生和计划生育委员会、公安部等多部委于 2013 年 12 月 20 日颁布的《维护医疗秩序打击涉医违法犯罪专项行动方案》，2014 年 4 月 1 日公安部颁布的《公安机关维护医疗机构治安秩序六条措施》，最高人民法院、最高人民检察院、公安部、司法部、国家卫生和计划生育委员会于 2014 年 4 月 24 日颁布的《关于依法惩处涉医违法犯罪维护正常医疗秩序的意见》，2016 年 6 月 30 日国家卫生和计划生育委员会、公安部、司法部等 9 部委联合下发的《关于严厉打击涉医违法犯罪专项行动方案》，等等。

第四章　暴力与传媒：医疗暴力信息传播的媒介框架分析

话语并不是被动地反映一种预先存在的现实，而是一种我们对事物施加的暴力。[①]

——〔法〕福柯

虽然人常常受制于利益，但甚至利益本身以及所有人类事务无不完全受制于意见。[②]

——〔法〕休谟

一、为什么研究医疗暴力的信息传播

充满反讽又颇有些无奈的是，尽管暴力事件的血腥、无序、伤害令人感到忧心忡忡、惊惧不安，但暴力事件一直是媒体报道的宠儿。这显然与暴力对社会的意义以及新闻求新、求变、求吸引力的内在需求相关。“就新闻而言，暴力现象存在的普遍性，以及它突出反映社会冲突的特性，使得它具备了非同一般的新闻价值。……对大多数置身于暴力事件之外的传媒受众来说，暴力事件引发的冲击力和刺激性是大多数其他类型的新闻无法比拟的。在媒介上接触暴力，已经成为普通人平淡无聊生活的一种非同寻常的点缀。”[③]上述特征使得医疗暴力的信息传播和通过传播了解医疗暴力成为可能。

但暴力信息的媒介传播也可能是把“双刃剑”。不可否认，在相对封闭的空间里，通过传媒获取信息是增进开放和彼此接近的要素，但在一个开放度和差异性较强的社会中，信息传播的广泛性和便捷度使辨识变得更为艰难，而人性内在的猎奇、偏见、短视、虚荣等特征可能被传播放大甚至引入歧途。传播可能成为失衡的因素，加剧社会的无序和混乱。因此，有偏激的观点认为，“媒介社会扼杀了一个追求实现自我意识、追求完美洞察力，以了解事物发生方式的人类理想，而代之以摇摆、盲从，最终以原则自身的销蚀为代价获得所谓的释放”[④]。这样的论调虽值得商榷，但对传媒不当选择信息及扭曲信息的内在弊病仍不乏深刻的洞察力。而更为中允的表达则是对传媒固有缺陷的洞察，“人们对外部世界的认识很大程度上来自媒介带来的经验，而媒介并不是像镜子一样反映现实，而是如同探照灯把现实中的某些部分突出呈现。即便如此，生活于媒介/拟态环境中的人们依然凭头脑中的想象而采取行动，作用于现实，不管这头脑中的图景与现实有怎样的差异”[⑤]。

但我们无法驱逐传媒。我始终不认为，或许存在缺陷的传媒是某种秩序破坏的元凶，是纠纷产生的最重要原因。传媒兼具社会控制和社会监督的功能。现代传媒“把各种社会精神因素和众多的社会个体相互联系起来，从而使社会控制成为一个多向交叉和多层联结的复杂过程”[⑥]。传媒的社会控制能力正是来源于这一联结过程。一方面，传媒能将社会规范的内容和

---

① [英]路易丝・麦克尼. 福柯. 贾湜译. 哈尔滨：黑龙江人民出版社，1999：103.

② [英]戴雪. 公共舆论的力量——19 世纪英国的法律与公共舆论. 戴鹏飞译. 上海：上海人民出版社，2015：50.

③ 孙玮，刘荣忠. 媒介是如何反映暴力现象的？——中美暴力新闻报道比较. 新闻大学，2000，(3)：12.

④ Vattimo G. The Transparent Society. Cambridge：Polity Press，1992：127.

⑤ [美]沃尔特・李普曼. 公众舆论. 阎克文，江红译. 上海：上海人民出版社，2006：23-24.

⑥ 郑杭生. 社会学概论新编. 北京：中国人民大学出版社，1987：416.

意义传递给社会个体，使其潜移默化地形成精神或道义上的制约力；另一方面，传媒也通过披露社会越轨行为，引发社会关注，形成对越轨行为批判、谴责和制止的舆论压力，促成社会制裁。正如日本学者竹内郁郎指出的，“社会传播常规定越轨的界限。也就是说，即使是越轨行为，如没有暴露在公众面前，多半就被默认了。然而，如被大众传媒抓住，在社会上公开的话，社会系统就不能不启动制裁装置，重申规范了。社会传播把对越轨行为的默认转化为制裁，从而，发挥了强化社会规范的功能”①。传媒具有的社会控制能力也使其成为权力监督的手段并得到政治上的认可。舆论监督的实质即所代行的主要是公民所享有的法律权利中的表达权利和政治权利中的反对权利，所维护的则是所有的公民权利。②舆论监督始终体现于中国的执政理念和制度设计中。③从这一意义上，传媒的自由开放和有序运行具有社会治理的典型意义。

目前，关于医患关系信息传播的争议已经印证了媒体功能实现的现实冲突。总体状况是，医方或卫生行政管理部门认为，报道难以反映医学的复杂性，存在各种偏差④。2006年，卫生部新闻发言人毛群安曾经用“过度炒作，过度吸引眼球，妄下结论”来概括媒体报道的负面影响，希望其承担社会责任，报道慎重、准确⑤；研究者普遍认为，医疗报道议程设置不当，倾向于以医患冲突的报道为主，未对医疗机构医疗工作的全貌尤其是产生的巨大社会价值予以关注；医学专业性不足，大量报道事实陈述不清，有明显的医学错误；对医生或医疗机构存在刻板偏见，如医患关系的强对弱、“公”对“私”定位，过多渲染医疗机构逐利性行为、态度冷漠、医疗过错等缺陷，用语有明显的倾向性，没有客观看待冲突事实，媒体道德审判现象严重；医疗报道片面追求吸引眼球，迎合受众认知，关注极端情绪、场景、词汇，医患关系报道中的苦难、恐怖等情绪被消费，尤其是在新兴的网络媒体中，新闻发布者有意针对新闻事件引出话题讨论，激发网民发言欲望，增加新闻点击率，严重缺乏社会责任。⑥而作为备受抨击的媒体，坦承医患关系报道的部分失误之后，

---

① [日]竹内郁郎. 大众传播社会学. 张国良译. 上海：复旦大学出版社，1989：14.

② 参见：展江. 新世纪的舆论监督. 青年记者，2007，(6上)：25-28.

③ 以富有延续性的政策文件为例。党的十五大报告指出：要把“党内监督、法律监督、群众监督结合起来，发挥舆论监督的作用”；党的十六大报告指出：要“加强组织监督和民主监督，发挥舆论监督的作用”；党的十七大报告指出：要“发挥好舆论监督的作用，增强监督合力和实效”；党的十八大报告指出：“加强党内监督、民主监督、法律监督、舆论监督，让人民监督权力，让权力在阳光下运行。”

④ 如针对重庆有媒体曾报道六旬老人做骨科手术要查梅毒，医方认为，这本来是正常的，但媒体为了吸引眼球进行报道，让民众认为是过度检查，显然是误导。而医方普遍认可，媒体应提高专业素养，尊重事实，立场公正，不懂的问题要请教相关专业人员。长期报道医疗纠纷的媒体，最好配备医生顾问和法律顾问。参见：叶铁桥，朱柳宇. 医患关系恶化，媒体有无责任. 中国青年报，2012-05-04（07）.另外可参见：新媒体时代医患关系，他们有话说. http://www.jntimes.cn/shibao/sdxw/2014/0731/139035.shtml[2014-07-31]；庄庆鸿，俞积. 媒体总结中国医患关系：一笔糊涂账两个受害群. 中国青年报，2013-10-30（06）.

⑤ 找准新闻价值和社会价值的平衡点——卫生部新闻发言人毛群安谈医疗卫生报道. 中国记者，2006，(12)：36-37.

⑥ 以上内容的归纳参见：陈曦，魏红. 媒体不当报道与医患矛盾的危机传播研究. 现代传播，2014，(11)：165-166；刘国庆. 媒体医患关系报道失范现象探析. 青年记者，2014，(12)：7-8；王卫华. 医患矛盾报道中媒体的社会责任. 医学与哲学，2012，(8)：22-24；孟庆普. 理性采访报道医患纠纷. 新闻战线，2007，(9)；38-39；王俊荣，崔爽爽. 基于我国医患关系报道的审视与反思. 当代传播. 2015，(3)：109-110；吴果中，周瑾靓. “患者失语”与“报道失衡”：医患冲突事件报道框架的实证分析. 湖南师范大学学报（社会科学学报），2014，(3)：140-144；庞慧敏. 论媒体在平衡社会身份与社会公正中的作用——以“医患报道”为视角. 现代传播，2012，(4)：151-152；沈晓静，徐培. 医患纠纷报道话语剖析——以扬子晚报网为例. 青年记者，2012，(10下)：32-33；王倩，郝爱. 医患信任危机，媒体应当反思. 青年记者，2013，(2上)：47-48；吉雪菲. 试析我国媒体对医患关系的报道方式——以2003—2013年百度新闻搜索中的报道为例[硕士学位论文]. 重庆：西南大学，2014；万阳. 医患纠纷的媒介呈现——基于三个个案的考察. 合肥：安徽大学硕士学位论文，201；单文苑. 我国媒体医疗纠纷报道的话语变迁与话语倾向. 苏州：苏州大学硕士学位论文，2007.

也奋力反击，媒体从业者及相关研究者认为，负面报道不等于失实报道，把医患关系紧张的主要原因归咎于媒体，不是出于对媒体的无知，就是源于对公众舆论的恐惧，是对媒体监督的本能抵御，媒体常常以患者为中心，部分也是因为医院对信息的垄断和讳莫如深[①]，将责任归咎于媒体，回避了医疗体制存在的真正问题。[②]也有学者认为，将医患关系恶化归咎于媒体，错置了媒体报道与医患关系恶化的因果关系。"如果医患关系不那么严重，会有那么多报道吗？既然承认这是'舆论'，那么应该思考一下为什么舆论会如此？舆论和媒体的报道是医患关系紧张的结果，不是或主要不是它的原因，不能倒果为因。"[③]我认为，这样源于媒体本质属性的争论在一定时期内必然延续，难有结论，这既是传播缺陷与舆论监督本身的冲突，也是传媒能力和信息质量接受外界拷问并完成自我修正的过程。

而媒体对作为医患冲突最激烈的形态——医疗暴力的报道与一般医患关系报道略有区别，既有亮点，也有难点：与人们对暴力的潜在猎奇心理相适应，医疗暴力的报道先天具备吸引受众的特质，这也使医疗暴力报道具备更强的信息扩散能力，但在广泛传播的前提下如何制止误解甚或谣言产生，报道在用语、陈述和评论上需要更加斟酌；医疗暴力的报道不可违背医方是受害者的基本事实，媒体在议程设置和价值倾向上必须受此事实的限制，但在此前提下如何深入剖析医疗暴力事件的社会意义则成为此类报道的普遍难题；医疗暴力的报道很难仅仅停留在道德衡量和社会评判上，一般均要对施暴者进行法律意义上的评价，而两者之间未必总是一致的——"法无可赦"与"情有可原"在法律实践和日常经验中也时常有之；在医疗暴力报道中，媒体的社会控制作用远远高于社会监督作用，而控制的重点则在以符合社会规范和主流价值的方式评价暴力行为，媒体的社会责任将更加重大，但并不能因之失去社会监督作用，两者如何平衡将成为主要难点；医疗暴力场景的轰动性和刺激性使得其借助新媒体（如博客、微博、微信等）传播的可能性大大增强，新媒体的加入使得传播的现场感、迅捷度、互动性增加，这对信息传播本身是有利的，但基于现场认知的个体信息未必准确，迅捷但不加辨别也使得谣言传播的风险有所增加，追求互动可能陷入以信息的刺激性迎合受众进而被受众非理性言论左右的恶性循环。

这无疑增加了医疗暴力信息传播的研究价值。我们可以确认的是，尽管信息传播上良莠不齐，但除了医疗暴力事件的亲历者，我们对于医疗暴力事件的了解其实都与传播相关。传播学原理认为，只有很少人感兴趣（如邻居得了麻疹）和最大多数人感兴趣的消息（如总统遇刺等）才是口耳相传的，在这两个极端之间的大量新闻，民众通常都是通过各种新闻媒介获取的。[④]从这一意义上讲，信息传播的真实性和合理性决定了我们对医疗暴力事件的理解和认识，这其实成为全部评价和研究的事实起点。因此，我们必须对医疗暴力的

---

① 滕朝阳．医患关系紧张，都是媒体惹的祸？羊城晚报，2007-12-1（A05）；闫芳．医患关系紧张，媒体不是元凶．中国中医药报，2012-4-18（03）；段思平．医患关系紧张全是媒体惹祸？http：//health.sina.com.cn/d/2012-03-02/152823575.shtml [2012-03-02].

② 例如，原《北京青年报》记者李华良在微博上表示："把医疗纠纷增多归结为媒体报道导致，是偏执和无知的，媒体有虚假和错误的报道，但几篇文章肯定颠覆不了整个医疗机制，事实上医院医疗事故层出不穷，（这种归咎）回避了中国真正的医疗体制性矛盾和医院、医生、医药间的自身问题。"参见：刘洋．医生激辩媒体谁导致了医患矛盾？http：//news.sina.com.cn/c/zg/2015-11-23/doc-ifxkxfvn8942637.shtml[2015-11-23].

③ 邱仁宗．医患关系严重恶化的症结在哪里．医学与哲学，2005，11：6.

④ [美]威尔伯·施拉姆，[美]威廉·波特．传播学概论．第二版．何道宽译．北京：中国人民大学出版社，2010：246.

信息传播予以审视，这既是在未来获取真实信息的途径，也是分析医疗暴力的社会影响、降低暴力危害、建立有效防控机制的前提。

二、媒介框架分析的理论和方法

（一）媒介框架理论概述

以有效且合适的理论解释医疗暴力的信息传播是目前研究所亟须的。我们所要做的不过是使本属社会评论性质的媒介信息具备学术意义上的解释力。因此，我使用了媒介框架理论。媒介框架理论是近年来在新闻传播领域产生巨大影响的理论，被认为"具有挖掘出隐藏新闻报道表层下的东西，并揭示潜在假设的潜力"①。

人类学家贝特森最早提出"框架"（frame）一词，被视为心理学意义上的框架概念起源。②但对传播学产生重大影响的则是戈夫曼。其巨大的贡献在于，指出了人们认识真实的世界从来与之对情境的定义相关。在戈夫曼看来，框架"就是一种情境定义，它是根据支配事实——至少是社会事件的组织原则以及我们在其中的主观投入做出的"③。在戈夫曼看来，人们将现实生活世界中的经验组织起来，纳入框架的图景之中，并借助框架对信息进行解释。甘姆森评价戈夫曼的贡献时指出：他告诉我们世界是被架构的，并不是以原始形式来到我们面前；但我们是积极的处理者，可以以不同的方式对现实进行编码和解码。④臧国仁将戈夫曼的观点概括为：所有客观事物转化为个人主观心像时都要经历"再现"的过程；再现的产物是真实世界的投影，无法复制真实世界的原始面貌，只能是内在心智的构建；从认知过程上看，个人框架也会受到其他"社会人"影响而成为社区框架的反映。⑤

框架理论对新闻传播理论产生的重大影响应当更类似"无心插柳"的效果。"戈夫曼本人并没有过多关心过新闻框架的问题，也不关心媒体框架跟社会权力之间的关系。但是他提出的框架概念启发媒体研究者，将新闻文本放在框架分析的中心位置，连接新闻生产和消费两端，联系新闻生产者和消费者两个群体。"⑥因框架理论具有较强的解释功能，在传播学上，框架成为对媒介进行研究的重要概念工具，产生了不同的研究范畴。美国学者

---

① Tankard J W，Jr. The empirical approach to the study of medical framing//Reese S，Gandy O，Grant A. Framing Public Life：Perspectives on Media and Our Understanding of the Social World. New Jersey：Lawrence Erlbaum Associates，2001：112.

② 通过识别两只猴子之间的看似打斗的动作是游戏还是真正的打斗，贝特森指出，在传播中，观察者和传播者均应具有"元传播"能力，即能诠释所使用信息的符号进而相互传递信息的能力，而"框架"则是"制作信息和理解信息的一套特定规则"，促使传播者和接受者之间达成共识，因此，"框架"是心理学概念，既兼收又排他，即一般来说，只包括有意义的行为的信息，排除其他无用信息。贝特森以地图为例对此进行了说明，如地图是一个符号系统，之所以绘图者和看图者之间能够达成信息传递，是因为他们共享了地图绘制的基本规则，这构成地图传播信息的基本框架。Bateson G. A theory of play and fantasy. Psychiatric Research Reports，1995，（2）：39-51.

③ Goffman E. Frame Analysis：An Essay on the Organization of Experience. London：Penguin Books Ltd，1975：10-11.

④ Gamson W A，Croteau D，Hoynes W. Media images and the social construction of reality. Annual Review of Sociology，1992，（18）：373-393.

⑤ 臧国仁. 新闻媒体与消息来源——媒介框架与真实建构之论述. 台北：三民书局，1999：30-31.

⑥ 陈阳. 框架分析：一个亟待澄清的理论概念. 新闻研究，2007，（4）：21.

安格鲁将由此产生的研究概括为从“认知典范论”出发的框架研究、从“批判典范”出发的框架研究和从“建构论典范”出发的框架研究①；美籍学者潘忠党认为，架构（framing）分析可以分为三大范畴——话语（文本为再现的体系）、话语的建构（框架建构的行动及过程）及话语的接收（效果及其心理机制），并指出：“在社会建构主义的学理框架内，每个范畴都是动态的过程，都以行动及其场景为构成元素。”②杜涛则将框架理论在新闻传播方向研究的取向概括为三个，即作为新闻社会学分支的研究取向、话语分析研究分支的取向及作为传播效果研究的取向等。③这些研究范畴均具有重要的启发作用。

事实上，无可否认的是，无论在传媒领域还是在其他社会科学领域，框架理论一直是充满混沌感、内涵模糊、歧义丛生的，缺少权威的界定，也匮乏体系清晰的研究结构，被学者称为“既是祝福也是诅咒”④。但框架理论的价值仍然巨大。就传播学而言，框架理论勾勒了传播生产和生效最重要的栖身之所，即传播者的认知、传播建构的文本、文本接收者的认知和传播活动与文本流通的社会文化场景。⑤对框架建立并使用的过程（从 frame 到 framing），也就是分析人们对资讯传播认知及其社会行动之间关系的过程。无论是社会学意义的框架建构还是心理学意义上的认知分析，都与人们如何处理信息、认知信息、形成态度、做出决策息息相关，这既关乎媒介信息的生产，也关乎媒介信息的传播效果。框架就是组织资讯并因此而引导思路、终至影响人们决策的范本，架构就是特定范本组织资讯、分析问题的建构过程。⑥吉特林进一步认为，即便一个特定事件也有无数值得注意的细节，而框架即是由传播者预存的立场和观点所构成的选择、强调和呈现的原则，借此告诉人们存在什么、发生了什么、什么是至关重要的内涵。⑦

因此，之所以使用媒介框架理论，更多是源于研究策略上的思考。我所要展示的是，在医疗暴力的媒介信息生产和传播的过程中，信息是如何被来自不同领域、代表不同声音、具备不同观念、拥有不同专业素养的各类媒介所构建的，又是如何被相关利益方以及政府、社会、民众所理解的，可能包括或欣然接纳，或质疑重重，或不置可否，或激烈反对。而在这些信息被构建和重构的过程中，医疗暴力事件的相关要素（如事件、原因、后果、措施）均会得以披露并产生反响，现实地传达着公共政策，并可能反过来影响公共政策的制定。

---

① 从“认知论典范”出发主要是研究以先验性知识为主的框架改变个人思路的方式；从“批判典范”出发主要是研究新闻生产中，传播受政治与经济精英所持价值观影响形成框架，进而传递议题或事件讯息；从“建构论典范”出发是指记者等新闻生产者是资讯和信息的加工者，通过政治性的资助赞助者，制作“诠释包裹”以反映和补充主题的议题文化。参见：孙彩芹. 框架理论发展 35 年文献综述——兼述内地框架理论发展 11 年的问题和建议. 国际新闻界，2010，(9)：19.

② 潘忠党. 架构分析：一个理论亟需澄清的理论领域. 传播与社会学刊，2006，(1)：27.

③ 新闻社会学分支研究取向是指以社会学和人类学的方法，重点对新闻的社会建构进行研究，其基本观点是：新闻是社会真实的建构，而不是社会真实的客观反映；话语分析研究分支取向是通过对文本框架的微观层面如语法、措辞以及掩藏在其中的意识形态、权力因素等进行研究，也间接对新闻生产过程进行阐释；作为传播效果研究的取向主要是以媒介效果为核心，对媒介框架建构、设置、个人层面框架架构以及受众和生产者之间互动等进行研究，既可以检视生产过程，也可以分析内容，还可以对受众进行研究。参见：杜涛. 框中世界：媒介框架理论的起源、争议与发展. 北京：知识产权出版社，2014：41-54.

④ Hertog M. A multiperspectival approach to framing analysis：A field guide//Reese S，Gandy O，Grant A. Framing Public Life：Perspectives on Media and Our Understanding of the Social World. Lawrence Erlbaum Associates，2001：112.

⑤ Entman R M. Framing：Toward clarification of a fractured paradigm. Journal of Communication，1993，(43)：51-58.

⑥ 潘忠党. 架构分析：一个理论亟需澄清的理论领域. 传播与社会学刊，2006，(1)：27.

⑦ Gitlin T. The whole world is watching. Berkeley：University of California Press，1980：124.

（二）分析方法

1. 样本来源

本书的样本来自中国知网（CNKI）的"中国重要报纸全文数据库"，分别运用主题词"医疗暴力""暴力+医""医院暴力""杀医""伤医"进行搜索，剔除明显不属于医疗暴力的文献①，共获取文献175篇。之所以以报纸媒介作为样本源，除却研究便利考虑之外②，主要理由包括：①相较其他电子媒介，报纸媒体上的信息相对严谨、完整、真实。医疗暴力作为公共议题，既涉及公共健康、医疗制度这样与民众利益攸关的话题，又带有暴力行径与生俱来的刺激性，因此具有较强的吸引力，极易形成大众话题，进而促成媒介入场。但关注度高也可能导致信息在传播中出现各种扭曲，尤其是在各类快速传播的媒介中（如微博、微信等社交媒体），可能会出现不同的信息版本。因此，将相对确切的信息作为研究样本可以避免偏差。②尽管从理论和实践上，网络舆情和表达被日益重视，但公共政策的决策者仍较为倚重纸质媒体。一方面，决策者通过纸媒发声，体现对议题的态度，甚至积极表达观点；另一方面，代表官方发声的纸媒将信息逐渐集中化、稳固化，最终成为决策者所最想或最应当看到的表达。尽管有学者将媒介表达区分为"党的新闻事业"和"专业主义新闻"两大范式③，但仅就医疗暴力事件的信息传播而言，考虑到暴力的破坏力、社会影响和辐射可能以及极易引发公权力介入等特质，报纸传媒更倾向于与国家态度保持整体上的一致，并且在更理性和温和的前提下提供建设性的意见，范式区分的意义显得不特别重大。当然，这并不是说，媒体表达完全趋同，但一致性远远高于分化性。

2. 框架提炼

目前，涉及媒介框架的研究，大多沿袭量化的文本分析和理论的演绎方法相结合的研究路径。与框架理论的灵活性和功能相匹配，研究者大多根据需要使用这一理论工具，并没有形成统一的使用规范。已有将媒介框架理论运用于涉及医疗和医患关系的研究，包括医疗改革报道的框架分析④、医患关系和医患冲突报道的框架分析⑤、医生形象报道的框架

---

① 如尹继云，陈传敏. 药贱不再伤医. 解放军报，2011-11-6（02）。该文主要讲的是武警河南总队医院推行全成本核算，提高医疗服务能力和质量的事迹。显然，此报道与医疗暴力关系不大。

② 研究便利其实是学者选择某项研究时考虑较多的因素，在研究方法上最极端的表现为方便抽样（convenience sampling），但学者对这一因素往往讳言。例如，在国内媒介框架的研究中，从文本着手成为主要研究路径，与国外学者乐于使用的实验法和调查问卷法大相径庭，之所以如此，应当主要与研究成本相关。参见：杜涛. 框中世界：媒介框架理论的起源、争议与发展. 北京：知识产权出版社，2014：165-186. 在本项研究中，选取现有完备的数据库作为抽样来源，具有明显的便利性。

③ 两种范式的区别包括：专业主义媒体在概念系统层面更多采用"价值框架"；专业主义媒体在议题定位层次更少采用"政治框架"而更多采用"社会框架"；专业主义媒体在文本结构层次更多采用"主题框架"。参见：张明新. 后SARS时代中国大陆艾滋病议题的媒体呈现：框架理论的观点. 开放时代，2009，（2）：131-151.

④ 谢申照. 新闻框架视角下的医疗改革报道分析（2005—2007）. 上海：复旦大学硕士学位论文，2008.

⑤ 张思玮.《中国青年报》医患关系报道的框架分析. 保定：河北大学硕士学位论文，2009；吴鹏伟. 2013. 医患关系的媒介框架研究. 合肥：安徽大学硕士学位论文；吴果中，周瑾靓. "患者失语"与"报道失衡"：医患冲突事件报道框架的实证分析. 湖南师范大学学报（社会科学学报），2014，（3）：140-144.

分析[①]等，主要研究方法是通过对文本样本进行量化分析，从中寻找信息来源、议题设置、影响因素、文本表达、效果评价等框架性内容，进而对影响框架形成的各类外界因素予以简要评价，但这些研究更倾向于传媒学本身的分析，并未将公共政策与公共治理的完善作为主要研究目标。为此，我更拓宽了跨学科研究的思路，将传媒学界更为成熟的研究成果作为研究方法和研究思路的范本，如对艾滋病[②]、抗争事件[③]、道德事件[④]等的媒介框架深度研究等，在这些研究中，公共政策成为重要的研究对象，借鉴意义更加明显。

结合上述研究，在医疗暴力媒介信息的框架提炼中，我重点考察的是关于医疗暴力信息的议题框架，并以之为核心，对文本的叙事/价值取向和内容结构进行了进一步的研究。这可能区别于规范意义上的传媒学研究。之所以这样设计，主要与研究目标相关。本章并非致力于为传媒学框架理论的现实应用增添素材，而是通过框架分析，探究作为公共议题的医疗暴力信息是如何被生产出来，并怎样对社会认知、公共政策产生影响的。在此过程中，我始终关注的命题仍然是医疗暴力以及其防治本身，只是，“我们对具有广泛影响的公共事件充其量只能了解某个方面或某一片段……这些见解是由别人的报道和我们的想象拼合在一起的”[⑤]。在此意义上，媒介中的医疗暴力信息就是我们达成共识的所谓医疗暴力事件及其评价，我更想知道的是，这些文本信息与现实生活之间互动的可能性以及对认知形成的塑造作用——正如提倡社会关系实在论的美国学者查尔斯·蒂利反复强调的：“交易、互动、社会纽带以及对话形成了生活的核心，并同时塑造了个人行为的连接关系。”[⑥]

根据医疗暴力议题的现有媒介样本，我尝试将其分为医疗框架、社会框架、防控框架、政治框架、法律框架。

（1）医疗框架主要涵盖的是涉及医疗暴力与医学技术、医疗职业、医疗卫生体制之间关系的相关媒介信息，如《医学发展应适时回归理性》（胡睿，《医药经济报》2014年8月27日，第010版）、《暴力伤医成顽疾学子从业心受创》（杨慧姝，《北京商报》2015年6月25日，第D01版）、《伤医事件频发医生急需减压》（唐闻佳，《文汇报》2013年11月3日，第03版）、《均衡医疗资源遏制暴力伤医》（杜晓，《法制日报》2015年6月19日，第07版）等。

（2）社会框架主要涵盖的是与医疗暴力事件的社会影响和社会认知相关的媒介信息，如《暴力伤医伤害的将是社会健康肌体》（《南方日报》2014年4月25日，第F02版）、《暴力伤害解决医患纠葛的社会氛围不应再持续》（黄静，《人民政协报》2016年5月

---

① 葛梦娇. 框架理论视角：都市报中的医生形象：以《华商报》中的医生报道为例. 西安：西北大学硕士学位论文，2014.

② 张明新. 后SARS时代中国大陆艾滋病议题的媒体呈现：框架理论的观点. 开放时代，2009，(2)：131-151.

③ 曾繁旭. 传统媒体作为调停者：框架整合与政策回应，新闻与传播研究，2013，(1)：37-50；周裕琼，齐发鹏. 策略性框架与框架化机制：乌坎事件中抗争性话语的建构与传播. 新闻与传播研究，2014，(8)：46-69.

④ 李海波，郭建斌. 事实陈述 vs. 道德评判：中国大陆报纸对“老人摔倒”报道的框架分析. 新闻与传播研究，2013，(1)：51-66.

⑤ [美]沃尔特·李普曼. 公众舆论. 阎克文，江红译. 上海：上海人民出版社，2006：23-24.

⑥ Tilly C. Micro，macro，or megrim//Tilly C. Stories，Identities，and Political Change. Lanham：Rowan and Littlefield，2002：72.

11 日，第 05 版）、《消解伤医事件背后的民怨》（阎惠中，《健康报》2012 年 5 月 14 日，第 06 版）等。

（3）防控框架主要涵盖的是来自政府、医疗机构、保险机构等防治医疗暴力的建议或措施的媒介信息，其中也包含了对域外防控经验的介绍。如《恶性事件突发将警医联动处置》（胡建辉，《法制日报》2013 年 10 月 23 日，第 06 版）、《多配保安就能阻止伤医？》（刘子晔，《联合时报》2013 年 11 月 12 日，第 03 版）、《暴力袭医为何要严惩》（应飞虎，《光明日报》2014 年 4 月 18 日，第 11 版）、《防伤医要在医学科普上多下功夫》（严慧芳，《南方日报》2015 年 7 月 21 日，第 B02 版）、《治理医院暴力域外经验可以拿来》（饶浩，《健康报》2016 年 4 月 14 日，第 06 版）。

（4）政治框架主要涵盖的是对医疗暴力的国家态度，包括各类官方表态和各类政治会议中对此议题的关注。如《暴力伤医国法不容》（《法制日报》2013 年 11 月 1 日，第 01 版）、《伤医"罪加一等"代表"点赞"响应》（余璐，《深圳商报》2014 年 3 月 12 日，第 A04 版）、《卫计委主任："暴力伤医"必须严惩》（韩洁，余晓洁，《新华每日电讯》2014 年 3 月 7 日，第 08 版）、《一份连夜赶出的提案》（魏敏，《中国中医药报》2014 年 3 月 6 日，第 01 版）。

（5）法律框架主要涵盖的是以法律的贯彻实施为核心的，从立法、司法、执法视角对医疗暴力予以评价的相关信息，也包括以《人民调解法》为蓝本的第三方调解制度。如《法律应明确医院公共场所性质》（胡建辉，《法制日报》2014 年 1 月 27 日，第 06 版）、《检察机关对涉医犯罪快捕快诉》（彭波，《人民日报》2015 年 6 月 25 日，第 15 版）、《新增人民调解渠道严格遏制暴力伤医》（陈颖婷，《上海法治报》2015 年 11 月 3 日，第 A02 版）、《"伤医立法"可能适得其反》（文峰，《长沙晚报》2014 年 12 月 22 日，第 F02 版）。

需要说明的是：①法律框架和防控框架的关系。法律本身就是防控手段之一，因此，法律框架不可能完全与防控框架区分，所区别的可能主要在于侧重面，我将与法律规则运行相关的内容归类于法律框架，而将院内防控、社会防控、政府综合治理等内容归类于防控框架；而基于广义的司法制度的含义，我将人民调解/第三方调解纳入法律框架之内[①]。②政治框架和法律框架的关系。政治框架中大量涉及报道人大代表立法提案的内容，但在政治类会议中，此类提案未必会转化为法律规则，但一定会引起国家公共政策的注意，从而导致国家态度转变[②]，因此，我仍然将其归类于政治框架。

在初定框架假设之后，我与 2 位研究生共同对样本进行分析，在初步分类的基础上，提炼了每个框架可能出现的重要关键词，并以之为检索项进行编码。第一次编码结束后，

① 在诉讼法学的主流理论中，传统纠纷解决机制包括自力救济、社会救济和公力救济，人民调解一般被划为社会救济范畴。参见：江伟，肖建国. 民事诉讼法. 第 7 版. 北京：中国人民大学出版社，2015：7-8.

② 在西方代议制中，提案权实质上是人民、议员、国家三者之间实现政治联系的重要管道，从代议制的要求而言，"议"以"案"为依托，议案是代议职能实现的基本载体。在中国，人大代表的议案在形式上是一个代表或者若干联名代表的个人意志，而在实质上却是人民群体意志的政治表达，是人民民主参与的重要方式。参见：胡弘弘. 论人大代表提案权的有效行使. 法学，2012，(5)：25-26.

我们用复证方法来检验信度，重新分配任务，对同一篇文本进行第二次编码。然后以全部175篇文本作为抽样框，进行系统抽样，前后一致的有160篇，归类一致性指数达91.4%。对于议题归类结果不同的15篇样本（主要集中在政治与法律框架的混同、防控与其他框架的混同），编码员再讨论分析，在达成共识的基础上进行修改，最终确定了编码关键词。然后，编码员再一次重新分配任务，检验并修改二次编码结果中不一致的情况，将达成共识的关键词作为检索项对文本框架进行进一步分类。为了明确框架结构的使用。本书不累加某一框架出现的总次数，而仅以出现频率更高的框架计算。例如，某篇报道医学框架出现10次，社会框架出现5次，则以医学框架计。经过文本内容检验统计分析，得出基本结果。

议题框架及其编码关键词如表4-1所示。

表4-1　医疗暴力报道的议题框架

框架类型	关键词举例
医学框架	医学、医学生、医疗费用、药品、分级诊疗、医患沟通、看病难、看病贵、资源配置、普及知识、医疗资源
防控框架	保安、培训、综治、沟通、媒体、纠纷处理机制、零容忍、医德医风、防范、医疗保障、医疗责任保险、预防、监管、公安机关、医闹
社会框架	社会矛盾、各方力量、信任、民怨、谴责、共识、反思、教育、社会关注、舆论
政治框架	和谐社会、稳定、平安医院、专项行动、政府部门、政协委员、人大代表、联名提案
法律框架	法院、入刑、起诉、第三方调解、立法、依法处理、人民调解、违法犯罪、检察机关、司法机关、最高法、公共场所

媒介信息分类及其百分比如表4-2所示。

表4-2　医疗暴力报道的信息分类及其百分比

	框架类型	篇数/篇	占比/%
议题框架	医学框架	22	12.6
	防控框架	67	38.2
	社会框架	25	14.3
	政治框架	18	10.3
	法律框架	43	24.6
总计		175	100

文本发表年限及报纸种类如表4-3所示。

表4-3　文本发表年限及报纸种类

年份	报纸种类/种	总篇数/篇
2006	4	4
2011	2	2
2012	4	6

续表

年份	报纸种类/种	总篇数/篇
2013	18	34
2014	35	73
2015	19	34
2016（截至6月1日）	17	22
总计	57	175

三、框架设置与医疗暴力治理的公共政策表达

（一）框架设置与公共政策倾向的变迁（2006～2016年）

从基本的框架类别上，我们可以看出公共政策的整体倾向，即以对医疗暴力的直接否定和防控措施为主：防控框架最多，占到38.2%；其次是法律框架，占24.6%。但从不同年度报道的对比中（表4-4），这一变迁显得更为微妙。

表4-4 年度议题框架设置对比 （单位：篇）

年份	防治框架	法律框架	社会框架	医学框架	政治框架	总篇数
2006	1（25%）	1（25%）	0（0%）	2（50%）	0（0%）	4
2011	0（0%）	0（0%）	1（50%）	1（50%）	0（0%）	2
2012	2（33.3%）	1（16.7%）	3（50%）	0（0%）	0（0%）	6
2013	14（41.2%）	5（14.7%）	4（11.8%）	6（17.6%）	5（14.7%）	34
2014	26（35.6%）	22（30.1%）	8（11.0%）	5（6.8%）	12（16.4%）	73
2015	14（41.2%）	10（29.4%）	5（14.7%）	5（14.7%）	0（0%）	34
2016	10（45.5%）	5（22.7%）	3（13.6%）	3（13.6%）	1（4.5%）	22

注：括号内数据为所占百分比

2006年的报道主要是围绕历年累积爆发的医疗暴力事件（如2004年四川大学附属华西医院普外一科科主任李宁教授被刺案、2005年福建中医学院附属“国医堂”戴春福教授被刺案）而进行的，但似乎媒介尚未意识到这将成为重大的社会问题，报道的类型和程度更接近其他社会领域发生的暴力事件。从议题框架及报道内容上看，也主要是探索原因进而提出对策建议，包括医患沟通不足、医疗费用过高、保障体系不充分、医学局限性强、纠纷解决机制不完善等，均被认为是医疗暴力发生的主要原因。“严惩”“犯罪”“打击”等字眼并没有出现。之后，医疗暴力事件仍然偶有发生，但媒介的关注热度并不高。

随后，屡屡发生的恶性医疗暴力事件（如2011年的北京某医院徐××被刺案、2012年哈尔滨某医院王××被杀案等），使该话题逐渐引发了媒体的关注。2011～2012年的报道数量有所增加，报道深度也有所增加。值得注意的是，一方面，报道内容出现了超

越事件本身的反思和态度，多元化的声音渐次增加，新闻专业能力较以前有所提高。例如，有报道对医疗暴力的真实性和破坏性提出了质疑，进而认为医方提高其服务质量是避免医疗暴力的根本所在。①又如，报道通过民众对施暴者麻木甚至赞同的奇特态度，分析出看病贵与“三个过度”（过度扩张、过度特需、过度医疗）之间的因果联系，认为消解医疗不当行为才能化解民怨，从根源上杜绝医疗暴力。②这表明，在公共政策未对如何治理医疗暴力做出稳定表达的时候，媒介通过展示医疗暴力在社会场域中产生的全部影响，尝试中立地对之进行评价，这体现了新闻专业主义视角下的客观性。③另一方面，屡屡发生的医疗暴力事件促使国家在公共政策上有所关注，而媒介及时地表达了这一关注，体现了新闻的主流意识形态属性。从“强烈谴责”④到“严厉打击”⑤，媒体对国家政策法规的变化及时跟进，在对医疗暴力的否定上显得更加坚决。可以看到，尽管报道数量并未明显增多，但此时的新闻报道将专业表达和政策表达结合得比较紧密，既有相互佐证，又有事件反思。

2013 年发生的某医院杀医案成为医疗暴力媒介信息的转折点，该突发事件既产生了始料未及的巨大震撼，也使久已蓄积的医患紧张得到了井喷式的宣泄。巨大的社会影响也促使国家通过媒体，对其治理政策进行了集中而一致的表态，即首先要严厉惩治暴力犯罪，同时寻找防控办法、制定法律规范。因此，在 2013～2016 年的报纸报道中，信息传播呈现以下几方面特点。

1. 防控框架和法律框架成为主要议题设置

自 2013 年始，防控框架和法律框架的报道始终维持在总议题的 70%左右，这已经鲜明地表达了国家对医疗暴力的态度：它逐渐成为社会治理关注的重大问题，公共政策的决策者正在构建以预防和惩治为主的防控机制，“严惩”“重拳出击”“杜绝”“化解”等词汇出现频率较高，这一态势也影响了政治框架。从报道中得知，来自医学界的政治精英（人大代表、政协委员）希冀以提案、会议讨论、立法等方式将医疗暴力的防控策略外化为具有规范意义的法律和政策。这成为此类报道政治框架的主要内容。

2. 社会框架和医学框架在内容上有所变化

2013 年之前的社会框架和医学框架内的报道重在探索医疗暴力发生的社会或医学原因等，而 2013 年之后的这两类框架内的报道则侧重于从社会层面和医学层面论证医疗暴

---

① 柴会群. 最严重医患血案？上海新华医院“暴力伤医”调查. 南方周末，2011-2-17（A01）.

② 闫惠中. 消解伤医背后的民怨. 健康报，2012-05-14（06）.

③ 在专业主义视角下，新闻的客观性并不简单地等同于事实本身，但应当通过媒体的专业技术手段及能力，努力接近事实。参见：黄旦. 传者图像：新闻专业主义的建构与消解. 上海：复旦大学出版社，2005：93-113. 关于客观性的具体标准，李普曼特别强调克服成见，认为公众舆论受到辩解、威望、道德、空间和抽样调查等形成的成见的影响，应运用科学精确的方法发现成见，进而克服由此造成的错觉。参见：[美]沃尔特・李普曼. 公众舆论. 阎克文，江红译. 上海：上海人民出版社，2006：61-116。博耶则认为，客观性包括：平衡与公正地呈现一个议题中各方面的看法；正确与真实的报道；呈现所有主要相关要点；将事实与意见愤慨，但将意见视为相关；将记者本身态度、意见或涉入的影响减至最低；避免偏颇、怨恨以及迂回的言论。参见：彭家发. 新闻客观性原理. 台北：三民书局，1994：40.

④ 《健康报》评论员. 暴力伤医是社会之殇. 健康报，2011-9-30（01）.

⑤ 白剑锋. 公安部卫生部联合发布通告严厉打击暴力伤医. 人民日报，2012-5-2（13）.

力的危害，进而为国家预防和惩治的公共政策提供论据。以历年报道为例，如社会框架内的《对医院暴力不能止于谴责》（曹政，《健康报》2013 年 10 月 30 日，第 01 版）、《暴力伤医伤害的将是社会健康肌体》（《南方日报》评论员，《南方日报》2014 年 4 月 25 日，第 F02 版）、《打击暴力伤医是公民应有的共识》（孙梦，《健康报》2015 年 6 月 11 日，第 01 版）、《暴力伤害解决医患纠葛的社会氛围不应再持续》（黄静，《人民政协报》2016 年 5 月 11 日，第 05 版）；如医学框架内的《伤医事件频发医生急需减压：沪上大型医院开始关注医务人员情绪疏导》（唐文佳，《文汇报》2013 年 11 月 3 日，第 01 版）、《保护医院安全就是保护患者权益》（朱宁宁，《法制日报》2014 年 3 月 10 日，第 07 版）、《暴力伤医成顽疾学子从业心受创》（杨慧姝，《北京商报》2015 年 6 月 25 日，第 D01 版）；《广东"杀医"案背后：培养一名专科医生至少需要 12 年》（陈鹏丽，《每日经济新闻》2016 年 5 月 9 日，第 06 版）。

回溯议题框架及其内容，我们可以发现，媒介最初将医疗暴力视为一般社会热点时，其议题的框架设置并无明显的政策倾向性，采用了一般社会热点事件分析的逻辑："探因—分析—对策"。而随着暴力事件的愈演愈烈，其他声音逐渐被愈来愈趋于一致化的政策表达甩离信息传播的中心，议题框架中的内容逐渐趋同。

（二）框架设置中的公共政策倾向与文本结构样式

"事实本无意义，仅存在于框架之中。"[①]文本是意义建构的基础，戈夫曼将之界定为"这是什么事"（What is going on here），借以印证框架产生的意义。框架设置及其内容上的变化也影响了报道的文本结构样式。媒介对医疗暴力的关注首先来源于对事件震撼效果的关注。因此，在不同的框架类别下，报道中常常会涉及具体事件，即便是评论，也常常以事件引用作为开端。归纳起来，大部分此类报道的基本模式为：叙事（近期或焦点医疗暴力事件）+价值评判。典型的如《暴力恐吓医务人员构罪究刑责》（袁定波，徐向良，《法制日报》2014 年 4 月 25 日，第 05 版）。

叙事结构："3 月 31 日 16 时左右，北京天坛医院一名神经外科医生与患者家属发生争执，导致右手掌骨骨折。3 月 29 日上午，在陕西西安市第四医院，一家长因护士给孩子输液时没有'一针见血'，便抓伤扎针护士脖颈，咬伤劝架护士右手……"

价值评判："'无论哪种原因出现医疗纠纷，都不应采取违法犯罪手段解决。'最高人民法院新闻发言人孙军工今天接受《法制日报》记者采访时表示，五部委出台《关于依法惩处涉医违法犯罪维护正常医疗秩序的意见》，正是为了有效遏制、预防此类犯罪的发生，切实维护医疗秩序，保障医患双方合法权益。"

之所以这样安排，一方面源于报道热点事件的信息特质，另一反面也源于回溯事实可以增强价值评判的说服力。从叙事/价值的倾向来看，175 篇报道中，纯粹以价值评判作为信息载体（即完全未曾提及暴力事件）的文本是很少的[②]（表 4-5）。

---

① 臧国仁. 新闻媒体与消息来源——媒介框架与真实建构之论述. 台北：三民书局，1999：151.

② 此处，笔者将涉及医疗暴力事件或以之例证的报道均列为叙事+价值模式，而将直接对暴力事件进行较为宽泛的价值评价的报道列为价值评判模式。

表 4-5　文本结构样式及其百分比

结构样式	篇数/篇	百分比/%
叙事+价值	163	93.1
价值评判	12	6.9
总计	175	100

但与框架设置及其内容体现的国家政策表达相吻合，“叙事+价值评判”的结构样式也在逐渐发生变化，主要体现在叙事不断实现简洁化、价值评判日趋严厉化，这变化显示了国家对医疗暴力事件认识的变化。

早期的报道在医疗暴力事件描述上是较为详细的，如：

下午 3 时 10 分，戴××教授（福建名医，享受国务院特殊津贴）进入门诊室，他和助手打了个招呼后，坐下来准备坐堂问诊。这时，门外患者看到，久坐的戴××突然奔向门诊室，从绿色纸袋抽出大约 40 厘米长的刀，二话不说，冲着戴××教授胸部及腹部连捅几刀。面对突如其来的袭击，戴××教授奋力推开戴××，捂住伤口挣扎着跑向医院门口。路边正停着一辆出租车，戴××教授拉开车门坐上前排副驾驶座位，车门还没关好，便被追上来的戴××一把拉开，朝戴××教授又连捅五六刀。发现不对劲的出租车司机立即加大油门，猛地冲向附近的福建省某医院急救室。当时，戴××教授旁边的车门还敞开着。①

而在随后的报道，尤其是 2013 年温岭杀医案之后的报道中，事件描述越来越趋于简洁，基本是直接描述伤害行为和结果，罕见伤害过程的叙事，甚至只是对事件予以简单提及，表述为：“近期发生的××事件”。尽管在不同框架下略有区别——如社会框架中叙事略显详细，但媒体显然在越来越内敛地报道暴力事件的过程，同时不同程度地增加着价值评价的力度和权威性，最为明显是借助官方权威言论来进行价值评价，如：

最高人民法院新闻发言人孙军工表示，暴力杀医、伤医、打砸医院等违法犯罪行为，既破坏医疗秩序，更侵害患者利益，不利于我国医药卫生事业的健康发展。对于采取残忍手段杀害、伤害医务人员，主观恶性深、人身危险性大的，要依法从严惩处。应当判处死刑的，坚决依法判处。②

对于如何维护好医疗秩序，确保医患双方的合法权益，李斌强调要从法治、德治、机制等多方面综合治理。“医疗机构是履行救死扶伤责任、保障人民生命健康的重要场所，不论什么人，不管以什么理由，滋事扰乱破坏公共秩序，伤害他人生命，都绝不能允许，在这点上不能含糊。”③

之所以使用这样的“叙事简洁，评价有力”的结构样式，其实与国家希冀防控暴力的

① 张先明. 医院暴力：医生不能承受之重. 人民法院报，2006-01-20（04）. 此外，在同类新闻报道中，还有更加详细和血腥的描述：“9 厘米长的刀锋，从喉结上缘全扎进去，先破喉管，再入大动脉。4 块钱的劣质水果刀有些钝，还撑了一下血管，血喷出来红透了白服，更多的灌进气管，再进入肺……一刀致命，窒息而亡。王浩张着嘴，好朋友孙心毅使多大劲也没给合上……王浩倒地，李梦南冲向 31 岁的医生王宇，刀从右眼角刺入颅脑，然后拔出，再刺女医生郑一宁和医学生于惠铭的脸颊。血喷在李梦南的毛衣和牛仔裤上……”参见：刘钰欣. 杀医. 南方人物周刊，2012，（320）：35.

② 王逸吟，王昊魁. 五部门出台意见暴力伤医将受严惩. 光明日报，2014-4-25（06）.

③ 何东霞. 暴力伤医必须依法严惩. 工人日报，2014-3-7（05）.

政策目标遥相呼应：国家既希望媒体传递政策内容，又不希望暴力行为被复制或被效仿。这也是涉及暴力文本的传媒信息所可能产生的最大隐患。有学者归纳了暴力新闻对观看者的生活产生负面影响的途径："第一，通过观察学习机制……第二，频繁刺激眼球的暴力报道或电视节目，导致观看者对日常生活中暴力事件的发生估计过高，从而导致过分害怕自己成为现实中的受害者。第三，频繁刺激的暴力内容，会使人们对暴力事件情绪唤起和悲痛水平降低，形成脱敏现象。"①就医疗暴力而言，详细叙事的暴力行动既容易引发模仿，又对医护群体形成精神上的强大压力，甚至导致民众对屡屡发生的事件逐渐失去情感的强大冲击。事实上，即便在文本已经刻意传递暴力不应被效仿的中心思想时，也难免会产生所谓"麻醉负功能"②，即误认为医患矛盾不可调和，进而导致医患之间分歧和冲突加剧。因此，在文本选择上，为表达制止暴力的国家态度，媒体必须尽可能地对暴力信息进行简化，而重点则放在以权威机构或权威人士表态为论据的政策表达上。这样书写也是为破除医疗暴力可能产生的"破窗效应"③，即通过媒介信息，国家必须表达遏制暴力的决心和已经取得成效的行动，避免失序造成暴力被效仿和继续泛滥。

从框架设置的公共政策倾向来看待信息文本，能够更清晰地发现：医疗暴力的媒介信息在新闻属性（乐于猎奇、追逐热点、迎合受众心理等）和主流价值观传播中探寻平衡，最初的文本结构与其他社会新闻相仿，新闻属性较强，而在轰动性事件推动下，国家政策态度渐渐趋于严厉，这促进报道的文本结构样式进行积极调整，以符合框架内容所要传达的政策目标。于是，政策法律宣传和官方行动逐渐成为文本的重要内容，暴力事件绝大多数仅作为负面评价的对象，叙事更接近粗线条的勾勒，价值评价则更加一致。

（三）框架设置与信息来源

在框架形成因素的研究中，通说认为，框架是新闻工作人员、消息来源、受众、社会情境之间互动的结果。消息来源具有文化（符号）操控能力，更可以运用媒体策略来架构记者的认知框架，从而影响新闻的报道框架。④因此，信息来源最可能形成所谓的"媒介偏见"（media bias）。⑤在议题框架下对信息来源进行分析，可以更清晰地看出，不同议题框架下新闻是如何被建构出来，又是如何呈现叙事文本与价值评价的。

---

① 曾琦芮. 暴力新闻分析及报道建议. 武汉：华中科技大学硕士学位论文，2006.

② 传播学者拉扎斯菲尔德和默顿认为，媒介的"麻醉负功能"是指，如果一个人接受了过多的信息，便可能陷入一种对信息的漠不关心或被动消极的状态；如果过多地接触那些不寻常、不正常、极特殊的新闻，会导致受众毫不了解社会上平常、正常的状况。参见李彬. 传播学引论. 北京：新华出版社，2003：277.

③ "破窗效应"理论由犯罪学家乔治·凯林和詹姆斯·威尔逊提出，用以形象地比喻失序与犯罪之间的关系：如果一栋建筑的一扇窗户破了且无人修理，其他窗户很快也会被破坏……一扇未修补的破窗，代表那里无人在意，打破更多窗户也无所谓。"破窗效应"理论的核心论点是：一个失序的环境或行为，如果难以得到纠正，将诱使人们效仿，甚至变本加厉。参见：[美]乔治·凯林，凯瑟琳·科尔斯. 破窗效应——失序世界的关键影响力. 陈智文译. 上海：上海三联书店，2014：20-25.

④ 臧国仁. 新闻媒体与消息来源——媒介框架与真实建构之论述. 台北：三民书局，1999：165-166.

⑤ 媒介偏见是英美国家传播学研究的重要热点，其研究主要集中在选举等政治领域媒体信息传播方面，认为新闻的倾向性、信息复杂程度、吸引力等设置将影响受众心理，从而产生偏见。参见：D'Alessio D，Allen M. Media bias in presidential elections：A meta-analysis. Journal of Communication，2000，50（4）：133-156；Niven D. Tilt？：The search for media bias. New York：Praeger Publishers，2002.

在条目设置中，根据消息来源，我将之分为官方、医方、患方、民众、专家学者、媒体评论类。基本分类方法是：首先，根据报道作者的自我标记，官方如“××法院”“××卫计委”，专家学者如“××法学院教授”“中国社会科学院××研究员”，医方如“××医院院长”或“××科室主任”，媒体如“××媒体评论员”等进行初步分类。其次，当没有或缺乏自我标记时，根据内容进行分类：内容呈现某方观点的，我将之归入某方。需要说明的是：①在政治框架的归类中，人大代表明显来自并代表医疗卫生行业发声的，我将之归入医方；其他代表提出此类建议或议案的，我根据代表自身属性，将之归入相关类别，如本身为官员者，归入官方类，本身为学者的，归入学者专家类。②偶有出现多方声音的报道，我将根据主要体现的观点将之分类入不同类别：如《暴力伤医何时休》（王君平，《人民日报》2013 年 11 月 22 日，第 019 版）一文，既有国家卫生和计划生育委员会官方言论，又有多位医护人员采访，还有医疗法律专家的意见，但核心观点围绕的是医护人员安全感匮乏如何解决的问题，专家言论是解决方案最重要的来源，篇幅也最多，因此我将之归入专家学者类。③民众信息来源主要是指报道核心内容是反映民众对医疗暴力事件的态度和认识的。而其中关于提及民众态度，但重在评论或建议的报道，如作为专家学者的意见建议的论据，或借此反映评论人观点的，我将其分别列入专家学者类和媒体评论类。

经整理，不同议题框架下的信息来源如表 4-6 所示。

表 4-6　不同议题框架下信息来源统计　（单位：篇）

议题框架＼消息来源	官方	医方	患方	民众	媒体评论	专家学者	总数
防控框架	17（25.37%）	16（23.88%）	1（1.49%）	1（1.49%）	18（26.87%）	14（20.90%）	67（100%）
法律框架	23（53.50%）	5（11.63%）	0（0%）	1（2.33%）	9（20.93%）	5（11.63%）	43（100%）
医学框架	1（4.55%）	11（50.00%）	3（13.64%）	1（4.55%）	4（18.18%）	2（9.10%）	22（100%）
政治框架	10（55.56%）	6（33.33%）	0（0%）	1（5.56%）	0（0%）	1（5.56%）	18（100%）
社会框架	1（4.00%）	7（28.00%）	2（8.00%）	1（4.00%）	10（40.00%）	4（16.00%）	25（100%）
总数	52（29.71%）	45（25.71%）	6（3.43%）	5（2.86%）	41（23.43%）	26（14.86%）	175（100%）

注：括号内数据为所占百分比

从表 4-6 可以看出，在信息来源上，呈现以下几方面特点。

1. 依据不同的议题框架，信息来源的分布有所区分

信息来源与议题框架本身相关：在法律框架中，官方信息来源明显多于其他；而在防控框架中，可以看出，目前的防控机制包含了国家层面的防控策略、医疗机构自身防控机制的建设和未来可能完善的建议，因此医方、官方和专家学者的信息来源明显较多，这也印证了防控机制的综合性；而在社会框架中，官方信息来源较少，信息主要来自医方和媒体评论；在医学框架中，医方信息来源远远高于其他。这一分布区分体现了议题设置本身对消息来源的影响。

2. 信息来源渠道出现了明显的“患者失语”和“民众淡出”情形

从信息来源上看，患方和民众信息来源数量明显处于劣势。已经有关于医疗冲突事件报道框架的研究表明，这体现了一种“权力偏在”，即消息来源越具权威性，报道也就显得更为可信。①除此之外，我们还可以揣测，医方、官方和专家学者更具有可接近性。他们身份稳定且有一定社会地位，不会提供明显失真的信息，同时，他们也有成为信息源的需求：或愿意借助媒体取得话语优势，或希望传达国家态度和声音，或希冀通过媒体增加知名度和展示形象。所以，更可能成为媒体可靠且习惯的信息来源。

这可能与所有新闻固定的生产模式类似，即媒介对信息来源的权威性和稳定性的固有期待。塔奇曼指出，新闻组织及记者通过在空间上的“网”状构造与时间上的“类型化”分类所组成的框架，构建了新闻生产组织动作的模式，每天看上去不计其数、无所不包的新闻，其实早已内在地形成了固定的模式和做法，记者可以娴熟地根据“网”和“类型化”运作惯例，迅速确定在哪里找信息源，从什么角度来报道。②显然，从官方、医方和专家寻找信息源符合最不易出错、最可能形成稳定联系、最便捷的信息选取的原则。

但具体到医疗暴力的报道，“患者失语”和“民众淡出”有其更为深刻和独特的背景及原因。例如，台湾学者邱玉婵曾经忧虑，以悲剧故事凸显患者悲凉、凄惨与不理性的暴力行为，这种煽情化反而模糊了患者或家属原先所要的正义，将医疗纠纷问题简化为冲突与对立，患者的弱势对照巨大且无法撼动的医疗机构，强化与建构了社会中医患权力关系的落差。③过分强调民众认知可能冲淡报道的客观性，强化暴力事件的“情有可原”，这与强调打击、防控医疗暴力的政策目标形成潜在抵牾。因此，媒体报道对患者和民众声音做出简化处理的主要原因更多源于对所传达政策目标的考量。医疗暴力是医患冲突中患者最极端、最激烈的表达，诉诸暴力的患者无论是否被真实地侵害，都自觉无比悲情和弱势，如在一篇报道中，伤害徐××医生的伤医者王××振振有词地陈述：“我由一个侃侃而谈、知识渊博、气质十足的艺术家，演变成一个‘口哑身残’的废物。”患方妻子的陈述：“现在王无法讲课，月收入也就1000多元……现在该怎么办好？我就一家庭妇女，什么也不懂。”④这样的表达极易引发受众同情患者、质疑医方的心理共鸣，这使得暴力常常被“同情式的接纳”甚至“涵化式的模仿”。⑤这显然与国家严厉否认医疗暴力的政策表态有所冲突，因此，在这一意义上，“患者失语”和“民众淡出”除与新闻生产模式相关之外，可能有一定程度的有意为之。

---

① 吴果中，周瑾靓. “患者失语”与“报道失衡”：医患冲突事件报道框架的实证分析. 湖南师范大学学报（社会科学版），2014，（3）：142.

② [美]盖伊·塔奇曼. 做新闻. 麻争旗，刘笑盈，徐扬译. 北京：华夏出版社，2008：4-7.

③ 邱玉婵. 医病形象的媒体建构——医疗纠纷抬棺抗议新闻分析. 新闻学研究，2007，（10）：71-72.

④ 白雪，董伟. 菜刀和警棍哪个能保卫医患安全. 中国青年报，2011-9-2（02）.

⑤ 涵化理论用以描述以电视为代表的媒体具有塑造受众观念，从而间接影响其行为的巨大能力。通常认为，涵化是一个包含学习与建构两个过程的心路历程，而当媒体中所展现的内容和观点与个人经验一致，或当媒体中的角色和自己的社会角色相当时，涵化效果就会显著扩大。参见：石长顺. 媒体与暴力：历史的论争与当代认知——由动画片的“暴力失度”谈起. 现代传播，2014，（1）：66-67.

3. 报道的内容和基调趋同

与前面的发现相同，报道的内容取向均偏向于国家政策的宣传和表态，其基本基调是对医疗暴力的指责、抨击，要求严厉打击和积极防控。这一态势从作为信息来源的媒体评论和专家学者中观察得更为清楚。一般来说，在某类社会事件的报道中，媒体评论和专家学者意见最具有开放性，最可能拥有独立见解或与主流不同的学术观点。但在关于医疗暴力的报道中，这两个消息来源的报道仍然呈现出基本一致的内容，主要是支持并论证打击、防控暴力政策的价值及意义。在这一点上，涉及医疗暴力的报道与关于医患冲突的报道略有区别：后者可以对引发医患冲突的制度、法律、文化、管理、舆论、媒体等方面所存在的问题予以批评，数量可能较为庞大，甚至可能被研究者认为造成了“报道失衡”①，而医疗暴力的报道则主要侧重于国家防控政策的宣传，正向报道数量占据绝对优势。

我整理了与主流政策价值取向明显有区别的报道，并简要概括了其内容，如表 4-7 所示。

表 4-7　与主流政策价值取向有所区别的报道

报道标题（作者，出处）	与主流政策价值不同的内容取向	信息来源	议题框架来源
最严重医患血案？——上海新华医院“暴力伤医”调查（柴会群，《南方周末》2011 年 2 月 17 日，第 A01 版）	对上海新华医院发生的医疗暴力事件进行调查，认为该冲突事件中医方和卫生行政部门的事实认定可能存在偏差	患方	医学框架
“伤医立法”可能适得其反（文峰，《长沙晚报》2014 年 12 月 22 日，第 F02 版）	伤医立法没有缓解医患之间的利益冲突，反而可能激化矛盾，要解决目前“以药养医”等乱收费的不合理医疗服务模式	媒体评论	法律框架
杜绝伤医：集中整治更需制度约束（童彤，《中国经济时报》2014 年 8 月 27 日，第 02 版）	针对北京市发起的联合集中整治伤医暴力行动，认为应更强调涉医相关政策的持续完善，同时应注意依法、依规，公开、透明地处理涉事人员	媒体评论	防治框架
多配保安就能阻止“伤医”？（刘子烨，《联合时报》2013 年 11 月 12 日，第 03 版）	针对出台的“20 床配 1 名保安”的政策，医学界人士认为保安的身份和能力缺陷使其很难完成防控伤医的艰巨任务	医方	防治框架
消解伤医事件背后的民怨（闫惠中，《健康报》2012 年 5 月 14 日，第 06 版）	伤医源于民怨，医疗界应深刻反省其过度扩张、过度特需、过度医疗等不当行为，政府也要承担其职责，不能单靠暴力解决暴力	专家学者	社会框架
“医闹”入刑，能否换来医院安宁（仲崇山，《新华日报》2015 年 9 月 1 日，第 07 版）	医患矛盾成因复杂，单纯靠刑法打击“医闹”行为，是治标不治本。必须形成合理分流患者、合理治疗疾病、双向转诊的机制，促成病患的合理期待	专家学者	

对表 2-7 进行分析，我们发现，事实上，来自患方的质疑并不能构成对主流政策价值的有效挑战，因为即便个案中医方行为失当，并不能对调整集体行动的政策目标构成整体上的否定；来自医方的观点看似与主流政策不同，但其实是呼吁政策给予更多的利好，本质上与日趋严厉的防控政策同构。因此，与主流政策价值不同并拥有一定论证力的报道，

① 吴果中，周瑾靓．“患者失语”与“报道失衡”：医患冲突事件报道框架的实证分析．湖南师范大学学报（社会科学版），2014，（3）：142.

最有可能来自媒体评论和专家学者这两个消息来源。但显然，目前内容和基调趋同的报道并不能完成这一使命，而是大多成了现行政策的注脚。

四、结论：医疗暴力信息传播的媒介反思

本章以医疗暴力事件的议题框架为基础，对其媒介呈现及其特点进行了分析。主要发现是，当医疗暴力事件日益成为重大社会治理问题时，媒介信息逐渐以传达、解释公共政策为主要传播目标。这使得我们在本章第一部分提出的医疗暴力信息传播上的诸多难点得以简化：暴力事件的叙事简洁而一致，基本不会在报道中出现事件本身的质疑；报道内容中，对施暴者（患方）的评价以符合政策要求为目标，评价以否定、惩治、防控为主，同情式、剖析式话语非常少；患方难以通过报道反映对事件的观点和看法，甚至出现患方失语现象，来自其他各方的声音也主要是论证和解读公共政策的内容和目标，基本没有观点分歧。

我们可以理解上述传播方式。这首先源自我国传媒本身的公共角色，舆论导向问题始终是党和政府强调的问题，这必然包括媒体应当对党和国家的政策方针进行正面解释和宣传，在党和国家领导人关于新闻工作的讲话中，正确导向、正面宣传等字眼的反复出现印证了这一点。[①]此外，医疗暴力事件同其他可能引发公共政策的事件有所区别：医疗暴力造成的伤害触目而惊心，社会影响恶劣而巨大；所有政策的关键首先是遏制暴力的蔓延和扩大化，在这一点上国家态度坚定，毫无争议；有稳定且数量庞大、社会地位较高的利益团体（医方）对遏制暴力的公共政策有着殷切的期望。以上特点使得应对暴力的公共政策具有时机上的急迫性、表达上的一致性和受众上的接纳性。而目前关于媒体通过议程设置、协商民主、有效监督等作用推动公共政策完善的研究中，尚无某项公共政策具备上述全部特征。[②]

但研究结果也传递出一些值得反思甚至忧虑的传播倾向。在医疗暴力事件的信息传播中传递政策目标无可厚非，但过于一致的内容是否能达到正面宣传的良好效果是值得推敲的。从传媒学原理上，多元意见是增强信息传播的真实性、透明性的重要因素。法国学者多米尼克·吴尔敦检讨了当代传媒的诸多弊病，指出应保留信息、知识和行动的“多相性”：“人们应该在各种意见的空隙和多相性中，而不是在看似一致的各种世界观的幻觉中，

① 例如，2008 年 6 月，胡锦涛同志视察人民日报社时指出，舆论引导正确，利党利国利民；舆论引导错误，误党误国误民。要“把坚持正确导向放在新闻宣传工作的首位”。随后，《人民日报》发表的文章认为，这包括“在社会热点问题上主动引导、加强防控，把握好引导的时机、节奏和力度；在特殊敏感问题上严守规程、审慎从事，特别是要慎重对待、稳妥把握涉及群众利益和情绪、影响人们心理和社会稳定的重大问题”。参见：蒋建国. 把提高舆论引导能力放在突出位置. 人民日报，2013-7-16（07）；又如，2013 年 8 月，在全国宣传思想工作会议上，习近平同志指出：“坚持团结稳定鼓劲、正面宣传为主，是宣传思想工作必须遵循的重要方针。”2016 年 2 月，习近平同志在党的新闻舆论工作座谈会上指出：“新闻舆论工作各个方面、各个环节都要坚持正确舆论导向。”

② 这些研究包括：教育政策、医疗改革政策、城市建设政策等。参见：李希光，杜涛. 超越宣传：变革中国的公共政策传播模式变化——以教育政策传播为例. 新闻与传播研究，2009，（4）：71-79；郑亚楠. 公共政策与媒体表达——以《中国青年报》近年来医疗改革报道为例. 新闻记者，2008，（1）：56-58；章平. 大众传媒上的公共商议——对医疗体制改革路径转型期报道的个案研究. 上海：复旦大学博士学位论文，2009；陈喆. 公共政策如何通过新闻报道构建合法——以《广州日报》广州 BRT 项目报道策略为例. 暨南学报，2011，（4）：196-201.

筹划传播活动。”[①]关于我国媒介固有的政策宣传模式的反思方面，亦有学者总结其缺陷：“①政策信息总是对部分人有利，典型报道使由于政策而利益受损的人得不到报道；②政府垄断了议程设置权力，使公众议程被弱化；③媒体的集中报道容易使不同意见者不敢表达自己的反对意见，出现沉默的螺旋现象。”[②]甚至有学者尖锐地指出了可能存在“正面宣传反面化”的宣传效果。[③]

因此，从现实视角来看，医疗暴力的信息传播虽然具有宣传和解释公共政策的重大必要，但过于急切和频率一致的论调、忽略患方和民众声音的报道方式，可能会减弱公共政策的论证力。从受众层面，对政策的必要性感同身受或者积极响应的理由无非是，该政策与其利益密切关联。在框架设置上，社会框架、医学框架等可能深入受众内心、增强利益关联度的议题框架数量均远小于法律框架和防控框架等国家层面议题，这可能导致受众的信息感知出现隔膜；在消息来源上，来自相关利益方（如政府或者医方）的信息越密集，普通民众可能感觉与自己的利益关联越遥远，第三方意见（媒体评论或专家学者意见）本来可以作为增加利益关联度的缓冲带，但此类表达的趋同化反而增加了受众对利益关联的困惑。

这从医疗暴力事件发生后官方话语与民间话语的分歧中可见一斑。在 2015 年的一项研究中[④]，笔者曾经整理了几个门户网站在一起医疗暴力事件发生后 15 日内的评论帖，其结果如表 4-8 所示。

表 4-8　重庆儿童医院 6·24 事件网民评论观点分类

网站	支持医方	批判医方	中立观点	观点不明	无效帖	评论总量
搜狐	39	18	5	36	11	109
新浪	50	59	15	148	14	286
天涯	62	52	19	236	37	406
合计	151	129	39	420	62	801

从评论内容可以得知，支持医方的大多是来自医学界的人士，而批判医方的大多是普通民众。在传播效果上，密集的政策正面宣传，众口一声的严厉惩治，在改变医疗暴力事件中归责医方的民众认知习惯上收效不多，反而促使医方形成集体对抗话语，在一定程度上加剧了医患双方的话语断裂。在网络传媒尤其是自媒体昌盛的今天，一旦民间话语与官方话语出现断裂，缺乏有效的对话和沟通，就可能出现以“对抗式解读”和“戏谑性再造”为代表的传播失灵。前者是对宣传内容的负向解读，后者则是对宣传内容的有意调侃。[⑤]这均有可能加剧医患双方的冲突。

① [法] 多米尼克·吴尔敦. 拯救传播. 盖莲香，刘昶译. 北京：中国传媒大学出版社，2012：148-150.

② 李希光，杜涛. 超越宣传：变革中国的公共政策传播模式变化——以教育政策传播为例. 新闻与传播研究，2009，(4)：74.

③ 郑兴东. 受众心理与传媒引导. 北京：新华出版社，2004：262.

④ 谭创，胡颖，冯磊. 暴力阴影下医患关系断裂的风险及其弥合——基于重庆医科大学附属儿童医院伤医事件之网络评论的分析. 医学与哲学，2017，(1)：51-57.

⑤ 王凤仙. 社交媒体场域的传播失灵现象观察：基于官方与民间话语互动的案例分析. 当代传播，2015，(6)：12.

有学者指出，对于转型中国存在的社会问题，对“舆论导向”的理解，不应该片面地理解为宣传国家政策，而应该理解为，新闻媒介应该努力当好党、政府和公众之间的桥梁，使社会的意见能够得到及时、有效的沟通，在全社会营造出良好的舆论氛围，以促成社会问题的政策性解决；同时，也有利于提高社会公众对国家政策的认同感。①从政策理性上，医疗暴力既有其亟待遏制和防控的必要性，也有其背后较为深刻的社会原因，公共政策其实从来不是单一的，其目标应当既包括暴力行为的短期防控，也包括医患关系的长期改善。如果采取在议题框架和消息来源上进行有技巧的表述和处理，并不一定会增加“破窗效应”，反而可能增强治理医疗暴力的公共政策短期目标和长期目标相结合的说服力，使民众不致误解当前政策的意义，进而增进理解。因此，在信息传播上，未来可以考虑议题设置和消息来源的逐渐多元化，在政策论证上文本结构和论证方式的多样化。

此外，我们还可以就此反思传媒在涉及医疗暴力的公共政策建构中的角色。除去解释、论证、宣传等功能外，在紧张且充满冲突的医患关系中，传媒可以在一定程度上充当调停者，通过积极设定公共议题、解释公共政策、传达行动者诉求、回应民众期待等方式，充当医患、决策者和执行者、政府和民众之间沟通的桥梁。已经有研究表明，这种调停者的身份的关键是“第三方力量”和“互动模式”。②这与我们所反思的内容不谋而合，媒体可以借助社会评论和专家意见等消息来源构建更为理性的医疗暴力治理政策，借助构建社会框架等议题框架实现事件的公共可见性，吸纳更为开放的政策完善意见，或者驳斥错误的政策意见，实现传媒对医疗暴力防控的决策式进入。

① 汪凯. 大众传媒与当代中国公共政策——转型时代的状况与趋向. 上海：复旦大学博士学位论文，2004.

② 曾繁旭. 传统媒体作为调停者：框架整合与政策回应. 新闻与传播研究，2013，(1)：48.

第五章　拒绝的自由？——医疗暴力的自助行为分析

对道德的信念被一笔勾销了——究竟为什么，为了道德！①

——〔德〕尼采

一种社会冲突在什么程度上服从利益追求的逻辑，又在什么程度上服从道德反应的逻辑，这永远是个经验问题。②

——〔德〕霍耐特

流传于网络的“北京某医院就医声明”（节选）③：

1. 不相信我就不要找我看病。

2. 我不会给你任何保证，得个感冒都可能会死人的，禽流感就是感冒的一种。向你交代手术风险，是科学的真实，不是我故意要这么做的，你得病了就必须自己承担，我和你非亲非故，帮你治病，凭啥子让我替你承担？

3. 我建议你住院的时候，千万不要认为是我求你住院，我只是尽到我该尽的责任，听不听是你的事，你住院我还要写病历、开验单。

4. 不要埋怨做了这么多检查都还没查出是什么病，有些病就算你把所有检查都做了都不一定能查出来，你不知道有个词叫“疑难杂症”？

5. 不要用出院来要挟我，你要出院签个字就可以走了，我绝对不会留你。

6. 不要老在我面前说没钱，说费用贵，我也没钱。你没钱，不是我造成的，你没医保，也不是我造成的，手术、药品和检查的价钱也不是我定的。最好让政府或者保险公司把医保报销比例和范围定多点，我也无奈啊！不要怨天尤人，说句难听的，谁让你要得这个病？

7. 不要对我说：“你们医院收费这么高，那你们医生肯定很有钱。”我听到会很想扁你，我的工资说出来你都不信。医生超负荷付出的，远远低于应该得到的。救活一个人不值钱，救死一个人，可就狮子大开口了，我心里能平衡吗？！

……

在人类历史中，控制暴力的努力与暴力行动的自助犹如孪生子般相伴而行。暴力的控制遵循着个体—组织—国家的过程。④早期暴力控制的混乱，引发了自助尤其是反击性自

---

① 余明峰. 尼采的道德概念——《曙光》前言的一种读解. 同济大学学报（社会科学版），2011，（6）：28.

② [德]霍耐特. 为承认而斗争. 胡继华译. 上海：上海人民出版社，2005：45.

③ 安贞医院就医声明，超给力，就应该这样. http：//group.medlive.cn/topic/69960?page=0[2013-10-28].

④ 荷兰社会学家高斯布鲁以对暴力的控制为依据划分了暴力发展的三个阶段。在第一阶段中，成年男性独占暴力，他们拒绝女性或儿童行使暴力。它的发端很可能和男性狩猎、女性采集这样的分工同一时期。手段主要是具有意识形态的暗示。第二阶段，精英阶层独占了暴力，此时所用的手段主要是物质性的，包括对于武器的垄断。高斯布鲁称此时期的社会型态为“军农社会”（military-agrarian societies）。第三阶段，精英逐渐臣服或建立更大型的组织，暴力逐渐被最大的组织即国家机构所独占，国家努力吸收和消除所有能行使暴力的个体，手段是通过制度的惩罚和规训。Goudsblom. J De paradox van de pacificatie . Amsterdams Sociologisch Tijdschrift，1999，25：395-406.

助的频发，遵循的是基于人性的本能反应和以此为基础的习俗，人类学的研究给予了该结论丰富的素材。[①]国家权威的巩固改变了暴力自助的格局，对于溢出社会控制之外的暴力行动的反击式的自助，国家经历了允许—限制—原则上禁止的态度转变。[②]随着国家暴力垄断能力的加强，遭遇暴力的自助行为本身也逐渐从酷烈的暴力反击向防卫和非暴力不合作的方向发展。[③]

让我们从悠远的历史遐想中回到本书的主题。本章开头所引用的"声明"已经被该医院辟谣，但其引发的反响是非常强烈的——尤其是医务人员对此声明的称道和民众对之的反感。[④]这些带有嘲讽意味的匿名表达未必来自医务人员，但从医务人员对此的赞成中，可以看出其在医疗服务活动中遭遇患者误解、责难甚至伤害时的不满、委屈及愤懑。可以推知的是，在制度安排尚未完满解决这些问题之前，上述情绪已经构成了医务人员进行自助的动机，而目前医疗暴力的频繁发生及其危害更促使医务人员认真思考自助的相关问题。近期发生的案例表明，基于抗争的自助行为以对暴力行动者的"拒绝诊疗"为核心，这使得自助引发了巨大的争议。本章将对这一问题进行更加深入的分析。在分析中，我将努力避免法律教义的简单推演，更打算摈弃基于道德直觉与伦理预判形成的孱弱论证。正如埃里希所告诫的，"法律科学的首要功能是去记录社会中正义的倾向，去宣告它们是什么，来自哪里，将走向哪里；但是不可能去决定这些中的哪个就是唯一正当的"[⑤]。因此，我力图展示的是，医疗暴力发生后的自助行为在社会规范体系和秩序结构中的恰当位置和未来走向。需要说明的是，本章所使用的信息均来源于媒体或网络，确切地说，我的分析立足于所搜集的也许与现实有差异的事实，尽管如此，分析本身或许仍有意义。

---

① 布莱克引用了人类学学者的研究，以论证在部落社会或较早的传统社会中，暴力性私力救济是一种社会控制的手段，包括墨西哥南部玛雅印第安社区、爱斯基摩人等回应各种冒犯的杀人举动等。参见：[美]唐纳德·布莱克. 正义的纯粹社会学. 徐昕，田璐译. 杭州：浙江人民出版社，2009：66. 霍贝尔在讨论原始社会的法律时，也曾举了大量澳大利亚土著居民的例子，在这些例子中，当居民遭遇暴力等不公对待时，首要的措施是要求加害者赔偿并自我伤害，如果不能做到，将以暴力复仇等方式予以自助，往往会引发部落、家族之间旷日持久的格斗。而公共机构（如长老政府）的介入往往被视为最末的选择。参见：[美]霍贝尔. 原始人的法——法律的动态比较研究. 严存生等译. 北京：法律出版社，2006：279-293. 即便在国家开始控制私人暴力的早期，由于控制力薄弱，无法得到被侵害者认可，暴力性的自助仍然会出现。例如，冰岛文学中根据真实故事改编的《被焚烧的亚拉》描绘了在一场暴力侵袭中的家族幸存者先通过诉诸公共机构申冤，但当法律明显不公时，幸存者置法律于不顾，当庭使用暴力进行了血腥的报复。参见：[英]萨达卡特·卡德里. 审判的历史——从苏格拉底到辛普森. 杨雄译. 北京：当代中国出版社，2009：14-17.

② 在古代法律中，规定面对暴力侵害能否采用直接复仇的方式可以作为衡量的标准之一。日本学者穗积陈重将国家对复仇的态度分成复仇公许时期、复仇限制时期和复仇禁止时期，并认为禁止复仇是私力公权化作用最显著的事例。参见：[日]穗积陈重. 复仇与法律. 曾玉婷，魏磊杰译. 北京：中国法制出版社，2013：3-25. 钱大群认为，中国封建社会的复仇制度发展呈"马鞍"形，前面高的一头是汉，中间低谷是唐，后面次高的一头为元，而明清相对元呈修低之势。参见：钱大群. 中国"复仇"制度考论//钱大群. 中国法律史考论. 南京：南京师范大学出版社，2001：183.

③ 在这一方面，甘地的非暴力不合作运动和马丁·路德·金的非暴力推动种族平等的行动可以作为典范。

④ 李子君. 安贞医院否认发布"就医声明"：绝不欺负患者. http：//www.cn-healthcare.com/article/20150403/content-472256.html[2015-04-03].

⑤ Ehrlich E. Fundamental Principles of the Sociology of Law. Walter L. Moll（trans.）. Cambridge：Harvard University Press，1936：202.

一、“拒诊”及其争议

（一）医疗暴力后的“拒诊”表达

率先引发轩然大波的是复旦某医院骨科主任马××的“拒诊”声明。马××在其微信朋友圈中对整个事件进行了说明：

2014 年 8 月 27 日晚上 5 点钟左右，一位女性带着她的 5 岁 2 个月的女孩，4 字姓名，右尺桡骨远端骨折来院，拿到分诊单不挂号就径直闯进骨科急诊诊室，要求看病，当时诊室里还有一位患儿正在就诊，当我们的值班医生告诉她不挂号电脑不显示，就没法处理并请她出去时，该女子竟突然伸手挠了我们值班医生的脸，此举是在我们的值班医生毫无准备、措手不及下发生的，经报 110，17 点半由 110 人员和医院保卫科人员陪同去验伤为‘多处软组织损伤’，只可惜这个结论不够对其进行行政处罚。在要进行协调时，因该女子态度恶劣，我们的年轻医生不同意协调。我们的后续医生在她挂号后，为这个孩子进行了复位和石膏固定。郑重声明：①我们的年轻医生需要在被应有的尊敬下工作。②我的科室将不再为她的孩子提供继续下一步治疗，直到此事得到合理、公正和满意的解决。希望圈中朋友帮助扩散，谢谢！——复旦大学儿科医院骨科主任马××[①]

仅仅 4 天之隔，湖南省某医院急诊科主任易××也发出了类似的“拒诊”声明，但这次的声明显然更进一步，他不但表明了自己对暴力侵害者的憎恶，还呼吁将涉及医疗暴力的几位患者拉入全市诊疗的黑名单中。易××在微博中称，8 月 31 日 0 时许，该院急诊科接收了一名因割腕自杀受伤的女性，在手术过程中，伤者家属对医务人员进行恐吓，发出诸如“留下后遗症就搞死你们”的言论，而在手术做完后，伤者家属何××仍要求见医生，并发出恐吓。当何××被值班护士刘××拒绝后，何××对其进行了殴打。8 月 31 日上午，易××通过手机短信发表了三点声明：

①我们本着仁心仁术，救死扶伤的职业操守，但我们也要在应有的尊严下工作。②对伤医暴行，我们将零容忍，并强烈要求公安机关依法严惩凶手，切实保障医务人员最基本的人身安全。③我们倡议全市急诊同仁将彭某、彭某、何某三位伤医凶手进入急诊黑名单，拒绝为之提供任何医疗行为，直至医暴事件得到合理、公正、圆满解决。[②]

除上述两起引起媒体较多关注并引起广泛争议的拒诊事件外，媒体还零星报道了一些其他的类似事件。例如，2015 年 4 月 22 日，四川省某医院发生的“14 名医生联名拒诊”事件[③]；

---

① 复旦儿科医院再现医闹 骨科女主任率科室拒诊. http: //news.medlive.cn/all/info-news/show-66940_97.html[2014-08-28].

② 多地医生声明拒诊“伤医者”维权方式引争议. http: //www.guancha.cn/society/2014_09_03_263409.shtml[2014-09-03].

③ 2015 年 4 月 22 日，网络爆料，四川省某医院一名孕妇在急诊就诊期间，对急诊医生进行恐吓威胁。这导致该科十几名医生联名请愿并附照片，希望科室主任不再为该患者提供接生等任何医疗服务。该院随后在官方微博通报称，签署联名信的医生并未停止履行职责，他们已根据孕妇情况实施剖宫术，母婴平安。4 月 23 日，该院再次通报称，经调查，4 月 18 日下午患者就医时家属态度恶劣，语言粗暴，威胁医生，扰乱正常医疗秩序。接诊医生处置正确。4 月 22 日晚，家属主动向当事医生赔礼道歉，当事医生接受道歉。参见：闫龑. 任性患者遇上拒诊医生. 健康报，2015-4-24（03）.

2015 年 6 月 25 日，重庆市某医院对伤医者拒诊事件等。[①]

而最耐人寻味的则是在 2015 年 8 月 1 日贵阳伤医案[②]发生之后，上海某医院院长宋××教授在其微信上发表的《面对伤医，我的坚守和自救》，文中指出几条诊治时需要注意的自救措施：

①医生一定要明白，不是找你看病的每个患者都可以救治的。你一定要区别清楚，哪些人是可以帮助的，哪些人是你无法帮助的；②如果这个疾病超出你的救治能力，一定不要接手，或者拒绝，或者转诊，或者请有能力的人来帮忙；③如果这个疾病在你的救治能力之内，但患者对你不信任，或者患者没有承受失败的能力（思想准备和支付水平），请不要接手；④如果在你的反复介绍之后，患者仍然对疾病不理解，对治疗的预后期望过高（超出你的心理承受能力），请不要接手；⑤不做不一定对，但做多了一定会有错；⑥不要去冒过多的风险，即便家属同意，也要慎重。因为一旦救治不成功，多数是不会给你好脸色看的。亲戚、朋友、熟人可以适当除外，因为他们对你信任度较高。不过有时确实很难讲，这种冒险是否值得？人与命斗，多数是要输掉的，而现代人和古人最大的区别是：不肯服输。[③]

实质上，除了对自我能力的预判尚属可以接受的范畴之外，上述措施隐含了很难让患者接受的更“前瞻式”的“拒诊”——医生通过预判医疗暴力（还包括医疗纠纷）的发生可能，在其发生之前就决定“不要接手”，被医生称为“自救”的措施。这样的拒绝显然更隐蔽，患方甚至可能完全不知道自己已经属于医生拒诊的范畴。这让我们更加警惕——除了媒体公开报道的直接“拒诊”之外，生活中的患者，究竟经历了多少潜在的“拒诊”？

（二）引发的争议和讨论

争议和讨论主要围绕暴力发生后明确表示的“拒诊”及与“拒诊”相关的黑名单提议展开。批评意见首先从职业伦理角度展开。有意见认为：“每个部门都有每个部门的职业操守，医生承担着‘救死扶伤’的职责，不论是谁都应一视同仁进行施救，如果是有所选择进行拒诊，就不能称为‘白衣天使’，尤其是带有‘公’字号的人民医院，更不能以自身的人员受到伤害为由而改变医护的原则……利用职业优势拒诊，从某种程度来说，没有把患者处于同等位置。此种倡议多少反映出医疗系统中的一些问题，看病贵、看病难与医院的管理和医生的素质不无关系，而矛盾的化解有赖双方的互相尊重。”[④]也有观点认为，“以暴制暴”并非最优选择，“如果用见死不救的方式来申诉自己的权利，那么势必将会从

---

① 2015 年 6 月 24 日晚，重庆市某医院的一位医生在接诊时被患儿家属打伤入院，伤人者自行离开医院，未受到任何阻拦。次日，该院医护人员自发聚集在医院门口，对暴力事件表达抗议。随后，“拒绝接诊涉事患者”的帖子在朋友圈广泛转载。据该院医生介绍，接诊医生被打后，该院院长指派 120 救护车将患儿及家属送至该院礼嘉分院进行治疗，并要求医务人员不带情绪、马上接诊。但相关医务人员拒绝为该名患儿继续治疗，并引发重庆市内多家医院针对此名患儿的集体拒诊。参见：王丹．“迫不得已”可否避免．健康报，2015-6-30（04）．

② 2015 年 7 月，贵阳市某医院主任医生、骨科专家宋××在停车场被一男性患者用刀捅伤心脏。行凶患者此前曾找宋××做过一个手部小手术，总认为手术没有做好。而院方认为，宋××的手术并没有医疗过失。在多次寻求结果未果后，患者选择了暴力袭击。

③ 宋冬雷．面对杀医，我的坚守和自救．http：//www.yiyuan.name/biz/30361.html[2015-08-03].

④ 罗瑞明．“倡议拒诊打人者”与职业操守相违．长江日报，2014-09-02（06）．

根本上动摇医生职业的合法性和正当性。这样的行为本质上是属于用一种非正义去惩治另一种非正义，随着非正义之间的胶着对抗升级，正义的面目将会更加遥远、更加模糊，矛盾很可能会进一步激化”①。更有媒体从业者从“拒诊”对象的层面提出了更细致的伦理质疑：“医生不管是出于气愤，还是规避纠纷，如此声明都不够宽厚，也违背了职业伦理。更何况被拒绝的不是抓伤医生的女子，而是患病的小朋友。”②总体上看，尽管在批评意见中，大多数均提及了医患矛盾与制度缺陷有一定的关系，但其基本观点均认为，医生“拒诊”是有悖职业伦理的。③

而直接支持“拒诊”符合职业伦理的公开表达并不多，更多出现在匿名的网络评论中。④在公开表达中，有一些观点表达了一定程度的同情。例如，有观点认为：“在当下环境下，医生这个职业不仅不受尊重还受到贬损，甚至在被伤害后社会还有人认为伤害医生有一定的合理性。医生也是人，需要有职业荣誉和人身保障，在两者都得不到时，他不得已为之（指拒诊）。”⑤也有认可个体拒诊行为但不认同群体拒诊的观点，“医生自己拒诊，第一合法，第二合情。按照约定俗成，医患之间是非典型的契约，对患者来讲，他往往在情感上也不信任该医生了，那么双方都不情愿了，医生还继续为其治疗，后果会变得更不利于双方……但单独的医患关系不能扩至其他医生，这样是限制患者的权利，对医生的行业过度保护，我们并不支持”⑥。更有评论认为，“拒诊”仅仅是一种姿态，其言外之意是呼唤尊重和理解，如认为：“不少医生呼应‘拒诊’主张，未必是要弃守道义责任，而是一种姿态性表达：医生履行治病救人的义务没问题，但社会也该为医生搭建一个能顺利履责的平台。如果连生命安全都得不到保障，单方面要求其履行职责，合理吗？”⑦但上述发布观点者都认可，救死扶伤是医生的天职，不能因为遭遇暴力而“任性”地拒诊。

在遭遇职业伦理拷问的同时，也有观点从法律视角对“拒诊”行为予以了探讨。有媒体评论对马××和易××的行为表示了否定，认为根据法律规定，急诊不得拒诊，同时对“拒诊”行为的对象提出了质疑，认为母亲施加暴力对女儿拒诊等模糊对象的行为是不恰当的，尤其否认黑名单制度，但认为在日常诊断中针对实施暴力者的拒诊是不违法的。⑧更

---

① 白剑锋. 伤医者该不该被拉黑. 人民日报，2014-09-19（19）.

② 吴心远. [一周人物]“报复性拒诊”无助医患和谐. http://sh.people.com.cn/n/2014/0901/c141326-22167626.html[2014-09-01].

③ 参见：殷建光. 医生拒绝治疗有违岗位职责. 法制日报，2014-09-01（07）；刘鹏. 医生拒绝诊疗，口子不能开. 广州日报，2014-09-01（02）；房清江. 拒绝诊疗并非赢回尊严的首选. 长江日报；2014-09-01（28）；李宗原. 莫让医患矛盾阻碍医生救死扶伤的脚步. http://focus.cnhubei.com/original/201409/t3031692.shtml[2014-09-01].

④ 由于匿名的网络评论来源复杂，本章不予以采纳和统计，但通过初步分析可以发现，大部分绝对支持“拒诊”的观点其主要来源是医疗行业内部人士。参见：寒心. 马主任拒诊事件，媒体声音一边倒. http://news.medlive.cn/all/info-news/show-67083_97.html[2014-09-01]. 另请参见该文后面的128条匿名评论。

⑤ 黄芳，宋凯欣，薛小林，等. 多地医生声明拒诊“伤医者”，是合理维权还是违背医德？http://www.thepaper.cn/newsDetail_forward_1265034[2014-09-03].

⑥ 黄芳，宋凯欣，薛小林，等. 多地医生声明拒诊“伤医者”，是合理维权还是违背医德？http://www.thepaper.cn/newsDetail_forward_1265034[2014-09-03].

⑦ 郑山海. 读懂“拒诊伤医者”的“画外音”. 新京报，2014-09-04（A03）.

⑧ 刘瑞爽. 法律视角：设立患者黑名单合法吗？http://www.cn-healthcare.com/article/20140928/content-460940.html[2014-09-28].

有学者对通常意义上的拒诊进行了探讨，认为在患者不履行义务（包括不配合治疗、欠费、违反医院合理规定等）和医方与患方关系破裂（包括医方被暴力袭击、人格遭受侮辱、成为被告等）时，医方有拒诊的权利。[①]

上述讨论有意义，但有继续追问的空间。结合前文提及的医生“自救”的呼吁，我们可以发现，当拒诊权被法律条文限制或被伦理严厉禁止时，显然，医生可以采用更隐蔽的方式予以“隐形的拒诊”。而在这一问题上，不但法律无可奈何，伦理的指责仿佛也面临过于空泛的风险——首先是无从考稽，其次是无从追究，这是我们期望的结果吗？

问题还不止于此。从本章引用的案例来看，在马××和易××的“拒诊”声明遭遇大量伦理质疑之后，医务人员仍然执着地以“拒诊”维权，除了所谓“法治困境”外[②]，是不是还有些其他的画外之音——例如，较之其他方式，“拒诊”是最简便、最有效、最能引起重视的暴力自助行为。这提示我们，对拒诊权的分析不能仅仅停留在法律条文的解释和简单的法理分析上——况且上述解释还由于法律的语焉不详而显得有些牵强，进一步的论证和深入探索仍有开展的必要。

二、“拒诊”何以成为问题

在大陆法系不同的部门法中，由于部门法的分界，在自助行为的含义和内容均有所区分。自助行为在民法中，一般包括民事自卫和民事自助行为[③]；在刑法中，一般包括刑事自卫行为或自救行为[④]；在行政法中，最接近自助的则是公民拒绝权。[⑤]由于医疗暴力既可

① 张赞宁. 医方有拒绝治疗权和强制医治权. 医院院长论坛，2007，（4）：47-50；臧运森，田侃，贺云龙. 医师“拒诊权”相关问题的思考. 中国全科医学，2015，（5）：557-558.

② 有观点认为，作为民间维权的拒诊实质上反映了法治维权的困境。参见：杜晓. 报复性拒诊凸显民间维权困境. 法制日报，2014-9-4（03）.

③ 民事自卫行为指正当防卫和紧急避险，我国《民法通则》第128条、129条，《侵权责任法》第30条、31条分别对这两项行为予以了规定。民事自助行为一般指权利人为保护合法权益，在情况急迫来不及请求国家机关援助时，凭借个人力量对他人的财产或自由实行扣押、拘束或其他措施，而为法律和社会公德公认的行为。世界各国民法中大多对此进行了规定，并认为符合法定条件的自助应当被允许。参见：孙文桢，董力强. 关于建立民法自助行为制度的思考. 中央政法干部管理学院学报，1998，（3）：44. 我国民事自助行为的立法目前还在探讨中，但学界普遍认为，其富有正当性并应予以立法，在梁慧星、徐国栋等民法学者的民法典建议稿中均有体现。参见：王渊智，张豪. 民法上的自助行为制度. 山西大学学报（哲学社会科学版），2005，（6）：33-38；焦清扬. 民事自助行为的价值定位及其制度构建. 法学杂志，2014，（7）：125-133. 自助行为也曾经非常接近立法，在《侵权责任法》草案一稿、二稿中都有规定，但最终的立法中没有采纳。参见：沃耘. 侵权责任法自助行为刍议. 天津师范大学学报（社会科学版），2010，（2）：46-47.

④ 在我国《刑法》中，刑事自卫行为一般指正当防卫和紧急避险。而刑事自救行为一般是指在不能及时申请国家机关救助的紧急情况下，为维护自身权利而迫不得已采取的临时强制措施。参见：贺秋华. 自救行为论. 中国刑事法杂志，2005，（4）：30. 刑事自救行为在理论上得到了较多的认同，一般将之视为超法规违法阻却事由，也逐渐进入法定化，如韩国刑法中对刑事自救就进行了明确规定。参见：游伟，孙万恒. 自救行为及其刑法评价. 政治与法律，1998，（1）：41-44；冷翠玲. 自救行为之正当化基础探视. 学术交流，2013，（3）：89-92；冷翠玲，裴国辉. 刑事自救法定化之论争. 学术交流，2014，（4）：75-80.

⑤ 公民拒绝权也称公民抵抗权，是指公民面对行政机关及其工作人员违法行使职权时拒绝遵从或者直接抗拒的权利。有学者归纳了目前中国立法及司法实践中的公民拒绝权事例，认为：原则上，行政行为严重违法侵犯公民实体权利，公民在不能获得及时、充分救济的情况下，采取适当方式予以抵制，都应当允许。其具体的条件可以根据行政行为的性质和行政违法的情形确定。参见：何海波. 公民对行政违法行为的藐视. 中国法学，2011，（6）：117-132. 公民拒绝权的争论尚未终止，但近年来主张拒绝权的声音逐渐增加。参见：戚建刚，关保英. 公民的拒绝权若干问题探析. 法商研究，2000，（4）：25-29；柳砚涛，刘宏渭. 论无效行政行为防卫权及其矫正机制. 行政法学研究，2003，（2）：21-27；谭宗泽. 反思与超越：中国语境下行政抵抗权研究. 行政法学研究，2010，（2）：49-58；章志远. 行政法上的公民拒绝权研究：以人权三种存在形态理论为分析视角. 苏州大学学报（哲学社会科学版），2010，（3）：46-50.

能是民事侵权行为，也可能是刑事犯罪行为或行政违法行为，因此，本章在探讨医疗暴力的自助行为时，无意纠缠于由部门法理论造就的含义壁垒，而更愿意赋予自助行为更宽泛的含义，这更接近英美法中的“self-help”的含义：“不诉诸法律行动而寻求救济或实施权利……自助行为只要不妨碍社会平和或违反法律规定，皆为合法。”①在此界定下，与英美法系特质一脉相承的自助行为不仅跨越了不同的部门法，还在一定程度上突破了成文法的限制，诉诸更广阔的秩序观。

解释自助行为的含义有助于我们认清一个被忽略的问题：就医疗暴力的自助行为而言，其实并非仅“拒诊”一项。事实上，在现实中，面对暴力的正当防卫和紧急避险是常见的，甚至被提倡。②此外，如果从宽泛的自助行为来看，医疗暴力发生后医护人员的集会、游行和示威也可被视为一种自助，且在现实中也时有发生。③但为什么其他行为即便偶有关注，也未曾引发巨大争议，而“拒诊”这一自助行为引发了广泛的、巨大的甚至以批评为主的争议呢？我认为，与以下两个因素不无关联。

（一）法律上的模糊不清

“拒诊”是非典型自助行为。在法律所确认的对合法权益的自助行为中，需要满足的要求通常有三个：即时性、救济不及性、相当性。即时性是自助的时间要素，即自助应当形成于侵害行为尚未结束或威胁尚存时；救济不及性是自助的前提，即自助应形成于所有依赖第三方的合法救济无法达成时；相当性是自助的正当性基础，即自助造成的损害应大致小于或与侵害相当。这决定了在医疗暴力的自助中，符合法律规定的正当防卫和紧急避险不会遭遇质疑。而“拒诊”的外观与法律确认的自助行为大相径庭，它通常发生在暴力侵犯的事后，受害者有充足的时间和理由寻求公力救济并可能获得支持，拒诊还有可能造成患者生命健康权的困窘，从而可能突破相当性的要求。

但这并非意味着“拒诊”在法律上的被否定。这也正是集会、游行、示威等方式未成为争议热点的重要理由，因为此类方式在法律层面实际上无争议，在《集会游行示威法》中，未经审批和许可的上述行为是违法的。执法人员虽然会对医务人员集会游行示威的理由有所斟酌，但其合理限度内的阻止行为无可指摘。但“拒诊”则不同。没有出现在立法中并非是违法的同义词。对非公务人员而言，“法无禁止即自由”。尽管很多医务人员身处公立医院，但从其职责履行、收益分配、职业保障等方面与公务人员有较大差距——职责上并非管理公共事务，更接近服务行业；收益分配上由于国家财政支持有限，医务人员收益与实际创造收入相关，即所谓“自负盈亏”；职业保障上没有对公职人员的严格保障，如妨害公务、扰乱公共机构秩序等法律保障并不适用医疗机构。因此，医疗机构的公立属性并不能当然带来医务

---

① The Real Life Dictionary of the Law. General Publishing Group. 2005. 转引自：徐昕. 论私力救济. 北京：中国政法大学出版社，2005：98.

② 有建议加强医疗机构和医务人员个体的正当防卫能力，包括保安队伍建设、防卫器材配备等。参见：刘荣广. 云南省打击暴力伤医出新招——倡导正当防卫，加强保卫队伍，建立医疗救助基金. 中国社区医师，2014，(17)：44-45.

③ 例如，2013 年 10 月，某医院连××杀医案后医护人员的集会；2015 年 1 月，河南省发生患者殴打医生致使两人坠电梯死亡事件后，该医院医务人员游行反对医疗暴力；2015 年 6 月，重庆市某医院发生患者家属因住院收治愿望未达成殴打医生事件后，医生集会打标语反对医疗暴力；等等。

人员的公职属性。[①]“拒诊”行为只有在一种情形下属于违法，即违反《执业医师法》第二十四条规定的“对急危患者，医师应当采取紧急措施进行诊治；不得拒绝急救处置”。但是，其中的“急危患者”应当依据医学标准而非挂号标准——不是急诊的患者都属于急危患者[②]，法律并没有规定急诊医师对非急危的急诊患者丧失拒绝权。

“拒诊”自由甚至还有一定的法律理由。《执业医师法》第二十一条规定的医生权利第五项是“在执业活动中，人格尊严、人身安全不受侵犯”；第四十条则规定了对该权利的保障措施：“阻碍医师依法执业，侮辱、诽谤、威胁、殴打医师或者侵犯医师人身自由、干扰医师正常工作、生活的，依照《中华人民共和国治安管理处罚法》的规定处罚；构成犯罪的，依法追究刑事责任。”《侵权责任法》第六十四条规定：“医疗机构及其医务人员的合法权益受法律保护。干扰医疗秩序，妨害医务人员工作、生活的，应当依法承担法律责任。”在法条构造中，我们可以将“人身权利保护”与“承担侵害责任”理解为一组互相呼应的关系，将重点放在责任机制上，认为责任机制即是保护权利的方式。事实上，目前的法律解释一般也是这样认为的。[③]然而，这样的法律解释遗留的问题是，当责任追究不尽如人意时，“人身权利保护”的一般性规定究竟如何得以实现？发布“拒诊”声明的医务人员一般认为，医疗暴力实施者并未依法得到应有的处罚或惩戒，如易××发拒诊声明前 10 天，岳阳市二人民医院曾发生一起医疗暴力事件，在患者抢救无效死亡后，家属对医护人员进行了推搡，并逼迫医生给死者下跪。事发 10 天后，岳阳市卫生局的回复是：此事仍在调查中。这样的责任追究效率显然难以让人满意，也成为易××“拒诊”声明的动因之一。[④]

因此，在对人身权利（人格尊严）保护尤为敏感的医务人员那里，上述法律的解释可能是另一种版本，即“权利保护”是根本，“责任追究”只是用来强调或证实“权利保护”强度的一种方式。即便在依法追究责任上有一定障碍（如侵害强度不够追究标准、执法或司法中证据不足甚至处理错误等），医务人员人身权利（人格尊严）受保护的法律一般性规定仍然是有效的。因此，一个很少被提及的细节是，无论是马××还是易××的“拒诊”

---

① 随着医疗体制改革和事业单位改革的推进，公共卫生与基层医疗机构如乡镇卫生院、社区卫生服务机构等逐渐实现收支两条线，业务收入与绩效工资有所分离，国家财政全权保障等。但一来这样的改革成效有待观察，二来作为本书考察对象的医疗暴力的“拒诊”几乎没有发生在这些机构内，因此这一分析仍然有效。而在未来的事业单位改革中，大型公立医疗机构去行政化、医务人员去公职化应当是趋势，如 2015 年 5 月发布的《北京市关于加快分类推进事业单位改革的意见》提出，北京不再批准设立行政类和经营类事业单位，对高校、公立医院探索收回事业编制。但如何实现公立医院公益性与市场化的结合仍需探讨。参见：黄海蕾. 市编办解读事业单位编制改革：公立医院和高校收回编制将先试点 行政经营类事业单位明年基本转型. 京华时报，2015-5-25（08）；周蕊，欧甸丘，胡靖国，等. 事业单位改革：三千万个饭碗里装着转型之艰. 半月谈，2014，（8）：27.

② 简单认为急危患者等同于急诊患者的法律人士显然对医疗知之甚少。中国尚未实现严格的急诊分级制度，急诊挂号主要取决于患者主观意愿，甚至很多时候，在医院非工作时间之外的就诊均属于急诊挂号。参见：王晓芳. 三分之二急诊患者其实不急. 深圳晚报，2013-10-18（A06）.

③ 刘鑫等在对《侵权责任法》法条进行解释时，对第六十四条的解释开宗明义地指出：“关于本条理解的难点，主要是法律责任，即患方侵犯医疗机构及医务人员的合法权益，应当承担什么法律责任。”参见：刘鑫，张宝珠，陈特. 侵权责任法“医疗损害责任”条文深度解读与案例剖析. 北京：人民军医出版社，2010：207.

④ 宋凯欣，薛小林，周婷婷. 湖南岳阳医生遭殴打 急诊科主任倡议拒诊打人者. http：//news.163.com/14/0901/12/A52AHQGK00014SEH.html [2014-09-02].

声明，都附有“医疗暴力事件得到合理、公正、圆满解决之前”的条件，理解为以“拒诊”声明督促责任追究的公平和效率也未尝不可。从这一角度，所谓“拒诊”，如果理解为旨在强调“权利保护”，督促“责任追究”，与法律规定其实有暗合之处。

当然，这样的法律理由仍然可以被质疑。问题的关键是，究竟如何解释法律才能更准确？不同的解释可能导向不同的结论。譬如，从体系解释①的层面，《执业医师法》既规定了医师职责：“医师应当具备良好的职业道德和医疗执业水平，发扬人道主义精神，履行防病治病、救死扶伤、保护人民健康的神圣职责”（第三条），也规定了“树立敬业精神，遵守职业道德，履行医师职责，尽职尽责为患者服务”（第二十二条）的医师义务。而《侵权责任法》则明确规定：医务人员在诊疗活动中未尽到与当时的医疗水平相应的诊疗义务，造成患者损害的，医疗机构应当承担赔偿责任（第六十四条）。这些保护患者的法律规定并没有声明患者的权利因暴力事件而被剥夺，相反还强调了医务人员几乎是无条件的诊疗义务和职责，而“拒诊”行为无疑造成了病患的权利受损，违背了“尽职尽责为患者服务”的基本要求。法律解释的多元化，也是法律上争议不休的重要原因。

（二）道德直觉上的冲突

法律上的争议毕竟具有一定的专业性，真正从法律上判定“拒诊”行为是否正当的民众也许并不多。“拒诊”的巨大争议还来源于道德直觉上的冲突体验。之所以说是道德直觉，是因为在面对“拒诊”等事宜时，民众不可能也没有必要进行更为复杂的道德或伦理分析，他们更多依赖的是源于生活经验的道德感。在休谟看来，人类之所以有关于道德的共同体验，是由于人类心灵“在其感觉和作用方面”相类似而产生的同情，“（同情）产生了我们对一切认为的德的道德感……当我们发现，我们所自然地赞许的那些性质，大多数具有那种倾向，并使一个人成为社会中的一个合适的成员，而我们所自然地谴责的那些性质，则具有一种相反的倾向，并且使我们和这样的人的交往成为危险的或不愉快的。”休谟由此认为，尽管道德感难以用理性去区分和识别，但大多数人所赞许的行为必定能使多数人受益，因此道德感的产生往往与社会福利的整体增进相关。②

这也正是“拒诊”行为遭遇民众质疑的重要原因。从道德直觉上，人们对拒诊的反应首先是该行为与职业道德的悖逆。医学伦理学上对医生职业道德的定位首要的就是以病患为中心，这从记载伦理规范的历史典章和国际准则中均得以体现。被称为医事伦理的经典“老三篇”记载了医者和医事行为的伦理标准，即《希波克拉底誓言》：“我愿在我的判断力所及的范围内，尽我的能力，遵守为病人谋利益的道德原则，并杜绝一切堕落和害人的行为。……无论到了什么地方，也无论需诊治的病人是男是女、是自由民是奴婢，对他们我一视同仁，为他们谋幸福是我唯一的目的。”《日内瓦宣言》（1948 年）：“值此就医生职

① 体系解释方法指以法律条文在法律体系中的地位，即依其编、章、节、条、款、项之前后关联位置，或相关法条之法意，阐明其规范意旨之解释方法。参见：梁慧星. 民法解释学. 北京：中国政法大学出版社，1995：217。杨仁寿更详细地分析了体系解释的方法如扩张解释，限制解释，反对解释和当然解释等，参见：杨仁寿. 法学方法论. 第二版. 北京：中国政法大学出版社，2013：107-120.

② [英]休谟. 人性论（下）. 关文运译. 北京：商务印书馆，1996：619-621.

业之际，我庄严宣誓为服务于人类而献身。我对施我以教的师友衷心感佩。我在行医中一定要保持端庄和良心。我一定把病人的健康和生命放在一切的首位。"《国际医家伦理典章》（1949 年）："不论在任何情势下，医师绝不可作减弱人类身心抵抗力之事，除非基于病者之利益，确为防治所必需。"①

我国关于医德的传统认知与现实标准也默认了这一基本要求。从传统认知上看，中国医德的传统标准与儒家的"仁"学相关，基于仁爱，人道是传统儒医的精神实质。②在医家修养方面，要求：一是"仁"，要有对生命的普遍关爱之情；二是"智"，要掌握正确的医学知识和精妙的医疗技术；三是"廉"，要求医家自律其心，廉洁行医；四是"慎"，要求医家在诊断、辨证、用药的过程中力求审慎、精准无误。在行医原则方面，除了上述的医行仁爱、重义轻利的原则外，还要求医家对待患者一视同仁、依礼而行，对待同行以和为贵等。③从现实标准上，卫生部 2012 年 7 月颁布的《医疗机构从业人员行为规范》第四条规定："以人为本，践行宗旨。坚持救死扶伤、防病治病的宗旨，发扬大医精诚理念和人道主义精神，以病人为中心，全心全意为人民健康服务"；中国医师协会 2014 年 6 月颁布的《中国医师道德准则》中的"基本准则"规定："1. 坚持患者至上，给予患者充分尊重。2. 敬畏生命，以悲悯之心给予患者恰当的关怀与照顾。3. 不因任何因素影响自己的职业行为，拒绝参与或支持违背人道主义的行为。"从以上伦理准则来看，医师为病患服务的职业伦理是无条件的甚至是以德报怨式的。

上述各种伦理宣言仿佛达成了共识，但仅仅是仿佛——没有医者会公开质疑上述伦理宣言所勾画的道德愿景，但并不意味着伦理宣言能够得以实现，否则就无所谓争议。正如波斯纳在评价"学院道德理论"时指出的，"了解什么是应当做的事，什么是合乎道德的事，这并没有为做此事提供任何动机，也没有创造任何动力；动机和动力必须来自道德之外"④。医者的道德模式，与其说是一种既成现实或传统延续，不如说是职业的精神宣言，而这样的精神宣言，本质上是维系职业的正当性和延续性，这或许是波斯纳所说的道德之外的动机和动力。⑤因此，有学者略带尖刻地指出，"客观地说，除了不断地宣教，确实看不出有什么样实质性行动，促成了一个普遍的公民在其投身于医学事业后精神及道德方面的飞升；也没有足够的证据证明，从事医学职业有助于培养培养人的悲悯、同情、仁爱、关情的心肠。于是更有理由相信，人们常常提起的医者的道德神圣，或许仅仅是一个美好的愿望，希望他们向这个方向发展，而不愿看到，不忍看到或者有意淡化部分人反其道而行的现实罢了"⑥。

而争议的根源其实来自道德的地方性（波斯纳语），即道德的语境性和利益性。休谟在分析道德感具有普适性时，对这一问题的解释其实并不成功。一方面，休谟承认同情

---

① 马戎. 医德与中国医疗体制的改革. 社会科学战线，2009，(2)：191；吴正吉. 医学与法律. 台北：吉仁新医股份有限公司，1983：11.

② 邱杰. 当代医患纠纷的伦理域界. 合肥：安徽大学出版社，2011：62.

③ 何昕. 医患关系视角下的传统医德理论认同研究. 中州学刊，2014，(4)：108-109.

④ [美]理查德·A. 波斯纳. 道德和法律理论的前沿. 苏力译. 北京：中国政法大学出版社，2005：8.

⑤ 譬如《希波克拉底誓言》中关于保守医事机密的职业道德，显然仅属于职业本身，甚至看起来不太道德："凡授我艺者，敬之如父母，作为终身同业伴侣，彼有急需，我接济之。视彼儿女，犹我兄弟，如欲受业，当免费并无条件传授之。凡我所知，无论口授书传，俱传之吾与吾师之子及发誓遵守此约之生徒，此外不传与他人。"

⑥ 张越，张欣，何玉梅，等. 医事法原理. 北京：人民出版社，2010：57.

而产生的道德感确实与利益、关系远近等因素相关；但另一方面，休谟又强调正是由于此，人类为了避免道德感的矛盾而总结了一些稳固的、一般的观点，即共同的道德感，不受每个人的"位置"影响。①但休谟并没有说清楚的是，这些所谓的共同的道德感是怎样来的。这一说法遭遇了功利主义学派的质疑，边沁严肃地指出，尽管以休谟为代表的学者主张由同情生发的道德感看似符合功利原则，但其实"规避了客观责任"，它可能使道德惩戒失之严苛——因为任何分歧都可能成为惩罚的根据，也可能过于宽纵——近在眼前、分明可见的损害容易招致惩罚，但远在天边、目不可见的损害容易让人忽视。②此外，边沁虽没能直接指出，但依其功利主义原理很容易推导出的是，道德感背后所负载的利益共同体能否代表所谓的道德共识？抑或成为道德绑架？

这也正是争议的关键。民众可能成为患者，极易将被拒诊者的利益与自身等同，任何可能危及就诊利益的行为都应当防微杜渐；而作为共同体的医生更在意执业行为的安全，希望借"拒诊"传递更明确的权利保障信号、督促惩戒或追责的完成。在"拒诊"行为的伦理争议中，双方似乎都表达了对对方一定程度的理解，但其实更多的是为了充实或论证自己伦理观之所以成立的理由，伦理上的争议，隐含的更多的是对潜在利益的照拂和声张。

三、为什么"拒诊"——一个权利生成的理论框架

首先需要说明的是，我准备在权利的框架下解释"拒诊"行为。在法律和伦理的双重争议中，这种做法可能有点冒险。但权利的本质是选择的自由，并非仅限于法律所确认的行为。霍布斯认为，"权利，赋予做或不做的自由，法律，决定或者限制权利。因此，法律和权利差别非常大……它们将可能涉及同一主题，但概念本身不同"③。权利哲学学者萨姆纳的研究成为该经典措辞的注脚，他将世俗权利分为法定权利、制度权利和非制度权利，并将其视为世俗权利不断扩大的过程，尤其是在非制度权利中，萨姆纳详细探讨了非制度权利与利益共同体（他称为"团体"）的关系：利益共同体通过对遵守的赞同和不遵守的谴责形成压力，也进行着类似制度规则一样的义务生成和制裁维系，最终以道德共识的方式确认了非制度权利。④结合上述认识，在我看来，"拒诊"行为的正当与否，从权利生成的角度来探讨，或许是一个更富有社会-法律解释意义的权利问题：将权利的发生和实现与具体语境相联系，将权利的可能进路与更广泛意义上的利益相结合，从中探寻在社会共同体规范和社会关系下权利的准确含义及其解释。⑤

① [英]休谟. 人性论（下）. 关文运译. 北京：商务印书馆，1996：623-624.

② [英]边沁. 道德与立法原理导论. 时殷弘译. 北京：商务印书馆，2000：74-77.

③ Hobbes T. Leviathan. C. B. Macpherson. London：Penguin Books，1968：31.

④ [加]L. W. 萨姆纳. 权利的道德基础. 李茂森译. 北京：中国人民大学出版社，2011：52-82.

⑤ 在当代权利研究中，解释性社会—法律研究是一种新的进路和方法。这种解释框架认为：法律权利的行使以共同体规范和社会关系为条件，而且法律权利常常不如共同体规范和社会关系来得重要。解释性社会—法律研究的学者反对法律与社会分离的研究，认为，意义、意识形态、权利、权利观念、法律以及社会关系并非静态范畴，受到了持续的建构、谈判、改变和抵抗；关注不同社会背景下权利的效用，考察哪些人怀有权利诉求、何时提出权利主张以及何时取得成功等。参见：[美]劳拉·贝斯·尼尔森. 2011. "权利的作用和权利的运用：一种批判的实证进路". 赖骏楠译//[美]奥斯汀·萨拉特. 布莱克维尔法律与社会指南. 高鸿钧，刘毅，危文高等译. 北京：北京大学出版社，2011：72-73.

（一）“拒诊”权利的法律解释基础

“拒诊”在法律解释上的模糊似乎表明这个问题是困难的。但在我看来，这才是法律解释问题真正的开始。在法律解释理论上，学者提供了一系列方法，并提供了关于解释位序的建议，较为经典的如德国学者卡尔·拉伦茨排出的顺序为字义解释—意义脉络解释—立法者的规定意向与规范目的解释—客观目的论解释—法伦理解释①。我国学者梁慧星综合我国台湾地区、日本诸学者的论述，总结的顺序为：首先是文义解释，出现复数结果时进行论理解释，其步骤是体系解释和法意解释—限制解释和扩张解释—目的解释—合宪性解释，如果论理解释仍然不清，再进行比较法解释和社会学解释。②这些排序无一不彰显着智识活动的乐观，但却隐含着一切理论逻辑与实践逻辑摩擦的无奈。这种具备形式合理性的解释方法，在解释诸如“拒诊”的权利发生时，可能会遭遇困惑。

由于法律没有明文规定，我们运用的显然是论理解释。而被梁慧星视为相对优先的体系解释（“拒诊”不符合“尽心尽力为患者服务”的法律规范意旨）即与位序靠后的目的性解释（“拒诊”有助于保护医务人员合法权益的立法目的的实现）发生冲突。此时，是否可以基于解释方法的排序而确认哪一种更加合理？一个首先值得思考的问题是，为什么体系解释可以居于目的性解释之前。有研究者指出，两个因素对解释方法的排序具有决定性影响：其一是从易到难。排在前面的解释方法相对简单，由于只需考虑较少的解释因素，所以耗费的信息成本也较低，解释透明度较大，解释结果也较容易预测；排序越是靠后的解释方法就越复杂，解释需要考虑的因素越多，因此耗费的信息成本也越高昂，解释透明度越低，解释结果也越难以预测。其二是维护法律文本。即尽量从法律文本的范围内完成解释活动，并尽量使解释结果清晰可靠。这体现着对法律稳定性和可预测性的追求，以及对司法能动性和自由裁量权的戒备。③这样的洞察是睿智的。因为所有的解释方法的排序更多是一种智识活动和逻辑推衍，可能实践中被运用，但这一被运用一定是概率意义上的，而不是绝对的。就像医生排查疾病时，大多数以教科书或实践经验中得到的概率性经验形成诊断的逻辑顺序，但并不排除医生凭借独特的经验直接跳过某个逻辑顺序，形成结论。

另一个需要纳入思考范畴的是，每种解释方法均有其不可避免的缺陷。体系解释方法与法律体系的科学性息息相关。张志铭指出，体系解释方法受政策性立法批量化的影响。他引用德国学者的观点予以说明，“现代立法的主要缺陷是对需要调整的对象缺乏透彻的学理分析，立法往往在法律科学还没有来得及从概念上对有关主题进行系统清理的情况下仓促出台，从而因不完整、不和谐导致法律适用中无穷尽的解释问题”④。在排斥“拒诊”的体系解释中，“尽心尽力为患者服务”更类似一种政策性表述，除了可衡量的医疗过错外，其余的均属于尚未界定清楚的问题，于是立法采用了“无条件”的规范意旨，虽然在符合全心全意为人民服务的政策精神，但意涵模糊的规范意旨本身就已经隐藏了法律体系

① 参见[德]卡尔·拉伦茨. 法学方法论. 陈爱娥译. 北京：商务印书馆，2004：219-222.

② 梁慧星. 民法解释学. 北京：中国政法大学出版社，1995：245-246.

③ 桑本谦. 法律解释的困境. 法学研究，2004，（5）：5.

④ 张志铭. 法律解释操作分析. 北京：中国政法大学出版社，1999：135.

上可能的不和谐——如“保护医务人员权益”本身就与“无条件为患者尽心尽力服务”形成体系解释上的冲突。

然而，并不能由此得出结论说关于“拒诊”的目的解释更可靠，同样的诘问存在其中。在位序上，目的解释超越体系解释的理由将更不充分；在缺陷上，目的解释具备一定的不可知性，苏力在其关于法律解释的研究中指出了“立法目的”本身的难以确定性，包括立法是否有贯彻始终的目的，立法者的目的是否真实地反映在文本中，文本的表达能否确切地反映目的等。[①]仅以“保护医务人员合法权益”的立法目的来看，究竟是能够对侵权者切实追责就已经实现了立法者的目的，还是以追责为基础促进更多保护手段被法律认可是立法者的目的，说得更直白点，保护权益究竟是政策性表态还是未来以细致立法推动医务人员权益保护的前奏，这显然涉及了我们对不同目的之揣测，决定了我们解释法律的程度，前者应对“拒诊”予以限制，后者可能会放开一定前提下“拒诊”的权利默许。

因此，一个更合乎逻辑和经验的结论是，解释方法及其排序其实并没有真正解决法律解释问题。从本质上，解释法律被法律文本所限本身就是自我禁锢，“无论在何处，我们都生活在不确定性之中，我们必须在这种不确定性之间做出选择；现存的法律只对我们的选择施加限制，其本身并不是选择”[②]。波斯纳略带讥讽地指出，从形式理性着手的“数量巨大的解释原则”，其“解答难题的能力并不比日常生活格言解答日常生活问题的能力更大”[③]。回到“拒诊”权，日本《医师法》第 19 条明确规定，医师无正当理由，不得拒诊。这里的正当理由，一般被解释为从社会认知角度来说公认迫不得已的情况，如医师患病等不可抗力。[④]但在实践中，很多医疗机构将之扩充至对暴力的拒诊。例如，日本临床医学的权威、皇家及各界精英的主要就诊地顺天堂医院，就张贴了拒诊通告。其中规定：“如有下列骚扰行为，将不能诊疗。对其他患者或医院职员有暴力或暴力倾向；大声狂言或威胁言行，影响其他患者或妨碍医院职员工作；反复提出难以解决的无理要求，妨碍医院职员业务；故意损坏仪器设备或建筑物设备……”[⑤]这样的拒诊通告并未得到法律上的干涉，说明这样的解释得到了一定的认可。

这又是为什么？回归生活经验，我们可以发现，解释的发生往往伴随着意图的先行。在解释之前，我们首先构建了解释的对象、内容和目的。主张“拒诊权”合理并受到法律解释支撑的大多在情感上倾向受损害的医方，而认为医方不应“拒诊”并在法律解释上说不通的可能首先是患方的同情者。进而，我们发现，各种解释方法的选择不是智识性的，而是策略性的，选择某种方法，实质是支撑自己已有的判断，而非从解释中寻求判断，解释化为一种说理技术和论证过程，拉德布鲁赫将之称为：“解释追寻着解释结果，而非相反。”[⑥]波斯纳则更直白地指出，“也许根本没有什么解释的公式，也没有解释的方法论。解释的正确与否取决于具体解释的目的；这就是为什么……也许目的是多种多样的，忠实

① 苏力. 解释的难题——对几种法律文本解释方法的追问//梁治平. 法律解释问题. 北京：法律出版社，1998：41-46.

② [英]H. L. A. 哈特. 实证主义和法律与道德的分离. 翟小波译. 环球法律评论，2001，冬季号：455.

③ [美]理查德·A. 波斯纳. 法理学问题. 苏力译. 北京：中国政法大学出版社，2002：352.

④ [日]尾内康彦. 医患纠纷解决术. 刘波译. 北京：东方出版社，2014：127.

⑤ 汪先恩. 日本为啥没有医闹？医生地位高 可拒诊. 日本新华侨报，2015-07-02（03）.

⑥ [德]拉德布鲁赫. 法学导论. 米健译. 北京：中国大百科全书出版社，1997：107.

于创制者的意图、确定性、融贯性、实用主义的好结果等等都是。这些目的都相互联系，但不同的解释者对这些目的的各自分量会有不同考虑”[①]。

这其实更是一个关乎实质理性的问题。在不违法的前提下，仅从法律解释上争执几乎是毫无意义的，因为解释者秉持的目的是不同的，其解释路径只能表明其论证的方法有所区别，而不能证明其结论的正确性。拒诊是否得到认可更取决于其实质上的正当意义。因此，这样的结论是有趣的：至少，在“拒诊”的问题上，法律解释的正当性应当取决于更加富有实质理性的问题，即“拒诊”在道德争论中的正当性和合理性判定。

（二）“拒诊”权利的道德基础

在实质合理性的判断上，法律权利的生成往往与道德论辩相关，自助行为尤为如此。例如，在康德与黑格尔关于“紧急避难权”的争论中，双方均从权利的道德含义方面进行了阐释，虽无胜负，却影响深远。[②]作为自助的“拒诊”行为遭遇的最大质疑也正是在道德上。在上文中，我曾就道德冲突背后隐含的利益冲突进行了初步的分析，接下来将在这部分完成这一分析。

在权利生成中，需要警醒的是，道德话语不应仅仅用于修辞，而应当用于论证。两者的区别是：修辞展示的是想象，激发的是情绪共鸣；而论证则需要逻辑的推导、经验的汇总以及事实的支撑。习惯于将道德用于修辞的人常常是离事实本身比较远的人，看似中立的位置中往往渗透着道德臆想——一个明显的例子是，大多数谈论“拒诊”有违道德的人其实并没有经历过医疗暴力现场的惶恐、混乱和恐惧，倘若经历，恐怕观点会略有不同。以道德话语修辞最大的缺陷是忽略道德自身的双向性特质，当我们褒扬或支持某个道德现象时，实质上势必表达对另一种现象的驳斥或反感，反之亦然，正如将“拒诊”与职业道德简单联系的同时，正是将医生的人身安全利益置于施暴者健康利益之后的潜在排序，这样不加分辨地排序，既不能获得医方的认可，还可能造成患方在医患利益共同体中遭遇不必要的成本转嫁。

权利行使的道德争议本质上是利益上的对峙及考量。卡尔·威尔曼颇有洞见地分析了权利中的道德冲突，认为权衡权利所隐含的道德时，必须牢记两个重要的前提：“第一，在权衡权利之时，权利持有者的利益与权利并非直接相连的，它们具有相关性仅仅是因为它们涉及作为道德权利基础的道德理由——比如施加伤害或背信弃义……第二，权利冲突不能仅仅权衡权利持有者的利益，否则将是不合理的，因为其他类型的考量也会与权利冲突相关”。威尔曼为第二个前提举的例子是“对权利持有者和义务承担者之间的关系造成的、可预见的损害的严重程度”[③]。

---

① [美]理查德·A. 波斯纳. 法理学问题. 苏力译. 北京：中国政法大学出版社，2002：376.

② 康德认为，所谓紧急避难权是一种假定的权利或权限，不能由于紧急避难而把错误的事情变为合法的，这是对他人权利的肆意侵犯，最多免于惩罚，但其违法性仍存，“这样一种为了自我保存而发生的暴力侵犯行为，不能视为完全不该受到谴责，它只是免于惩罚而已”。参见：[德]康德. 法的形而上学原理—权利的科学. 沈叔平译. 北京：商务印书馆，1991：46-47. 而黑格尔认为，“生命，作为各种目的的总和，具有与抽象法相对抗的权利”，“一人遭到生命危险而不许其自谋所以保护之道，那就等于把他置于法之外，他的生命既被剥夺，他的全部自由也就被否定了”。[德]黑格尔. 法哲学原理. 范扬，张企泰译. 北京：商务印书馆，1961：130.

③ [美]卡尔·威尔曼. 真正的权利. 刘振宇等译. 北京：商务印书馆，2015：362-363.

这一分析对剖析“拒诊”的道德争议有直接的帮助。就第一个前提来看，“拒诊”针对的是暴力实施患者的就诊权，而就诊权的实现则被视为所有可能成为患者的普通民众的重要利益。在利益关联上，从道德直觉出发的权衡很容易将两者的权利利益等同为一类，进而认为“拒诊”是一种普遍伤害。但被忽视的是，其实“拒诊”的前提是清晰的：对待暴力实施者才会以“拒诊”督促问责。没有医者敢冒天下之大不韪明确表示拒诊普通患者的疾病，即便这样做了，也会遭到一致的谴责或者问责。①而对医生以诊疗权予以威胁的潜在担心更是一种利益关联上的想象，在“拒诊”范围明确的情形下，这样的威胁其实并没有施展的空间。

第二个前提更切中了“拒诊”所可能影响的真正利益。在虑及就诊权是否受侵犯时，道德直觉指导下的权衡是直接的、当下的和经验的。对暴力实施者的一律强制诊疗可能会破坏医务人员对执业的信心，从而破坏对其他潜在患者的信任。前文提及的“潜在拒诊”就体现了医者时时警惕的防范之心——医生可能因被迫为暴力实施者进行诊疗的不满，提前预判并避免该种情形的发生。而这种没有明确标准的判断也许会真正使患者所担心的事实成真——医生可能会出于错误的判断或者没有必要的防范之心剥夺患者的诊疗利益。绝对性地反对拒诊并不能切实提高医者的职业操守，而相反形成了医患关系严重的对立和损害。因此，有学者认为，在运用任何损害概念之前，最重要的道德决定是，我们该保护何种利益。有些利益不可避免会发生争议，要保护它们就必须排除与之对抗的利益。决定哪一个利益应受保护是一个依据价值和重要性做出的道德选择。②患者利益的保护显然是医者法定义务和职业道德设定的基础，但即便在这一点上，我们必须承认，道德直觉往往并不可靠，表面的利益保护可能会隐含更深的利益危机。

就权利发生的道德机制而言，泛道德化的评价是空洞的。对泛道德化评价的趋同仅仅是节省思考成本的方式，适用于制度、规范、权利相对稳定，新事物出现概率不高的社会，但却是社会变迁相对激烈、新事物不断涌现之际导致错误决策的渊薮。道德直觉与理性分析最大的区别是，道德直觉是保守的，其所导致的备选方案往往是单一的、笼统的、理想化的，而理性分析则应当是“向前看”的，它更乐于在多个方案中选择最适当的（但未必是最完美的），关注细节而富有现实感。

因此，从权利发生学上，抽象的道德必须通过利益得以具体化。权利只不过是“在竞争性环境中，要生存下去，就要有某些最起码的感受，即某些根本的东西应按照一个人自己的意志来保有和处理，并随时准备为这种支配权而战斗，这种就绪状态就是权利感”③。权利的发生不是静态的，除了法定权利在一定时空内难以更改外，其余权利的出现常常是针对恶行的自保，从这个意义上，权利本质就是获得肯定的自助。德肖维茨

① 例如，2012 年年底，某患艾滋病的天津肺癌患者在天津市肿瘤医院求医时遭到拒诊，无奈下私改病历，并在手术前逃避常规检查，终得以完成手术。2013 年 2 月，患者以一般人格权受到侵害为由，将肿瘤医院起诉至法院。尽管不符合立案的条件，但天津市第二中级人民法院通过法庭调解，最终医院赔偿 9.5 万元。这表明一般意义的拒诊，即便在法律上难以界定，但出于社会共识，很难得到认可。参见：李禹潼. 天津艾滋病患者就医遭拒 法院判医院补偿 9.5 万元. 新京报，2015-05-04（09）.

② MacCormick N. Legal Right and Social Democracy：Essays in Legal and Political Philosophy. Oxford，New York：Oxford University Press，1982：29.

③ [美]理查德·A. 波斯纳. 法理学问题. 苏力译. 北京：中国政法大学出版社，2002：413-415.

睿智地指出："权利无法被发现，因为它们并不存在于某处等待被发现，权利也无法逻辑地从外在现实演绎出来或从论证中建构出来，因为赖以演绎或建构的前提本身，便是不断变动的经验与知觉的产物。权利必须由人类基于经验发明而出，特别是我们长久以来从自己创造的恶行中产生的集体经验。"[①]医疗暴力的恶行衍生出包括"拒诊"在内的自助权利，而这些权利的行使有助于恢复执业安全和执业信心，进而有利于患者就诊权在质量意义上的提高，其道德评价应当是正面的，而非相反。而从医方来看，回避信任关系基本破裂的患方既符合人性需求，也符合提高诊疗质量的需要。

（三）"拒诊"权利的生成

更重要的是，抛却道德直觉形成的轻率否定，才能够真正思考这一权利的道德基础。"在某一生活领域确立权利的有效性，实际上不需要我们让人完全赞同某种乌托邦理想。我们实际要做的，是立足现时现地，考虑如何改善已有的制度。这种改革通常需要我们找出该生活领域中存在的主要问题，并加以合理解决。"[②]"拒诊"除了抵制或遏制暴力行为的发生之外，能否对患方的健康权形成实质上的影响，是判断该权利是否道德的重要依据。我们应当承认，患者的健康权虽然并非绝对不可被超越[③]，但尽可能维护患者健康仍然是作为共同体的医方最根本的职业道德。因此，在拒诊权的行使中，应寻求在暴力自助与患者健康救治之间的平衡，不可偏废，也不能以一方利益的过度维护造成另一方乃至社会利益的整体贬损。

综合上述讨论，参考域外相关规定，我认为，医方遭遇暴力后的拒诊权利应当包括以下几个层面。

1. 应当明确规定拒诊的前提条件，即法定的医患关系破裂

事实上，在诊疗过程中，医患双方有着明确而具体的信任关系，该关系促进患者信赖医方行为，也促进医方善意而尽心的服务。当这种信任关系受到来自各方面因素的干扰，而此种干扰又难以通过医师自我调节和外来干预有所缓解，最终继续诊疗将极大可能导致对患者不利时，可允许医方拒诊。加拿大医学会的《医师伦理准则》规定：当医师的个人价值观能明显影响患者的诊断和治疗时，医师可以拒诊。这里的个人价值观应主要包括宗教信仰、种族偏见等明显价值歧见。而加拿大魁北克省的《医师伦理准则》规定，当医师与患者的信任关系已经破裂时，医师可以终止诊疗关系。这里的信任关系破裂基本上等同于我们所描述的医患关系破裂，包括患者要求医师从事欺诈或非法活动，或者对医师进行攻击行为。[④]

---

① [美]艾伦·德肖维茨. 你的权利从哪里来. 黄煜文译. 北京：中国政法大学出版社，2014：73.

② [加]L. W. 萨姆纳. 权利的道德基础. 李茂森译. 北京：中国人民大学出版社，2011：183.

③ 例如，美国学者布洛克认为，当医疗资源不充足时应用避险理论满足更有收益的需求、实践中基于他人的重大冲突利益（如用生命维持装置的患者使家庭陷入了绝境）时，生命权可以被超越。Block D W. Moral right and permissible killing//Ladd J. Ethical Issues Relating to Life and Death. New York：Oxford University Press，1979：113-114.

④ Canadian Medical Association. Does a Doctor have the Right to Refuse a Patient Treatment? http：//www.yellowpages.ca/tips/does-a-doctor-have-the-right-to-refuse-a-patient-treatment.

遭遇暴力后因心理创伤或阴影难以正常面对患者，应当属于医患关系破裂的情形。域外也有类似规定，如《美国医学会医疗伦理规章》（*AMA Code of Medical Ethics*）规定：“对医生、护士、其他病人进行暴力威胁或攻击”“对医护人员展示明显的、足以妨害执业的敌意”时，可以终止医患关系。[①]一个需要考虑的细节是：当家属施暴时，会否殃及患者。我认为，从医患关系破裂的视角，这应当取决于经由家属施暴后医师与患者的信任关系状况，如患者完全不知情或持与家属相反之态度时，医患关系尚未破裂，医师拒诊的正当性基础不足；如患者从中怂恿或赞同家属行为时，可以支持医师关于信任关系破裂的主张，进而支持拒诊。

2. 危急患者均不得拒诊

我国已经有关于危急患者不得拒诊的规定，但仍不够详细。对于急危的含义，除了医学标准，立法应更加准确地体现现实中的急危状况，并与医患关系破裂下的拒诊相衔接。参考国外做法，尽管美国《急诊治疗积极行动法案》（EMTALA）有明确的规定，急诊患者受法律保护，医院不得拒绝急救。但美国各州医学会结合一般拒诊条件，给予的建议是，如果患者处于急性诊疗阶段，即便满足终止医患关系的其他条件，医患关系的终止必须推迟到患者疾病的急性期过后。在医学伦理上，危急患者的含义在美国扩展到更广泛的范畴：包括对于那些手术后不久或为了确诊正接受各种检查的患者；医师是患者所需特种医疗的唯一提供者；如果在数英里直径范围内没有别的医师可供选择的患者。[②]从以上可以看出，施暴患者如果满足危急患者的情形，即便有导致医患关系破裂的行为，但医师仍应当继续为其诊疗。在现实中，除医师为医疗行为唯一提供者之外，可以以该科室其他医师继续诊疗作为变通方法。

3. 即便拒诊，为了健康权益，医方仍应给予适当的照顾

例如，美国医学会《医疗伦理规章》8.115 部分：“医务人员虽可撤销服务，但不能不在合理的时间范围内事先通知患者或负责的亲属，使之有机会确保能继续受治疗。”[③]据美国加利福尼亚大学旧金山分校医学伦理项目荣休主任伯纳德 •罗介绍，对医务工作者来说，提供连续医疗服务的义务并非绝对的或无限制的，这要视医疗机构采取的保障安全措施而定，还要视患者能否克制暴力行为而定。医院和医生可以不理会使用暴力的患者，但不能遗弃他们。[④]医疗行业协会和法律界通常接受的起始标准是医生书面通知患者解除医患关系并给予 30 天时间用以寻找新医生，且要提供合情理的原因。因暴力袭击原因终止契约，医生应该立即报警或者向法院申请人身禁制令。但在报警、通知和患者接受下一任医生治疗的间隙，医生必须做出安排，将患者安置在能确保双方安全的区域继续提供治疗。加拿大魁北克省的《医师伦理准则》也规定，即便满足终止医患关系的条件，但在终止关系之

① AMA Code of Medical Ethics（1996）. http：//www.ama-assn.org/ama/pub/physician-resources/medical-ethics/code-medical-ethics.

② 石头. 美国医生如何避免“医闹”. http：//view.163.com/14/0903/14/A57OB5UD00012Q9L.html[2014-09-03].

③ AMA Code of Medical Ethics（1996）. http：//www.ama-assn.org/ama/pub/physician-resources/medical-ethics/code-medical-ethics.

④ 余运西. 对医生施暴的社会伦理背景是什么. 健康报，2013-09-27（05）.

前，医生必须将患者转诊到其他医生处，以确保其接下来获得充分的诊疗。[①]

域外立法勾勒了基本轮廓，但仍有细节需要进一步明确，即转到本院还是其他医院。从域外立法例上，法律原则上不支持医师以科室或医疗机构为名义的拒诊。但域外的医师执业很多是以个人名义进行的，与机构的联系不像我国如此紧密。此外，中国医疗暴力的行为较为激烈，针对对象虽然可能是个体医生，但在人情关系紧密的社会结构和单位结构下，常常会破坏整个科室或医疗机构中全部医师对患者的信任度，如患者任意殴打、杀伤医院人员，通过暴力损坏医疗机构内财物等方式造成一定范围内的医师的精神威胁等。因此，在遭遇暴力后的继续照顾责任上，为了解决医师的后顾之忧，也为了患者的更好治疗，建议继续照料责任以其他医院为原则，本院为例外。例如，当本院或本科室认为，该患者行为并未造成对其他人员的影响，或者本院是该医疗行为最适宜的医疗机构时，可以继续留在本院或本科室由其他人员继续诊疗。

4. 引入第三方机构予以合理判断

为了避免拒诊权的滥用，以美国佛蒙特州为例，官方的“医疗执业评估委员会”对解除医患关系是否合法合规的判断，除了是否有 30 天缓冲期、是否确保患者有新医生顺利接手以外，就是在缓冲期内是否继续对即使有暴力行为的患者进行治疗，以确保患方健康权和就诊权的实现。[②]我国也可以引入这样的判断机构。目前，可以以各地医学会为依托，内设此类专业判断机构，对有争议的拒诊进行专业裁断。

四、余论：现代社会面对暴力的自助何以正当

因此，我的结论是：在一定限制前提下许可医疗暴力后“拒诊”权利的存在，并通过立法修改的方式对目前的法律文本进行修缮和补充。我承认，立法修改常常是研究者“致命的自负”，但希望呼吁立法修改的声音能够对社会认知有所改变。

同样甚至更加自负的还有，认为暴力行为能够通过国家治理完全消弭的立法姿态。将面对暴力的自助仅限于防卫是这一姿态的集中表现。迄今为止，我们尚未对除自卫之外的民事自助、刑事自救乃至公民拒绝权给予成文法意义上的承认，遑论本章提及的以“拒诊”为代表的反抗性自助行为。但现实并没有因立法姿态而做出同样的回应。包括自助行为在内的私力救济在法律的边缘处悄然成长，国家的态度也在反对和承认之间暧昧不清，更多时候是默认——没有对“拒诊”的国家层面的处罚充分说明了这一点。故此，有学者指出：“如果国家因为能力、资源等限制而无法估计或难以妥善解决一些纠纷，只要在社会秩序许可的范围内，为什么不可以让人们自行解决呢？纠纷的化解不是更有利于国家治理和社会秩序吗？从这一意义而言，一定的限度的私力救济不仅不会挑战国家权威，而且可以视为国家控制下的一种权力运作方式。”[③]

① Does a Doctor have the Right to Refuse a Patient Treatment? . http：//www.yellowpages.ca/tips/does-a-doctor-have-the-right-to-refuse-a-patient-treatment/.

② 石头. 美国医生如何避免“医闹”. http：//view.163.com/14/0903/14/A57OB5UD00012Q9L.html[2014-09-03].

③ 徐昕. 论私力救济. 北京：中国政法大学出版社，2005：333.

这不啻是一种正当性的追问。近年来，学者对私力救济的正当性进行了较为深入的探讨。徐昕从法经济学和社会契约论等视角对之进行了兼具理论深度和实践理性的研究，可谓此类研究的翘楚。①贺海仁则从法哲学的视角提出，当代权利救济问题的实质是以自我救济权利为基点整合公力救济和私力救济，提倡司法节制观和建构正义的社会结构，其论述纵横古今，贯穿中西。②学者还对人肉搜索、自杀式讨薪、私人侦探、私人追债等有僭越法律可能的自助行为进行了深入探讨，其结论多是在实践理性的基础上在一定程度上认可自助行为的正当性。③整体看来，自助行为的正当性往往不直接来源于法律明文规定，而是来源于法理学和法社会学的分析，对于学界已然形成公论的自助行为的正当性，本章不再赘述，仅对暴力下的自助行为富有特质的正当性基础进行简要说明。

首先，从法律的功能上看，面对不法暴力侵害的漠然并不是法律所希望培育的品格。乔尔·范波格引 D. H. 劳伦斯小说《儿子和情人》的情节，对一个自以为行为合格、却在生活中对情感漠然、从来未曾将妻子放在心上的丈夫进行了辛辣的讽刺，并指出，被动而节制地合法行事只能符合道德底线，却根本不是人性的典范，法律应通过一定的机制迫使人们形成美德——道德义务并不是道德的全部。④在法律研习中，我们常常强调的是法律的底线性，但实质上，正如富勒充满激情的论述所指出的，法律实质上包含对“愿望的道德”的追求，而“愿望的道德”应当是“善的生活的道德、卓越的道德以及充分实现人之力量的道德”⑤。本质上，我们对法律与道德的混同充满警惕的原因是因为我们担心法律规则成为如道德一般模糊和难以企及的秩序要求，而并不是因为我们否认道德本身对于生活的意义，在这一意义上，法律从未放弃恰当地鼓励善行和制止冷漠的努力。

因此，面对暴力的自助行为从未被法律根本否定。只要是基于“善行”的自助行为就具备正当性，判断标准包括：暴力为法律或共识所否认；自助行为的目的旨在震慑不法暴力，而并非剥夺某项合法权益；自助行为不是国家法律明令禁止的事项；自助行为的措施和方式可能具有攻击性，但不能形成对社会新的权利威胁。其根本的判断标准归结为一句话，即自助行为仅仅是传递震慑暴力信息的行为，一旦暴力威胁消失，其付诸实施的正当性自然消失。与一般私力救济略有区分的是，私力救济可能是权利实现的过程，而暴力的自助旨在通过自助恢复和平的本来状态。

其次，应确认面对暴力的自助行为之边界。承上所述，自助行为传递足够的信号即可，不能成为普遍性的报复。梅迪库斯论述民事自助行为时提出了忧虑：“人民更倾向于主张应扩大自助行为的范围，甚至可以超越法律允许的程度。”⑥暴力下的自助行为的另一正当性来源于其适当性，自助应有理、有度、有节。试图将自助行为尽数纳入制度轨道的做法

---

① 徐昕. 论私力救济. 北京：中国政法大学出版社，2005.

② 贺海仁. 自我救济的权利. 法学研究，2005，(4)：63-74.

③ 徐昕. 法律是否重要——来自华南的一个民间收债案例. 社会学研究，2004，(1)：53-63；张泽涛. 私人侦探在刑事诉讼中的运用及其规范. 法学家，2007，(6)：90-99；朱娟. 作为自发秩序的“人肉搜索”——哈耶克二元社会秩序观的进路. 法律科学，2009，(1)：47-55；徐昕. 为权利而自杀——转型中国农民工的“以死抗争”//北京天则经济研究所. 中国制度变迁的案例研究·第六集·广东卷. 北京，广东：中国财经出版社，中山大学出版社，2008：255-305.

④ [美]乔尔·范伯格. 刑法的道德界限（第四卷）：无害的不法行为. 方泉译. 北京：商务印书馆，2015：304-306.

⑤ [美]富勒. 法律的道德性. 郑戈译. 北京：商务印书馆，2005：7.

⑥ [德]迪特尔·梅迪库斯. 德国民法总论. 邵建东译. 北京：法律出版社，2000：39.

动机良好[1]，但也许并不实用。自助行为的适当性判断必然是原则性的[2]，这与自助行为游离于制度边缘和形成与制度互补的特征相关。以暴力后的“拒诊”为例，在未曾进入法律修改之前，我们可以先肯定其在限制条件下的正当性，但对可能扩张或异化的危险应予否认：如“黑名单”制度——法律尚且给悔过的犯罪者机会，一次暴力，终身被另行看待的行为显然不符合理性，但某医生对某施暴患者的终身拒诊或许是可行的；如“隐形拒诊”的呼声——异化的自助很可能伤害到并未施暴的普罗大众。因此，在拒诊的自由中，重温密尔不得以自己的自由侵犯他人自由的告诫仍然是有意义的。

① 例如，有学者认为，进入法律制度层面是民事自助行为的边界确认的最优方法。参见：沃耘. 民事私力救济的边界及其制度重建. 中国法学，2013，(5)：178-190.

② 例如，徐昕将密尔的自由原则作为判断的基础，得出私力救济“不得损害他人合法权益和社会公益”的原则。参见：徐昕. 论私力救济. 北京：中国政法大学出版，2005：347.

第六章　第三方调解对医疗暴力的淡化及其解读——兼论公共政策在控制暴力上的功能实现

礼之用，和为贵。先王之道，斯为美。小大由之，有所不行。知和而和，不以礼节之，亦不可行也。

——《论语·学而》

法律按其真正的含义而言，与其说是限制还不如说是指导一个自由而有智慧之人去追求他的正当利益。①

——〔德〕马克思

一、引言：医疗纠纷与第三方调解

在医疗暴力不断加剧或恶化医疗纠纷的背景下，祛除医疗暴力无疑是任何良性运行的医疗纠纷解决机制所要达到的目的。这既包括对违法的医疗暴力做出法律意义上的惩戒评价，也包括通过富有权威的合理化纠纷解决程序避免患方私自动用暴力维权。在诉讼、行政调解、医院自行协调等解纷方式遭遇瓶颈之际（参见本书第三章），以人民调解为核心的第三方调解目前被认为是化解日益严峻的医疗纠纷的重要对策。

一般认为，医疗纠纷的第三方调解较其他医疗纠纷解纷机制具有一定的比较优势，如效率更高、成本更低、更中立、兼具柔性和权威性、动员社会参与等。②我国的医疗纠纷人民调解经历了从多元探索到逐渐稳健发展的过程。有研究者将之划分为三个阶段：①多元探索阶段（2002～2007 年），主要包括以公司形式运作的医疗纠纷管理、咨询及调解，非营利性医疗纠纷专业调解，受保险公司委托的医疗纠纷专业调解、人民调解、医疗纠纷仲裁解决等模式；②相对统一时期（2008～2011 年），主要特点是：官方推动的人民调解逐渐壮大，以与保险公司结合、社会资源动员等为基础的复合型第三方调解出现，医疗纠纷仲裁探索增加；③稳健发展（2012 年至今），主要特点是以人民调解、保险调处等做法为主的医疗纠纷第三方调解格局基本形成，并以部门规章和地方立法的方式得以确认。③在这一发展过程中，从公共政策的视角来看，医疗纠纷第三方调解的政策变迁历经了探索、试错、反馈和修正的过程，在政策主干中剔除了诸如公司形式的调解、纠纷仲裁等效果不佳的运作模式，保留并扩充了人民调解结合保险理赔的主要运作模式，并将调解融入于中国特色的

① 马克思，恩格斯. 马克思恩格斯全集. 第一卷. 中共中央马克思恩格斯列宁斯大林著作编译局译. 北京：人民出版社，1956：71.

② 张泽洪. 医疗纠纷第三方调解. 杭州：浙江大学出版社，2014：17-18. 另参见：乐虹. 当代医患关系及纠纷防控新思维. 北京：科学出版社，2011：181-186.

③ 刘兰秋. 医疗纠纷第三方解决机制实证研究. 北京：中国检察出版社，2014：76-88.

大调解格局之中。[①]

在各地积极探索的基础上[②]，司法部、卫生部和中国保险监督管理委员会于 2010 年 1 月 8 日联合颁布了《关于加强医疗纠纷人民调解工作的意见》，成为医疗纠纷人民调解工作运行的纲领性文件。国家政策层面的确认和支持催生了第三方调解的迅速发展。[③]数据显示，截至 2011 年 12 月，全国共有医疗纠纷调解组织 1358 个，调解员 1.5 万人；到 2014 年 5 月，全国共建立医疗纠纷人民调解组织 3396 个，人民调解员 2.5 万多人，55%的医疗纠纷人民调解委员会（以下简称医调委）有了政府财政支持。2013 年共调解医疗纠纷 6.3 万件，调解成功率达 88%。[④]可以预见的是，随着医疗责任保险的大力推广[⑤]和中国“大调解”格局的持续建设，医疗纠纷第三方调解将在医疗纠纷的处理中占据越来越重要的地位。

本章的研究起初源于对医疗纠纷第三方调解效果的考察。然而，通过实地调查，我们发现，调解纠纷的成功率与纠纷的彻底消弭之间可能存在着某种断裂。最为明显的发现是关于医疗暴力的处理。调查显示，第三方调解的主导方虽然发现了不同程度的医疗暴力，却通常采用淡化处理的方式，这与国家对医疗暴力采用严厉打击的治理姿态形成了明显的对比。在我看来，这种淡化处理究竟产生了如何的效果和影响，则是我们检视、反思医疗纠纷第三方调解制度价值及其相关政策的重要切入点，也是考察在高成功率和高效率背后，医疗纠纷第三方调解的真实纠纷解决能力和效果的重要依据。需要说明的是，本章所调研和分析的样本是基层的第三方调解，可能与大中型城市中形成工作制度的“准司法型”

---

① 大调解是我国世纪之交出现的一种多元化纠纷解决机制，通过整合政府各部门职责，在司法、公安、信访等涉法部门与其他行政机构联动的基础上，将人民调解、行政调解、诉讼调解等相结合的综合调解机制。大调解正式出现于国家层面的规范性文件是 2011 年 4 月中央社会治安综合治理委员会、最高人民法院、最高人民检察院、国务院法制办、公安部等 16 部门联合印发的《关于深入推进矛盾纠纷大调解工作的指导意见》。该文件对“大调解”的内容进行了详细阐释，其重点是建立多元化、立体式的调解网络并使之有效运行，县（市、区）矛盾纠纷调处工作平台与同级人民法院、人民检察院、司法行政机关、政府法制机构、信访部门及其他行政机关调解矛盾纠纷实现衔接，乡镇（街道）综治工作中心与驻乡镇（街道）派出机构调解矛盾纠纷实现衔接，村（居）调解组织与群众“一站式”服务窗口或警务室（站）调解矛盾纠纷实现衔接；建立由各级政府负总责、政府法制机构牵头、各职能部门为主体的行政调解工作体制，并纳入同级大调解工作平台；鼓励行业协会及其他社会组织设立调解委员会，调解协会成员之间以及协会成员与其他主体之间的民事纠纷，充分发挥社会组织参与调解的优势。关于大调解的具体运行，参见：范愉. 纠纷解决的理论和实践. 北京：清华大学出版社，2007，534-561；另，大调解的功能和实现路径，参见：左卫民. 探寻纠纷解决的新模式——以四川大调解模式为关注点. 法律适用，2010，（2）：112-113；苏力. 关于能动司法和大调解. 中国法学，2010，（1）：5-16.

② 各地探索中的成果包括：以医疗责任保险承保公司指定调解机构的北京模式，医疗纠纷人民调解委员会调解的上海模式，医疗纠纷仲裁委员会调解的天津模式，营利性中介机构调解的南京模式，理赔处理机制加医疗纠纷人民调解机制的宁波模式等。参见：张泽洪. 医疗纠纷第三方调解. 杭州：浙江大学出版社，2014：4-7. 在医疗纠纷第三方调解的稳健发展阶段，各地方做法逐渐趋同，多走向多部门联动、医疗责任保险加入、人民调解为主的第三方调解模式，仲裁、营利性中介等或萎缩或消失。参见：刘兰秋. 医疗纠纷第三方解决机制实证研究. 北京：中国检察出版社，2014：35-39.

③ 国家政策层面的支持表现在各种官方会议和正式场合的表态。如国家卫计委主任李斌在 2014 年 3 月 6 日召开的十二届全国人大二次会议中强调，解决和避免医疗纠纷“要加强第三方的调解机制建设，给解决纠纷建立一个绿色的通道，同时要大力推广医疗责任保险。”参见：刘世东. 国家卫计委主任：2013 年医疗纠纷 7 万件. http://www.chinadaily.com.cn/hqzx/2014qglianghui/2014-03/06/content_17328294.htm[2014-03-06].

④ 白剑锋. 医疗纠纷人民调解工作现场会召开——刘延东孟建柱就构建和谐医患关系提出工作要求. 人民日报，2014-05-06（03）.

⑤ 2014 年由国家卫生和计划生育委员会、司法部、财政部、中国保险监督管理委员会、国家中医药管理局联合发布的《关于加强医疗责任保险工作的意见》中指出：“到 2015 年底前，全国三级公立医院参保率应当达到 100%；二级公立医院参保率应当达到 90%以上。”

调解有一定的区别，后者可能在医疗责任险的理赔、专业鉴定机构的介入等方面具有一定的条件和优势。但这并不妨碍我们对医疗纠纷调解本身做出有效的判断，在我看来，调解的基本样态从基层到大中型城市并无太大区分，这主要源于关于调解的公共政策的指引功能和评价功能并无太大区别，同理，以此对公共政策进行的分析同样是有效的。

二、调解中的医疗暴力：从“中心”到“边缘”

（一）材料来源

本章实证案例的主要来源是 2013 年对位处西南地区的 D 县的实地调查。依据社会学的基本研究规范，本章对相关可能透露的真实信息进行了一定处理，避免按图索骥之嫌。D 县在行政管辖上隶属西南 S 市，位处 S 市东北部，是该市的城乡统筹综合配套改革示范县，经济较为发达，兼具城镇和农村特色。截至 2013 年年底，D 县有卫生机构 300 余个，医疗纠纷数量较多。为了缓解日趋严重的医疗纠纷，D 县成立了医调委。医调委正式挂牌成立于 2012 年 4 月，但其在 2011 年年末就已经得以运行，并以独立名义从事医疗纠纷的专项调解工作。本章所观察的案例是在征得其同意的基础上，通过实地观察记录、访谈和案卷回顾进行的，总共持续了 1 个月。在此期间观察案例共 8 起，其中包括 1 起不予受理的案例。

为了印证观察结果的可靠性，我们从两个方面对观察结果进行了印证：一是持续与 D 县医调委保持联系，以卷宗查询和人员访谈的方式印证早期观察结果；二是对介绍医疗纠纷第三方调解案例的相关媒体材料和公开出版物进行了检索，从中搜集涉及医疗暴力的调解案件，进一步检验观察结果。

（二）以调解过程为核心的观察

D 县医调委有自己的办公场所，但有时为了便利起见，也会借用一些其他的办公场所进行协调（如司法所调解室、镇党委会议室等），在行政上隶属司法局领导，常驻调解员 3 人，经费来源是政府财政，调解完全免费。在我们考察的 7 起被受理的调解案件中，有 6 起均出现了不同程度的医疗暴力事件，如表 6-1 所示。

表 6-1　被调解案件出现的暴力冲突情形概览

序号	案件名称	暴力行为
1	曾某输液死亡纠纷案	侮辱、殴打医生，停尸并在医院设灵堂
2	李某转诊死亡纠纷案	停尸病房
3	吴某输液死亡纠纷案	停尸病房，辱骂医生，做好抬尸游街准备
4	程某自然分娩胎儿死亡纠纷案	胎儿尸体停尸收费处窗台，辱骂医务人员
5	周某腰椎后路椎板开窗减压摘除损害案	围堵医院，侮辱、抓扯
6	魏某剖宫产女婴死亡及切除子宫纠纷案	家属与医生发生口角、抓扯，围堵医院

上述暴力事件也是医方申请调解的重要原因。在医院内部，本身设有协调医疗纠纷、

促进医患双方协商的部门（如医务处、沟通办等）①，现有的研究表明，这是医疗纠纷解决机制中适用率最高、解决纠纷数量最多的机制，也是医疗机构较为青睐的机制。②因此，一般来说，如果内部解决机制运行有效，医方并不愿意将纠纷公之于众。但暴力事件的发生往往使纠纷超出院内协调部门的控制能力。此时，纠纷的化解需要更权威、更中立的部门介入。这也是与域外积极推行的院内调解有重大区别的地方——协商或调解，在中国的医疗纠纷解决中，不仅仅是居中推进、促成沟通，更包含权利裁断、行为引导甚至违法阻却等功能。③

D县医调委成立运行之初，得到了当地政府的大力支持和推介。政策层面的重视加强了医调委的权威性。在调解过程中，医调委的调解人员常常通过介绍工作职能、强调依法解决纠纷、邀请其他政府部门和医学专业人士到场等方式暗示调解工作的权威性和专业性，并在介绍当事人权利和义务时强调当事人的义务包括“不得加剧和激化矛盾”。

因此，进入调解的案件的暴力冲突特征得到了明显抑制。例如，在一次调解中，患方情绪一度失控，质问院方抢救不及时，调解人员立刻喝止，并表明调解的权威性：

调解员：先不要闹。来这里是来解决问题的，我们没有偏向哪个，是根据法律规定和工作职责帮你们商量的。综治办×老师也在这里，一方面帮助你们调解，另一方面也要看哪边违法，违法就让公安处理了。同意调解我们就继续，我们也不是非要调，不同意就走司法程序。（吴某输液死亡纠纷案）

有意思的是，一旦平息可能的暴力冲突，将纠纷解决引导入调解中，调解过程中基本上就不会再提及将“处理”曾经发生的医疗暴力事件，而努力将注意力集中到实体问题即过错认定和赔偿额度上，在其间会不断告诫患方应终止持续的暴力侵犯行为，有时还将之作为调解时让患方退步的方法，以“曾某输液死亡纠纷案”为例，该案经由三次调解协商而成：

（第一次调解）

调解员：先搁置争议。你们双方各自陈述了理由。根据你们的陈述，我归纳下……（介绍病情及处理过程）。现在主要争议是医院有没有责任和赔偿额。这要通过法律认定。建议你们接下来分别咨询下法律规定。

---

① 关于医患双方协商的现状，参见：方鹏骞，孙杨. 中国转型期医疗纠纷非诉讼解决机制研究. 北京：科学出版社，2011；学者也对协商技巧、协商模式等进行了积极的经验总结和理论研究，参见：杜蓧蓓，杨苏华，施晓红. 协商解决医疗纠纷的难点及对策. 中国医院管理，2007，（1）：30-31；李元来. 医疗纠纷协商解决中医患双方的行动逻辑. 医学与哲学，2009，（8）：28-19；李伦，郭蓉. 医患协商模式及其论证. 湖南师范大学学报（社会科学版），2014，（5）：60-65.

② 2004年的统计表明，现实中，医疗纠纷的最终解决通常以双方协商处理的方式为主导，占总数的83.31%。参见：郑雪倩. 中国医疗纠纷处理现状. 中国卫生，2004，（9）：56. 一份关于上海30家医院院内协商状况的调研表明，30家医疗机构在2007年度和2008年度通过协商方式解决的医患纠纷数量分别占88.5%和90.1%。发生纠纷时，有24家（80.0%）医疗机构愿意通过协商解决。参见：高建伟，曹文姝，徐建和，等. 上海市30家医疗机构协商解决医患纠纷情况调查分析. 上海交通大学学报（医学版），2010，（8）：960-963.

③ 因此，在这一意义上，关于域外院内调解的吸纳可能是有限的。中国医患关系的紧张、医疗纠纷烈度均会影响院内调解在特定冲突案件上的成功率。对域外院内调解机制的介绍，参见：李诗应. 世界上诸多诉讼外解决途径，为何独厚院内促进沟通调解员//李诗应，陈永绮. 当医疗遇上冲突纠纷，诉讼是最好的解决方法？台北：原水文化出版社，2013：133-154. 李诗应进而认为，院内调解的优势包括：能够迅速出现于纷争场合；有利于收集资讯、保存证据、给予患者关怀回应；了解事实过程，可以通盘考虑风险管理等。显然，这样的观点在超过医院掌控能力范畴之外的医疗暴力发生时是值得斟酌的。

院方：根据法律，我们肯定赔不了恁个（那么）多。

患方：那赔得少我们肯定不得干。老人莫名其妙走了……

调解员：现在不谈赔好多（多少），有些事情要先解决。我看你们双方还是想解决问题，所以尸体停在病房肯定不得行，要赶紧挪开，影响不好。还有，打骂医生的事情不要再发生了，违反治安管理。

患方：肯定不得打医生了。尸体要先解决赔偿再说。

调解员：接下来咨询和了解哈（下）法律规定，啷个（怎么）解决问题，明天继续来调解。那个尸体问题必须要尽快解决，你们要看病，别个（别人）也要看，停在那儿影响大家的嘛。

（第二次调解）

调解员：今天的调解要解决赔偿问题。

患方：我们了解了哈（下）法律，觉得至少要10万元。

调解员：为了解决问题，今天，你们村支书被我们邀请来帮助协商。患方目前要求10万元解决，并且要求医院赔礼道歉并将尸体协助运回家去。这些都可以再商量解决。院方的意思呢？

院方：尸体可以帮到起（帮助）运。但是根据法律规定，我们觉得10万元太多了。3万元以内可以解决。

患方：（站起来）10万元肯定不得少。不谈了，走了。（村支书继续做工作）

（第三次调解）

调解员：今天组织大家继续调解。我觉得死者已经去世几天了，还是宜尽早安葬。放置病房的行为极其不妥，影响别人就医。希望双方今天要冷静克制，尽快解决问题。患方还是要注意到，你们在医院闹的那些行为，是违反治安管理的，就是违法的，我们调解就不处理了，快点解决问题。

患方：我母亲八十几岁，突然去世，心头接受不了。还是希望医院解决费用。只要医院解决安葬费用，我们马上运走尸体。

院方：调解了几回了，我们也是想解决问题。本着人道主义的精神，这些费用可以出。

在调解过程中，调解员及其所代表的调解机构，也包括前来参与调解的人员，均对既往的医疗暴力事件采取了较为温和的态度，提及违法时也重在提醒而非意在惩戒，而且反复提到了调解重在“解决问题”。这表明，目前的医疗纠纷第三方调解本质上仍倾向于实体导向性调解①，调解员不仅是推动双方自行协商的程序性要素，还可能从实体权利的角度提出并促使双方协商的实质性达成，发现、解释甚至重塑事实成为调解员的重要工作。②结果

---

① 实体导向的调解是指调解员有权在分析争议的基础上，根据自己的经验提出解决纠纷的方案。与之对应的是程序导向性调解，由当事人而非调解员提出纠纷的解决方案，调解员仅仅是程序推动者，而没有权力对纠纷提出实体的建议或者施加压力，无需去发现纠纷的实体事实问题。[澳]娜嘉·亚历山大. 全球调解趋势. 王福华等译. 北京：中国法制出版社，2011：40-41.

② 季卫东在分析中国调解的交涉过程中指出，调解不仅仅是第三人居中下的讨价还价，在当事人双方彼此对立、互不相让的场合下，为避免交涉的失败，或为做出有效的决定，就要求调解人更加主动的驾驭局面，做出判断。因而，通过说服以及规范和程序的运作，调解人有可能摇身一变而为规范和规则的宣示者。季卫东将之称为调解的形式化，认为其使调解一方面成为实在法发展周期的一环，另外，在社会利害冲突中又生成了新的规范意识。以上分析与中国调解中调解员发现、解释甚至重塑事实的行为不谋而合。参见：季卫东. 调解制度的法律发展机制//强世功. 调解、法制与现代性：中国调解制度研究. 北京：中国法制出版社，2005：56-58.

是，调解机构或调解员会主动遴选案件中有关纠纷解决的核心实体事实，而放弃有碍达成协商的事实要素。

但这与官方对医疗暴力的治理态度有着明显区别。调解案件发生在2013年下半年，而在2012年4月的《关于维护医疗机构秩序的通告》第七条则明确规定："有下列违反治安管理行为之一的，由公安机关依据《中华人民共和国治安管理处罚法》予以处罚；构成犯罪的，依法追究刑事责任：（一）在医疗机构焚烧纸钱、摆设灵堂、摆放花圈、违规停尸、聚众滋事的；（二）在医疗机构内寻衅滋事的……（四）侮辱、威胁、恐吓、故意伤害医务人员或者非法限制医务人员人身自由的……"在调解中，调解员并未提及上述法规，甚至还用"安抚"的方式（"我们调解就不处理了"）进行刻意淡化。更加有意思的是，医方及在场的参与调解的综合治理办公室工作人员和其他政府工作人员均未提出异议，默认了调解员"解决问题"的说法。

（三）继续印证

这一行为是单独的，还是普遍的？在我们观察的其余案件和后续的追访中，D县医调委的做法大同小异——"医疗暴力"这一在医疗纠纷中颇为棘手的要素，通常被实体意义上的调解所覆盖。出于更为严谨的态度，我们对其他资料进行了搜索力图予以印证。在一本作为医疗纠纷调解示范案例解析的专门著作中，共收录了典型案例48起，有记载的存有不同程度医疗暴力的案件9起，描述主要有"反复纠缠冲突致使医院报警""出言不逊""发生过激行为""大闹医院""停尸并纠集不明身份人大闹医院""冲砸医生办公室、围堵医务处人员""激烈对抗严重影响医院正常秩序"等，其中公安机关介入的有2起。但在随后的调解过程描述及分析中，均未发现对已经发生的暴力行为进行任何法律上的处置，即便是公安机关曾经介入的案件，也默认了调解的最终结果而未曾出具单独的法律处罚。该书中一段关于调解技巧的介绍更表明了调解机构对于医疗暴力行为的认知：

（调解时）只关注"闹事"的表象，就可能形成我们的错误归因，即将医患纠纷的对抗性简单地化为甚至单向地归结为一方，似乎只是因为患方的"无理取闹"才是医患纠纷的关键因素。这种对医患纠纷成因简单化的认识错误，将使得我们无法更准确地看清事实真相，制定出适度和有针对性的调解方案。①

这应当是调解机构普遍存在的认识。在近些年报道的医疗纠纷典型调解案例中仍可以找到类似的思路。例如，据《北京日报》报道，患者家属披麻戴孝拉横幅占据了北京某卫生院的大门，派出所民警出动劝服未果，打电话告知北京市医调委进行调解。最终历时7个工作日达成了调解的协议。②这样的报道使我们的认识进一步立体化：案件发生在2014年6月，打击医闹和制止医疗暴力的法规已经完全生效，但公安机关并未按照法规予以至少是治安处罚的法律制裁，而调解机构也在意料之中地继续淡化了暴力在纠纷中的出现。而一如既往将淡化暴力的调解案件作为典型案例在官方主流媒体进行宣传，至少表明了对

---

① 南京市鼓楼区司法局，南京市鼓楼地区医患纠纷人民调解委员会. 医患纠纷人民调解案例解析. 南京：江苏人民出版社，2012：50.

② 方芳. 尝试评估调解分开新模式. 北京日报，2014-6-11（10）.

这样的调解结果的认可。类似的案例报道还能搜索到许多。[①]所以，从出版物的记载和媒体的报道中，我们基本印证了参与观察的结果。

于是，一个颇有意味的问题浮出水面，这一“淡化暴力”的行为是怎样在严厉打击暴力的政策中得以顺利实施或者运行的，又是怎样获取了双方当事人尤其是被暴力侵害的医方的认可的？

三、暴力淡化的原因：从医疗纠纷第三方调解的制度价值切入

可以将对暴力的淡化视为调解中的技术性问题。强世功将调解视为国家法律与生活事实的连接，认为其将“宏伟的制度安排”转化为“细微场景中的技术”，“因此，作为国家权力的法律并不像光一样畅通无阻地直射于社会生活，而是在具体场景的权力关系网络的复杂运作中，在种种冲突和妥协中，以迂回曲折的方式触及我们的社会生活”[②]。这与在实证材料中调解机构反复出现的“解决问题”的思路不谋而合——以“解决问题”为中心，通过对法律的技术性阐释甚至“模糊”达成双方的协调，这被视为法律的生活知识转化。但类似观点的缺陷在于，并没有对调解技术中可以模糊的法律规则做出进一步的区分。调解“模糊”法律的合理性在于以真诚的双方合意吸收可能的轻微法律瑕疵，尤其是私益方面的瑕疵，典型的如赔偿金额和给付方式等。而国家对医疗暴力的打击显然不仅仅是私益问题。无论是治安处罚还是刑事处罚，都是公权力对医疗暴力社会危害性的确认，从理论上讲，并不受制于受害者本身追究的意愿。而打击医疗暴力无论从现实需求还是从政策安排来看，都不可能仅仅是姿态。[③]在这一点上，关于调解技术的解释有些勉强，调解技术为什么能与打击医疗暴力的政策选择并行不悖而且心照不宣呢？

我认为，只有回归到医疗纠纷第三方调解本身的制度价值才能更深刻地理解暴力被淡化的原因。

（一）“关系治愈型”的解纷目标与“暴力淡化”的必然

除了典型的医疗过错之外，医疗争议的多发与医学技术的高风险性密不可分。首先，医学上的误诊和误治的多发性超过预期。中国医学误诊文献数据库提供的数字显示，中国2008

① 在这些描述医调委调解成功经验的报道中，均涉及暴力冲击医院的案例，但调解中对暴力行为都没有做出任何法律上的制裁，而是以调解后达成协议“握手言和”作为成功的标志。类似案例报道可参见：赵琦玉，陈峰. 广东医调委调解医闹现烦恼：“和稀泥”还是专业处理. 南方日报，2011-11-24（04）；晏凯，刘晶晶，朱元斌，等. 全国模范人民调解员王佩兰：“建构医患缓冲带”. http：//www.chinanews.com/fz/2013/12-06/5586759.shtml[2014-08-25]；廖晶荣，顾沪斌. 医调委不仅仅是“和事佬”. 昆明日报，2014-01-16（09）；施为飞，黄涛. 中间人巧解医患大难题——南京市鼓楼区医调委调解员李凤花二三事. 江苏法制报，2010-07-13（1）；黄林中，陶忠辉. 令人信服的医患“裁判员”——解读医疗纠纷调解的“黄石经验”. 湖北日报，2013-09-24（02）；胡劲松，刘亚群. “成功调解”支撑从何而来. 安徽日报，2012-8-22（C01）.

② 强世功. 法律不入之地的民事调解——一起“依法收贷”案的再分析. 比较法研究，1998，（3）：280.

③ 党和国家领导人的多次表态可以视为明确的政策信号。两会期间，习近平同志在参加十二届全国人大二次会议贵州代表团审议时表示：“必须维护医院的正常秩序，保护医护人员安全，任何伤害医护人员的违法行为都要依法严肃处理。”在2013年10月25日引起社会广泛关注的温岭人民医院连恩青杀医伤医案发生后，李克强同志做出批示：“要求有关部门高度重视因医患矛盾引发的暴力事件，采取切实有效措施维护医疗秩序。”

年的临床医疗总误诊率为27.8%，比国际平均的临床医疗总误诊率25%稍高。其次，医疗过程的风险瞬息万变，而对于医疗知识不充分的人来说难以进行令其理解的解释。例如，突发急症、手术的并发症等，目前医学知识尚不能尽善尽美地解决一切问题。最后，医学诊疗与患者预期冲突。随着科学技术的发展，医学技术解决人体健康问题的能力大大提高，患者的期待值也随之提高。但治疗效果受限于医学技术水平和当时的治疗情境，甚至包括可能出现的随机风险，因此，预期与治疗效果之间的落差极易产生争议。卫生部2010年统计的数据表明，80%的医患纠纷来源于服务态度和治疗效果，而医学专业人士坦言，不满治疗效果是纠纷的主因。①

但争议升级成为医疗纠纷甚至转化为医疗暴力仍然需要其他变量的支撑。在纠纷发生学上，争议是可以感知的利益分歧，而分歧可能通过理解、沟通和协商自行消弭。只有冲突者心理上的变化才能使冲突进一步升级，“情感能对行为产生强大的影响，它们能逐步增强，直至战胜自我约束并引发剧烈的升级行为。不过，这些情感往往处于临时状态，不但与当前的事件有关，而且只有在冲突螺旋持续的情况下才能继续下去”②。中国医疗纠纷的泛滥成灾显然不仅仅是医疗过错或者医疗质量的问题。之所以医学的高风险性引发的争议不能因双方的理解和沟通自行消弭，与医患双方介入冲突的情感相关。有学者敏锐地发现了这一情感冲突的关键，即信任，“信任问题则是医疗纠纷解决中联系主体与结构的核心纽带……医患双方本该互信互助，携手共斗病魔，但现实中双方却彼此提防、互相猜忌，且这种不信任已日趋成为转型中国医患关系的明显特征”③。正是由于医患关系中不信任因素的广泛存在，所以医患纠纷的化解远远不是分清过错、明确责任那么简单。

这正是医疗纠纷第三方调解备受推崇的重要原因。司法解纷虽然权责清晰，但未必能起到修补关系的效果，尤其对于医疗技术风险造成而医方过错参与度不大的案件，司法程序说服患方接受判决的能力其实十分有限，案件判定却未尘埃落定，纷争犹存，甚至可能会以上访、私力救济等方式延续，这既是令司法机关烦恼的事情，也是社会治理者不愿看到的。而第三方调解却可以在法律规定的“阴影”下延续关系修补的功能。调解者除了注重解纷的目标之外，更注重在调解过程中“关系治愈”的过程。棚濑孝雄根据调解的功能将法制社会的调解区分为“判断型调解”“交涉型调解”“教化型调解”和“治疗型调解”，他认为，“治疗型调解”基本上把纠纷视为人际关系的一种病理现象，试图通过广义的人际关系调整方式来治疗病变，使其恢复正常，并且，“治疗型调解”要想“试图消除成为当事者之间纠纷的根本原因的相互不信任或攻击冲动”，除了提供宣泄的机会之外，还应将调解重点集中于具体的争执之点。④这恰好符合目前医疗纠纷人民调解的调解目标。

访谈进一步验证了这一点。D县医疗纠纷调解委员会的调解人员表达了这样的看法：“调解最大的优势就是从根上解决问题。没有谁想揪着谁不放，不就是心里憋着口气嘛。死人了，要不把这口气发出来，怎么都觉得对不起死者。赔得越多，就觉得越解气。我们就是要告诉他，赔不赔，都是要讲道理。你不能把平常对医院的不满都放在这儿。调得好，

①肖慧．贵医附院：不满治疗效果是纠纷主因．http：//gzrb.gog.com.cn/system/2012/06/14/011488979.shtml.2012-06-14[2014-08-25].

② [美]狄恩·普鲁特，金盛熙．社会冲突——升级、僵局及解决．王凡妹译．北京：人民邮电出版社，2013：125.

③ 徐昕，卢荣荣．暴力与不信任——转型中国的医疗暴力研究：2000—2006．法制和社会发展，2008，(1)：90.

④ [日]棚濑孝雄．纠纷的解决与审判制度．王亚新译．北京：中国政法大学出版社，1994：35.

能让他感觉医院没那么坏。”（2013 年 3 月 10 日，访谈记录）这样的观念其实就是“关系治愈”调解目标的重申。要通过调解实现的是患方对医院的理解，从而修正自己的赔偿意愿，更宏远的目标则放在消弭患方平时形成的对医院的错误印象上。

因此，对医疗暴力的过多强调甚至交由执法部门惩戒会抵消“治愈关系”的努力。通常认为，在医疗纠纷调解重新构筑关系的过程中，要尽量避免可能引发激烈对立情绪的争论。“若发生了伤害事件或遇到患者抱怨，医护人员往往是无法平静对待的。……这样一来，医护人员就慢慢防卫起来，并想用医方的一些说法来解释、说服对方。然而，医方还没有来得及解释，患者及家属便开始反感医方的防卫和企图说服对方的姿态。这样信息沟通不了，认知上的分歧也会加深。”①因此，在调解中如果强化对医疗暴力的惩戒可能产生的后果是，加剧了医患双方的敌意；让患方误以为调解结果受到自己的暴力行为影响而不是对诊疗过错的确认；让医方巩固了“讨回公道”的决心而削弱调解解决问题的信心；焦点转移，脱离调解机构职能所能控制的范围。如上后果都不是力图重新修复关系的医疗纠纷调解机构所愿意看到的。

而淡化暴力的好处对调解机构显而易见：表达对患方的理解从而更易形成重筑关系的对话平台；将问题集中于医疗问题本身更便于消除争执，更重要的是，减少了不必要、不擅长的工作量；对暴力的宽容还可以帮助医院树立宽容、忍让的形象，同时可能让其在赔偿额上添加了讨价还价的砝码。何况，从长远来看，惩戒暴力虽然可以起到以儆效尤的效果，但不能起到减少医疗纠纷的目的。

更何况，关系治愈既是医疗纠纷第三方调解的优势，也是其存在的重要依据。强化这一优势会加强医疗纠纷第三方调解机构或制度存在的正当性。对调解机构或调解员来说，这一权衡并非没有道理，至少，从目前来看，第三方调解尽管喜报频传，但内在的危机仍然存在。②从这一意义上讲，“结案率”“调解成功率”仍是有意义的指标，“淡化暴力”的行动如果能对此有所裨益，作为理性人，调解人员会自主选择该行动。

（二）危机治理背景下“打击暴力”与“淡化暴力”政策逻辑的融合

“关系治愈”的解纷目标解释了医疗纠纷调解机构“淡化暴力”的动力所在，但还是不能解释为何“打击暴力”的政策弱化得到了来自官方的默许——从诸多案例中，我们观察到，作为打击医疗暴力的治理机构，公安机关并未对医疗调解结果中淡化暴力提出质疑，甚至默契地巩固了调解的结果。

这与“打击医疗暴力”的治理形态和目的相关。医疗暴力逐渐被构建成治理危机来源于一系列杀医伤医的案件被媒体曝光，其高潮是引起社会广为关注的“温岭杀医案”。③这

① [日]和田仁孝，中西淑美. 医疗纠纷调解——纠纷管理的理论与技能. 晏英译. 广州：暨南大学出版社，2014：2.

② 第三方调解普遍存在周知度不高、条件缺乏、经费保障不力、法律保障不完善、地区发展不平衡等问题。参见：乐虹. 当代医患关系及纠纷防控新思维. 北京：科学出版社，2011：184-186；刘兰秋. 医疗纠纷第三方解决机制实证研究. 北京：中国检察出版社，2014：120-131.

③ 2013 年 10 月 25 日，患者连恩青在浙江温岭市第一人民医院刺死医生王云杰，刺伤两名医生的案件，将医疗暴力的治理推上了风口浪尖。事后，医疗界掀起了“医疗暴力零容忍”的签名活动，各地医务人员也以静坐、悼念等活动表达对暴力的愤慨。随后，2014 年 3 月 7 日，两会期间，89 名政协委员共同签署联名界别提案，提出修改《治安管理处罚法》，针对在医疗场所发生的暴力伤医，将医疗卫生机构纳入公共场所范畴。参见：10 · 25 温岭袭医事件. http：//baike.baidu.com/view/10976329.htm[2014-08-25].

也可以解释，为何医疗暴力一直都有，但国家政策密集地出现于2012年之后。在医疗界“零容忍”的众口一声中，尤其是在维护关乎民众健康安全的紧迫需求中，国家的介入其实是被动的、仓促的甚至是紧迫的。这有别于对制度痼疾进行梳理、修正和变革的自主性介入。基于此，政策话语必然具有严厉和不容宽恕的语气。若非如此，难以对危机的发生进行迅速而有效的遏制，也难以平息受害的医疗机构及其人员的不忿情感。

就民众支持而论，打击医疗暴力的公共政策获得的支持其实更类似于政策科学中的“散布性支持”，而非“特定性支持”[①]，也就是说，民众的支持其实并非产生于紧密关联的自我利益考量；社会对打击医疗暴力的政策的认可更类同于对打击各种不法暴力行为的认可，是对国家维护社会秩序功能的认同，并没有认真区分医疗暴力与其他暴力行径的性质。就政策体系中的定位而言，打击医疗暴力的公共政策出台较为仓促，未完整地经由现代政策科学所提倡的议程设置[②]，从而可能造成与相关政策的冲突。就政策功能而言，除了回应医疗暴力治理严峻的现实之外，更宣示了国家对医疗暴力的态度，从而对包括医疗机构、医务人员在内的所有感知或痛陈医疗暴力的人有所交代，也就是拉斯韦尔强调的政策的“信息功能”，即政策所传递的指引决策的有关过去和对其未来做出预测的功能。在其看来，政策的信息策略会强化其信息功能。[③]这在媒体对打击暴力政策报道上所体现的态度可见一斑，如全国人大代表、温州医科大学校长瞿佳在接受媒体访问时表示，确实感受到在2014年中，对伤医、闹医事件的处置更加有效，医生执业环境和医疗秩序得到了改善，“公安部加大了对涉医违法犯罪事件的惩治力度，向全社会表明了公安机关维护医疗机构治安秩序的坚定决心和鲜明态度，这一步迈得非常关键”[④]。这证明，政策的信息功能已然得到了一定的认可。

国家政策的脆弱性由此而生。如何区分“医疗暴力”，照顾到打击范围的罗列式方法尽管周全，但未必实用；打击医疗暴力的激烈态度虽然解气，但未免冲动；呵护医疗场所安全的法律倾斜或许有效，但稍显偏袒。治理医疗暴力有时需要更理性的态度。例如，英国学者阿尔斯通在分析英国自1999年采用的对医疗暴力的“零容忍”规则时，强调从职业主义视角和医疗需要来看，医疗人员没有办法做到绝对的“零容忍”。而过于注重风险管理和保护，忽略考虑解决暴力实施者的潜在问题，将医生潜在地置于“受害者”地位，

①所谓“特定性支持”是指因政策输出致使社会成员的某种特定利益或要求得到了具体满足，从而获得的公众认同和支持；而“散布性支持”则不受特定诱因或报酬的影响，它是社会成员基于对决策当局的政策规则的内在信任或支持蓄积，以某种明确或者含蓄的方式，相信政策输出是符合政治领域的道义原则和是非感的，即便对这些输出未必同意甚至还会认为损害其意愿，但仍能够予以承认或默许而生成的支持。参见：[美] 戴维·伊斯顿. 政治生活的系统分析. 王浦劬译. 北京：华夏出版社，1999：322.

② 政策议程的研究是现代政策科学的重要课题，布赖恩·琼斯认为，议程设定路径的焦点是政策议题：“它们从哪里来，如何被选择以进行认真的考虑，它们如何被框架化以吸引支持，以及它们如何影响政策过程。”[美]布赖恩·琼斯. 再思民主政治中的决策制定——注意力、选择和公共政策. 李丹阳译. 北京：北京大学出版社，2010：19. 而关于政策制定议程的详细描述可参见：[美]托马斯·盖伊. 理解公共政策. 第十一版. 孙彩虹译. 北京：北京大学出版社，2008.

③ [美]哈罗德·D. 拉斯韦尔. 迈尔斯·S. 麦克道格尔. 自由社会之法学理论：法律、科学和政策的研究. 曹晴，陈兵等译. 北京：法律出版社，2013：1044-1048.

④ 王丹，韩璐，甘贝贝. 2015 年两会期间针对医疗场所暴力伤医立法. http：//www.cn939.com/news/zykx/2015/03/07/102325.html[2015-03-07].

可能会影响医疗人员对患者的态度和处置，激发暴力。[①]只是，在危机治理背景下出台的政策方案只能顾及消弭危机的效率，很难如此细致。

国家政策法律文本上的脆弱必须有所调整，而这种调整从来都不曾停息。“在国家与社会关系方面，国家自主性无论是相对自主性，还是‘潜在自主性’，都不是一个绝对的常量，而是一个能增强或减弱的变量，这需要把国家自主性嵌入社会之中，赋权和还权给社会，以求国家与社会的均衡发展。”[②]正如政策进入社会的“上有政策，下有对策”，法律知识进入生活的“法不责众”，这样的调整其实我们并不陌生。宏伟的生活逻辑和碎片化的规则意识，从来都是发展中的中国治理不能回避的问题。但与既往的调整有所不同的是，“淡化暴力”的实践其实并不与“打击暴力”的政策选择冲突，其融合的关键正是危机发生的原因及政策背后隐含的秩序观。

危机的源头在于医患关系的紧张已经部分超过了国家所能掌握并控制的范畴，私力救济的昌盛从反面映射了公力救济的无奈，而卫生机构的屡受重创也危及了卫生事业的发展。作为政策回应，打击暴力的态度必须显得强硬，国家不可能容忍暴力的滥用和无法控制的冲突升级；但作为实践，如果能够缓和医患关系的紧张态势，从根本上遏制危机产生的原因，国家并不予以反对。从治理的角度，这不过是“标”与“本”的辩证法。

更重要的是，所有打击医疗暴力的政策选择都隐含了同样的秩序观。《关于维护医疗秩序打击涉医违法犯罪专项行动方案》指出，其指导思想为：“贯彻落实党的十八大和十八届三中全会精神，紧密围绕建设平安中国、健康中国的要求，深入开展群众路线教育实践活动，以创建‘平安医院’活动为载体，通过开展维护医疗秩序，打击涉医违法犯罪专项行动，保障医患双方合法权益，为广大患者和医务人员营造良好的医疗环境，切实维护社会和谐稳定。”《关于依法惩处涉医违法犯罪维护正常医疗秩序的意见》中也明确其制定理由：“良好的医疗秩序是社会和谐稳定的重要体现，也是增进人民福祉的客观要求。依法惩处涉医违法犯罪，维护正常医疗秩序，有利于保障医患双方的合法权益，为患者创造良好的看病就医环境，为医务人员营造安全的执业环境，从而促进医疗服务水平的整体提高和医药卫生事业的健康发展。”从中可以看出，打击医疗暴力与“和谐”“稳定”的秩序观紧密相连，这才是内嵌于打击医疗暴力的治理行为的内在根据。打击是手段，和谐、稳定则是目的。

因此，从外观上看，淡化暴力的调解实践不但对和谐、稳定毫无危险，还有所裨益。通过淡化暴力营造出的敌意氛围较弱的对话空间，强化了医患关系和谐的可能；更重要的是，大多数医疗纠纷调解属于国家财政支撑的“收编”状态，履行的是国家赋予的维护社会稳定的纠纷解决职能。以 D 县为例，其医调委成立之初，某出席挂牌仪式的县委常委即对其职能做出如下描述：“通过建立社会公认的‘第三方’调处机制，使医疗纠纷的调处实现制度化、专业化、常态化，确保在医疗纠纷的定性、定责以及处理上能够体现公平、公正和权威性，从源头上防止矛盾激化升级影响社会稳定。”政府关注的是医疗调解在维护社会稳定、和谐中的功能，这一功能与打击暴力的政策功能是完全一致的。而淡化暴力

① Elston M A ，Gabe J，Denney D. Violence against doctors：a medical（ised）problem? The case of national health service general practitioners. Sociology of Health & Illness，2002，24（5）：575-598.

② 陈毅. 中国转型社会的国家治理有效性. 社会科学，2013，（1）：43.

的"关系治愈"型调解只要更有助于直接实现这一功能，自然覆盖了打击暴力这一成本更高且政策功能或许更间接的手段。

四、医疗暴力淡化可能的隐含后果及其反思

（一）"淡化暴力"中关系治愈可能的隐忧

第三方调解中对暴力的"淡化"其实不止停留在医疗纠纷中。西方学者研究发现，在域外类似中国人民调解的以社区为基础的离婚调解中，家庭暴力问题也常常被边缘化甚至删除，并被认为"是关系性的而非暴力性的"。①由此可见，暴力的淡化常常在涉及恢复关系的调解中被认为是重建关系的必要条件。但已经有学者质疑强制调解中家庭暴力受害者权利是否被迫妥协，认为"家庭暴力受害者因为一个看似善意的程序设置正付出沉重的代价"②。因此，在域外，家事纠纷的处理中，一般将出现家庭暴力视为不适宜调解的范畴。③

类似的可能性会否存在于医疗纠纷的第三方调解之中？我们只能猜测，暴力受害者的不满的确存在。但这样的猜测太过抽象，正如我们同样可以猜测双方认可的调解赔偿协议的合意真诚性可能吸收不满一样，很难将之作为关系无法治愈的凭据。我们需要更为细致的分析。

区别于家庭暴力受害者个体的确切感受的是，虽然医疗暴力的对象可能是个体，也可能是医院，而进入调解作为关系被治愈方的一定是医疗机构。作为组织，其情感更加难以量化。但无论是个体还是组织，对暴力触犯其利益的感知都是可以确认的，因为利益可以物化或量化。如果将调解的目标更多地置于"治愈关系"，必须明白关系在调解中的利益转化。"第三人参与纠纷解决，实际上是多方博弈，如何求取博弈均衡，达致多方共赢的问题。……因而，即使是在孤立的纠纷解决中，人们虽然计较本次解决之得失，但也必定要考虑着长远利益。"④能否"治愈关系"，就个案而言，其实最终是利益弥补方案包括对未来利益的影响能否为双方所认可。

而暴力导致利益受损，包括人身的伤害、精神的损害，以及器物、场所的毁坏。如果将暴力淡化而不改变双方对利益的期待，唯一的可能是，被淡化的暴力嵌入了利益表达的最终方案中，让双方都对暴力产生的利益后果有所认识，并影响了补偿方案。但经由对D县的考察，我们发现"淡化暴力"后的谈判遵循的利益赔偿逻辑与"淡化暴力"的选择关联甚小。

---

① Greatbatch D，Dingwall R. The marginalization of domestic violence in devoice mediation. International Journals of Law&Policy and Family，1999，（13）：174-190.

② 贺欣，吴贵亨. 司法调解对家庭暴力的删除//苏力. 法律和社会科学. 第11卷. 北京：法律出版社，2013：167.

③ 澳大利亚《家事法规则》第25A号命令第5条将"家庭暴力的风险"列为判断纠纷是否适宜以调解方式处理的考虑因素；中国香港地区的"家事调解试验计划"的经验将"家庭暴力"列为不适合调解的情形。中国台湾地区家庭暴力防治相关法规规定："法院于诉讼或调解程序中如认为有家庭暴力之情事时，不得进行和解或调解。但有系列情形之一者，不在此限：一、行和解或调解之人曾受家庭暴力防治之训练，并以确保被害人安全之方式进行和解或调解。二、准许被害人选定辅助人参与和解或调解。三、其它行和解或调解之人认为能使被害人免受加害人胁迫之程序。"参见：汤鸣. 家事纠纷法院调解的范围与限度. 南京航天航空大学学报（社会科学版），2015，（2）：59.

④ 唐峰. 纠纷解决中的关系规则. 山东大学学报（哲学社会科学版），2009，（6）：71.

调解员：刚才患方认同在 3.5 万 ~ 9 万谈，要求院方大踏一步进行商谈。医院不要拘泥于自我的认知，思想要跳跃点。

调解员：希望院方把调解的意见带到院里的会议上谈谈，能解决问题最好。毕竟咱们辛苦了这么久，调得也不容易。快点解决对医院也好。

——程某自然分娩胎儿死亡纠纷案

调解员甲：既然是调解，责任归属和大小也不一定那么明确，患方说的关于医生资格审查上政府有无失职，不属于我们管辖的范围。希望院方多理解患方，多给点帮助。

调解员乙：我们调解进展其实不错的。患方很诚信，要求上也不过分，如果作为生命 14 万元肯定不止。医方也不错，本着同情弱势和人道主义，借支了 3 万元给患方。希望能再进一步。如果双方一直争执，那就只有从法律角度赔偿，取决于鉴定结果，该赔好多赔好多。

——李某转诊死亡纠纷案

在这两起医方过错并不明显且未经由鉴定确证过错的案件中，调解机构在最后方案形成的过程中反复强调了调解对责任的清晰度要求不高，关键是双方互谅互让的协商。一如既往地，调解机构对曾经发生的医疗暴力行为讳莫如深，恐怕是顾虑其会在协商中酿成不必要的敌意。最终，这两起案件以赔偿达成顺利告终。如果说，医方在暴力抵消利益上有所期待的话，那么这样的结果恐怕会使期待落空。

在调解中，被淡化的暴力完全嵌入协商中可能会冲抵调解在“治愈关系”上的优势，这似乎有点艰难，但完全与协商无关也令人质疑。如果暴力行为较为轻微，对利益影响并不大，调解中“淡化暴力”语境下更为流畅和气氛良好的协商，其结果可能更具有合理性，对未来利益的影响也更趋于良性；但可能的隐忧是，当暴力行为较为严重，对双方产生了利益上的显著影响时，调解中“淡化暴力”后的协商结果即便达成，也可能形成对未来利益计算上的影响。患方会侥幸其暴力行为的逃逸，并很可能通过某种传播逐渐使类似潜在的患方形成获取赔偿的策略性行为，从而加剧医患对立；医方则会增加防范暴力行为的未来成本，一方面，这些成本可能转嫁给未来的患方，另一方面也使医方与患方关系上更加紧张和对立。“治愈关系”的努力至此可能会适得其反。

（二）“淡化暴力”中秩序主体更迭可能的影响

医疗暴力意味着医疗纠纷的升级，而其带来的损害影响和危及了公共秩序，这也是打击医疗暴力的原因。“个体纠纷影响和危及社会秩序基础有两个重要标准：一是纠纷是否涉及和影响到集体或群体中大多数人的个人利益；二是纠纷过程是否影响和危及集体或群体成员所认同的基本规则和价值。”[①]因此，国家默认医疗暴力被淡化的前提其实是一种利益衡量，国家更需要的稳定、和谐秩序吸收了对公共秩序的些许破坏，当然，反过来，我们有理由相信，如果医疗暴力造成的破坏巨大，国家会毫不犹豫地选择打击而非淡化。

① 陆益龙. 纠纷管理、多元化解机制与秩序建构. 人文杂志，2011，(6)：168.

然而，这是一种理想状态的秩序观。现实中，“暴力淡化”的实践是否能完整地遵循这样的利益衡量其实是颇令人质疑的。在对D县医调委的调解员进行访谈时，其表达了自身的疑惑：“如果不拉当地政府来帮忙吧，调解达成协议就难些；可当地政府一来吧，可能就走样了。”（2014年5月4日，访谈记录）这里的走样其实指的就是政府介入后以其秩序观对调解形成的影响。当地政府强势的介入默默地实现了调解主体的更迭。维护和谐、稳定的秩序观可能以更加“泛政治化”的视角出现，即将问题的解决视为政治风险和政绩衡量的标准，要求就地消化，不使其影响扩大。但可能正是这样想尽一切办法进行的消除影响，往往造成不良后果：“维稳工作泛化的重要政治后果是大量社会问题的政治化，也即政治泛化，即由于政治权力介入到各种社会问题和利益诉求的解决之中，造成最终所有的社会问题都会指向政治领域，都要求政府予以包揽和解决，问题解决的程度甚至直接与政权的合法性和有效性挂钩，对于一个转型社会来说，这无疑是相当危险的。”①于是，“泛政治化”思路下的“利益衡量”出现了重大偏误，即便是有一定破坏力的医疗暴力，考虑到可能造成对政府乃至官员的不良影响，地方行政机构也有充分的理由将之平息在纠纷解决的过程中。

泛政治化的视角模糊了“淡化暴力”对重塑或恢复医患关系的意义，仅将医疗纠纷的平息和由此带来的短暂稳定作为“淡化暴力”的理由：对医疗暴力放弃追究，以谋求事态不扩大化，同时，以行政权力影响调解甚至劝服暴力中受伤害的医疗机构。“淡化暴力”因此可能转化为放纵暴力或者向暴力妥协。这样的影响已经在第三方调解中凸显并引起了调解机构的不满。②这还可能造成第三方调解更大的合法性困境，即能否独立、中立、公正地行使调解纠纷的职责：

调解员：希望医患双方拿出诚意，尽快达成合意。明天早上9:30在××镇卫生院会议室继续调解，要说一下的是，患方尽快把尸体移出病房，不要耽搁，另外，希望双方依法维权，切勿采取过激行为不要整出事儿来。

——李某转诊死亡纠纷案

医调委在措辞诸如“不要整出事儿来”提醒我们，被政府机构预设为担负纠纷解决、维护社会稳定职能的医调委会自觉思考社会秩序、社会影响等相关问题。有学者指出：“医调委显然不是社会自生自发的组织，而是由国家‘建构’的，这一事实意味着，医调委必然承载着国家治理医患冲突的政治需求，也在很大程度上塑造了医调委的功能属性。”③这一般不构成问题。但当医调委过分考虑社会秩序、社会影响等需求并将其视为纠纷解决的优先价值时，其解纷能力与解纷效果均可能面临纠纷当事人对解纷公平性的质疑。

---

① 容志，陈奇星．“稳定政治”：中国维稳困境的政治学思考．政治学研究，2011，（5）：90.

② 2014年8月5日，广东省医调委主任王辉在医调委成立3周年会议上提及地方政府出于维稳需求纵容医闹，妨碍调解的一段视频在网络走红：“过去近二十年时间里，几乎所有的打医、伤医案和饱受诟病的医闹问题都在‘维稳’这个帽子下被悄悄地平息。而这一年来，随着新媒体和网络自媒体的兴起，这些案件的曝光虽然已不是问题，但闹事行凶者依然大多因‘被神经病’等原因并未得到应有的处罚。究其原因，依旧是某些政府官员怕丢乌纱帽而拼命‘维稳’。”参见：广东医调委怒斥官员纵容医闹．http：//www.guancha.cn/video/2014_08_07_254283.shtml[2014-08-25].

③ 靳凤娣．医调委：功能冲突与政策调适．医学与哲学，2014，（7A）：65.

五、结论

研究结果表明，第三方调解中“淡化暴力”的实践与调解的性质和目标密切相关，在一定程度上强化了调解机构处理医疗纠纷的能力，缓和了日趋紧张的医患关系。同时，“淡化暴力”实践隐含的调解秩序观与国家秩序观潜在的融合，也促进了调解的正当性和权威性。但“淡化暴力”的功能性缺陷也逐渐浮现。医疗机构在利益上的损失和个体在身心上的受挫被调解过程忽略，逐渐累积的怨愤和不安埋下了医患关系危机的种子；调解机构“淡化暴力”很大程度上受到了“泛政治化”的影响，其独立性和公正性都可能受到质疑。

这些功能性缺陷首先为医疗纠纷第三方调解机制的完善提供了观察的视角。第一，第三方调解与医疗责任保险的结合应当更加紧密。医疗责任保险是指投保医疗机构和医务人员在保险期内，因医疗责任发生经济赔偿或法律费用，保险公司将依照事先约定承担赔偿责任。[①]就调解而言，医疗责任保险的功能是以第三方补偿的方式弥合着调解可能出现的利益罅隙。这些罅隙本质上产生于目前医患关系之间的裂痕。为了履行“关系治愈”的目标，第三方调解势必会在法律“阴影”下模糊一定程度的争议，包括轻微的医疗暴力、难以辨明的由医学技术风险导致的伤害等。很多时候，协商的过程实质上是对于这些问题医方逐渐予以让步的过程。医疗责任保险的补偿可以部分消除对上述让步产生的不甘。因此，从制度上，医疗责任保险目前应当选择强制险的方式，在出资上应当有国家分担的必要。这是因为，仅以医方对“淡化暴力”的配合上来看，医疗机构利益的让渡一定程度上出于对关系治愈和恢复秩序的妥协，而这一让渡是否成功，取决于医方对利益归属的未来预期，保险机构以及适度的国家出资可以巩固这种未来预期。第二，暴力情形较为严重的医疗纠纷应当被阻隔于调解之外。即便出于“稳定”的秩序观，也应更多着眼于未来，对暴力的无条件“淡化”势必会促进暴力的进一步猖獗。应当建立适当的阻隔机制，对于暴力等级较高尤其是以群体性方式冲击医疗机构、伤害医务人员的案件应当不列入调解的范畴，而以打击暴力行为为前提。第三，第三方调解机制应当以制度完善充实其独立性。在中国科层治理尚不完善的现状下[②]，对“泛政治化”观念上的抵制应当从制度技术入手。例如，鉴定的引入就可能是较好的方式。医疗纠纷的第三方调解应具有专业性，传统的“调和让步”式的调解方式可能难以对涉及专业的医疗纠纷形成较为公正的结果，尤其是对于医疗过错不明显但损害存在的个例，容易因调和不休而陷入“泛政治化”调解策略中。同时，医疗纠纷的第三方调解可以借专业医学鉴定区分于普通私益的“大调解”，加强其独立性。

---

① 关于医疗责任保险更为详细的介绍，参见：谭湘渝. 医疗责任保险研究. 上海：上海财经大学出版社，2008；曾言，李祖全. 医疗责任强制保险制度研究. 长沙：湖南师范大学出版社，2009；吕群蓉. 医疗责任保险制度法理基础与制度构建. 北京：中国政法大学出版社，2014.

② 应星等指出：中国科层治理的特点是，一方面，科层组织取代或废弃了各种传统的组织；另一方面，正式科层组织的各种理性化的规范程序又未能充分地发育起来。由于政策制定者和监督执行者的治理目标过于庞大，而他们所须掌握的信息又大量残缺，“变通”就成为重要的运行机制。下级在变通执行政策中获得了一定的自主性空间，但它所付出的代价就是必须尽可能自行承担政策风险和处理实际问题。“轻易将矛盾上交”被视为无能。参见应星，晋军. 集体上访中的“问题化”过程——西南一个水电站的移民的故事. 载清华社会学评论（特辑）. 厦门：鹭江出版社，2000. 这一概括点出了中国治理“泛政治化”“矛盾就地解决”的重要原因。

但目前的研究也已经发现，医学专业鉴定在基层的医疗纠纷第三方调解中基本属于被边缘化的状态。鉴定的时间、经济成本与鉴定后更易发生诉讼的实践状况，均使第三方调解机构在此问题上有所踌躇和犹豫。

所以，与以上发现相关的研究也发现了更为广泛的问题。第一，将调解作为治愈纠纷的万用灵药的观念是值得警惕的。在纠纷治理上，中国进入了“大调解”时代，“大调解是一种‘全能型’装置……无论是自然化解还是人为规制都可以在大调解过程中充分展示其功能，而经过这一系列治理方法之后，很少有纠纷顽固不解，即使未能解决，其对社会秩序与和谐生活的危害力量也被消耗殆尽，进而促成了社会的稳定与健康”①。对调解的乐观和推崇导致我们忽略了调解机制可能存有的局限。目前，关于何种案件具有“可调解性”，双方即便是真诚的合意能否一概覆盖其中一方的权利与利益妥协，我们的研究是不充分的。至少，从本章对医疗纠纷及其派生暴力调解的研究来看，随着暴力程度加剧及其对公共利益的影响，权责分明的判定有时是必需的，对权利的必要救济不光是纠纷解决的需要，也是国家勇于承担公共责任的标志。但一些地方政府机构过于强调调解而忽略分辨调解功能界限的态度，使调解不但没有与诉讼等解纷机制有所衔接，反而出现了某种程度的断裂——调解不成进行诉讼的自然状态，被视为调解不力的表现。调解更注重定纷止争，而有意地模糊了权利公正，这也正是鉴定机制被边缘化的重要原因。第二，调解的独立性与行政权力资源动员能力之间的关系值得重视。调解能形成可接受方案往往与调解的社会资源动员能力相关，借助行政权力和资本机构等的参与，调解机构的调解能力大大加强。但参与也可能改变调解的结构，行政权力资源的参与首当其冲。固有的科层思维和“泛政治化”观念可能使调解的公正性、自愿性大幅下降，应当剥离其过重的影响。然而，在实践场域中，如何剥离，完全剥离后调解是否会因之丧失正当性，调解能否回归真正意义上的社会调解，都是值得进一步研究的问题。

关于调解政策在控制暴力方面的考察也给予了我们对公共政策功能的进一步思考。实际上，一种对上文可能的反驳是，目前被倡导的第三方调解政策主要用以和平、妥善、相对公正地解决医疗纠纷，而医疗暴力并非医疗纠纷所必然内含的要素。对于公共政策的功能或目标而言，要求这样的兼顾显得过于苛刻，决策者只能把自己最重视的公共政策功能或目标带入决策中，大量关于决策理性的研究也证实了上述观点。②控制医疗暴力则需要其他专门以此为目标的公共政策。

这样的反驳并非毫无道理，但也正因此，我们发现了控制暴力的公共政策暴露出的问题。

---

① 栗峥. 国家治理中的司法策略：以转型乡村为背景. 中国法学，2012，(1)：84.

② 例如，美国学者斯通认为，在政治共同体（城邦模式）中，公共政策的诸多目标之间势必会存有价值上的冲突，真实的决策不可能面面俱到，设定政策目标、界定政策问题和判定解决方案上不存在所谓的“黄金标准”。作为决策者和政策受众，应当正视这样的悖论。继而斯通从多方面（引导、规则、事实、权利、权力）论证了决策中决策者是如何将自己的政策偏好和政治价值带入决策中。参见[美]德博拉·斯通. 政策悖论——政治决策中的艺术. 顾建光译. 北京：中国人民大学出版社，2006：277-390. 美国学者布赖恩·琼斯认为，政策决策是个有限理性的过程，政策的目标不会穷尽所有可能的利益，决策者必须选择最优化的选择。他描绘的政策制定模型包括：“第一，决策制定者面对的这个世界的所有可能状态能够按照人们对之渴望的程度来排序；第二，决策制定者知道他们可能选择的策略与他们渴望世界能达到的目标或被评价的状态之间的联系；第三，决策制定者会最优化（上述目标）。”[美]布赖恩·琼斯. 再思民主政治中的决策制定——注意力、选择和公共政策. 李丹阳译. 北京：北京大学出版社，2010：33.

第一，地方决策者对调解政策在控制暴力上的弱化作用认识不充分或许并无大过，但在随后的政策制定中缺乏渐进修复的行动，使得政策缺陷放大。调解政策的主要功能在于消弭纠纷，作为“大调解”公共政策中的一环，医疗纠纷的调解与宏观调解政策的目标选择呈现一致，并不能被认为是政策制定的重大过失，毕竟，决策理性是有限理性，政策目标往往也只能是最优化的目标而非面面俱到。但需要认识到的是，政策制定并非一次性完成的工作。动态的决策是政策制定所需要的基本态度，尤其是在公共决策机制尚不完善的中国。①所谓动态的决策，应当主要表现为对政策目标与具体情境适应程度的调整，拉斯韦尔的决策选择理论概括了这一过程：“一个公共秩序系统的最主要的价值目标有必要从一个广泛的意义上进行表达，如果该价值目标与具体情况相结合。当一个问题产生时就表明了一方面是公共秩序系统的价值偏好和另一方面的事实上的期待之间产生的明显的分歧。可以推断出这样的后果，要么是分歧已经发生（过去的预期），要么是有可能将会产生（将来的预期）。问题在于如何去估量普通目标（暂时确定的）和适合于特定问题状况下目标之间的距离。”②就医疗纠纷的第三方调解政策而言，普通目标（调解的解纷功能）与特定问题状况下的目标（医疗纠纷解决中对医疗暴力控制的现实需求）已经产生一定程度的分歧，政策决策应当及时对后者予以回应，如在政策结构中增加暴力阻隔、暴力对协商影响、暴力合理性裁断等机制并通过决策予以调整，但令人遗憾的是，调解政策仍然遵循既往的路径和目标，并未做出及时调整，这使得在调解中“淡化暴力”实践的负面效果可能会有所增加。

第二，在政策执行过程中，面对不同公共政策存在的多元目标的冲突，政策执行者应对上级主要依靠政治直觉而非科学分析，使得公共政策可能在“泛政治化”的执行中失灵。政策冲突是政策运行常见的情形，坎贝尔认为，调整政策和消除冲突正在成为现代政策的主要功能。③政策冲突包括政策目标冲突、政策措施或手段冲突、政策效益冲突等。④政策冲突的弥合主要在执行中进行，在执行过程中，执行者应对冲突的目标予以科学分析并采取富有创造力的执行措施。就第三方调解与控制暴力的公共政策而言，两者整体上是和谐的，目标均旨在减少医疗纠纷的发生，但在“关系治愈”和“惩戒肇事者”的具体目标上有所不同。第三方调解机构和执行暴力惩戒的公安部门等执法机构应就暴力控制和关系修复之间的界限予以协商和进行衔接，这也正是政策学上强调的“纯粹合意模型”（The Pure

---

① 动态决策是指决策者依据具体情境进行政策决策的过程，与理性决策模型不同的是，动态决策关注行为领域中的偏好变化和选择上的不一致，并做出及时的政策决策调整。关于动态决策的具体介绍可参见：[美]布赖恩·琼斯. 再思民主政治中的决策制定——注意力、选择和公共政策. 李丹阳译. 北京：北京大学出版社，2010：52-70。在公共政策研究中，动态决策过程被称为“间段均衡理论”，用以解决兼具渐进性和非渐进性的决策过程，关于其介绍和理论应用，参见：杨冠琼. 公共政策学. 北京：北京师范大学出版社，2009：162-188；文宏. 间段均衡理论与中国公共政策的演进逻辑——兰州出租车政策（1982—2012）的变迁考察. 公共管理学报，2014，（2）：70-80；邝艳华. 公共预算决策理论述评：理性主义、渐进主义和间断均衡. 公共行政评论，2011，（4）：145-162.

② [美]哈罗德·D. 拉斯韦尔. 迈尔斯·S. 麦克道格尔自由社会之法学理论：法律、科学和政策的研究. 曹晴，陈兵等译. 北京：法律出版社，2013：916.

③ [韩]吴锡泓，金荣枰. 政策学的主要理论. 金东日译. 上海：复旦大学出版社，2005：80-86.

④ 胡象明. “文件打架”的原因及对策. 中国行政管理，1995，（9）：17. 关于政策冲突内涵的论述另参见：冯庆. 政策冲突及其成因与应对策略. 科技进步与对策，2003，（1）：168；袁明旭. 公共政策冲突：内涵、表现及其效应分析. 云南行政学院学报，2009，（1）：110-113.

Consensus Model)，即在政策内容上出现冲突时，各方坦率地交换关于差异和优劣点意见，并积极响应对方主张，在早期即解决冲突的协商模式。[①]但在实践中，作为政策执行者的第三方调解机构更多直接依赖政治直觉——猜测暴力控制政策的内在政治目的——来理解暴力控制政策，并通过泛政治化的处理方式“淡化”这一政策，使得其在调解过程中失灵。这样的政治分析过程及其结果遮蔽了政策本应实现的功能，覆盖了政策执行过程中可能产生的有效反馈信息，使调解政策和暴力控制政策均失去了完善自身的机会。而过度的政治分析更可能适得其反，使公共政策的合法性和正当性受到利益相关者的质疑。

① [韩]吴锡泓. 金荣枰. 政策学的主要理论. 金东日译. 上海：复旦大学出版社，2005：83. 也有中国学者提出类似观点，主张在处理政策冲突时，部门之间的协调机制和工作开展尤为重要。参见：胡象明. “文件打架”的原因及对策. 中国行政管理，1995，(9)：18；冯庆. 政策冲突及其成因与应对策略. 科技进步与对策，2003，(1)：169.

第七章　医疗暴力防控机制的构建——以国际经验及其借鉴的视角切入

一切认识、知识均可溯源于比较。①

——〔德〕诺瓦利斯

任何比较都不会十全十美……任何比较只是拿所比较的事物或概念的一个方面或几个方面来相比，而暂时地和有条件地撇开其他方面，我们提醒读者注意一下这个大家都知道的但是常常被人忘掉的真理。②

——〔苏〕列宁

作为学术问题，医疗暴力可以作为叩问中国卫生体制改革和社会治理之门的钥匙；但作为现实问题，医疗暴力亟须的是具体的防控措施。长期以来，关于防控措施的研究与医疗暴力研究的宏观性特点一脉相承，其视角多偏重医疗暴力防控对策的根本有效性③，而忽略了医疗暴力防控对策的即时有效性。这不仅使医疗暴力的防控与医疗纠纷的防控常常浑然一体，不加区分，更造成了防控措施涉及面过多以致难以操作的缺陷。值得关注并令人欣喜的是，随着对域外工作场所暴力研究的引入和关注④，近年来逐渐有一些研究从行

① [德]K. 茨威格特，H. 克茨. 比较法总论. 德文第二版. 潘汉典，米健，高鸿钧等译. 北京：法律出版社，2003：1.

② 列宁. 列宁全集. 第八卷. 中共中央马克思恩格斯列宁斯大林著作编译局译. 北京：人民出版社，1959：423.

③ 此类文献较多且雷同感极强，我仅选择具有代表性的文献进行列举：①中国医师协会在对医院工作场所暴力进行全国性调研的研究报告中，认为医疗暴力的防控措施应包括如下措施：营造良好的医疗执业环境，保证患者就医安全；完善社会保障制度，化解医患矛盾；建立健全医疗风险保险制度；建立分级诊疗和双向转诊制度，缓解医疗资源紧张困局；完善立法，依法有效处理医疗纠纷。参见：郑雪倩，高树宽，周洪柱，等. 解决暴力伤医事件和医疗纠纷的相关建议. 中国医院，2014，(3)：10-11. ②徐昕将重建信任作为解决医疗暴力的对策和建议的核心，包括：宏观上加大投入，微观上加强医院管理，构建可信任的医疗纠纷解决制度等。参见：徐昕，卢荣荣. 暴力与不信任——转型中国的医疗暴力研究：2000—2006. 法制和社会发展，2008，(1)：82-101. ③在一篇专门对医院工作场所暴力进行研究的博士论文中，作者认为，工作场所暴力的预防与控制是一项系统工程，建议从政策、管理、工程、教育等多方面实施干预。建议卫生行政部门就医院工作场所暴力问题立法，并成立包括流行病学、立法、司法及公安等领域的专家组成工作场所暴力防治委员会（或防治小组），处理工作场所暴力相关问题和提供法律及专业指导。此外，开展职业道德、职业安全和尊重医务人员工作的宣传，营造讲文明的社会风尚亦是防制工作场所暴力的重要措施。参见：陈祖辉. 广州市工作场所医疗暴力流行病学研究. 广州：南方医科大学博士学位论文，2011：4. 李玲在《求是》上刊文认为，遏制暴力伤医的近期有效措施包括：建立多种形式的医患直接沟通平台；优化医疗服务流程；加强和改进媒体宣传；完善医疗纠纷调处机制等。而根本防治措施则是加快医疗体制改革，从根本上化解医患矛盾。参见：李玲，江宇. 如何解决暴力伤医问题. 求是，2014，(9)：55-57.

④有关于文献的计量研究已经表明，域外工作场所暴力研究对我国医疗暴力研究有重大的影响，国际上研究工作场所暴力和医院工作场所暴力的文献最早分别出现在 1984 年和 1987 年。1992 年起每年发表的论文数呈增长趋势，20 世纪 90 年代中期增长趋势明显。其中，涉及医院工作场所暴力的论文数占工作场所暴力论文数的 68.3%。国内研究工作场所暴力和医院工作场所暴力的文献最早分别出现在 2001 年和 2003 年，分别滞后国际研究 17 年和 16 年。2003 年起每年发表的论文数呈增长趋势，2005 年后增长趋势明显。其中涉及医院工作场所暴力的论文数约占工作场所暴力论文数的 87.7%，2003～2012 年主题词为“工作场所暴力”和“医院工作场所暴力”的论文数量年均增加率分别为 26.7%和 33.7%。参见：王焕强，吴曙霞. 医院工作场所暴力的文献计量分析. 中国职业医学，2014，(5)：536. 直接关于域外工作场所暴力理论对我国医疗暴力防治的介绍性研究，参见：梁子君，王蕊，贺育华. 工作场所暴力理论评述以及对医院暴力的启示. 中国医院，2014，(11)：15-17.

为防控本身来关注医疗暴力的防控机制，包括医疗暴力预警机制的研究①、医疗暴力具体防控措施的研究②等，但由于研究者多为从事临床实务的医务人员，其研究的系统性和理论深度仍有进一步提高的空间。

而上述综述式的分析给予我们的启发是，借鉴域外相关研究或措施可能是提升医疗暴力防控措施研究质量的有效途径。但目前的借鉴仅仅限于工作场所暴力，显得过于单一。随着近年来域外资料的披露，我们可以更加直接地与域外医疗暴力防控措施和研究接轨，进行更深入和更详细的研究。

一、医疗暴力的全球现状及借鉴可能

近年来，医疗暴力事件频发已成为全球医界的普遍问题。在美国，近 60%的工作场所暴力事件发生在医疗相关机构。美国密歇根州立大学针对其所在州的急诊室医疗暴力的调查显示，在 171 名受访者中，128（75%）名受访者遭受了口头威胁，48（28%）名受访者受到了人身攻击，20（12%）名受访者遭受了患者家属的对抗，6（3.5%）名受访者表示被跟踪。44%名受访者感觉相比过去，他们现在在工作中不太安全。③一项覆盖美国 65 家急诊诊所的调查显示，20%左右的医生每周都会在诊所中遇到非法携带刀枪的患者或家属。美国政府的统计数字显示，每年大约有 2600 起针对医护人员的非致命性袭击事件，80%的护士报告在过去的一年中在工作岗位上受到攻击。④尽管直接针对医生的暴力事件并不常见，但由于枪支管理较为宽松，医疗暴力事件常常以恶性方式出现，破坏力较大。根据全美 2011 年犯罪统计，美国医疗领域占总工作暴力事件的 10%，平均每 1000 名医务工作者中就有 6.5 名受害者。枪击占工作谋杀的 80%。发表在《应急年鉴》上的统计报道显示，2000—2011 年，全美医院一共发生 150 起枪击事件。其中，30%枪击事件发生在急诊室中。⑤2004 年，在澳大利亚对两个急诊室 108 位护士的问卷调查中，77 份有效问卷中的 50 位（65%）急诊室护士曾在调查前 5 个月内有在工作场所遭受暴力的经历。⑥而 2005 年，加拿大的全国护士工作与健康调查显示，在医院或长期护理机构直接提供护理服务的护士中，有 34%的被调查者报告在过去一年内遭到过来自患者的人身攻击。⑦日本“私立大学医院医疗安全推进联络会议”调查获悉，在 2012 年一年间，东京都内共有 44.3%的医务人员曾受到过包括被患者打骂和性骚扰在内的“院内暴力”。⑧2013 年，法

① 林静. 医院暴力预警机制的研究. 广州：南方医科大学硕士学位论文，2010.

② 如在一份关于急诊护理人员工作场所暴力应对策略的研究中，研究者对医疗环境改造、医疗流程优化、人员培训和辅助支持系统的支持和帮助等进行较为具体和详细的建议。潘红英，桂蒙，孙蒋会，等. 急诊护理人员工作场所暴力的应对策略. 中华护理杂志，2011，(5)：445-447.

③ Kowalenko T，Walters B L，Khare R K. Workplace violence：A survey of emergency physicians in the state of michigan. Annals of Emergency Medicine，2005，46（2）：142－147.

④ 陈伟. 美国医疗暴力概况与相关法律介绍. 中国医学论坛报，2015-7-3（03）.

⑤ 参见：汤晨. 美国的“杀医者”. http：//news.bioon.com/article/6665108.html[2015-01-22].

⑥ Crilly J，Chaboyer W，Creedy D. Violence towards emergency department nurses by patients . Accide Merg Nurs，2004，(12)：67-73.

⑦ Shields M，Wilkins K. Factors related to on-the-job abuse of nurses by patients. Health Report，2009，20（2）：7-19.

⑧ 张桐. 东京四成以上医疗人员遭受患者暴力骚扰. 日本新华侨报，2013-3-31（05）.

国医疗暴力监测组织（ONVS）发布的报告称，医患纠纷正在翻番增长，2011 年有 5760 起暴力医患纠纷，2012 年增长到 11 344 起，其中急诊室、内科和精神科是重灾区。[①]医生经常在诊室或出诊时遭到暴力攻击，其中全科医生占主要部分，袭击现象在北部地区尤为严重。多数为谩骂、威胁等语言攻击，直接人身攻击占所有暴力事件的 11%。虽然 2014 年针对医生的暴力事件比上年减少了 4%，但医生仍是暴力袭击的高危群体。调查报告还显示，一半的暴力案件中患者或其家属为直接施暴者。暴力事件的起因包括对就诊收费和医生处方的争议，以及等待时间过长等。尽管受到侮辱、威胁甚至殴打，超过半数的医生仍选择不投诉或保持沉默。[②]

医疗暴力成为世界性问题显然与本书第一章讨论的作为关系生产空间的“医疗”的共性有密切关系。但从比较的视角，必须首先关注借鉴域外经验的局限性。首先，在程度上，世界各国的医疗暴力仅仅较本国有所提升，并未达到如我国这样屡屡频发、恶性事件多和社会影响巨大的程度。这致使中国医疗暴力呈现出“独一无二的特点”，“在其他国家，暴力的发动者总是病患及其家属，虽然也有来自土耳其、巴基斯坦和美国关于孤立的致命暴力攻击的报道，但严重的伤害或者谋杀是很少的”[③]。甚至，有学者指出，域外医疗暴力也许并不如我们想象得那么严重。[④]其次，制度环境的不同也要求我们在借鉴中需要谨慎对待。正如比较法学者所告诫的，不能领会功能性整体的制度，就无法领会真正了解比较的意义，充其量只是一堆“零散物什”的堆砌。[⑤]与世界各国主要把医疗暴力作为“工作场所暴力”进行规制有所不同，中国医疗暴力的形成和加剧与转型中国医疗卫生体制和社会制度尚处于改革和发展的现状相关，这使得中国医疗暴力的规制兼具了体制变革的艰难。《柳叶刀》发表的社论文章认为：“（中国医疗暴力）发生原因是制度性的，因为在医疗卫生和培养训练医生上的投入不足，导致了部分医疗过错、腐败和医患之间的沟通不畅。还有其他社会性原因，包括媒体对医生的负面报道、公众对于医学认识不足、病患对于治疗效果不切实际的预期、家庭灾难性的卫生支出等。”[⑥]而世界各国的医疗暴力现象多与医疗问题本身相关，较少涉及体制激烈变迁引发的综合性缺陷。最后，我们还不能忽略文化环境对借鉴本身的影响。在比较中，“我们的视野受到文化的蒙蔽，或者说，我们的‘专门’知识是建筑在沙滩上的”[⑦]。在基于借鉴的比较中，我们常常假设不同的文化或社会存在种种表面差别，但它们都有着共同的基本单元或可分析要素，但文化的问题远比想象

① 张慧. 医患纠纷已成全球难题. 青年参考，2014-3-12（20）.

② 孙天舒. 法国也有“医闹”. http：//news.xinhuanet.com/2015-04/12/c_1114941305.htm[2015-04-12].

③ Hesketh T，Wu D. Violence against doctors in China. http：//www.bmj.com/content/345/bmj.e5730?ijkey[2012-08-17].

④ 有文献引用了相关数据予以论证并指出，美国的医疗安全问题并不比其他行业的安全问题更突出。2010 年“医疗类人身暴力攻击”中“普通医生”类比例是 0.2/10 万人、“普通医院/手术设施”类比例是 7.7/10 万人，之前一年的 2009 年同类数据中“普通医生”类比例是 0.7/10 万人、“普通医院/手术设施”类比例是 6.2/10 万人。10 年前的 2000 年同类数据中“普通医院”类比例是 9.4/10 万人。由此可知，“在美国做医生实在没啥安全顾虑，至少不比基金业者更危险”。2010 年“其他金融信托活动”中的他人暴力伤害比例也是 7.7/10 万人。石头. 美国医院安保不过不失. http://view.163.com/13/1031/15/9CHAKO2M00012Q9L.html[2013-10-31].

⑤ [德]伯恩哈德 • 格罗斯菲尔德. 比较法的量和弱点. 孙世彦，姚建宗译. 北京：清华大学出版社，2002：65.

⑥ Jiang Y，Ying X，Kane S，et al. Ending violence against doctors in China . The Lancet，2012，379（9828）：1764.

⑦ [德]伯恩恩哈德 • 格罗斯菲尔德. 比较法的量和弱点. 孙世彦，姚建宗译. 北京：清华大学出版社，2002：64.

得复杂，吉尔兹就强调文化的“独特性和主观性”，“文化并非随常隶属于社会事件、行为、制度或其进程之类的权力”“同马克斯·韦伯一样，我认为人类就是悬挂在自己所编织的一种富有意味的网上的动物。我所指的文化就是这些富有意味的网。研究文化并不是寻求其规律的实验性科学，而是探寻其底蕴的阐释之学”①。仅就中国医疗暴力的发生而言，可能与医疗文化转型②和转型中国社会冲突中独特的“闹大”逻辑③有一定的关联，这与以报复和普通社会冲突为主的域外医疗暴力区别甚大。

然而，这也并不意味着治理医疗暴力的国际经验无从借鉴。医疗纠纷的严重程度虽然对防控措施有所影响，但防控措施“防患于未然”的本质属性，使其必然含有应对最危险、最激烈冲突的措施内容；无疑，解决医疗暴力，实质性的体制变革是最根本的方略，但改革的渐进性、长期性与当下解决医疗暴力的迫切性形成冲突，等待体制变革、系统工程的完成其实具有太大的理想成分，甚至会滞后防控措施的出台；文化因素固然应当考虑，但防控措施的技术性借鉴可能使文化的影响降至最低，我们不能因文化相对论而放弃比较借鉴的可能，尤其不能把比较研究“局限于仅仅是对另一种文化的解释而否定了这一学科关于人文和有关人性等问题所持的更宽视野”④。因此，应当在现有制度背景下着重从技术层面挖掘遏制医疗暴力的有效措施——当然，这并不排斥与技术有关的政策原理的借鉴。从这一层面，域外防控医疗暴力的经验及其配套措施仍然是值得借鉴的。进一步地，实质上，在研究中国问题的时候，较诸思潮、文化、体制等宏观“大词”，技术借鉴与措施复制往往更直接、更有效、更简便。

二、治理理念：控制医疗暴力的政策基点

与我国对医疗暴力重在规制和惩戒的公共政策理念有所区别的是，面对日益严重的医疗暴力，各国（地区）政府部门和医疗机构将“治理”的理念作为有效遏制医疗暴力的政策的基本出发点。按照全球治理委员会的界定，治理是各种公共或私人机构和个人管理其共同事务的诸多方式的总和；治理是使相互冲突的或不同的利益得以调和并且采取联合行动的持续的过程。⑤格里·斯托克则将治理归纳为五种主

---

① [美]克利福德·吉尔兹. 地方性知识——阐释人类学论文集. 王海龙，张家瑄译. 王海龙：导读一：对阐释人类学的阐释. 北京：中央编译出版社，2000：14-15.

② 主要是指从传统医学到现代医学的转型。关于详尽的中西医在历史上变迁的过程及其产生的冲突，参见：雷祥麟. 负责任的医生与有信仰的病人——中西医论争与医病关系在民国时期的转变. 新史学，1995，(6)：45-96；杨念群. 再造病人——中西医冲突下的空间政治（1832—1985）. 北京：中国人民大学出版社，2013. 这两份研究分别从权力关系和空间政治深刻地解释了医患关系的变迁。另有近期研究认为，古代医患关系建立在由自然亲缘关系和地缘关系所构成的社会即所谓“熟人社会”之中，由于医生的社会地位及一对一的诊疗格局，患者占据着主体地位，以仁爱为核心的传统思想道德是医德的主要依据。随着陌生人社会的社会模式转变，现代医疗模式中沟通形式发生变化，分工复杂形成医疗关系网络的复杂化，医患交流和人文关怀的缺失使医患关系日趋紧张。参见：李丛. 古今医患关系的社会学对比分析. 中国医学伦理学，2007，(5)：20-28.

③ 即通过制造事件影响和关注度吸引公权力部门解决问题，关于“闹大”逻辑及其分析，参见：韩志明. 行动的选择与制度的逻辑——对“闹大”现象的理论分析. 中国行政管理，2010，(5)：110-113.

④ 黄树民. 比较方法的运用与滥用：学科史述评. 广西民族学院学报，2003，(5)：35.

⑤ The Commission on Global Governance. Our Global Neighborhood：The Report of the Commission on Global Governance. Oxford：Oxford University Press，1995：2-3.

要观点：①治理意味着一系列来自政府，但又不限于政府的社会公共机构和行为者。②治理意味着在为社会和经济问题寻求解决方案的过程中，存在界限和责任方面的模糊性。③治理明确肯定了在涉及集体行为的各个社会公共机构之间存在权力依赖。④治理意味着参与者最终将形成一个自主的网络。⑤治理意味着，办好事情的能力并不仅限于政府的权力，不限于政府的发号施令或运用权威。[①]尽管关于治理概念及含义的理论纷争不休[②]，但治理的要点在于形成善治。俞可平在综合各类理论的基础上，提出善治的基本要素包括合法性、法治、透明性、责任性、回应、有效、参与、稳定、廉洁、公正等[③]，域外医疗暴力的治理理念正是紧紧围绕善治的要素展开的，主要包括以下几个方面。

（一）立法支持

治理理念应有法律的强力支撑，同时明确的规则也会起到限制权力滥用的作用。许多域外国家（地区）对医疗暴力的防控和处置有较为明确的立法。目前，美国已经有 38 个州专门立法保护医护人员。例如，美国纽约州通过了暴力袭击医护人员法例，将袭击值班医护人员的行为按重罪处置。2010 年后加利福尼亚州政府通过法例，要求医院必须安排足够的医护人员和安保人员值班。[④]英国于《英国刑事司法与移民法》中增设“在国民健康服务环境内滋扰行为”罪名，同时赋予经授权的国民健康服务工作人员具有驱离滋扰份子的权力，即当行为人无正当理由滋扰国民健康服务工作人员时，只要不是基于本身医疗目的滞留医疗机构，且拒绝依医疗人员要求离去者，法律授权医疗工作人员在必要情形下，行使合理强制力驱逐该行为人。[⑤]

（二）协同参与

治理理念的另一要素是参与，“治理的要点在于：目标定于谈判和反思过程之中，要通过谈判和反思加以调整”[⑥]。在医疗暴力日益引起民众关注的国家和地区，政府往往作为牵头者，通过部门协作，决策参与加强医疗暴力的控制。在日本，在政府的指导下成立了医疗评估机构，一般每过一年就由民众、官员和独立专家对所有医院和在职医生进行综合评分，并在网上或向媒体公示。厚生劳动省则建立了医疗事故数据库，成立了由医生、律师、民间组织代表参加的医疗事故研讨会，着重查明事故原因，并作为制定政策的基础。

---

① [英]格里 · 斯托克. 作为理论的治理：五个论点. 国际社会科学（中文版），1999，2：19-29.

② 关于治理的概念框架及含义的理解主要有：基于市场及其结构作为理解国家和政府治理的形态、基于政治科学政策网络环境中多元主体互动下的治理形态以及以国家为中心的政府治理形态。参见：李泉. 治理思想的中国表达. 北京：中央编译出版社，2014：6-15.

③ 俞可平. 论国家治理现代化. 北京：社会科学文献出版社，2014：27-30.

④ 王希怡. 各国如何处理打医生？美入重罪，以重化解. 广州日报，2013-10-30（04）.

⑤ NHS Counter Fraud and Security Management Service. Tackling nuisance or Disturbance behaviour on Your hospital's premises. http：//www.nhsbsa.nhs.uk/SecurityManagement/Documents/SecurityManagement/CJIA_brochure.pdf[2014-07-06].

⑥ [英]鲍勃 · 杰索普. 治理的兴起及其失败的风险：以经济发展为例的论述. 国际社会科学（中文版），1999，（1）：31-48.

（三）重视暴力实施者研究

在公共行政或管理中，必须摈弃意气或私利之争，“作为公共空间的相互行为的活动，由于必须始终以对公共的关心作为自己的动机，所以，一切基于私人利益的行为，也被绝对地排除了”[①]，因此，治理术应是一种平衡术，既包括权利与权力的平衡，也包括强势与弱势的平衡。从医疗暴力治理的视角，单纯从维护医方权利出发容易失之偏颇，对暴力实施者研究的意义在于，单纯的受害者立场容易带来医疗暴力控制措施的情绪化和对抗性，转换视角审视医疗暴力，有助于积极治理措施的出台。正如英国学者阿尔斯通等分析医疗暴力时认为，英国自 1999 年采用的“零容忍”规则过于注重风险管理和保护，而没有解决暴力实施者的问题，将医生潜在地置于受害者地位，可能会影响医疗人员对患者的态度和处置。而医生判断“零容忍”的标准完全是主观性的，久而久之，可能会出现对病患暴力倾向的误判。[②]域外有不少国家和地区对暴力实施者进行了研究。澳大利亚病人安全基金会（APSF）在 1998 年建立了意外事件监测系统（AMS），从流行病学角度对医疗服务场所的冲突进行数据统计分析。分析表明，其中患者方面的因素主要包括：心理失常、精神疾病（40%）、患有阿尔茨海默病（15%）、治疗措施不当（13%）、患者神志不清（9%）、患者酗酒或药物依赖作用（6%）。[③]一份来自西班牙穆尔西亚自治区的报告显示，2006～2008 年 4 月发生的医疗暴力事件中，70%的暴力行为人是男性，其中 80%在 40 岁以下，煽动暴力者通常也是男性，占所有伤害和袭击案的 76%，其中年龄为 40 岁以下也占所有案件的 76%。其中暴力袭击的原因包括医疗服务需求未获得满足（如没有初级检查结果或医生的首诊就要求进一步诊断），病假要求和诊断性检查的延误，不遵守医疗人员或辅助人员提示的医疗规则等。[④]美国《急诊期刊》（*Journal of Emergency Medicine*）发表研究表明，精神疾病、有暴力历史以及受到毒品和酒精影响的患者成为急诊常见暴力的主要肇事者。2014 年的一项调查显示，50%的袭击者受到毒品或者酒精的影响。[⑤]

（四）组织相关培训

为了提高医务人员对医疗暴力的认识和防范，很多国家开展了相关的培训。美国对相关人员培训的主题包括对攻击性行为的管理，专业的突击反应训练，避开警察误伤项目以及个人安全培训；要求监事及管理人员需要学会识别高风险情况，确保员工不会被放置在

---

① [日]川崎修. 公共性的修复. 斯日译. 石家庄：河北教育出版社，2002：302.

② Elston M A，Gabe J，Denney D. Violence against doctors：a medical（ised）problem? The case of National Health Service general practitioners. Sociology of Health & Illness，2002，24（5）：575-598.

③ 杨辉，张拓红，Thomas S. 医疗场所中的医患激烈冲突及其防范：澳大利亚医院的经验及其对中国医院的启示. 中国医院管理，2008，（5）：36.

④ García-Calvo T，Guijarro R，Osuna E. The phenomenon of physical aggression against health service personnel：Different perspectives. Medical and Law，2010，29（3）：311-312.

⑤ 刘宇. 美国院内暴力事件也非常严重. http：//www.jianke.com/xwpd/1534405.html[2015-04-24].

有危害性的地方作业。保安人员需要接受医院或诊所的特别训练，包括分析具有侵略性和侮辱性质的客户，各类失常行为的心理特征。[①]2014 年，美国护理协会（American Nursing Association）提议国会通过法律，要求医院对医疗工作者进行培训，让他们了解发现并降低医疗地点暴力的方法。培训的内容不仅包括对医院内暴力事件的应对方法，也包括如何发现潜在的危险，例如，潜在攻击者毒品和酒精的使用、暴力威胁性语言的使用；如何使用不同的战略分散和降低潜在暴力事件发生的可能性。[②]澳大利亚国家临床研究所一直开展相关培训项目，帮助急诊部工作人员妥善处理心理异常患者的医疗服务，以降低暴力冲突概率。

三、风险管理：防控医疗暴力的策略细则

域外各国家和地区对医疗暴力的防控更体现为医疗卫生服务过程中的风险管理，其主要内容包括以下几方面。

（一）改进医疗服务

敏锐的医疗管理者常将改进医疗服务作为有效预防暴力的手段。2013 年，伦敦的圣乔治医院和英格兰的南安普顿总医院重新优化了看病流程。由资深护士对患者的病情进行分类判断，病情严重者可优先检查、诊断，并安排住院治疗；只需简单治疗就能解决者，则由高级护士处理后即可离院。在优化服务流程之后，医患之间因误会、争执引发的暴力事件减少了近 50%。75%的受访患者及其家属表示，“这样的设计让他们感到不像以前等候时那样沮丧了”[③]。澳大利亚则通过积极缩短急诊等待时间，特设“保护室”对来公立医院急诊的精神疾病患者予以隔离等医疗服务优化措施减少病患心理异常，降低医疗暴力的发生率。[④]日本很多医院设有“患者服务至上委员会”，其工作职能包括提供各种生活供需品、指派护工人员、接待投诉、聆听烦恼、收集患者意见等。[⑤]在欧洲医疗暴力发生频次最高的奥地利，政府要求医疗机构和医务工作人员必须恪守职业准则，尽量避免患者候诊时间过长，医疗过程必须透明化，合理满足患者及家属的要求，医务人员在遇到患者投诉时应主动和患者及家属沟通，避免矛盾升级。[⑥]

（二）重视医政管理

良好的医政管理可以有效防控医疗暴力。从 2009 年 1 月 1 日起，美国的医院评审机构医院联合委员会把应对医院暴力事件写入了相关的评审要求。美国职业安全卫生管理局颁布了

---

① U. S. Department of Labor Occupational Safety and Health Administration. Guidelines for Preventing Workplace Violence for Health Care & Social Service Workers. http：//www.osha.gov/Publications/OSHA3148/osha3148.html[2014-07-06].

② 美国院内暴力事件也非常严重. http：//www.jianke.com/xwpd/1534405.html[2015-04-24].

③ 曹劼，曹晓培. 英国：优化看病流程，暴力减一半. http：//roll.sohu.com/20140404/n397735748.shtml[2014-04-04].

④ 杨辉，张拓红，Thomas S. 医疗场所中的医患激烈冲突及其防范：澳大利亚医院的经验及其对中国医院的启示. 中国医院管理，2008，(5)：97.

⑤ 陶短房，叶思，潘柏林. 国外如何避免医患冲突. 生命时报，2012-03-30（03）.

⑥ 黄照权. 面对医疗纠纷的危机管理研究. 北京：北京工业大学博士学位论文，2013.

相关的法规条例，对医疗行政管理提出了一些具体要求，例如，建立一个与当地公安机关联系的网络，及时向他们报告暴力事件的发生并备案；人力资源部门要保证临床一线有足够的人力资源供给，尤其在暴力高峰时段；应为夜班人员提供护卫或义工服务；设立访客签到和通行证制度，特别是新生儿或儿科①。特别值得一提的是，2015 年年初，法国卫生部出台了30条准则，以具体、详细、全面的医政管理规定来保护医护人员的人身安全，如下：

1. 成立改善医务人员安全委员会；
2. 明确保障医务人员人身和财产安全，并责任到人；
3. 与安保公司合作，在医院内增派保安巡逻；
4. 改善儿科病房、急诊室等易受攻击科室的安全性，在这些科室增派保安人手；
5. 设置带安全门的隔离病房；
6. 对夜间出入医院大门进行限制；
7. 设置专人保障24小时应急电话畅通；
8. 加强停车场内的安全防护，比如在停车场安装摄像头及安排专门的人员值班；
9. 陪同受害者完成报案等相关法律手续；
10. 建立“医闹事件档案”，将所有医院内发生过的医闹事件详细记录下来，比如发生的科室、相关人员姓名及处理措施等；
11. 完善对医务人员的培训；
12. 更新医院、警察和司法部门三方的合作协议；
13. 对急诊科的安全水平进行评估；
14. 增强警方的应急能力；
15. 进行夜间巡逻；
16. 保证24小时专人守夜；
17. 优化监控系统和数据管理；
18. 在易发生暴力行为的区域（如等候室）引入调解员；
19. 留意和借鉴曾发生过医暴事件的医院的经验；
20. 完善即将新建急诊医院的机构设置，保证医闹发生时不会影响其他科室的工作；
21. 重新审视已存在急诊医院的机构设置；
22. 加强对嫌疑人信息的甄别并及时上报，形成震慑作用；
23. 重新审视等候室内硬件设施的合理性；
24. 及时更新和维护等候室内破损的设施，给病人更舒适的环境；
25. 各医院每年定期招收安保人员，对他们进行医院内部的培训；
26. 定期引入专业的谈话团队（比如，心理医生、社会工作志愿者等）帮助医务人员减压；
27. 每次的医闹事件后，医院要组织全体人员开会，系统地对事件进行分析和总结经验教训；
28. 加强院内反对医闹的信息宣传，并明确注明进行医闹的后果，起到震慑作用；

① 罗洪，吴小珊. 美国医院对工作场所暴力的防范. 中国实用护理学杂志，2003，(12)：65.

29. 定期对医务人员进行专业的世界文化知识培训，帮助他们了解来自不同国家的病人都有哪些文化传统和风俗习惯，保证在接待不同病人时，使用符合其身份的温和语言，友善对待病人；

30. 积极借鉴一切有利于缓解医患紧张关系的新型医疗形式，比如上门诊病或远程医疗等。①

（三）制定行为指南将暴力风险降至最低

这是域外防控医疗暴力的特别措施，即通过具体的行为指南引导医务人员将医疗暴力伤害降至最低。世界卫生组织的韦斯科曾经编写了《医疗工作场所暴力问题指南》，系统地比较和阐述了几个发达国家（瑞典、英国、澳大利亚和美国）的医疗场所暴力问题指南，特别强调了对医院环境和人力资源配置的要求。在环境方面，建议“保持医院环境清洁、排队和候诊场所提供娱乐消遣特别是给孩子的游乐项目、医院设置降噪音设备、设立供患者或患者家属静坐或祷告的静室等”；在人力资源配置方面，建议“尽可能安排医务人员编组搭档工作，尽量避免医务人员和患者独处的概率”。作者认为，人力不足是证据确凿的暴力诱发因素：“医院人手不足导致医护人员超负荷运作，这一来容易增加诊疗过程中的失误，二来紧张的工作节奏容易让医护人员自己积累的负面情绪发泄到患者及其亲友身上，这两种情况都很容易激发患者及其亲属的愤怒情绪，进而升级为暴力事件。即使医护人员在连轴转的情况下保持了冷静友好的态度而且不发生医疗失误，捉襟见肘的医院人员配备也会让潜在的暴力实行者感到‘有机可乘’而实施暴力，而充足的医院雇员阵容则会起到相当的威慑和预防作用。”②各国的指南中还有大量关于医生预防和面对暴力时的行为指引。例如，美国《医疗和社会服务工作者预防工作场所暴力指南》中提及：在相对开放同时保持私密性的地方治疗或询问有过激或被激怒的客户，如有可移动隔板的房间；准备意外事件应对方案，应对行为过激，有口头或身体攻击或危险的客户；将有攻击行为的客户移到限制性区域；护士或医生不单独对患者进行私密的身体检查；不鼓励员工戴项链，防止冲突时可能被绞扼。③此类指南有明显的防范效果。例如，波特兰的一些医院建立暴力前科档案联网，将暴力事件降低了91%；纽约通过访客管理，使得院内暴力犯罪在18个月内就下降了65%。④澳大利亚的类似指南也对医务人员应对冲突的技术予以指导，既包括沟通、控制局面、躲避和寻找安全出口等自助措施，也包括环境管理、传递求救信号等寻求支援的内容。⑤

四、借鉴与启发

上述域外经验也在我国香港、台湾等地区的制度和措施中有所体现。首先，在法律范

① 金多优. 法国每年审理超 1 万起暴力伤医事件 30 招防医闹. http：//health.huanqiu.com/health_news/2015-05/6398307.html[2015-05-11].

② 史律. 白色的暴力. 东方早报，2014-04-29（B11）.

③ U. S. Department of Labor Occupational Safety and Health Administration. Guidelines for Preventing Workplace Violence for Health Care & Social Service Workers. http：//www.osha.gov/Publications/OSHA3148/osha3148.html[2014-07-06].

④ 史律. 白色的暴力. 东方早报，2014-4-29（B11）.

⑤ 王爽，曹鹏. 美澳关于预防医疗场所暴力行为的指南及在我国建立此类指南的探讨. 医学与哲学，2012，（4）：20.

上，我国台湾地区2014年的医疗法规规定，任何人若以强暴、胁迫、恐吓或其他非法方式，妨碍医疗业务执行，导致危害医疗安全或其设施，警察机关应协助排除、制止。实施强暴、胁迫致医疗人员于死者，处无期徒刑或7年以上有期徒刑；致重伤者，处3年以上、10年以下有期徒刑。

其次，在协同参与上，我国香港地区卫生福利及食物局下属的医院管理局2005年成立“跨专业工作小组”，提出设计和推行适用于医院暴力事件的预防计划，包括对医院的危机评估、征询行业内部和社会各界意见等机制，作为制定政策的基础。特别值得一提的是，台湾地区医疗法规的立法过程中充分体现了协商的作用，在修改法规过程中，曾有民众反映担心条文太严格，反而使患者处于弱势，造成医病关系更紧张。此类呼声引起了法规制定者的重视，最终在修改过程中，协商微调修法内容，将医疗暴力明确规定为结果犯。法规制定者也表示，这次法规的修改是为响应社会期待，对医疗暴力采取“零容忍”态度，不能因酒醉或其他原因，暴力对待医护人员；但顾及患者团体期待，让医疗暴力构成要件更严谨，以维持医病关系平衡，避免单纯处罚引发的过度保护。①

最后，在医政管理上，我国香港地区自1997年在医院管理局下设成立医疗风险专职委员会以来，一直重视医疗暴力防控的风险管理，其主要管理措施包括建立异常事件通报制度、对暴力事件个案进行风险评估、提供保安服务和警方协助、为高风险科室的工作人员提供个人防护装备、设立“心灵绿洲”（个人成长及危机处理中心）等。数据显示，2008年公立医院语言暴力事件达1067起，2009年为893起，2010年为735起，呈明显下降趋势。②

以上各地区的制度经验和成效也证明，合理借鉴域外相关制度和措施有助于有效治理医疗暴力。因此，我们应继续从以下几方面着手。

（一）化对抗为治理

我国医疗暴力之所以引发广泛关注，与近年来引起社会热议的多起杀医伤医案件有密切关联。也正因为这些案件的恶劣影响，我国防控医疗暴力的政策措施从开始就带有较强的打击和管控意味，“坚决打击”“严厉惩处”“果断处置”等用语反复出现在相关政策法规中。虽然我们承认，面对严峻的医疗暴力形势，打击和保卫在一定时期内无可厚非，然而，从世界范围来看，由于医疗行业的职业特质，与医疗暴力的斗争必然是长期的，仅仅采用打击的方式可能在取得暂时效果的同时增加了医患之间的对抗，甚至可能掩盖暴力发生的根本原因。在我国，以增强保卫能力和加强打击力度为主的政策倾向已经受到了一些质疑，有报道显示，民众对这些政策的实施并非完全能够理解。以加强保卫政策为例，有人表达了“别扭感”：“走到哪儿都有保安盯着，心里难免会觉得别扭。何况医院是看病的地方，三步一哨五步一岗真的有必要吗？”有人则表示，保安数量过多反而可能引发患者反感，引起对立情绪，甚至激化矛盾。③以袭医入刑的提议而论，亦有人提出质疑，对医生施暴原因相对复杂，有的违法情节又相对轻微，对他们采取严格、强制的法律措施，是

① 台“立院”三读通过对医疗暴力处3年以下刑责. http：//www.huaxia.com/xw/twxw/2014/01/3704892.html[2014-01-05].

② 汪健健，赵丽萍. 医院暴力事件现状及对策研究进展. 医学与社会，2013，（3）：13-16.

③ 于量. 20张病床配一名保安 防医闹不是做数学题. http：//sh.eastday.com/m/20131024/u1a7731482.html[2013-10-24].

否有悖法理情理？[①]2015 年通过的《刑法修正案（九）》也并未如医界所期待的将施暴者作为行为犯加以直接惩戒，而是强调了聚众扰乱及其作为结果犯的刑事处罚要件。[②]

域外防控医疗暴力的治理理念值得学习。中国国家治理有着丰富的理论资源和历史经验[③]，有效的政府治理更被认为是未来改革发展的重要理念，在被公认为对未来国家政策制定具有指南意义的重要文件《中共中央关于全面深化改革若干重大问题的决定》中明确指出，“科学的宏观调控，有效的政府治理，是发挥社会主义市场经济体制优势的内在要求。必须切实转变政府职能，深化行政体制改革，创新行政管理方式，增强政府公信力和执行力，建设法治政府和服务型政府”。在政策制定上，即便是目标明确的政策措施，多元意见的参与及协商也将成为未来中国政策制定之基础。就医疗暴力而言，在防控措施中应当逐渐从管控过渡到社会共同治理，包括以下几个方面。

1. 在政府的关注下，提供民众参与暴力防控政策制定的渠道

出于应急，目前的暴力防控政策多由政府部门直接制定，鲜有在其中增加协商、听证等参与环节。医疗暴力的防控措施中应当加入医方、患方和其他社会民众的合理化意见，以免失之偏颇，既能够对医疗暴力的类别尤其是软暴力类别予以清晰认知，也尽可能避免出现“以床位配保安”等争议较大的政策措施。

2. 从多元参与加强医患沟通机制的建设入手，将暴力冲突消弭于萌芽或解决于激化之前

应建立医院与患方、医院与媒体之间的良性沟通机制，建议将之作为常设机构或平台进行建设，定期交流，以免在猝发暴力时措手不及。在暴力发生之前，可以以积极沟通消除误会，在暴力发生之后，通过机构或平台及时公开相关信息，大方应对传媒，消除谣言、流言，避免暴力社会影响增加以及舆论上的被动。

3. 研究暴力实施者及其行为并予以分类防控，既顾及打击的力度，也兼及打击的合理性

应当对暴力实施者按照其暴力实施原因、危害能力、主观恶性、损害结果以及其他个体因素予以分类，在此基础上，医疗机构应当建立不同类型的预案对医疗暴力予以应对。

4. 建立社会共同应对医疗暴力的治理网络

医疗暴力并不仅仅影响医疗秩序或医务人员人身财产安全，猖獗的医疗暴力会对民众就医造成不良影响——包括医方消极履职、职业退出者增多、暴力风险被计算入医疗成本中等。在这一意义上，医疗暴力的防控是关乎每个人健康权实现的重大问题。建立医院与公安机关、医疗纠纷第三方调解委员会、卫生行政部门等之间的联动机制，针对不同的暴

① 暴力袭医：袭医入刑？人大代表呼声招质疑. http://www.s1979.com/news/china/201402/08113528508.shtml[2014-02-08].

② 2015 年 10 月 1 日实施的《刑法修正案（九）》第三十一条将刑法第二百九十条第一款修改为：“聚众扰乱社会秩序，情节严重，致使工作、生产、营业和教学、科研、医疗无法进行，造成严重损失的，对首要分子，处三年以上七年以下有期徒刑；对其他积极参加的，处三年以下有期徒刑、拘役、管制或者剥夺政治权利。”

③ 关于中国国家治理的经验和历史转型，参见：[美]李侃如. 治理中国：从革命到改革. 胡国成，赵梅译. 北京：中国社会科学出版社，2010：3-66. 关于中国国家治理的理论资源，参见：李泉. 治理思想的中国表达. 北京：中央编译出版社，2014：66-115.

力形态采用不同的治理方案：对于触犯刑法或损害后果严重的暴力行为，应以公安机关为主要处理机构，绝不姑息妥协；对于语言暴力、轻微暴力等医疗暴力行为，医疗机构可与行政调解、第三方调解等共同处理，力争和平、妥善、公正地解决纠纷，合理处置和评价暴力行动。医疗机构应建立暴力事件通报制度，及时将其发生情况和处理进程向社会公布，既以公开透明的方式接受监督，也避免舆论传播中产生的信息扭曲。

（二）以法治切实保障医务人员权益

自 2012 年以来，针对医疗暴力的防控，卫生部（国家卫生和计划生育委员会）、公安部、最高人民法院、最高人民检察院等多部门单独或联合公布了一系列政策规范。但相较域外具体的立法和执法来看，这些政策规范存在的问题包括：①层级不高。基本停留在部门规章或司法解释范畴，未能以更高层级立法的方式予以明确，这使得社会影响有限，对司法、执法的促进也可能无法达到预期效果，而最难以避免的尴尬则是民众对这些政策法规蕴含的部门利益的质疑；②上述政策法规的颁布有突击治标之嫌。例如，国家卫生和计划生育委员会、公安部等多部委于 2013 年 12 月 20 日颁布的《维护医疗秩序打击涉医违法犯罪专项行动方案》，2014 年 4 月 1 日公安部颁布的《公安机关维护医疗机构治安秩序六条措施》，2016 年 6 月 30 日国家卫生和计划生育委员会、公安部、司法部等 9 部委联合下发的《关于严厉打击涉医违法犯罪专项行动方案》等规范性文件，更注重特定时期内的政策行为，以“专项行动”“严打”等为主要特征，其长效性有待提高。③在颁布的政策法规中，重在强调国家权力的管控，而忽视医疗机构和社会权利的赋予和参与。例如，在执法部门未曾介入的情形下，医疗机构是否经授权拥有法律上的强制权和保卫权，其适用标准和界限分别是什么；社会其他机构和组织能够介入医疗暴力防控的条件和方式有哪些等。

因此，为有效防控医疗暴力，亟须在立法层级、规范长效性和权利层面上予以一定的回应和明确。2015 年的《刑法修正案（九）》对聚众的“医闹”行为有了较为明确的规定，但这样混合式的规定仍不能起到有效防控医疗暴力尤其是个体暴力的行为，而将个体暴力行为趋同于故意伤害的处罚方式，显然没有考虑医疗暴力的公共危险和社会恶劣影响。因此，在目前，将扰乱医疗秩序和医疗暴力行为的法律规制以单独法条或规则予以确认，未来在适当的时候，可以通过将《医疗机构管理条例》及一系列维护医疗秩序的政策法规等整合并升格为类似《医疗法》的立法，这样既具有权威性，又具有长效性。在立法技术上，与上文探讨的治理理念相契合，应当在严厉打击的同时经法律授权下给予医疗机构应对医疗暴力的特殊权利包括自助权、强制权等，前者主要是给予医疗机构或医师在面对医疗暴力时，在法定条件下通过自卫、拒诊等合理方式予以应对的权利，后者则包括驱逐、控制及一定程度的人身强制权力等。以法治方式保障权利，特别要避免医方以不当的自力救济方式（集会或游行方式示威、单方面态度激烈的拒诊、以不当暴力方式攻击）加剧暴力冲突的烈度、不良影响力和破坏性。

（三）加强风险管理的科学性和实用性

我国已经有零星的医疗暴力风险管理探索，包括加强保卫、改进医院环境设施、增加危机管理措施等①，但相较其他国家和地区较为成熟的风险管理措施，显得较为稚嫩。在风险管理上，目前可以做的是以下几方面。

1. 建立防控的立体机制

建立防控的立体机制包括：①医政管理部门需要组织一定规模的培训，深化医疗机构及其从业人员对医疗暴力的认识，从愤慨进入理性应对，令其熟悉相关的法律知识和应对策略，尤其是对暴力先兆和识别，合理规避暴力风险，暴力躲避和求助方式等进行系统的培训。②医疗机构需要对暴力事件进行专门整理、总结，归纳暴力发生和规避暴力的相关因素，并采取相应的医疗管理措施，如增加预警装置（摄像头、报警器），改进医疗机构设施布局，以制度实现医务人员人力资源的优化配置。③致力于提高医疗服务质量。通过改进诊疗环节以提高诊疗效率，改善服务态度以增进医患沟通，改良管理制度以提高安全保障能力等方式，预防和控制暴力事件的发生。④制定暴力应急的预案，应当包括疏散人群、躲避伤害、保安应急、及时报警等具体措施，并在此基础上提高安保能力，不限于人数的增加，而是着眼于有效制止暴力能力的提高。

2. 借鉴并尝试制定行为指南

目前，已经有民间版本的防暴力指南通过网络传媒公布并保持更新，如名为"丁香园"的医学网站所公布的《医疗工作场所防止暴力行为中国版指南（2011—2012）》《医疗工作场所防止暴力行为中国版指南（2013—2014）》（以下简称《防暴指南》）包括了医疗暴力的事前防范、事中应对和事后处理。但其遭遇了较大的争议，反对者提出，《防暴指南》模糊了医患矛盾的关键，加剧了对立情绪，"与其学防暴，不如先用心看好病。《防暴指南》并不能治本，并非长远之策，医疗大环境需要正确引导和处理医患纠纷、医患关系的行之有效的机构和制度。而不是按照这个指南所渲染的，将医务人员变成医患矛盾的对立一方，让医患关系错位，这样其实更不利于缓解紧张的医患关系"②。甚至有人指出，这仅仅是医务人员情绪的宣泄，不利于自身反省，"假如再有'好事者'发布一份'病患者防医生伤害指南'，各自站在各自立场上说话，相互对立，医患矛盾只能是加剧，而非缓解"③。面对上述指责，《防暴指南》起草者解释，这份指南写作的初衷仅仅是在暴力事件频发的背景下，为医务人员提供富有实用性的防暴力措施，保护其人身安全。④而来自医务人员的反馈则是几乎众口一声地叫好，认为《防暴指南》的出现很及时，也非常实用。⑤

在我看来，《防暴指南》是有必要的。基于声誉、秩序等各种考虑，医疗机构对医疗暴力事件往往讳言并淡化处理，因此，医务人员在面对医疗暴力时缺乏自我保护能力，也

---

① 潘红英，桂蒙，孙蒋会，等. 急诊护理人员工作场所暴力的应对策略. 中华护理杂志，2011，(5)：445-447；黄照权. 面对医疗纠纷的危机管理研究. 北京：北京工业大学博士学位论文，2013；汪健健，赵丽萍. 医院暴力事件现状及对策研究进展. 医学与社会，2013，(3)：13-16.

② 匡春林. 医生防暴指南引热议 专家称学防暴不如用心看病. 长沙晚报，2011-11-9（06）.

③ 医生"防暴指南"该添些什么. http：//www.chinadaily.com.cn/hqpl/zggc/2011-11-08/content_4300507.html[2011-11-08].

④ 陈俊宇. "医生防暴指南"出炉记. http：//www.chinaweekly.cn/bencandy.php?fid=63&id=5824[2011-12-11].

⑤ 杨文彦. 医学网站发布医生"防暴力指南"被指是"社会的悲哀". http：//society.people.com.cn/GB/16127563.html [2011-11-03].

不能及时妥善处理此类事件。类似指南的意义在于，使医务人员正面面对医疗暴力，切实增强其降低暴力危害的能力。从这一点上讲，《防暴指南》是富有现实性的。而关于加剧对立之类的评论，其根本是混淆了暴力防控的标与本之别：《防暴指南》也好，“医闹”入刑也好，打击暴力行为也好，显然属于“治标”之策，“治本”确实是关键，但不能因为需要后者而否认前者，“标本兼治”才是正确策略。更何况，“治标”原本就源于现实亟须，明明有需要，偏偏高谈阔论，绕弯子解决问题，未免南辕北辙。至于是否能加剧医患对立，这完全视乎暴力行为本身能否得到控制，医患双方能否重建信任，《防暴指南》对医患对立的加剧应属于臆测的范畴。①

但民间发布《防暴指南》的举动存在随意性强、权威性差的缺陷。在两版《防暴指南》中，均存在较为明显的情绪化、失之琐碎、医疗本位、理想化等缺陷。相较美国劳工部职业安全与健康署颁布的《医疗和社会服务工作者预防工作场所暴力指南》②，我国的《防暴指南》中缺失对暴力现状的认真回顾和科学总结，仅从经验出发提炼防暴策略，正当性有待提高；内容过于琐碎细致（如手机快捷键设置、女子防身术学习），不仅显得不够严肃，甚至让人感觉有情绪宣泄之感；过于强调医务人员该如何做，未能站在医疗机构或医学发展的层面上对暴力行动的防控进行分析和建议；未能站在较高层面对建立联动预防暴力提出有效建议，失之空洞，过于理想化。而可想而知的是，在权威性不强甚至争议较大的情形下，有多少医疗机构及其医务人员会对之进行认真的学习并认真遵循。如果承认《防暴指南》的合理性，其发布机构的层次应当有所提高，目前，以行业协会牵头较为适宜，制定时不仅仅注重征求业内人士的意见，也要广泛征求社会民众、政府机构和相关行业的意见，在内容上则应更加注重行业利益与社会利益的共赢、行业维护与民众情感的协调、行业秩序与社会秩序的统一等方面，既富有实用性，也应具有理性，其目标是：在提高医务人员面对暴力侵袭自我抵御能力的同时，关注有利于使医患关系和谐的方式和策略，从消极抵御走向积极化解。

---

① 如起草人之一李天天还对于“《指南》加深了医患矛盾”的说法进行了反驳。“打个比方，《女子防狼术》是另一种形式的《防暴指南》，里面除了告诉女性如何躲避外，也传授了很多杀伤对手的技巧，但没人说《女子防狼术》加深了男女矛盾。”参见：王梦婕. 被误读的“医生防暴指南”？中国青年报，2012-05-31（03）.

② 医疗和社会服务工作者预防工作场所暴力指南（中文版）. http://www.medsci.cn/article/show_article.do?id= 76a83086442 [2014-02-09].

结语：医疗暴力与中国社会

虽然，堕入沉思里，我是怀疑的//希望，系住我们。希望/在没有希望，没有怀疑/的力量里/……我们的痛苦永远地飞扬，而我们的快乐/在她的母腹里，是继续着……

——穆旦《中国在哪里》

在我的研究基本告一段落之时，医疗暴力却仍然没有终止。我相信，以医疗暴力为代表的私人暴力形态永远不会在各类社会中消亡，所有的区别不过仅仅是强度的大小而已，这源于权力与暴力的永恒联系——暴力或者是主张权力下的权利，或者是反抗权力剥夺权利的一种手段。正如阿伦特所指出的，“答案将依赖于我们怎么理解权力”“权力的极端形式是所有人反对一个人，暴力的极端形式是一个人反对所有人”，因此，“权力是一切的本质，但暴力不是，暴力本质上是工具性的；和一切手段一样，它总是需要它所追求的目标的指导和证明”[①]。

这一洞见对我们的警示是，暴力行为所要实现的目的才是我们必须要省察的，而无论是动用权力改变暴力，还是以暴力实现某种权利声张，都是应分外谨慎和内敛的。在现代社会，改变暴力的代价是最常见的暴力控制手段，如增加对暴力实施者的防范和惩戒力度。但其实这也是最危险的办法，用政策改变行为代价意味着必须精密地分析政策是否能实现社会收益最大化的目的。要选择一个理性的符合收益最大化的政策，政策制定者必须做到：①知道所有的社会价值偏好及其相对权重；②知道可以获得的所有备选政策方案；③知道每一备选方案的所有结果；④计算每一个备选政策方案的收益与成本的比例；⑤选择其中最有效率的政策方案。[②]我们很难说，政策制定者真的这样精确地思考过、计算过。更多的证据表明，目前的政策更多关注暴力的外观，消弭的是工具性行为，而对行为背后涌动的权利诉求或权力暗流采取暂时搁置的态度。而我始终认为，权利与权力的互动、摩擦、冲突、对抗、妥协、转化等理论和实践现象，才是最应当关注的中国问题。

对医疗暴力研究的起因可能是对热点问题的回应，但更可能是属于“我猜中了开头，但没有猜中结局”的歪打正着。我逐渐发现，医疗暴力的现象解释蕴含着转型中国权力与权利的互动关系，成为打开诸多中国问题之门的钥匙，尤其对公共治理极具启发。这是一个意外和有趣的探索过程。正如笛卡儿指出的，发现“真知”的过程应当是：“关于打算考察的对象，应该要求的不是某些别人的看法，也不是我们的推测，而是我们能够从中清楚而明显地直观出什么，或者说，从中确定无疑地演绎出什么。”[③]威廉·富特·怀特在其名著《街角社会》中也这样描述过：我们在研究中的想法仅在一定程度上是我们对事实进

---

① [美]汉娜·阿伦特. 共和的危机. 郑辟瑞译. 上海：上海人民出版社，2013：101，105，111.

② Dror Y. Public Policy Making Re-examined. New Brunswick：Transaction Publishers，1983：part IV.

③ [法]笛卡尔. 探求真理的指导原则. 管震湖译. 北京：商务印书馆，1991：8.

行认真考虑时形成的一种必然产物。我们在全面考虑问题时一般不是呈直线进行的。我们常有被一大堆乱糟糟的资料所淹没的体验。我们认真地研究这些资料，把我们全部的逻辑分析本领都使出来了。我们提出了一种或两种想法，但是这些资料仍然不能形成任何有条理的模式。于是我们继续和这些资料和这些人待在一起，直到也许是某个偶然的事件对这些资料做出了截然不同的解释，使我们看到了一种我们以前不曾看到的模式。[①]这种对“真知”柳暗花明的触碰感让我感到某种幸运和幸福。

我越来越深刻地认识到，透过中国的医疗暴力，我们可以揭示、描绘和解释当代中国医疗卫生体制改革、公共政策变迁和道德意识焦灼等诸多深刻变化，在这些层面上，借鉴无疑是重要的，但不是唯一的，我们必须深入到这个伟大变革的国家的结构深处，从诸多细节触摸它真实的脉动，这要求医疗暴力的研究不仅仅停留在“现象—问题—对策”的层面上，而是辐射并覆盖更广阔的中国问题。但我必须重申，也以此提醒自己，理论和方法必须为研究的目标及内容服务，而不是相反。我更希望本研究是论证式的，结论是建设性的——至少，在时间磨砺中别太快烟消云散。最终，我所期望的也许仅仅是对问题的展示和剖析，因为，“一个社会针对它自身的问题应当采取什么样的解决方案，不是，也不应当由学者决定，社会科学研究的贡献在于展示和剖析真实的问题，一旦问题得到充分的认识、自由的表达，政策就会或多或少地受到影响”[②]。因此，在这里，我想对作为中国问题的医疗暴力再做一点富有延伸性的解释，这些解释蕴含了更为广阔的中国视野，或许可以成为中国社会暴力问题探索的引玉之砖。

一、污名化的身份与医疗暴力

日趋激烈的医疗暴力是在当代中国暴戾之气日常化的背景下发生并得以弥漫的。在原本可以通过其他合法途径解决的争议事件中，暴力却成了首选，这与传统社会中暴力的被迫使用多少有所区别。与传统社会暴力事件的反复斟酌、深思熟虑相较，当前诸多暴力事件的发生具有突然性、极端性甚至意外性。[③]但通过细致分析，可以发现，暴力发生的心理机制并没有本质区别，即无法通过常规方式弥补的“相对剥夺感”是暴力发生的重要原因。传统社会中暴力事件所体现的“相对剥夺感”，往往发生于纠纷之后，是个案式的逐渐蓄积、无法排解乃至最终迸发，而当代中国的“相对剥夺感”可能更加普遍、常见、广泛，甚至直接演化成暴戾之气。有学者认为，社会发展引发的阶层分化、贫富差距、公平博弈机制缺失[④]、一些地方政府“效率第一偏好”、公共利益部门化等是暴戾之气弥漫的主要原因。[⑤]与中国社会转型期存在的一定程度的“输入性故障”或“意见堵塞”有紧密关

① [美]威廉·富特·怀特. 街角社会：一个意大利人贫民区的社会结构. 黄育馥译. 北京：商务印书馆，1994：364.

② 方流芳.《公司法基础》都提出了哪些理论？http：//www.360doc.com/content/13/0930/18/202378_318230105.shtml [2013-09-30].

③ 这方面的案例及评论可参见：贾安达. 暴戾之气缘何愈演愈烈：“非理性报复”成通病. 工人日报，2016-08-04（12）；奚旭初. 暴戾之气是社会公敌. 新华日报，2014-04-10（A2）.

④ 李宁. 法治与文明是维护社会安全稳定之本. 江苏社会科学，2013，(6)：127.

⑤ 顾骏. 社会戾气漫溢症结及其破解. 人民论坛，2014，(9上)：44.

联。[①]立足古今之辨，传统中国与当代中国暴力现象最重大的区别是，传统上的“相对剥夺感”是关乎权利本身的，是情面撕破后权利冲突的极端行为，权力在一旁或静观其变，或伺机介入，但较少与权利冲突狭路相逢；而当代中国的“相对剥夺感”本质上则源于权利对权力的不信任、失望甚至怨恨。由此，我们也可以理解，在权利保障机制相对完善的今天，医疗暴力的实施者（肇事者）为什么放弃了其他可能获取救济的机会而选择极端行为，救死扶伤的医务人员面对被救治对象发出的人身威胁信号，本身就构成了一组足以反讽和令人反思的关系，在符号意义上已经十足震撼。

理论上认为，暴力的发生往往源自施暴者特定的环境，需要识别出创造了这种环境的三种社会进程：授权、惯例化和人性的丧失。授权，是环境非常确定，使得每个人都免除了做出个人道德选择责任的一个过程；惯例化，是行为是相当有组织的，以至于没有提出道德问题的机会的一个过程；人性的丧失，是行为人对行为目标及其自身态度结构，使得他们没有必要也没有可能从道德的角度出发来考虑他们二者的关系[②]。我们要解释的是，面对可能救治自己生命的医务人员，是什么对暴力行动者予以授权，使之失去了接受道德拷问的机会，并逐渐丧失了同情心，成为积极的肇事者——最难以理解的是，他杀害或伤害行为的结果可能是，丧失了自己生存或恢复健康的机会。阿玛蒂亚·森关于身份的塑造与暴力发生关系的研究或者可以作为有价值的参考，在她看来，单一身份的幻象挤掉了暴力行动者思考的自由和冷静推理的可能性，“仅重视每个人的一种归属会造成对人的过分简化，一下子抹杀人的多方面归属与关系的深远影响”[③]。这一结论的启发是，当暴力行动者将施暴对象的身份固化为某一受憎恨的对象时，其行为的自我正当化过程也就得以完成。

而在现实中，我们不得不遗憾地发现，医务人员被“单一身份化”的情形始终未能得以根本缓解。由于医疗卫生体制的沉疴和改革的波折，加之社会保障体系存在的种种缺陷，“看病难”“看病贵”问题一直存在，直面患者的医务人员由此背负了始作俑者的污名。患方既难以知晓制度弊病与医方逐利行为的隐秘关联，也难以理性看待其成本付出与医方收益的关系，更难以理解健康期待与诊疗效果的落差，而将其归咎为医方逐利心切、医术不精、医德有亏等因素，经由各种信息传播机制将这一推测扩大化。而个别医疗机构和医务人员暴露出的“拿回扣”“过度治疗”“过度检查”等问题则坐实了上述猜测，使患方乃至众多社会民众完成了对医务人员“单一身份”的固化过程。更有意思的是，每当医务人员对之提出不满之时，总有所谓理性的声音告诫其应洁身自好[④]，不论言论争议的是非，仅看其影响，可以推测，每一次都对身份的固化起到了推波助澜的影响。如果放宽视野，“单

① 在政治宣泄渠道不畅、利益表达机制不健全、话语表达方式单一、制度保障不足的语境下，一种缺乏选择和无助的“堵塞型社会”便容易形成。当民众无法借助既有的制度来维权时，便转向依靠最为不雅的手段——暴力来发泄对社会的不满。参见：陈谭，黄金. 群体性事件多种原因的理论阐释. 政治学研究，2009，(6)：54-61.

② [英]莫里森. 理论犯罪学——从现代到后现代. 刘仁文译. 北京：法律出版社，2004：194.

③ [印]阿玛蒂亚·森. 身份与暴力——命运的幻象. 李风华，陈昌升，袁德良等译. 北京：中国人民大学出版社，2009：153.

④ 例如，2006 年 5 月 10 日上午卫生部召开例行新闻发布会时，有记者问及现在普遍存在的对医生道德的质疑和指责时，卫生部新闻发言人毛群安说：“当前出现一些很违心的舆论情况，医务工作人员的压力很大，包括护理人员也是。我们呼吁媒体给医务工作者一个公正、公平的评价。”媒体从业者立即予以反击，认为舆论给医务工作者一个公正评价，根本还要依靠卫生系统的体制改革和自身建设。参见：单士兵. 媒体“妖魔化”了医务工作者？华商报，2006-05-11（09）. 此类言论另参见：白剑锋. 医生，请不要总抱怨. 人民日报，2012-07-19（15）.

一身份”的幻象也可以用以解释许多激烈社会冲突的成因，在发达但缺乏理性分辨的信息传播机制中，特定社会群体的形象逐渐被单一化、固定化并实现了污名化①，进而产生煽动社会冲突和暴力行径的扭曲的激励机制，针对上述群体的过激举动尽管在违法性上毫无争议，但往往被视为合理，甚至赢得一片欢呼。

因此，医疗暴力的防控甚或杜绝并非完全的事实问题。国家治理的相关对策是否生效，很可能取决于观念领域中“单一身份”的瓦解是否成功。而正如阿玛蒂亚·森反复强调的，单一身份的塑造以及我们由此获得的错误观念，可能更多源自混淆而非恶意，这就制造了消解身份固化的最大困难。因此，成为暴力渊薮的“相对剥夺感”其重点在短期是“剥夺感”，在长期势必聚焦于“相对”。从建立防控机制到根本性的制度变革，其原因也正如此。

二、失落的个体与医疗暴力

发现、探索并呈现暴力事件的发生原因，可以把时间的广角镜推至更远。无论我们是否承认，中国的社会关系结构正经历着深刻的变革，最为明显的是个体自由度和可选择机遇的大大增加。在此基础上，传统建立于亲族网络或集体组织中的社会关系不断被重塑，个体开始更关注自身的现状和发展，作为道德标准的家国使命感也在弱化。有学者将之描述为个体化进程，并归纳其特征为：个体打破社会团体的约束，在国家和市场的双重推动下寻求发展；公共话语中实现了从“我们”到“我”的转变；个人之间的互动尤其是与陌生人之间的互动逐渐增加。②从学理上，个体化命题的提炼显然与西方现代性理论中的个体化③密切相关，但中国社会的个体化呈现出了与之既有联系又有区别的面目：在个体逐渐从集体主义伦理中分化上呈现一致性，但在具体分化途径、分化程度和分化后果上均有所区别。在分化途径上，中国社会关系结构的个体化进程是与熟人社会的瓦解④和单位功能的减弱⑤联系在一起的，与西方个体化进程中的个体权利摆脱国家控制甚至与之对峙的

---

① 美国社会学家戈夫曼指出，污名是一种虚拟的性格刻画，带给被污对象的是有别于真实身份的虚拟社会身份，这种身份意味着低人一等以及携带危险信号，借助污名，人们有可能将基于其他差异的敌意合理化。参见：[美]欧文·戈夫曼. 污名：受损身份管理札记. 宋立宏译. 北京：商务印书馆，2009：1-15.

② [美]阎云翔. 中国社会的个体化. 陆洋等译. 上海：上海译文出版社，2007：330-341.

③ 阎云翔将西方个体化特点概括为：吉登斯和贝克的“去传统化或脱嵌”，即个体从外在社会约束中脱离出来；鲍曼的“强迫的和义务的自主”，即指社会强迫人们成为积极主动和自己做主的个体，对自己的问题负全责，发展一种自反性的自我；贝克夫妇的“通过从众来创造自己的生活”，即倡导选择、自由和个体并不必然决定个体的与众不同，相反，依赖制度将使个体生活成为相当一致的生活；贝克的“文化民主化”，个体化进程有赖于民主文化的内在化。参见：[挪]贺美德，[挪]鲁纳. 2011. “自我”中国：现代中国社会中个体的崛起. 许烨芳等译. 上海：上海译文出版社，2011：5；[美]阎云翔. 中国社会的个体化. 陆洋等译. 上海：上海译文出版社，2007：328-329.

④ 诸多学者均对个体化与熟人社会瓦解做出了精彩的研究，参考：[美]阎云翔. 私人生活的变革：一个中国村庄里的爱情、家庭与亲密关系（1949—1999）. 龚小夏译. 上海：上海书店出版社，2006；[挪]贺美德，[挪]鲁纳. “自我”中国：现代中国社会中个体的崛起. 许烨芳等译. 上海：上海译文出版社，2011. ；Thøgersen S，Ni A. “He is He，and I am I”：Individual and collective among China’s rural elderly . European Journal of East Asian Studies，2010，7（1）：167-193.

⑤ 中国经历了从单位人到个体人的变迁，单位逐渐从个人生活中的撤出，引发了社会制度、生活观念等多方面的变化。关于个体化与单位的关系，参见：刘建军. 单位中国：社会调控体系中的个人、组织与国家. 天津：天津人民出版社，2000；田毅鹏. 漆思. 单位社会的终结. 北京：社会科学文献出版社，2005；李汉林. 转型社会中的整合与控制——关于中国单位制度变迁的思考. 吉林大学社会科学学报，2007，（4）：46-55；田毅鹏，吕方. 单位社会的终结及其社会风险. 吉林大学社会科学学报，2009，（4）：17-23.

实践不同；在分化程度上，中国的个体化进程始终未能达成以个体为绝对核心的伦理预设，个体价值的实现有意识地与家国、民族、集体等相连，自由、权利、自我实现与责任、义务、自我牺牲难以截然分离；在分化后果上，中国个体化的后果既可能加强了个体身份的自我认同和生活目标的自我选择，但在缺乏文化传统和社会福利支撑的土壤里，又可能使个体在骤然丧失了传统权威支撑和有效公共制度维护的情形下变成"失落的个体"。

本书研究发现，暴力实施者强烈的"相对剥夺感"是形成医疗暴力的主要原因之一。而中国个体化进程的特征可以更加深刻地解释强烈"相对剥夺感"的形成。以往对中国医疗体制改革的分析往往集中于服务供给、需求满足、筹资机制、管控方式、保障制度等经济领域，很少有从社会关系变迁视角的分析。事实上，强烈的"相对剥夺感"可能首先来源于医疗体制改革中国家、单位与个体的分离。以城镇为例，1951～1984 年被称为"公费医疗阶段"。"1979 年之前，卫生保健筹资体系包括两种制度：①为所有政府雇员（包括退休人员）、伤残军人、高校师生和事业单位雇员建立的公费医疗制度；②为国有企业和部分集体企业职工（包括退休人员）建立的劳动保险（简称劳保）制度。参加公费医疗的人能够免费接受大量的门诊和住院服务，除了一小部分项目（如挂号费、保健品和整容外科等）之外。公费医疗的受益范围还可以延伸到参与者的家属。劳保医疗能为其参与者提供和公费医疗类似的福利并且能为其家属报销一半的医疗费用。"[①]在这一阶段中，个体对国家、单位的依赖成为医疗服务的主要特征：从服务成本上，国家、单位基本上承担了个体的医疗费用[②]；从服务提供上，依赖单位组织的个体获得了便捷的服务[③]；从服务感受上，个体患者将健康收益与国家福利直接联系起来，医疗服务满意度较高。

而基于市场化的医疗卫生体制改革在一定程度上淡化甚至消除了个体与国家、单位之间的联系。对这一改革后果的评价迄今为止是复杂的，但究其动因，除了顺应经济体制改革的整体精神，也是为了解决医疗服务能力和水平低下、公费医疗费用增长过快导致国家负担过重、医疗保险的管理效率较低等问题。[④]因此，首要的改革就是剥离个体在医疗成本上对国家的过多倚仗，有学者将这一进程描述为财政在供方和需方的两次退出[⑤]：一方面，国家财政从供给方逐渐退出，在政策导向中，鼓励医疗机构通过承包制、自主创收和自主分配等方式积极弥补财政拨款的不足，如 1988 年 5 月的《卫生部关于部属医院试行

---

① 王绍光. 政策导向、汲取能力与卫生公平. 中国社会科学，2005，(6)：104.

② 由于成本过高，国家进行了数次调整，包括：1957 年政务院试图遏制干部医疗费用滥用，规定出了 10 种不得报销的情况，并规定报销必须凭借公费医疗证，到指定的医疗机构或经指定医疗机构同意，转往其他医疗机构的方能报销费用。这些原则在 1958 年、1961 年与 1962 年又更加细致化；1965 年国家规定挂号费自理，并且要求各地区医院对于营养滋补药品也要进行收费，以平衡开支；1977 年规定了自费药品范围。但上述措施收效甚微，没有改变国家承担医疗费用的基本格局。有学者认为，这与群体界定模糊从而导致体制内外共谋，个人为追求利益最大化寻找制度漏洞等原因相关。参见：高春亮，毛丰付，余晖. 2009. 激励机制、财政负担与中国医疗保障制度的演变——基于建国后医疗制度相关文件的解读. 管理世界，4：69.

③ 当时，中型企业一般都有自己的诊所，为职工提供免费门诊服务；大型企业（1000 名职工以上）一般有自己的医院；市区医院向中型企业的职工提供住院服务，向小企业职工及未纳入保障的人提供所有服务。所有这些机构都是公立的。服务相对便捷。参见：王绍光. 政策导向、汲取能力与卫生公平. 中国社会科学，2005，(6)：104.

④ 林光汶，郭岩，Legge D，吴群红. 中国卫生政策. 北京：北京大学医学出版社，2010：3.

⑤ 高春亮，毛丰付，余晖. 激励机制、财政负担与中国医疗保障制度的演变——基于建国后医疗制度相关文件的解读. 管理世界，2009，(4)：67.

承包责任制的意见（试行）》、1989 年 11 月的《卫生部、财政部、人事部、国家物价局、国家税务局关于扩大医疗卫生服务有关问题的意见》都指出：“积极推行各种形式的承包责任制。……单位可以根据国家有关规定，自行管理、自主经营、自主支配财务收支，并决定本单位集体福利和奖励基金分配形式。”另一方面，国家财政在需方则予以调整，采用了设置起付线、自负比例、封顶线以及各种自付费用等诸多限制，这样类似的调整本来并无过错，也是国际上实行医疗保险制度的一般做法，但嵌入变革中的卫生服务体制之后，就产生了弊病：“由于我国财政对医疗服务机构投入的不足以及医疗机构独立利益主体的制度设计，医疗机构具有极大的利益驱动提供价格过高的、很多情况下属不必要的医疗服务和药品；与此同时，我国医疗保险制度也没有对定点医疗机构提供保险外医疗服务的行为进行限制。于此背景下，过度依赖需方控制的结果必定是由患者为高昂的医疗费用埋单进而导致个人负担比例较大。”[①]这与我们关于“失落的个体”的分析产生了交集，即将过度福利化作为祛魅对象的个体化进程并未及时与重建公共性的有效制度相结合。

因此，上述变革对医患关系变迁的直接影响是，个体将健康成本、健康收益与市场化变革后的医疗机构紧密相连，而政策激励可能使失却福利性的医疗机构同时在很大程度上失去了公益性，在逐利创收的道路上愈行愈远。原本承担健康公共职能的国家机关、企业单位逐渐淡出医疗卫生服务领域。而个体直面医疗机构时的满意度，也是以成本收益核算为基础的。一旦感知费用过巨而收益甚微时，年龄较大的个体将以便民和免费结合的福利逻辑质疑医疗机构的逐利动机，而年龄较小的个体将以价格和服务对应的市场逻辑审视医疗机构的服务能力，而无论何种衡量，导致的都可能是强烈的“相对剥夺感”。

由此引致的结果是，人际信任与体系信任的断裂和扭曲：剧烈的个体化进程并未伴随强化的人际信任，相反，旧有的以集体为中心的人格特质遭遇了冲击；而随着医学科学发展应当建立的信心，又与个体成本的急剧增加以及公共制度的相对匮乏紧密相连，难以形成稳固的体系信任结构。这就构成了中国患方独特的强烈的“相对剥夺感”的渊薮。

三、个体的公共性重建与医疗暴力

仅仅是个体成本或权益上的相对剥夺尚不能单独导致暴力，暴力实质上更来源于个体对上述剥夺诉诸公共秩序时的深刻无奈。在社会关系结构变迁漩涡中眩晕的个体，面临的最大危机，可能来源于个体生活扑面而来的陌生感与公共秩序结构性滞后之间的断裂。在现代性理论中，这一危机是通过“制度化的个人”予以解决的[②]，而在制度尚在完善中的

---

① 李文静. 医疗保险法律制度研究. 北京：中国言实出版社，2014：40.

② 哈耶克较早地提及个人主义的含义，他认为，个人主义需要对所有的强权或专制给以严格的限制。但是，它所反对的是利用强权来产生组织或协作，而不是在于这种联系本身。随后，他讨论了个人主义与有组织协作、国家法律制度、市场规则等的关系。参见[英]哈耶克. 个人主义与经济秩序. 邓正来译. 北京：生活·读书·新知三联书店，2003：1-25. 贝克描述了作为现代社会发展的个体化命题的基本内容和社会限制的产生：一方面，个体化意味着既有社会形式的解体，如阶级、社会地位、性别角色、家庭、邻里等范畴的日趋弱化；另一方面，个体化意味着现代社会新的要求、控制和限制被强加给个体，“透过就业市场、福利国家和制度，人民被缠结在一个由规则、条件和条款组成的网络中”，这表明个体化与公共性之间的有机联系。参见：[德]乌尔里希·贝克，伊丽莎白·贝克-格恩斯海姆. 个体化. 李荣山等译. 北京：北京大学出版社，2011：2-3.

转型中国，个体往往在制度之外寻求断裂之后的慰藉。许纪霖深刻地指出："被各种瓦解了的共同体抛出来的个人失去了所有的保护，不得不独自面对一切来自社会的压力。而所有的社会问题也被化约为让个人独自去承担的生存能力，却找不到与公共生活、公共社群的有机联系，因而也无从产生社会所需要的责任担当。当各种充当保护者的社群都消解以后，人们只有自我保护。"①这也是中国学者在研究中国个体化进程中所提出的加强公共性培养，建立个体与社会有机联系以消解个体无序的原因。②在这一层面上，尽管医疗暴力因其暴力对象明确，事出有因（至少在行动者看来），与泄愤性暴力有明显区别③，但行动者借助暴力宣泄对公共秩序与个体保障之间断裂不满的动机，却与其有异曲同工之处。这显然要求在急剧的个体化进程中，中国治理者必须考虑如何改变情感支持上的弱化、秩序权威性的残缺、社会团结的恢复、资源分配上的不公以及权力规制上的单薄等状况。

因此，医疗暴力的防控过程也可以被视作是对现代中国公共治理能力的考验，以有效的公共治理弥合个体化进程中个体与社会的断裂。首当其冲的是医疗卫生体制治理能力的提高。

以完善医疗保障制度形成"制度化的个体"是目前最可行的国家策略。良好运行的医疗保障体系可以作为患方成为"制度化的个体"的切入点。从理论上讲，医疗保障体系的功能既包括筹资者的功能，也包括付费者的功能。前者是将看病治病的费用以日常缴费的方式予以筹集，民众生病时只需部分支付医疗费用，实现风险分摊和社会共济；后者是指医疗保险机构以付费者的角色，代表民众的利益，运用专业化的付费机制，约束医疗机构的行为，有效控制医疗费用上涨的幅度。如前文所述，由医疗费用产生的强烈"相对剥夺感"是医疗暴力发生的主要原因之一，而在医疗保障制度发育良好的第三方购买机制中，可以化解患方与医疗机构博弈时的个体无力感，这主要是指以下两方面。

（一）医疗保障制度的推进需要政府予以引导，政府可以此为契机建立与医疗机构、个体患者的联系，并且帮助两者之间建立有机的联系

在医疗保障制度改革中，政府应正确扮演好主导的角色，这一方面源于医疗保障本身的市场供给缺陷，如商业保险对老人和穷人的排斥；另一方面则源于医疗保险市场的双向逆向选择：①投保者更清楚自己的身体状况，不健康者比健康者更倾向于投保，基于此，保险者为了逐利而提高保费，进一步促使身体健康者不投保；②保险者基于追求利益最大化，会根据社会经济特征对投保者进行选择，需要投保的如老人和残疾人等反而会被排斥在外。④但政府的参与并非全面的包揽和介入，而是一种有限参与，顾昕将政府在全民医

① 许纪霖. 大我的消解和小我的异化. 人民论坛，2009，（07 下）：9.

② 参见王建民. 个体化社会中"社会容纳力"的缺失与重塑——理论阐释与案例分析. 学习与实践，2010，（2）：104-109；王建民. 2013. 转型社会中的个体化与社会团结——中国语境下的个体化议题. 思想战线，2013，（3）：79-83.

③ 针对社会暴力频发的现状，于建嵘提出了"泄愤性暴力"的概念，主要特征归纳为：行凶者心中对社会有诸多不满，但却没有"合理"的明确仇恨；他泄愤的目标不是侵犯他的人，也不是公权力，而是更柔弱者。在他看来，泄愤性暴力的发生原因是公权力的失范、社会规则的不明确给个体带来的焦虑感。强者通过控制规则制定来消解焦虑，而弱者只能持续压抑焦虑，最终通过暴力等破坏性行为释放此种焦虑，反抗强者。参见：于建嵘. "泄愤性暴力"现象令人堪忧. 廉政瞭望，2010，（6）：47.

④ 顾昕. 新医改的公益性路径. 昆明：云南教育出版社，2013：23.

疗保险的主导身份归结为保险者、付费者、监管者、推动者、资源配置者、公共卫生提供者等。[①]在医疗保障制度推进的过程中，政府必须将注意力集中于保障的普遍性、公平性和可及性，履行监管、补缺和引导的职能，旨在解决个体在实现医疗社会保障中的无力感和无责任感。

（二）医疗保障制度的良好运行可以加强医疗付费的公共性，以社会团结的方式消解付费不公

医保机构或其组织可以取代患方个体，以社会团结的方式与医疗机构或其形成的协会组织等进行谈判。[②]“医疗保险谈判机制产生的外部动因在于社团主义的推动。在社团主义的机制框架下，协会承担着对特定领域的交换关系实行自我调控的重要使命。……无论是在最早制定社会医疗保险制度的德国，还是在商业医疗保险蓬勃发展的美国，医疗保险制度的建立都有着特殊的政治意义和社会背景，或是源自缓解劳工矛盾、促进社会团结的需要，或是出于增进员工福利、追求企业利润的需要，而以协商谈判机制为核心的社团主义恰恰契合了这一需要。正是在社团主义的推动下，医疗保险谈判机制逐渐成了医疗保障体系中的重要制度安排，其作用也远远超出了机制本身。”[③]概言之，以第三方组织作为患方个体的集合代表，可以强化对医疗机构费用收取的约束，也可以强化个体在费用博弈中的力量，消解因个体无力感导致的付费上的“强烈剥夺感”。为实现这一目标，需要在医疗保险付费方式上进行适当的改革和完善。谈判的最终结果应当指向付费方式，可以想见的是，引入谈判机制后，目前按项目收费为主的医疗保障支付制度将逐步完善为以人头付费、按病种付费、总额预付等方式的支付制度组合，进一步实现市场杠杆和社会保障的有效结合。

必须清醒地认识到，从中国社会发展的视角，个体化进程对于中国的意义十分重大，且具有不可逆性。市场经济助推下的个体自我认同增加、国家政策对个体管理和社会自治的逐渐开放、市场中个体流动性的普遍增强等均促进了个体主义的发展。[④]经过历史的教训，国家全面管理社会尤其是在经济领域全面计划的时代已经一去不复返了，这既基于国家能力在成本、专业、决策精度以及控制深度上的有限性，也基于社会治理文明与民众幸

---

① 保险者是指通过补需方的方式，以普惠型参保补贴的形式，吸引民众参加公立医疗保险；付费者是指公立保险机构代表参保者的利益，向各类医疗机构购买基本的医疗服务和药品；监督者是指推行管办分离，让医疗机构与卫生行政部门脱离行政隶属关系，促使卫生行政部门以中立的裁判员身份，对医药卫生全行业的市场准入与服务质量进行监管；市场推动者是指鼓励社会资本进入医疗服务市场，增加服务供给；资源配置者是指政府在市场不足的地方兴办公立医疗机构，提高医疗卫生服务可及性；公共卫生提供者是指政府通过直接提供和服务购买相结合的方式，推动公共卫生事业的发展。参见：顾昕. 走向全民医保——中国新医改的战略与战术. 北京：中国劳动社会保障出版社，2008：8-9.

② 有学者根据与医疗保险机构谈判的主体，将医疗保险谈判分为个体谈判模式和集体谈判模式，前者是指个体医疗机构或医生与个体保险机构围绕医疗卫生的服务范围、服务价格、支付方式等进行详细的谈判，以美国为代表；后者是指以医院联盟、医师协会以及药商联盟等与医疗保险协会针对医疗卫生的服务费用、价格和质量等方面，集体统一达成协议，以德国为代表。参见陈继芳，白丽萍，赖永洪，等. 浅析美、德医疗保险谈判机制及其对我国的启示. 医学与哲学，2015，（3A）：66-68.

③ 王婉. 医疗保险谈判机制探析. 保险研究，2010，（1）：99-100.

④ 冯莉. 当代中国的个体化趋势及其政治意义. 社会科学，2014，（12）：22-23.

福生活在因果关系上符合社会发展规律的澄清。而经由理论研究，我们同样看到了国家制度与公共治理完善对于个体化的意义。因此，在医疗卫生体制的公共治理中，与个体化进程截然相反的全面国家化的倾向有待商榷，即便是在公共机构最善于并最适宜从事的社会保障中，也可能难以从成本上全面保证其有序进行，更重要的是，即便耗费成本，收获的可能是个体对国家成本的无限依赖，以及因依赖而产生的对成本投入的永久抱怨。这也是个体化进程成为现代社会普遍趋势的最根本原因，即国家通过制度设置，让个体通过自我选择，拥有对自己生活的世界的责任感。在此意义上，医疗暴力其实展示的是中国社会个体化进程中个体行为与公共制度的撕裂，寻求在公共制度黏合下的与个体化进程相符合的市场调节和社会自治，可能是当前社会治理中最紧迫的问题。

四、公共政策理性与医疗暴力

解决以医疗暴力为代表的社会暴力还需要更理性的公共政策。消解暴力背后潜在的强烈的“相对剥夺感”的关键显然不是就事论事式的——如下调医药价格的风潮、一定时期内严打医药领域贿赂行为等，也不是内心自省式的——如医德医风教育等，而是可持续性的——可以在较长时期内有效发挥作用并具备可测量特征的公共政策。

忽略这一点可能会令我们看似在解决问题的大道上一路高歌，实则在制造问题的沼泽中泥足深陷。我以上述提及的公共政策为例进行简要说明。医药价格高昂和医药领域腐败一直是社会关注的问题，也一度被认为是看病贵的主要原因。但已有研究表明，不恰当的公共政策设计才是产生这两大缺陷的主要原因。政府主导的降价措施和打击腐败行动可能仅仅是“治标”而非“治本”，打破公立医院在药品市场中的垄断地位，取消政府不当的加成管制等才是治本之策。①至于医德医风规范等自律措施，不能否认其在行业内部风气整顿和对外形象宣传上的意义，但也绝不能在此之外高估其意义。毕竟，从社群视角，决定道德取向的除了个体的内心准则，更多的是公共政策为道德行为创造的制度情境，对非正义行动的惩戒再严厉，如不能抵消在制度环境下普遍存在的非正义行为，甚至不能否定其成为理性人在缺陷制度中的最合理性选择时，其对道德的塑造和提倡不过是一厢情愿，难免曲高和寡，正如学者指出的：“如果社会上一部分人的非正义行为没有受到有效的制止或制裁，其他本来具有正义愿望的人就会在不同程度上仿效这种行为，乃至造成非正义行为的泛滥。”②其中的关键词并非制止或制裁，而是有效。

因此，秉承行动者视角，我们应当对与暴力治理相关的公共政策进行重新评估，这既

① 朱恒鹏认为，公立医疗机构事实上成为药品市场的双向垄断者：面对众多药厂，医院处于买方垄断地位，数量众多的医药企业基本上没有讨价还价的能力，只能满足医院的种种要求，甚至包括返点返利和回扣等违规违法要求；而面对患者，医院处于卖方垄断地位，因为其控制着处方药的开方权、销售权以及公费医疗和医保定点资格，患者和医保基金在很大程度上没有讨价还价的能力和选择权。这是导致药品价格扭曲的根本原因。参见：朱恒鹏. 医疗体制弊端与药品定价扭曲. 中国社会科学，2007，4：890-894. 顾昕则认为，药品加价率管制政策导致公立医院偏好购销高价药，而最高零售限价管制（即降价措施）、集中招标采购、打击商业贿赂在这一公共政策的背景下效果不佳甚至趋于失灵。参见：顾昕. 新医改的公益性路径. 昆明：云南教育出版社，2013：68-70.

② 慈继伟. 正义的两面. 北京：生活 • 读书 • 新知三联书店，2001：1.

包括使实施者产生强烈“相对剥夺感”的公共政策，也包括寻求国家直接干预暴力行动者的可能及界限的公共政策，如制定治理暴力策略、制裁暴力行动者、探索暴力纠纷解决机制等。前文实际上已经对前者进行了一定的讨论，此处仅以后者为例进行讨论。

公共政策干预的动机应来源于公共利益。尽管在理论和实践中，公共利益的内涵均存在争议，从不同的学科视角出发存有不同的认识①，但公共政策必须符合公共利益是毫无争议的。顾塞尔曾经把公共利益在公共政策上可以发挥的功能概括为凝聚功能、合法化功能、授权功能和代表功能，认为其在融合歧见、增加诉求合法性、使政府获得处理公共事务的授权、照顾弱势群体方面具有重大意义。②而对于干预医疗暴力的公共政策而言，其核心在于识别政策指向的公共利益类型。显然，医疗暴力之所以受到公共政策相对密集的干预，并非仅仅因为其造成了医务人员人身和医疗机构财产的损害，而是因为其形成了对公共利益的威胁，这既包括医疗秩序被即时性破坏，民众无法就诊导致的直接健康威胁，也包括从医和就医环境未来长期受损，最终导致的国民健康环境恶化。而且，这还得基于决策者察觉到，医疗暴力在不干涉的情形下难以自然消弭。

然而，这一公共利益的形成并非是不言自明的，至少，这不是由决策者率先发现的，而是由极具影响力和冲击力的暴力事件所促成的。受暴力事件侵害最重的医疗群体成为公共政策的最主要期待者，也是将其利益与公共利益一致化的积极推动者。事实上，在政策学上，作为公共问题，利益从个别利益到公共利益的界定一直是值得研究的，“对于政策问题的界定就变成了一个具有战略意义的复杂问题，为了争取到强大群体的积极支持，就有必要将政策问题描述成为对于这些群体来说有着高度集中的代价或者利益……为了吸引旁观群体的支持，它让自己看来是弱小的、处于公共精神的一方，而不是让自己表现为强大的、保卫狭隘利益的一方”③。因此，我们可以理解医疗群体通过政策决策影响（在各类政治会议上予以呼吁）和现实促进策略（通过各类传媒叙述暴力事件影响，甚至通过游行、集会等方式激烈抗议）等方式，积极推动反暴力公共政策的出台，此时，医疗群体以弱势的受害方出面，也成功论证了其个体利益保障与公共利益保障的一致性；我们也因此可以理解，在医疗群体采用拒诊等自我救济等反暴力手段时，国家和民众态度的总体不支持，因为此时的医疗群体以拒绝实施其垄断性技能的威胁撕裂了个体利益保障与公共利益保障的关联。

在此意义上，公共政策干预的决策应更加符合决策理性，即决策者随时应关注其政策与公共利益的关联。借鉴拉斯韦尔的决策理论，决策者应识别政策内容，有效且经济地使该内容满足政策适用对象的需求，具体过程包括：探索争论中的事实并决定将被认为是相关的事实；审查已存在的相关政策，参考其他公共政策，结合政策所必须满足的基本需求

① 目前对认识公共利益的视角包括：①经济学视角。将其视为最大化需求的公共物品和公共服务。②政治学视角。将其视为政府以超越私人利益范围的行动所追求的利益。③法学视角。从外延上对法律调整的公私利益予以划分，进而确定公共利益的内容。④行政学视角。分别从理性化行政过程、行政人员基于良心的裁量、平衡利益的决策结构等方面予以认识。参见：张成福，李丹婷. 公共利益与公共治理. 中国人民大学学报，2012，(2)：98-99.

② Goodsell C T. Public administration and public interest//Wamsley G L. Refouding Public Administration. Newbury Park：Sage，1990：96-113.

③ [美]德博拉·斯通. 政策悖论——政治决策中的艺术. 顾建光译. 北京：中国人民大学出版社，2006：238.

（如秩序和人权），探索可能的政策；识别出在决策中最相关的、最贴近公共利益的事实，将之置于决策之中。①具体在医疗暴力的政策干预中，决策者应当做到以下几点。

1. 基于保障但不囿于受害者利益的立场，遴选出能够有效干预医疗暴力并符合公共利益的措施

医疗暴力是日益恶化的医患关系的极端表现，因此，尽管严惩和规制是必要的，但不能过分加剧关系对峙，例如，使医方获得日常关系中更令人质疑的强势地位，可能为暴力冲突埋下隐患。②在保障医方免受暴力侵袭的同时，政策也应对促成暴力的医方原因和社会原因予以关注，暴力预防和化解的政策同时跟进。

2. 对相关政策进行细致考察，避免政策重复和内容瑕疵

尽管通过公共政策表达对暴力的警惕是国家积极干预的表现，但密集的发布状态和急切的态度表达可能产生与决策理性相抵牾的内容。例如，2012 年以来相继颁布的打击涉医违法犯罪的相关政策法规，包括卫生部、公安部于 2012 年颁布的《关于维护医疗秩序的通告》，最高人民法院、最高人民检察院、公安部、国家卫生和计划生育委员会等多部委于 2013 年颁布的《关于维护医疗秩序打击涉医违法犯罪专项行动方案》、2014 年颁布的《关于依法惩处涉医违法犯罪维护正常医疗秩序的意见》、2016 年颁布的《关于严厉打击涉医违法犯罪专项行动方案》等，其中关于“医闹”类型与处罚的规定多有重复，也反映出政策规章各自为政的决策现状；而以“严打”姿态出现的治理的可持续性也颇堪质疑。即便经由相对严格的立法程序，如引发热议的 2015 年《刑法修正案（九）》的“医闹入刑”，也有学者表示其标志性意义可能大于法律意义，这其实是从侧面对其科学性提出了善意的意见。③

3. 以公共利益为核心，排除其他非公共利益的组织偏好

政府是公共政策的决策者和执行者，但政府利益并不简单等同于公共利益。现代政治理论不否认非公共利益的政府利益存在，有学者将政府利益结构描绘为中央利益的地方代表者、地方利益的集中者、自身组织利益的承载者以及公务员个人利益的承载者。④在涉

---

① [美]哈罗德·D. 拉斯韦尔. 迈尔斯·S. 麦克道格尔. 自由社会之法学理论：法律、科学和政策的研究. 曹晴，陈兵等译. 北京：法律出版社，2013：280.

② 在《南方周末》记者针对医疗暴力的一次访谈中，学者朱恒鹏认为：“在医患中，患者是天然劣势的，现在我们的医生对这个问题客观上认识不足。尽管在伤医杀医中医生认为自己是弱者，但在普通民众面前医生绝不是弱者。不排除有和大夫耍横的莽夫和泼妇，但绝大多数平民百姓在医生面前都是毕恭毕敬的：细声细语乃至怯生生的问话，站着也俯首弯腰，坐下也只坐半个屁股，肯定是医生们常见到的患者形象。把所有责任都归咎于施暴者，医院医生毫无公开的反思，更无对沦落到绝路的施暴者的哪怕一丝同情，施暴者不服，许许多多普普通通的民众也不会服气。”参见：刘薇. 医生、律师、学者三方谈医生被砍：既要维权，也要反思. 南方周末，2013-11-07（12）.

③ 例如，刘鑫等认为，即便不做这次修订，也不影响适用《刑法》中的相关罪名甚至适用聚众扰乱社会秩序罪对相同行为进行打击。立法修改更为重要的意义和作用在于为解决医闹问题提供了法律依据，表明我国立法部门已经明确将医闹行为纳入法制层面进行管控。参见：刘鑫，胡佩佩. 医闹入刑的事儿，千万别误读. 健康报，2015-11-26（03）；王琳也认为，《刑法修正案（九）（草案）》中有关“聚众扰乱社会秩序，情节严重，致使工作、生产、营业和教学、科研、医疗无法进行，造成严重损失的”，在现行法上，与寻衅滋事罪有颇多重叠，而之所以如此规定，更多是来源于被广泛关注的医患冲突。参见：王琳. 我们如何看待‘医闹’入刑. 新快报. 2015-06-27（06）.

④ 周国雄. 论公共政策执行中的地方政府利益. 华东师范大学学报（哲学社会科学版），2007，（5）：92.

及暴力这一敏感主题的医患冲突处理中，一些地方政府基于地方利益和政绩困局[①]产生的文饰偏好、强制偏好以及漠视偏好等常常受到质疑。文饰偏好是指一些地方政府在对外宣传中刻意缩小暴力影响；强制偏好是指一些地方政府对涉及暴力事件以强调“摆平”的方式使其迅速解决；漠视偏好是指一些地方政府对微小暴力事件怠于管理或全部委诸自行管理。这三种偏好凸显了政府利益结构中非公共利益的属性，强化了暴力事件化解上的非理性化、非法治化和非程序化。从长远来看，对制度供给的损害大于短期稳定的收益。正如姚尚建在对社会暴力蔓延的政府治理研究中指出，暴力“是在制度化不足的情况下，社会群体以社会抗争的形式进行秩序的挑战，政府则以‘维稳’的名义进行国家秩序的边界守卫。这是没有赢家的暴力对抗，而这种对抗根本原因在于国家与社会双重的不成熟及不成熟制度下的信任缺失，从而导致制度外的政治介入功效的放大”[②]。因此，排除非公共利益的组织自身偏好，将有益于治理暴力的公共政策决策理性的实现。

行文至此，总觉得言犹未尽却暂时枯竭。我不得不承认，一项研究就是一场征程。无论采用了何种炫目的方法，吸收了多少前沿的思潮，查阅了多少古今中外的资料，也无论你多么努力地保持清醒和理性，多么欣喜地拥有灵感和激情，最终，笔端流淌出的，也终将是一个有限智慧的庸人所能产生的极致——说它是半成品已是最大的褒奖。这让我想起了 Annie Dillard 在《写作生涯》中的话：

当你写作的时候，你摆出一串文字。那串文字是矿工的镐，是木雕艺人的凿，是外科医生的探针。你挥舞着它，它开掘着一条通道，随着这条通道的延伸，你很快会发现自己置身一个新的领域。这究竟是个死胡同，还是你能得以确定真正的主题？你或者明天就会知道，或者明年才能知道……在你的手中，转瞬间，写作从对你观念的表达变成了认识论的工具。

诚哉斯言。

① “政绩困局”是亨廷顿提出的概念，用以考察、描述政绩和政权合法性的关系，提出“把合法性建立在政绩基础之上的努力产生了可以被称作政绩困局的东西”这一概念隐喻了政府对政绩过度重视产生的种种问题。参见：[美]塞缪尔·亨廷顿．第三波：20 世纪后期民主化浪潮．刘军宁译．上海：上海三联书店，1998：59.

② 姚尚建．构建社会暴力化解中的整体政府．江淮论坛，2012，(4)：79.

参考文献

阿玛蒂亚·森. 2009. 身份与暴力——命运的幻象. 李风华，陈昌升，袁德良等译. 北京：中国人民大学出版社.

艾尔·巴比. 2009. 社会研究方法第十一版. 邱泽奇译. 北京：华夏出版社.

艾尔肯，方博. 2010. 我国医疗损害赔偿案件法律适用问题调查研究报告. 河北法学，(2)：121-131.

艾伦·德肖维茨. 2014. 你的权利从哪里来. 黄煜文译. 北京：中国政法大学出版社.

艾米尼，李兆生. 2011. 我在医院当警察. 瞭望东方周刊，(10)：25-27.

爱因斯坦. 1962. 物理学的进化. 周肇威译. 上海：上海科学技术出版社.

安德鲁·海伍德. 2008. 政治学的核心概念. 吴勇译. 天津：天津人民出版社.

安东尼·吉登斯. 1998. 社会的构成：结构化理论大纲. 李康，李猛译. 北京：生活·读书·新知三联书店.

安东尼·吉登斯. 2000. 现代性的后果. 田禾译. 北京：译林出版社.

安东尼奥·R. 达马西奥. 1999. 感受发生的一切：意识产生中的身体和情绪. 杨韶刚译. 北京：教育科学出版社.

奥古斯丁. 1963. 忏悔录. 周士良译. 北京：商务印书馆.

奥斯汀·萨拉特. 2011. 布莱克维尔法律与社会指南. 高鸿钧，刘毅，危文高等译. 北京：北京大学出版社.

巴志强，徐洪斌. 2007. 医学模式发展对医院建筑环境、功能的影响. 中国医院管理，(4)：54-55.

白剑锋. 2012-05-02. 公安部卫生部联合发布通告 严厉打击暴力伤医. 人民日报，第13版.

白剑锋. 2012-07-19. 医生，请不要总抱怨. 人民日报，第15版.

白剑锋. 2014-05-06. 医疗纠纷人民调解工作现场会召开——刘延东孟建柱就构建和谐医患关系提出工作要求. 人民日报，第3版.

白剑锋. 2014-09-19. 伤医者该不该被拉黑. 人民日报，第19版.

白雪，董伟. 2011-09-02. 菜刀和警棍哪个能保卫医患安全. 中国青年报，第2版.

拜伦·古德. 2010. 医学、理性与经验——一个人类学视角. 吕文江，余晓燕，余成普译. 北京：北京大学出版社.

包亚明. 2001. 后现代性与地理学的政治. 上海：上海教育出版社.

保罗·艾克曼. 2008. 情绪的解析. 杨旭译. 佛山：南海出版社.

鲍勃·杰索普. 1999. 治理的兴起及其失败的风险：以经济发展为例的论述. 国际社会科学（中文版），(1)：31-48.

鲍勇. 2014. 医患关系现状与发展研究：基于信任及相关政策的思考. 上海：上海交通大学出版社.

北京市高级人民法院医疗损害赔偿调研课题组. 2011. 新形势下医疗损害赔偿纠纷案件的审理情况、问题与对策. 证据科学，(3)：377-384.

本刊记者. 2006. 找准新闻价值和社会价值的平衡点——卫生部新闻发言人毛群安谈医疗卫生报道. 中国记者，(12)：36-37.

彼得·布劳. 2008. 社会生活中的交换与权力. 北京：商务印书馆.

边沁. 2000. 道德与立法原理导论. 时殷弘译. 北京：商务印书馆.

伯恩哈德·格罗斯菲尔德. 2002. 比较法的量和弱点. 孙世彦，姚建宗译. 北京：清华大学出版社.

伯尔曼. 2003. 法律和宗教. 梁治平译. 北京：中国政法大学出版社.

布赖恩·琼斯. 2010. 再思民主政治中的决策制定——注意力、选择和公共政策. 李丹阳译. 北京：北京大学出版社.

步德茂. 2008. 过失杀人、市场与道德经济——18世纪中国财产权的暴力纠纷. 张世明，刘亚丛，陈兆肆译. 北京：社会科学文献出版社.
蔡友月. 2013. 遵不遵医嘱：国家偏远医疗治理与达悟族精神失序者的“混乱叙事”. 台湾社会研究季刊，（9）：73-140.
曹乔，陈光. 2015. 基于交易成本理论的医患冲突新阐释. 中国卫生事业管理，（5）：344-346.
曹文秀. 1993. 论医院合理的空间结构. 中国医院管理，（7）：32-33.
查尔斯・蒂利. 2011. 集体暴力的政治. 谢岳译. 上海：上海世纪出版集团.
柴会群. 2011-02-17. 最严重医患血案？上海新华医院“暴力伤医”调查. 南方周末，第A1版.
陈柏峰. 2009. 暴力与秩序——鄂南陈村的法律民族志. 北京：中国社会科学出版社.
陈柏峰. 2014. 群体性涉法闹访及其法治. 法制与社会发展，（3）：17-28.
陈柏年. 2013. 我国医院工作场所职场暴力——以云林，嘉义地区为调查对象. 台湾中正大学硕士学位论文.
陈方. 2012-09-05. 医患矛盾不是暴力伤害的理由. 北京青年报，第2版.
陈芳. 2014-03-14. 暴力伤医违法，建议将医院列为公共场所. 中国商报，第P2版.
陈海庆，李慧帧. 2011. 言语行为视阈下医患会话权势不对等关系探析. 中国海洋大学学报（社会科学版），（4）：89-94.
陈继芳，白丽萍，赖永洪，等. 2015. 浅析美、德医疗保险谈判机制及其对我国的启示. 医学与哲学，（5）：66-68.
陈嘉映. 2007. 理论与常识. 南京大学学报（哲学·人文科学·社会科学），（5）：61-68.
陈瑞华. 2009. 论法学研究方法. 北京：北京大学出版社.
陈谭，黄金. 2009. 群体性事件多种原因的理论阐释. 政治学研究，（6）：54-61.
陈伟. 2015-07-03. 美国医疗暴力概况与相关法律介绍. 中国医学论坛报，第3版.
陈文玲，易利华. 2011. 2011年中国医药卫生体制改革报告. 北京：中国协和医科大学出版社.
陈曦，魏红. 2014. 媒体不当报道与医患矛盾的危机传播研究. 现代传播，（11）：165-166.
陈阳. 2007. 框架分析：一个亟待澄清的理论概念. 新闻研究，（4）：19-23.
陈毅. 2013. 中国转型社会的国家治理有效性. 社会科学，（1）：38-47.
陈喆，陈丽园. 2011. 公共政策如何通过新闻报道构建合法——以《广州日报》广州BRT项目报道策略为例. 暨南学报，（3）：196-201.
陈祖辉. 2011. 广州市工作场所医疗暴力流行病学研究. 南方医科大学博士学位论文.
陈祖辉，王声湧. 2006. 精神病专科医院与综合性医院工作场所暴力对比研究. 中华预防医学会第二届年会论文.
陈祖辉，王声湧，荆春霞. 2003. 广州市两所医院工作场所暴力现象调查. 中华预防医学杂志，（5）：358-360.
陈祖辉，王声湧，卢业成，等. 2004. 医院工作场所暴力的流行病学特征及危险因素分析. 中华流行病学杂志，（1）：3-5.
成令方. 2002. 医“用”关系的知识和权力. 台湾社会学刊，（3）：11-71.
程媛媛，林野. 2015-07-31. 贵阳一骨科医生被男子连捅数刀 究竟有什么深仇大恨？新京报，第16版.
重庆市卫生局. 2003. 重庆医科大学儿童医院实行医患沟通制的举措、推广和体会. 中国卫生质量管理，（1）：54-57.
储卉娟. 2010. 暴力的弱者：对传统纠纷解决研究的补充——基于东北某市监狱的实证研究. 学术研究，（2）：60-69.
川崎修. 2002. 公共性的修复. 斯日译. 石家庄：河北教育出版社.
慈继伟. 2001. 正义的两面. 北京：生活・读书・新知三联书店.
茨威格特，克茨. 2003. 比较法总论. 德文第二版. 潘汉典，米健，高鸿钧等译. 北京：法律出版社.
达尔文. 1997. 人类的由来. 潘光旦，胡寿文译. 北京：商务印书馆.

戴维・迈尔斯. 2006. 社会心理学. 侯玉波，乐国安，张智勇等译. 北京：人民邮电出版社.
戴维・伊斯顿. 1999. 政治生活的系统分析. 王浦劬译. 北京：华夏出版社.
戴雪. 2014. 公共舆论的力量——19 世纪英国的法律与公共舆论. 戴鹏飞译. 上海：上海人民出版社.
道格拉斯・C. 诺思，约翰・约瑟夫・瓦利斯，巴里・R. 温格斯特. 2013. 暴力与社会秩序——诠释有文字记载的人类历史的一个概念性框架. 杭行，王亮译. 北京：格致出版社.
德博拉・斯通. 2006. 政策悖论——政治决策中的艺术. 顾建光译. 北京：中国人民大学出版社.
邓正来. 2008. 中国法学向何处去——建构“中国法律理想图景”时代的论纲. 北京：商务印书馆.
狄恩・普鲁特，金盛熙. 2013. 社会冲突——升级、僵局及解决. 王凡妹译. 北京：人民邮电出版社.
迪特尔・梅迪库斯. 2000. 德国民法总论. 邵建东译. 北京：法律出版社.
笛卡尔. 1991. 探求真理的指导原则. 管震湖译. 北京：商务印书馆.
董和桂. 2014. 某三级甲等医院门诊医患沟通质量及其影响因素研究. 山东大学硕士学位论文.
杜珂. 2005. 医改整体上不成功的判断值得商榷——专访原国务院职工医疗保险制度改革领导小组办公室主任宋晓梧. 中国改革，(10)：26-29.
杜涛. 2014. 框中世界：媒介框架理论的起源、争议与发展. 北京：知识产权出版社.
杜晓. 2014-09-04. 报复性拒诊凸显民间维权困境. 法制日报，第 3 版.
杜莜蓓，杨苏华，施晓红. 2007. 协商解决医疗纠纷的难点及对策. 中国医院管理，(1)：30-31.
杜治政. 2011. 技术、资本的主体化与医学. 中国医学伦理学，(6)：275-279.
多米尼克・吴尔敦. 2012. 拯救传播. 盖莲香，刘昶译. 北京：中国传媒大学出版社.
恩斯特・马赫. 2007. 认识与谬误. 洪配郁译. 北京：商务印书馆.
范愉. 2007. 纠纷解决的理论和实践. 北京：清华大学出版社.
方芳. 2014-6-11. 尝试评估调解分开新模式. 北京日报，第 10 版.
方鹏骞，孙杨. 2011. 中国转型期医疗纠纷非诉讼解决机制研究. 北京：科学出版社.
方舟子. 2007. 批评中医. 北京：中国协和医科大学出版社.
房莉杰. 2011. 半乡土社会的医患互动：以抗生素使用为例的研究//清华大学国际传播研究中心. 中国健康传播大会优秀论文集：189-199.
房清江. 2014-09-01. 拒绝诊疗并非赢回尊严的首选. 长江日报，第 28 版.
费孝通. 1985. 乡土中国. 北京：生活・读书・新知三联书店.
冯莉. 2014. 当代中国的个体化趋势及其政治意义. 社会科学，(12)：20-27.
冯庆. 2003. 政策冲突及其成因与应对策略. 科技进步与对策，(1)：168-170.
富勒. 2005. 法律的道德性. 郑戈译. 北京：商务印书馆.
盖伊・塔奇曼. 2008. 做新闻. 麻争旗，刘笑盈，徐扬译，北京：华夏出版社.
高春亮，毛丰付，余晖. 2009. 激励机制、财政负担与中国医疗保障制度的演变——基于建国后医疗制度相关文件的解读. 管理世界，(4)：66-74.
高见泽磨. 2003. 现代中国的纠纷与法. 何勤华，李秀清，曲阳译. 北京：法律出版社.
高建伟，曹文姝，徐建和，等. 2010. 上海市 30 家医疗机构协商解决医患纠纷情况调查分析. 上海交通大学学报（医学版），(8)：960-963.
格里・斯托克. 1999. 作为理论的治理：五个论点. 国际社会科学（中文版），(2)：19-29.
葛江涛. 2011. 政协委员反医闹. 瞭望东方周刊，(10)：21-22.
葛江涛，杨明，米艾尼. 2011. 求解医闹. 瞭望东方周刊，(10)：5-8.
葛梦娇. 2014. 框架理论视角：都市报中的医生形象：以《华商报》中的医生报道为例. 西北大学硕士学位论文.
顾骏. 2014. 社会戾气漫溢症结及其破解. 人民论坛，(25)：42-45.
顾昕. 2008. 走向全民医保——中国新医改的战略与战术. 北京：中国劳动社会保障出版社.

顾昕. 2013. 新医改的公益性路径. 昆明：云南教育出版社.
顾兆农，付文. 2015-03-27. 新医改 6 年大众仍抱怨看病贵 什么稀释了医改获得感. 人民日报，第 5 版.
管燕. 2012. 现代医学模式下叙事医学的价值. 医学与哲学，（11）：10-11.
郭星华，曲麒瀚. 2011. 纠纷金字塔的漏斗化——暴力犯罪问题的一个法社会学分析框架. 广西民族大学学报（哲学社会科学版），（7）：67-72.
郭轶. 2013. 我的自白. 民生周刊，（28）：5.
国家计划发展委员会，财政部，卫生部. 1999. 关于开展区域卫生规划工作的指导意见. 中国卫生质量管理，（3）：29-31.
国务院发展研究中心. 2005. 中国发展评论. 北京：中国发展出版社.
哈林·科里斯，特雷弗·平奇. 2009. 勾勒姆医生——作为科学的医学和作为救助手段的医学. 雷瑞鹏译. 上海：上海科技教育出版社.
哈罗德·D. 拉斯韦尔，迈尔斯·S. 麦克道格尔. 2013. 自由社会之法学理论：法律、科学和政策的研究. 曹晴，陈兵等译. 北京：法律出版社.
哈特. 1993. 法律的概念. 张文显，郑成良等译. 北京：中国大百科全书出版社.
哈特. 2001. 实证主义和法律与道德的分离. 翟小波译. 环球法律评论，23（4）：449-455.
哈耶克. 2003. 个人主义与经济秩序. 邓正来译. 北京：生活·读书·新知三联书店.
韩志明. 2010. 行动的选择与制度的逻辑——对“闹大”现象的理论分析. 中国行政管理，（5）：110-113.
汉娜·阿伦特. 1999. 人的条件. 竺乾威译. 上海：上海人民出版社.
汉娜·阿伦特. 2013. 共和的危机. 郑辟瑞译. 上海：上海人民出版社.
汉斯-格奥尔格·伽达默尔. 2004. 哲学解释学. 夏镇平，宋建平译. 上海：译文出版社.
郝模. 2006. 谁之过——论‘看病贵’问题的成因. 中国卫生资源，（1）：3-5.
郝宇青，车跃. 2011. 怨恨情绪及其化解——一个必须高度关注的话题. 探索，（4）：70-76.
何东霞. 2014-03-07. 暴力伤医必须依法严惩. 工人日报，第 5 版.
何海波. 2011. 公民对行政违法行为的藐视. 中国法学，（6）：117-132.
何鸿鹏，何倩，于金枝，等. 2006. 看病贵看病难研究的文献评价. 中华医院管理杂志，（10）：701-704.
何怀宏. 2001. 西方公民不服从的传统. 长春：吉林人民出版社.
何昕. 2014. 医患关系视角下的传统医德理论认同研究. 中州学刊，（4）：108-113.
何雪华，黄瑶，张淼. 2015-01-04. 南方医科大学发布全省 100 家医院三年间医患纠纷研究报告. 广州日报，第 6 版.
何雪华. 2014-6-30. 医生平均 2.4 分钟看个病人 专业人士吁限号看病. 广州日报，第 A6 版.
何永军. 2006. 论暴力私力救济. 社会科学，（6）：125-131.
和田仁孝. 2014. 中西淑美医疗纠纷调解——纠纷管理的理论与技能. 晏英译. 广州：暨南大学出版社.
贺海仁. 2005. 自我救济的权利. 法学研究，（4）：63-74.
贺美德，鲁纳. 2011. “自我”中国：现代中国社会中个体的崛起. 许烨芳等译. 上海：上海译文出版社.
贺秋华. 2005. 自救行为论. 中国刑事法杂志，（4）：29-32.
贺卫方. 2008-05-15. 建筑的政治学. 南方周末，第 D24 版.
黑格尔. 1961. 法哲学原理. 范扬，张企泰译. 北京：商务印书馆.
亨利·列斐伏尔. 2005. 空间的生产（节译）. 建筑师，（10）：51-60.
候岩. 2011. 我国区域卫生规划的沿革与创新. 中国卫生政策研究，（9）：1-4.
胡弘弘. 2012. 论人大代表提案权的有效行使. 法学，（5）：23-35.
胡劲松，刘亚群. 2012-08-22. “成功调解”支撑从何而来. 安徽日报. 第 C1 版.
胡象明. 1995. “文件打架”的原因及对策. 中国行政管理，（9）：17-18.
黄丞，张录法. 2009. 医疗服务供求矛盾：透视与破解. 上海：上海三联书店.

黄旦. 2005. 传者图像：新闻专业主义的建构与消解. 上海：复旦大学出版社.
黄海蕾. 2015-05-25. 市编办解读事业单位编制改革公立医院高校收回编制将先试点 行政经营类事业单位明年基本转型. 京华时报，第 8 版.
黄林中，陶忠辉. 2013-09-24. 令人信服的医患“裁判员”——解读医疗纠纷调解的“黄石经验”. 湖北日报. 第 2 版.
黄少英. 2000. 以病人为中心的医院建筑思路. 中国医院管理，(1)：57-61.
黄树民. 2003. 比较方法的运用与滥用：学科史述评. 广西民族学院学报，(5)：32-38.
黄照权. 2013. 面对医疗纠纷的危机管理研究. 北京工业大学博士学位论文.
黄宙辉. 2014-09-24. 广州半数医闹案是职业医闹所为. 羊城晚报，第 A3 版.
黄宗智. 2005. 认识中国——走向实践出发的社会科学. 中国社会科学，(1)：83-93.
霍贝尔. 2006. 原始人的法——法律的动态比较研究. 严存生等译. 北京：法律出版社.
霍存福. 2005. 复仇・报复刑・报应说——中国人法律观念的文化解读. 长春：吉林人民出版社.
霍华德・S. 贝克尔. 2011. 局外人：越轨的社会学研究. 张默雪译. 南京：南京大学出版社.
霍耐特. 2005. 为承认而斗争. 胡继华译. 上海：上海人民出版社.
吉尔・德勒兹，菲力克斯・迦塔利. 2007. 什么是哲学？张祖建译. 长沙：湖南文艺出版社.
吉尔・德勒兹，菲力克斯・迦塔利. 2010. 资本主义与精神分裂：千高原. 姜宇辉译. 上海：上海书店出版社.
吉雪菲. 2014. 试析我国媒体对医患关系的报道方式——以 2003—2013 年百度新闻搜索中的报道为例. 西南大学硕士学位论文.
伽达默尔. 1999. 真理与方法——哲学诠释学的基本特征. 上册. 洪汉鼎译. 上海：上海译文出版社.
贾安达. 2016-08-04. 暴戾之气缘何愈演愈烈：“非理性报复”成通病. 工人日报，第 12 版.
贾林祥. 2010. 社会偏见：制约和谐社会构建的社会心理因素. 陕西师范大学学报，(3)：18-23.
贾晓莉，周洪柱，赵越，等. 2014. 2003—2012 年全国医院场所暴力伤医情况调查研究. 中国医院，(3)：1-3.
江苏省高级人民法院民一庭. 2002. 关于医疗损害纠纷赔偿案件的调查报告. 人民司法，(7)：21-25.
江伟，肖建国. 2015. 民事诉讼法. 第 7 版. 北京：中国人民大学出版社.
姜鸿文，王凌云，孙少晶. 2013. 医患期望及沟通能力研究：基于深度访谈与问卷调查. 新闻大学，(3)：90-95.
蒋建国. 2013-07-16. 把提高舆论引导能力放在突出位置. 人民日报. 第 7 版.
蒋庆. 2003. 政治儒学. 北京：生活・读书・新知三联书店.
蒋廷玉，仲崇山，翟慎良，等. 2007-11-22. 医患和谐，有待各方共做加法. 新华日报，第 A7 版.
焦清扬. 2014. 民事自助行为的价值定位及其制度构建. 法学杂志，(7)：125-133.
金起文. 2009. 是维权还是违法：透视职业医闹. 视点，(8)：30-31.
靳风娣. 2014. 医调委：功能冲突与制度调适. 医学与哲学，(7A)：64-66.
荆春霞，王声湧，陈祖辉，等. 2004. 医护人员对医院暴力的认知状况调查. 中国公共卫生，(3)：338-339.
荆春霞，王声湧，谭冠昶，等. 2003. 医院场所暴力发生的流行特征及原因分析. 中国公共卫生，(7)：863-864.
瞿同祖. 2003. 中国法律与中国社会. 北京：中华书局.
卡尔・波普尔. 1987. 历史决定论的贫困. 杜如楫，邱仁宗译. 北京：华夏出版社.
卡尔・拉伦茨. 2004. 法学方法论. 陈爱娥译. 北京：商务印书馆.
卡尔・曼海姆. 2000. 意识形态与乌托邦. 黎鸣译. 北京：商务印书馆.
卡尔・威尔曼. 2015. 真正的权利. 刘振宇等译. 北京：商务印书馆.
凯博文. 2008. 苦痛和疾病的社会根源——现代中国的抑郁、神经衰弱和病痛. 郭金华译. 上海：上海三联书店.
康德. 1991. 法的形而上学原理—权利的科学. 沈叔平译. 北京：商务印书馆.
科塞. 1989. 社会冲突的功能. 孙立平译. 北京：华夏出版社.
克利福德·吉尔兹. 2000. 地方性知识——阐释人类学论文集. 王海龙，张家瑄译. 北京：中央编译出版社.
寇长贵，李波，宁宇，等. 2006. 医院工作场所暴力流行病学特征分析. 中国公共卫生，(8)：964-965.
匡春林. 2011-11-9. 医生防暴指南引热议 专家称学防暴不如用心看病. 长沙晚报，第 6 版.
邝艳华. 2011. 公共预算决策理论述评：理性主义、渐进主义和间断均衡. 公共行政评论，(4)：145-162.
拉德布鲁赫. 1997. 法学导论. 米健译. 北京：中国大百科全书出版社.
赖特·米尔斯. 2001. 社会学的想象力. 陈强，张永强译. 北京：生活·读书·新知三联书店.
乐虹. 2011. 当代医患关系及纠纷防控新思维. 北京：科学出版社.
雷蒙·威廉斯. 2005. 关键词：文化与社会的词汇. 刘建基译. 北京：生活·读书·新知三联书店.
雷祥麟. 1995. 负责任的医生与有信仰的病人——中西医论争与医病关系在民国时期的转变. 新史学，(6)：45-96.
雷祥麟. 2004. 卫生为何不是保卫生命——民国时期另类的卫生、自我与疾病. 台湾社会研究季刊，54（06)：17-59.
冷翠玲，裴国辉. 2014. 刑事自救法定化之论争. 学术交流，(4)：75-80.
冷翠玲. 2013. 自救行为之正当化基础探视. 学术交流，(3)：89-92.
李彬. 2003. 传播学引论. 北京：新华出版社.
李斌，孙晓阳，王锦帆. 2009. 医患沟通障碍因素研究综述. 中国卫生事业管理，(5)：302-304.
李超，汪诗韵. 2014-04-25. 或可避免的伤医事件. 中国青年报，第 4 版.
李丛. 2007. 古今医患关系的社会学对比分析. 中国医学伦理学，(5)：20-28.
李大平. 2013. 基层医疗机构医疗纠纷现状实证研究——对东莞市 4 家基层医院的调研. 证据科学，(2)：199-214.
李海波，郭建斌. 2013. 事实陈述 vs. 道德评判：中国大陆报纸对“老人摔倒”报道的框架分析. 新闻与传播研究，(1)：51-66.
李汉林. 2007. 转型社会中的整合与控制_关于中国单位制度变迁的思考. 吉林大学社会科学学报，(4)：41-55.
李婧. 2013-11-04. 医院场所暴力伤医情况调查报告出炉 我国十年恶性伤医事件 40 起. 北京晚报，第 8 版.
李侃如. 2010. 治理中国：从革命到改革. 胡国成，赵梅译. 北京：中国社会科学出版社.
李立明，王波. 2015-05-28. 以分级诊疗解决看病难. 人民日报，第 5 版.
李玲，江宇. 2014. 如何解决暴力伤医问题. 求是，(9)：55-57.
李伦，郭蓉. 2014. 医患协商模式及其论证. 湖南师范大学学报（社会科学学报)，(5)：60-65.
李敏. 2013. 恶性袭医事件中医院公共危机管理的新思考. 理论月刊，(8)：108-112.
李宁. 2013. 法治与文明是维护社会安全稳定之本. 江苏社会科学，(6)：126-130.
李泉. 2014. 治理思想的中国表达. 北京：中央编译出版社.
李瑞. 2007. “看病贵”现状评价研究. 安徽医科大学硕士学位论文.
李诗应，陈永绮. 2013. 当医疗遇上冲突纠纷，诉讼是最好的解决方法？台北：原水文化出版社.
李淑静. 2014. 移情偏好与医患沟通. 医学与哲学，(1A)：51-57.
李伟民. 2005. 红包、信任与制度. 中山大学学报（社会科学版)，(5)：110-116.
李文静. 2014. 医疗保险法律制度研究. 北京：中国言实出版社.
李希光，杜涛. 2009. 超越宣传：变革中国的公共政策传播模式变化——以教育政策传播为例. 新闻与传播研究，(4)：71-79.
李禹潼. 2015-05-04. 天津艾滋病患者就医遭拒 法院判医院补偿 9.5 万元. 新京报，第 9 版.

李元来. 2009. 医疗纠纷协商解决中医患双方的行动逻辑. 医学与哲学，(8)：28-29.
李罂懿，王志杰，张新庆，等. 2009. 暴力侵犯医生权利现状的原因分析. 中国医学伦理学，(4)：103-105.
理查德 • A. 波斯纳. 2002. 法理学问题. 苏力译. 北京：中国政法大学出版社.
理查德 • A. 波斯纳. 2002. 法律与文学. 李国庆译. 北京：中国政法大学出版社.
理查德 • A. 波斯纳. 2002. 正义/司法的经济学. 苏力译. 北京：中国政法大学出版社.
理查德 • A. 波斯纳. 2003. 法律理论的前沿. 武欣，凌斌译. 北京：中国政法大学出版社.
理查德 • A. 波斯纳. 2005. 道德和法律理论的前沿. 苏力译. 北京：中国政法大学出版社.
理查德 • 桑内特. 2016. 肉体与石头——西方文明的身体与城市. 黄煜文译. 上海：上海译文出版社.
栗峥. 2012. 国家治理中的司法策略：以转型乡村为背景. 中国法学，(1)：77-88.
梁慧星. 1995. 民法解释学. 北京：中国政法大学出版社.
梁漱溟. 1987. 中国文化要义. 上海：学林出版社.
梁漱溟. 2008. 朝话. 天津：百花文艺出版社.
梁治平. 1998. 法律的文化解释. 第二版. 北京：生活 • 读书 • 新知三联书店.
梁治平. 1998. 法律解释问题. 北京：法律出版社.
梁子君，王蕊，贺育华. 2014. 工作场所暴力理论评述以及对医院暴力的启示. 中国医院，(11)：15-17.
廖晶荣，顾沪斌. 2014-01-16. 医调委不仅仅是“和事佬”. 昆明日报，第 9 版.
林端. 2002. 儒家伦理与传统法律——社会学观点的探索. 北京：中国政法大学出版社.
林光汶，郭岩，David Legge，等. 2010. 中国卫生政策. 北京：北京大学医学出版社.
林汉群，闫俊辉，王箭，等. 2012. 医院工作场所暴力对医护人员工作压力影响的调查研究. 重庆医学，(6)：590-592.
林静. 2010. 医院暴力预警机制的研究. 南方医科大学硕士学位论文.
林文学. 2008. 医疗纠纷解决机制研究. 北京：法律出版社.
刘德海. 2010. 群体性突发事件中政府机会主义行为的演化博弈分析. 中国管理科学，(1)：175-183.
刘国庆. 2014. 媒体医患关系报道失范现象探析. 青年记者，(35)：7-8.
刘华. 2005. 老百姓看病贵在哪. 中国社会保障，(10)：41.
刘建军. 2000. 单位中国：社会调控体系中的个人、组织与国家. 天津：天津人民出版社.
刘兰秋. 2014. 医疗纠纷第三方解决机制实证研究. 北京：中国检察出版社.
刘琳. 2012. 无组织化：转型期群体性事件的主要风险因素. 当代世界社会主义问题，(2)：38-48.
刘梦. 2003. 中国婚姻暴力. 北京：商务印书馆.
刘鹏. 2014-09-01. 医生拒绝诊疗，口子不能开. 广州日报，第 28 版.
刘平. 2014. 医患沟通与医患沟通现状及促进策略的综述. 重庆医科大学硕士学位论文.
刘荣广. 2014. 云南省打击暴力伤医出新招——倡导正当防卫，加强保卫队伍，建立医疗救助基金. 中国社区医师，(17)：44-45.
刘同舫. 2007. 怨恨对技术合理性的反叛. 自然辩证法通讯，(3)：43-48.
刘薇. 2013-11-07. 医生、律师、学者三方谈医生被砍：既要维权，也要反思. 南方周末，第 12 版.
刘鑫，胡佩佩. 2015-11-26. 医闹入刑的事儿，千万别误读. 健康报，第 3 版.
刘鑫，张宝珠，陈特. 2010. 侵权责任法“医疗损害责任”条文深度解读与案例剖析. 北京：人民军医出版社.
刘瑜，王君鳌. 2007. 从医疗纠纷处理方式分析暴力索赔的原因. 中国卫生事业管理，(10)：683-684.
刘钰欣. 2012. 杀医. 南方人物周刊，(320)：35-36.
刘子阳. 2015-06-25. 近 20 天暴力伤医案发生 10 余起 最高检要求快捕快诉高压打击. 法制日报，第 5 版.
刘宗锦，方锐，沈江. 2008. 个体医疗纠纷向群体性事件升级过程分析及干预模型建立. 现代预防医学，(16)：3097-3101.

柳砚涛，刘宏渭. 2003. 论无效行政行为防卫权及其矫正机制. 行政法学研究，（2）：21-27.
卢加发，顾建华，杨顺露. 2012. 两例医闹事件网络评论观点调查分析. 医学与哲学，（5A）：31-32.
卢义杰. 2014-02-06. 医患血案后面的制度困局. 中国青年报，第7版.
陆玫. 2013-10-31. 浙江温岭杀医案嫌犯的‘妄想性’杀机：整个世界只剩鼻子. 东方早报，第A20版.
陆铁琳. 2006. 卫生公安联手打击医闹. 家庭中医药，（9）：19.
陆益龙. 2011. 纠纷管理、多元化解机制与秩序建构. 人文杂志，（6）：163-171.
路易丝·麦克尼. 1999. 福柯. 贾湜译. 哈尔滨：黑龙江人民出版社.
吕本友. 2005. 医疗服务市场的规范管理研究——信息不对称现象分析. 管理论坛，（4）：42-47.
吕博雄，刘承. 2012-07-27. 杀医者李梦南的‘当庭独白’. 中国青年报，第7版.
吕群蓉. 2014. 医疗责任保险制度法理基础与制度构建. 北京：中国政法大学出版社.
吕小康，汪新建. 2012. 何为“疾病”：医患话语的分殊与躯体化的彰显——一个医学社会学的视角. 广东社会科学，（6）：193-199.
吕兆丰，王晓燕，张建. 2010. 医患关系现状、原因及对策研究——全国十城市医患关系调查研究报告. 北京：中国书店.
栾微，张智威. 2010-09-13. 哈尔滨出现“职业医闹”团队 文武兼备月入数千元. 黑龙江晨报，第7版.
罗伯特·F. 利特克. 1993. 暴力与权力. 国际社会科学杂志（中文版），（2）：5-15.
罗伯特·K. 默顿. 2006. 社会理论和社会结构. 唐少杰，齐心译. 北京：译林出版社.
罗伯特·戴维·萨克. 2010. 社会思想中的空间——一种地理学的视角. 黄春芳译. 北京：北京师范大学出版社.
罗伯特·默顿. 2001. 社会研究与社会政策. 林聚任等译. 北京：生活·读书·新知三联书店.
罗芙芸. 2007. 卫生的现代性——中国通商口岸卫生与疾病的含义. 向磊译. 南京：江苏人民出版社.
罗洪，吴小珊. 2003. 美国医院对工作场所暴力的防范. 中国实用护理学杂志，（12）：65-66.
罗瑞明. 2014-09-02. “倡议拒诊打人者”与职业操守相违. 长江日报，第6版.
罗斯科·庞德. 2001. 普通法的精神. 唐前宏译. 北京：法律出版社.
罗小光. 2010-02-05. 职业医闹：分工严密收入不菲. 重庆晨报，第8版.
罗伊·波特. 2007. 剑桥插图医学史（修订版）. 张大庆等译. 济南：山东画报出版社.
马海韵，张琴. 2011. 新制度主义及其对公共政策范式演进的启示. 甘肃社会科学，（5）：166-169.
马克斯·韦伯. 1998. 社会科学方法论. 韩水法，莫茜译. 北京：中央编译出版社.
马克斯·韦伯. 1999. 社会科学方法论. 李秋零，田薇译. 北京：中国人民大学出版社.
马克斯·韦伯. 2005. 社会学的基本概念. 顾忠华译. 南宁：广西师范大学出版社.
马克斯·韦伯. 2005. 学术与政治. 冯克利译. 北京：生活·读书·新知三联书店.
马克斯·韦伯. 2011. 社会学的基本概念. 顾忠华译. 广西：广西师范大学出版社.
马立诚. 2012. 当代中国八种社会思潮. 北京：社会科学文献出版社.
马戎. 2009. 医德与中国医疗体制的改革. 社会科学战线，（2）：185-193.
马赛尔·德吕勒. 2009. 健康与社会——健康问题的社会塑造. 王鲲译. 北京：译林出版社.
马晓华. 2015-07-27. 公立医院薪酬改革试点方案酝酿中，人的激励成改革关键. 第一财经日报，第4版.
麦考密克，魏因贝格尔. 1994. 制度法论. 周叶谦译. 北京：中国政法大学出版社.
孟庆普. 2007. 理性采访报道医患纠纷. 新闻战线，（9）：38-39.
米歇尔·福柯. 1997. 权力的眼睛. 严锋译. 上海：上海人民出版社.
米歇尔·福柯. 1999. 疯癫与文明. 刘北成等译. 北京：生活·读书·新知三联书店.
米歇尔·福柯. 1999. 规训与惩罚. 刘北成，杨远婴译. 北京：生活·读书·新知三联书店.
米歇尔·福柯. 2001. 临川医学的诞生. 刘北成译. 北京：译林出版社.
米歇尔·福柯. 2007. 知识考古学. 谢强、马丹译. 北京：生活·读书·新知三联书店.

米歇尔·福柯. 2010. 必须保卫社会. 钱瀚译. 上海：上海人民出版社.
莫里森. 2004. 理论犯罪学——从现代到后现代. 刘仁文译. 北京：法律出版社.
娜嘉·亚历山大. 2011. 全球调解趋势. 王福华等译. 北京：中国法制出版社.
南京市鼓楼区司法局，南京市鼓楼地区医患纠纷人民调解委员会. 2012. 医患纠纷人民调解案例解析. 南京：江苏人民出版社.
尼可拉斯·卢曼. 2013. 法社会学. 宾凯，赵春燕译. 上海：上海人民出版社.
聂洪辉. 2010. “医闹”事件中“弱者的武器”与“问题化”策略. 河南社会科学，(5)：127-130.
欧文·戈夫曼. 2009. 污名：受损身份管理札记. 宋立宏译. 北京：商务印书馆.
帕斯卡尔. 1985. 思想录. 何兆武译. 北京：商务印书馆.
潘红英，桂蒙，孙蒋会，等. 2011. 急诊护理人员工作场所暴力的应对策略. 中华护理杂志，(5)：445-447.
潘忠党. 2006. 架构分析：一个理论亟需澄清的理论领域. 传播与社会学刊，(1)：17-46.
庞慧敏. 2012. 论媒体在平衡社会身份与社会公正中的作用——以‘医患报道’为视角. 现代传播，(4)：151-152.
彭蓓. 2013-11-05. 女患者父亲持刀威胁医生. 深圳商报，第 5 版.
彭家发. 1994. 新闻客观性原理. 台北：三民书局.
棚濑孝雄. 2004. 纠纷的解决与审判制度. 王亚新译. 北京：中国政法大学出版社.
皮埃尔·布迪厄. 1998. 实践与反思——反思社会学导引. 李猛，李康译. 北京：中央编译出版社.
戚建刚，关保英. 2000. 公民的拒绝权若干问题探析. 法商研究，(4)：25-29.
恰范特. 1978. 医学社会学. 蔡勇美，刘宗秀，阮芳赋译. 上海：上海人民出版社.
恰范特，蔡勇美，刘宗秀，等. 1987. 医学社会学. 上海：上海人民出版社.
钱大群. 2001. 中国法律史考论. 南京：南京师范大学出版社.
钱军程，饶克勤，高军，等. 2007. 关于“看病难，看病贵”的证据分析、成因探讨与建议. 卫生软科学，(5)：353-358.
强世功. 1998. 法律不入之地的民事调解——一起“依法收贷”案的再分析. 比较法研究，(3)：269-281.
强世功. 2005. 调解、法制与现代性：中国调解制度研究. 北京：中国法制出版社.
乔尔·范伯格. 2015. 刑法的道德界限（第四卷）：无害的不法行为. 方泉译. 北京：商务印书馆.
乔治·凯林，凯瑟琳·科尔斯. 2014. 破窗效应——失序世界的关键影响力. 陈智文译. 北京：生活·读书·新知三联书店.
乔治·索雷尔. 2005. 论暴力. 乐启良译. 上海：上海人民出版社.
清华大学社会学系. 2000. 清华社会学评论（特辑）. 厦门：鹭江出版社.
邱国栋，王丽华，姜林. 2011. 以病人为中心的医院服务组织体系构建. 中国软科学，(10)：73-83.
邱杰. 2011. 当代医患纠纷的伦理域界. 合肥：安徽大学出版社.
邱仁宗. 2005. 医患关系严重恶化的症结在哪里. 医学与哲学，(11)：5-7.
邱玉婵. 2007. 医病形象的媒体建构——医疗纠纷抬棺抗议新闻分析. 新闻学研究，(10)：41-81.
屈英和. 2010. “关系就医”取向下医患互动的错位与重构. 社会科学战线，(2)：242-245.
任苒. 2000. 区域卫生规划与卫生资源配置. 医学与哲学，(5)：8-10.
容志，陈奇星. 2011. “稳定政治”：中国维稳困境的政治学思考. 政治学研究，(5)：87-96.
萨达卡特·卡德里. 2009. 审判的历史——从苏格拉底到辛普森. 杨雄译. 北京：当代中国出版社.
萨姆纳. 2011. 权利的道德基础. 李茂森译. 北京：中国人民大学出版社.
塞缪尔·亨廷顿. 1998. 第三波：20 世纪后期民主化浪潮. 刘军宁译. 上海：上海三联书店.
桑本谦. 2004. 法律解释的困境. 法学研究，(5)：3-13.
桑本谦. 2005. 私人之间的监控与惩罚——一个经济学的进路. 济南：山东人民出版社.
单清，戴春阳，朱启发，等. 2002. 从医患纠纷看医疗市场的信息不对称现象. 中国医院管理，(8)：1-3.

单士兵. 2006-05-11. 媒体“妖魔化”了医务工作者？华商报，第 9 版.
单文苑. 2007. 我国媒体医疗纠纷报道的话语变迁与话语倾向. 苏州大学硕士学位论文.
沈彬. 2014. 医院确实不是“公共场所”. http：//paper.oeeee.com/nis/201404/04/198364.html[2014-04-04].
沈蕾. 2006. 基于患者特征的医院服务质量评价体系与影响因素研究. 中国医院管理，（12）：27-30.
沈晓静，徐培. 2012. 医患纠纷报道话语剖析——以扬子晚报网为例. 青年记者，（10 下）：32-33.
施为飞，黄涛. 2010-07-13. 中间人巧解医患大难题——南京市鼓楼区医调委调解员李凤花二三事. 江苏法制报，第 1 版.
石长顺. 2014. 媒体与暴力：历史的论争与当代认知——由动画片的“暴力失度”谈起. 现代传播，（1）：64-67.
时乐平. 2011. 治理“医闹”：医疗纠纷的制度根源及其约束. 复旦大学硕士学位论文.
史律. 2014-04-29. 白色的暴力. 东方早报，第 B11 版.
斯拉沃热·齐泽克. 2012. 暴力：六个侧面的反思. 唐健，张嘉荣译. 北京：中国法制出版社.
苏力. 2000. 送法下乡——中国基层司法制度研究. 北京：中国政法大学出版社.
苏力. 2004. 道路通向城市——转型中国的法治. 北京：法律出版社.
苏力. 2004. 法制及其本土资源. 北京：中国政法大学出版社.
苏力. 2010. 关于能动司法和大调解. 中国法学，（1）：5-16.
苏力. 2013. 法律和社会科学. 第 11 卷. 北京：法律出版社.
苏力. 2013. 好的研究与实证研究. 法学，（4）：16-20.
苏珊·桑塔格. 2003. 疾病的隐喻. 程巍译. 上海：译文出版社.
穗积陈重. 2013. 复仇与法律. 曾玉婷，魏磊杰译. 北京：中国法制出版社.
孙彩芹. 2010. 框架理论发展35年文献综述——兼述内地框架理论发展11年的问题和建议. 国际新闻界，（9）：18-22.
孙淑云. 2013. 中国基本医疗保险立法研究. 北京：法律出版社.
孙玮，刘荣忠. 2000. 媒介是如何反映暴力现象的？——中美暴力新闻报道比较. 新闻大学，（3）：11-14.
孙文桢，董力强. 1998. 关于建立民法自助行为制度的思考. 中央政法干部管理学院学报，（3）：44-45.
谭创，胡颖，冯磊. 暴力阴影下医患关系断裂的风险及其弥合——基于重庆医科大学附属儿童医院伤医事件之网络评论的分析.医学与哲学，2017，（1）：54-57.
谭湘渝. 2008. 医疗责任保险研究. 上海：上海财经大学出版社.
谭宗泽. 2010. 反思与超越：中国语境下行政抵抗权研究. 行政法学研究，（2）：49-58.
谭创，胡颖，冯磊. 2017. 暴力阴影下医患关系断裂的风险及其弥合——基于重庆医科大学附属儿童医院伤医事件之网络评论的分析.医学与哲学，（1）：54-57.
汤鸣. 2015. 家事纠纷法院调解的范围与限度. 南京航天航空大学学报（社会科学版），（2）：57-61.
唐峰. 2009. 纠纷解决中的关系规则. 山东大学学报（哲学社会科学版），（6）：63-72.
唐纳德·布莱克. 2009. 正义的纯粹社会学，徐昕，田璐译. 杭州：浙江人民出版社，2009.
唐兴军，齐卫平. 2013. 政治学中制度理论综述：范式与变迁. 社会科学，（6）：25-31.
陶短房，叶思，潘柏林. 2012-3-30. 国外如何避免医患冲突. 生命时报，第 3 版.
滕朝阳. 2007-12-01. 医患关系紧张，都是媒体惹的祸？羊城晚报，第 A5 版.
田毅鹏，吕方. 2009. 单位社会的终结及其社会风险. 吉林大学社会科学学报，（4）：17-23.
田毅鹏，漆思. 2005. 单位社会的终结. 北京：社会科学文献出版社.
托克维尔. 1988. 论美国的民主. 下卷. 董果良译. 北京：商务印书馆.
托马斯·盖伊. 2008. 理解公共政策. 第十一版. 孙彩虹译. 北京：北京大学出版社.
托马斯·霍布斯. 1985. 利维坦. 黎思复，黎廷弼译. 北京：商务印书馆.
万阳. 2015. 医患纠纷的媒介呈现——基于三个个案的考察. 安徽大学硕士学位论文.

汪健健，赵丽萍. 2013. 医院暴力事件现状及对策研究进展. 医学与社会，（3）：13-16.
汪凯. 2004. 大众传媒与当代中国公共政策——转型时代的状况与趋向. 复旦大学博士学位论文.
汪民安. 2004. 身体的文化政治学. 郑州：河南大学出版社.
汪万里. 2014-12-16. 东莞 15.6%医疗纠纷变成医闹. 保卫室可配钢叉、催泪剂. 广州日报，第 8 版.
汪先恩. 2015-07-02. 日本为啥没有医闹，医生地位高 可拒诊. 日本新华侨报，第 3 版.
王晨等. 2014. 医患双方对暴力伤医事件的认知与态度分析. 中国医院，（3）：7-9.
王丹. 2015-06-30. “迫不得已”可否避免. 健康报，第 4 版.
王璠，杨小明，江启成. 2005. 医疗暴力的危害、原因及对策. 医学与哲学，（11）：16-18.
王凤仙. 2015. 社交媒体场域的传播失灵现象观察：基于官方与民间话语互动的案例分析. 当代传播，（6）：11-14.
王国勤. 2014. 违法的正义，暴力观对群体性事件的影响. 探索与争鸣，（6）：22-24.
王焕强，吴曙霞. 2014. 医院工作场所暴力的文献计量分析. 中国职业医学，（5）：535-539.
王建民. 2010. 个体化社会中“社会容纳力”的缺失与重塑——理论阐释与案例分析. 学习与实践，（2）：104-109.
王建民. 2013. 转型社会中的个体化与社会团结——中国语境下的个体化议题. 思想战线，（3）：79-83.
王娟，李莉，林文娟，等. 2011. 共情——改善医患沟通的新视野. 医学与哲学，（11）：25-26.
王俊荣，崔爽爽. 2015. 基于我国医患关系报道的审视与反思. 当代传播，（3）：109-110.
王珂，朱伟，杨力沣，等. 2012. 郑州市综合医院医务场所暴力与医务人员工作倦怠的关系. 中国卫生事业管理，（5）：391-393.
王亮，李梅君，张新庆. 2014. 暴力侮辱伤医状况的调查分析. 医学与哲学，（9A）：47-49.
王琳. 2015-06-27. 我们如何看待“医闹”入刑. 新快报，第 6 版.
王玲玲，王晨，曹艳林，等. 2014. 医院场所暴力伤医趋势、不良影响分析及思考. 中国医院，（3）：4-6.
王路，杨镒宇，李志斌，等. 2011. 医患关系的认知人类学解读——基于广州市儿童医院的调查事例. 开放时代，（10）：122-136.
王梦婕. 2012-05-31. 被误读的“医生防暴指南”？中国青年报，第 3 版.
王培席，闫娟，白琴，等. 2007. 医务人员对工作场所暴力的恐惧及影响因素. 预防医学情报杂志，（1）：1-4.
王沛. 1998. 现代社会认知理论框架下的偏见研究及其走向. 心理科学，（5）：445-448.
王启梁. 2006. 为了生活使用暴力和暴力对生活的毁灭——暴力性私力救济发生的结构性原因之法律社会学考察. 云南大学学报（法学版），（2）：39-42.
王倩，郝爱. 2013. 医患信任危机，媒体应当反思. 青年记者，（4）：47-48.
王瑞峰. 2014-03-10. 四川一公安局副局长亲属殴打医生 称对方过度治疗. 新京报，第 A22 版.
王绍光. 2005. 政策导向、汲取能力与卫生公平. 中国社会科学，（6）：101-120.
王声湧，林汉生. 2010. 暴力流行病学. 北京：人民卫生出版社.
王爽，曹鹏. 2012. 美澳关于预防医疗场所暴力行为的指南及在我国建立此类指南的探讨. 医学与哲学，（4）：19-21.
王婉. 2010. 医疗保险谈判机制探析. 保险研究，（1）：99-103.
王威海. 1999. 韦伯：摆脱现代社会两难困境. 沈阳：辽海出版社.
王卫华. 2012. 医患矛盾报道中媒体的社会责任. 医学与哲学，（8A）：22-24.
王希怡. 2013-10-30. 各国如何处理打医生？美入重罪，以重化解. 广州日报，第 4 版.
王晓芳. 2013-10-18. 三分之二急诊患者其实不急. 深圳晚报，第 A6 版.
王晓雁. 2008-3-18. “亲族鉴定”法律缺失监督困难 医疗事故鉴定制度需施“手术”. 法制日报. 第 8 版.
王亚新，梁治平. 1998. 明清时期的民事审判与民间契约. 北京：法律出版社.
王一方. 2013. 临床医学人文：困境与出路——兼谈叙事医学对于临床医学的意义. 医学与哲学，（9A）：

14-18.
王一方. 2013. 中国人的病与药——来自北大医学部的沉思. 北京：当代中国出版社.
王逸吟，王昊魁. 2014-04-25. 五部门出台意见暴力伤医将受严惩. 光明日报，第 6 版.
王颖. 2009. "看病贵"问题产生的根源：政府医疗服务筹资职能的撤退. 中国医学伦理学，(1)：140-143.
王渊智，张豪. 2005. 民法上的自助行为制度. 山西大学学报（哲学社会科学版），(6)：33-38.
王岳. 2013. 医事法. 北京：人民卫生出版社.
威尔伯·施拉姆，威廉·波特. 2010. 传播学概论. 第二版. 何道宽译. 北京：中国人民大学出版社.
威廉·富特·怀特. 1994. 街角社会：一个意大利人贫民区的社会结构. 黄育馥译. 北京：商务印书馆.
威廉·考克汉姆. 2012. 医学社会学. 高永平，杨渤彦译. 北京：中国人民大学出版社.
韦南·科希. 1993. 现代社会与固有的暴力. 国际社会科学杂志（中文版），(2)：43-50.
尾内康彦. 2014. 医患纠纷解决术. 刘波译. 北京：东方出版社.
卫生部统计信息中心. 2010. 中国医患关系调查研究——第四次国家卫生服务调查专题研究报告（二）. 北京：中国协和医科大学出版社.
魏铮，葛超，屈艳. 2013. 偏见，进化的生存机制. 心理学探新，(2)：105-109.
文宏. 2014. 间段均衡理论与中国公共政策的演进逻辑——兰州出租车政策（1982—2012）的变迁考察. 公共管理学报，(2)：70-80.
文军，黄锐. 2012. "空间"的思想谱系与理想场景：一种开放性实践空间的建构. 社会学研究，(2)：35-59.
文学国，房志武. 2014. 中国医药卫生体制改革报告（2014—2015）. 北京：社会科学文献出版社.
翁舟杰. 2012. 看病难，看病贵的经济分析——西方租值耗散理论的视角. 经济学家，(10)：65-70.
沃尔特·李普曼. 2006. 公众舆论. 阎克文，江红译. 上海：上海人民出版社.
沃耘. 2010. 侵权责任法自助行为刍议. 天津师范大学学报（社会科学版），(2)：44-48.
沃耘. 2013. 民事私力救济的边界及其制度重建. 中国法学，(5)：178-190.
乌尔里希·贝克，伊丽莎白·贝克-格恩斯海姆. 2011. 个体化. 李荣山等译. 北京：北京大学出版社.
乌尔里希·贝克. 2004. 风险社会. 北京：译林出版社.
吴飞. 2009. 浮生取义：对华北某县自杀现象的文化解读. 北京：中国人民大学出版社.
吴果中，周瑾靓. 2014. "患者失语"与"报道失衡"：医患冲突事件报道框架的实证分析. 湖南师范大学学报（社会科学学报），(3)：140-144.
吴鹏伟. 2013. 医患关系的媒介框架研究. 安徽大学硕士学位论文.
吴圣明. 2006. 辩证地看"看病贵". 中国医院管理，(6)：8-9.
吴帅. 2014-05-29. 医院是"公共场所"应该形成共识. 南方日报，F02.
吴锡泓，金荣枰. 2005. 政策学的主要理论. 金东日译. 上海：复旦大学出版社.
吴正吉. 1983. 医学与法律. 台北：吉仁新医股份有限公司.
奚旭初. 2014-04-10. 暴戾之气是社会公敌. 新华日报，第 A2 版.
夏铸九，王志弘. 2003. 空间的文化形式与社会理论读本. 台北：明文书局股份有限公司.
肖流. 2004. 直击医院暴力——受到伤害医生的故事. 医院管理论坛，(4)：24-28.
肖唐镖. 2012. 当代中国的群体性事件：概念、类型与性质辨析. 人文杂志，(4)：147-155.
肖唐镖. 2014. 群体性事件中暴力何以发生——对 1189 起群体性事件的初步分析. 江苏行政学院学报，(1)：46-55.
谢晖. 2000. 判例法与经验主义哲学. 中国法学，(3)：68-75.
谢申照. 2008. 新闻框架视角下的医疗改革报道分析（2005—2007）. 复旦大学硕士学位论文.
谢小丽. 2011. "医闹"冷暴力索赔现象的法律分析. 人民论坛，(2)：96-97.
谢裕安. 2009. 论信息不对称境遇下患者的诚信期待异化. 医学与哲学，(2)：31-33.

邢朝国，李飞. 2013. 中国农村地区医疗纠纷及其解决方式——基于五省份调查数据的分析. 中州学刊，（3）：76-81.
邢朝国. 2013. 怨恨：暴力纠纷的情感解释. 学海，（5）：88-95.
邢学毅. 2008. 医疗纠纷处理现状分析报告. 北京：法律出版社.
休谟. 1996. 人性论（下）. 关文运译. 北京：商务印书馆.
徐昕. 2004. 法律是否重要——来自华南的一个民间收债案例. 社会学研究，（1）：53-63.
徐昕. 2005. 论私力救济. 北京：中国政法大学出版社.
徐昕，卢荣荣. 2008. 暴力与不信任——转型中国的医疗暴力研究：2000—2006. 法制和社会发展，（1）：82-101.
许纪霖. 2009. 大我的消解和小我的异化. 人民论坛，（14）：9.
许章润. 2012. 历史法学. 第五卷. 北京：法律出版社.
许章润. 2007. 清华法学. 第 10 辑. 北京：清华大学出版社.
薛霖辉，刘虹. 2013. 论共情在建构和谐医患关系中的途径与价值. 南京中医药大学学报（社会科学版），（9）：180-184.
闫芳. 2012-04-18. 医患关系紧张，媒体不是元凶. 中国中医药报，第 3 版.
闫惠中. 2012-05-14. 消解伤医背后的民怨. 健康报，第 6 版.
闫龑. 2015-04-24. 任性患者遇上拒诊医生. 健康报，第 3 版.
阎云翔. 2006. 私人生活的变革：一个中国村庄里的爱情、家庭与亲密关系（1949-1999）. 龚小夏译. 上海：上海书店出版社.
阎云翔. 2007. 中国社会的个体化. 陆洋等译. 上海：上海译文出版社.
颜秋雨. 2014-09-15. 湖南省重申“医疗暴力零容忍”. 健康报，第 2 版.
杨帆. 2010. 医闹事件何以愈演愈烈. 吉林人大，（10）：28-33.
杨冠琼. 2009. 公共政策学. 北京：北京师范大学出版社.
杨辉，张拓红，Shane Thomas. 2008. 医疗场所中的医患激烈冲突及其防范：澳大利亚医院的经验及其对中国医院的启示. 中国医院管理，（5）：35-37.
杨立新. 2008. 医疗侵权法律与适用. 北京：法律出版社.
杨立新. 2009. 医疗损害责任研究. 北京：法律出版社.
杨美惠. 2009. 礼物、关系学与国家——中国人际关系与主体性建构. 赵旭东，孙岷译. 南京：江苏人民出版社.
杨念群. 2013. 再造病人——中西医冲突下的空间政治（1832—1985）. 北京：中国人民大学出版社.
杨仁寿. 2013. 法学方法论. 第二版. 北京：中国政法大学出版社.
杨晓霖. 2011. 美国叙事医学课程对我国医学人文精神回归的启示. 西北医学教育，（2）：219-226.
杨奕华. 1997. 法律人本主义——法理学研究泛论. 台湾：汉兴书局有限公司.
姚尚建. 2012. 构建社会暴力化解中的整体政府. 江淮论坛，（4）：75-79.
姚中秋. 2011. 儒家宪政民生主义. 开放时代，（6）：26-41.
姚中秋. 2013. 儒家宪政论申说. 天府新论，（4）：16-23.
叶铁桥，朱柳宇. 2012-05-04. 医患关系恶化，媒体有无责任. 中国青年报，第 7 版.
叶永文. 2012. 医病关系：一种信任问题的考察. 台湾医学人文学刊，（5）：78-103.
叶云婕，黄紫薇. 2015. 叙事医学的发展前景及现状. 循证医学，（4）：108-112.
佚名. 2012-3-29. 实习医生王浩遇害令人痛惜. 长江日报，第 24 版.
殷东风，王立波. 2014. 社会转型期医患关系的社会学研究. 沈阳：辽宁大学出版社.
殷建光. 2014-09-01. 医生拒绝治疗有违岗位职责. 法制日报，第 7 版.
尹伊君. 2004. 社会变迁的法律解释. 北京：商务印书馆.

尤尔根·哈贝马斯. 2009. 合法化危机. 刘北成，曹卫东译. 上海：上海世纪出版集团.
游伟，孙万恒. 1998. 自救行为及其刑法评价. 政治与法律，(1)：41-43.
于宝军，刘宝，黄丞. 2007. 看病贵和看病难问题：对医院患者的调查. 中国卫生资源，(6)：267-269.
于建嵘. 2010. “泄愤性暴力”现象令人堪忧. 廉政瞭望，(6)：47.
于建嵘. 2010. 抗争性政治：中国政治社会学基本问题. 北京：人民出版社.
于立群，蒋守芳，唐晓霞，等. 2006. 唐山市医院工作场所暴力现象调查. 现代预防医学，(2)：147-148.
于立群，张天哲，唐晓霞，等. 2010. 国有与民营医院工作场所暴力情况比较. 中国公共卫生，(12)：1510-1511.
余明峰. 2011. 尼采的道德概念——《曙光》前言的一种读解. 同济大学学报（社会科学版），(6)：22-28.
余新忠. 2005. 晚清卫生概念演变探略//“西学与清代文化”国际学术研讨会论文集. 北京：中国人民大学.
余新忠，杜丽虹. 2013. 医疗、社会与文化读本. 北京：北京大学出版社.
余运西. 2013-09-27. 对医生施暴的社会伦理背景是什么. 健康报，第5版.
俞可平. 2014. 论国家治理现代化. 北京：社会科学文献出版社.
袁明旭. 2009. 公共政策冲突：内涵、表现及其效应分析. 云南行政学院学报，(1)：110-114.
约翰·亨利·梅利曼. 2004. 大陆法系. 顾培东，禄正平译. 北京：法律出版社.
约翰·基恩. 2014. 暴力与民主. 易承志，荣启涵，黄振乾等译. 北京：中央编译出版社.
约翰·洛克. 2008. 政府论（下）. 瞿菊农，叶启芳译. 北京：商务印书馆.
岳勇. 2009. 一名职业医闹是怎么出炉的. 廉政瞭望，(9)：13-15.
臧国仁. 1999. 新闻媒体与消息来源——媒介框架与真实建构之论述. 台北：三民书局.
臧运森，田侃，贺云龙. 2015. 医师“拒诊权”相关问题的思考. 中国全科医学，(5)：556-559.
曾繁旭. 2013. 传统媒体作为调停者：框架整合与政策回应，新闻与传播研究，(1)：37-50.
曾国权. 2011. “关系”动态过程的理论建构. 社会，(4)：96-115.
曾琦芮. 2006. 暴力新闻分析及报道建议. 华中科技大学硕士学位论文.
曾言，李祖全. 2009. 医疗责任强制保险制度研究. 长沙：湖南师范大学出版社.
翟斌庆. 2007. 医疗理念的演进与医疗建筑的发展. 建筑学报，(7)：89-91.
翟学伟. 2007. 关系研究的多重立场和理论重构. 江苏社会科学，(3)：118-130.
詹姆斯·C. 斯科特. 2007. 弱者的武器. 郑广怀，张敏，何江穗译. 北京：译林出版社.
詹姆斯·S. 科尔曼. 1999. 社会理论的基础（上）. 邓方译. 北京：社会科学文献出版社.
展江. 2007. 新世纪的舆论监督. 青年记者，(25)：25-28.
张斌. 2006. 对医院工作场所暴力事件的思考. 中国医院管理，(3)：21-24.
张成福，李丹婷. 2012. 公共利益与公共治理. 中国人民大学学报，(2)：95-103.
张功耀. 2006. 告别中医中药. 医学与哲学，(4)：14-17.
张浩，龚化. 2014-07-01. 长沙职业医闹大起底：闹一天350元 赚死人钱提8%. 三湘都市报，第9版.
张慧. 2014-03-12. 医患纠纷已成全球难题. 青年参考，第20版.
张紧跟. 2009. 从社会组织的视角看群体性事件. 探索与争鸣，(3)：18-19.
张林. 2014-09-12. 成都出台医疗纠纷处置办法，重点整治专业医闹. 华西都市报，第B2版.
张录法. 2012. 新医改短期内缓解“看病贵”的效果预期及初步验证. 浙江学刊，(1)：25-29.
张明新. 2009. 后SARS时代中国大陆艾滋病议题的媒体呈现：框架理论的观点. 开放时代，(2)：131-151.
张琪，朱俊生，李文中，等. 2011. 医患关系的经济学分析. 北京：中国劳动社会保障出版社.
张茜，张桂青，翟永莉，等. 2009. 基层医院护士工作场所暴力与其生存质量的相关性研究. 护理学杂志，(11)：7-9.
张珊珊，梅季魁. 2008. 现代医院公共空间逻辑秩序的建立——辽宁营口市中心医院创作实践. 建筑学报，(5)：80-82.

张曙光. 2009. 中国：问题、经验与理论. 学术研究，(1)：45-54.
北京天则经济研究所. 2008. 中国制度变迁的案例研究·第六集·广东卷. 北京，广州：中国财经出版社，中山大学出版社.
张思玮. 2009. 《中国青年报》医患关系报道的框架分析. 河北大学硕士学位论文.
张孙彪，林楠，陈玉鹏. 2010. 中国古代医患关系中的信任问题——以“就医方”为考察对象. 医学与哲学，(6)：38-39.
张桐. 2013-03-31. 东京四成以上医疗人员遭受患者暴力骚扰. 日本新华侨报，第5版.
张卫霞. 2012. 论中古时期的医患关系. 陕西师范大学硕士学位论文.
张先明. 2006-01-20. 医院暴力：医生不能承受之重. 人民法院报，第4版.
张新军. 2011. 叙事医学——医学人文新视角. 医学与哲学，(9)：8-10.
张越，张欣，何玉梅，等. 2010. 医事法原理. 北京：人民出版社.
张蕴萍. 2011. “看病难”和“看病贵”为什么会同时存在？学习与探索，(5)：62-64.
张赞宁. 2007. 医方有拒绝治疗权和强制医治权. 医院院长论坛，(4)：46-57.
张赞宁. 2012. 美国医疗纠纷缘何较少. 法制与社会，(1)：14-15.
张泽洪. 2014. 医疗纠纷第三方调解. 杭州：浙江大学出版社.
张泽涛. 2007. 私人侦探在刑事诉讼中的运用及其规范. 法学家，(6)：90-99.
张兆曙，姚媛. 2013. 社会研究中的问题和从问题出发的社会研究. 天津社会科学，(4)：61-66.
张志铭. 1999. 法律解释操作分析. 北京：中国政法大学出版社.
章平. 2009. 大众传媒上的公共商议——对医疗体制改革路径转型期报道的个案研究. 复旦大学博士学位论文.
章志远. 2010. 行政法上的公民拒绝权研究：以人权三种存在形态理论为分析视角. 苏州大学学报（哲学社会科学版），(3)：46-50.
赵琦玉，陈峰. 2011-11-24. 广东医调委调解医闹现烦恼：“和稀泥”还是专业处理. 南方日报，第4版.
浙江省宁波市第一中级人民法院课题组. 2013. 侵权责任法实施以来医疗纠纷案件审理情况报告. 人民司法，(9)：77-82.
郑春峰. 2008-10-10. 中国医改是滞后而不是失败. 南方日报，第A7版.
郑杭生. 1987. 社会学概论新编. 北京：中国人民大学出版社.
郑山海. 2014-09-04. 读懂“拒诊伤医者”的“画外音”. 新京报，第A3版.
郑兴东. 2004. 受众心理与传媒引导. 北京：新华出版社.
郑雪倩. 2004. 中国医疗纠纷处理现状. 中国卫生，(9)：56-57.
郑雪倩，高树宽，周洪柱，等. 2014. 解决暴力伤医事件和医疗纠纷的相关建议. 中国医院，(3)：10-11.
郑亚楠. 2008. 公共政策与媒体表达——以《中国青年报》近年来医疗改革报道为例. 新闻记者，(1)：56-58.
郑也夫. 2001. 信任论. 北京：中国广播电视出版社.
郑震. 2010. 空间——一个社会学概念. 社会学研究，(5)：167-191.
中共中央马克思恩格斯列宁斯大林著作编译局. 1956. 马克思恩格斯全集1. 北京：人民出版社.
中共中央马克思恩格斯列宁斯大林著作编译局. 1959. 列宁全集. 第八卷. 北京：人民出版社.
中国医师协会耳鼻咽喉科医师分会办公室. 2013. 中国医师协会等联合呼吁：对医疗暴力零容忍. 中国医学文摘（耳鼻咽喉科学），(6)：333.
周国雄. 2007. 论公共政策执行中的地方政府利益. 华东师范大学学报（哲学社会科学版），(5)：90-94.
周弘，张俊. 2004. 医疗卫生行业中“红包”现象的社会史分析. 中国人口科学，(1)：23-31.
周明宝. 2002. 浅析“相对剥夺感”. 社会，(5)：37-38.
周蕊，欧甸丘，胡靖国，等. 2014. 事业单位改革：三千万个饭碗里装着转型之艰. 半月谈，(8)：27.

周欣. 2008. 中小型医疗机构建筑探讨. 湖南大学硕士学位论文.
周裕琼，齐发鹏. 2014. 策略性框架与框架化机制：乌坎事件中抗争性话语的建构与传播. 新闻与传播研究，（8）：46-69.
朱恒鹏. 2007. 医疗体制弊端与药品定价扭曲. 中国社会科学，（4）：89-103.
朱娟. 2009. 作为自发秩序的‘人肉搜索’——哈耶克二元社会秩序观的进路. 法律科学，（1）：47-55.
朱力. 2009. 中国社会风险解析——群体性事件的社会冲突性质. 学海，（1）：69-78.
朱幼棣. 2011. 大国医改. 北京：世界图书出版公司.
竹内郁郎. 1989. 大众传播社会学. 张国良译. 上海：复旦大学出版社.
庄庆鸿，俞积. 2013-10-30. 媒体总结中国医患关系：一笔糊涂账 两个受害群. 中国青年报. 第 6 版.
宗媛媛，周明杰. 2014-03-11. 医院是公共场所，又如何？北京晚报，第 22 版.
邹诗鹏. 2013. 空间转向和激进社会理论的复兴. 天津社会科学，（3）：11-16.
邹文君. 2006. 移情对建立新型医患关系伦理模式的利与弊. 中国医学伦理学，（6）：46-48.
左卫民. 2010. 探寻纠纷解决的新模式——以四川大调解模式为关注点. 法律适用，（2）：112-113.
Allport G. 1954. The Nature of Prejudice. New York：Addison-westly.
Andreski S. 1984. Max Weber's Insight and Errors. London：Routledge，Kegan Paul.
Atkinson P. 1978. From honey to vinegar：Levi-strauss in vermont//Morley P，Walli R. Culture and Curing. Pittsburgh：University of Pittsbugh Press.
Bateson G. 1995. A theory of play and fantasy. Psychiatric Research Reports，（2）：39-51.
Block D W. 1979. Moral right and permissible killing//Ladd J. Ethical Issues Relating to Life and Death. New York：Oxford University Press.
Collins R. 2004. Interaction Ritual Chains. Princeton：Princeton University Press.
Collins R. 2009. Violence：A micro-sociological theory. Princeton：Princeton University Press.
Crilly J，Chaboyer W，Creedy D. 2004. Violence towards emergency department nurses by patients . Accide Merg Nurs，（12）：67-73.
Niven B D 2002. Tilt?：The Search for Media Bias. New York：Praeger Publishers.
D'Alessio D，Allen M. 2000. Media bias in presidential elections：A meta-analysis. Journal of Communication，50（4）：133-156.
Dror Y. 1983. Public Policy-Making Re-examined，Part IV：An Optional Model of Public Policy Making. New Brunswick：Transaction Publishers.
Ehrlich E. 1936. Fundamental Principles of the Sociology of Law. Moll W L（trans.）. Brighton：Harvard University Press.
Elizabeth J P. 1995. Trust an essential component of nursing practice-implications for nurse education . Nurse Education Today，15（3）：190-192.
Elston M A，Gabe J，Denney D. 2002. Violence against doctors：A medical（ised）problem? The case of national health service general practitioners. Sociology of Health & Illness，24（5）：575-598.
Entman R M. 1993. Framing：Toward clarification of a fractured paradigm. Journal of Communication，（43）：51-58.
Foucault-M. 1980. Power/Knowledge. New York：Pantheon Books.
Galtung J. 1969. Violence，peace，and peace research. Journal of Peace Research，6（3）：34-83.
Galtung J. 1990. Culture violence. Journal of Peace Research，27（3）：115-168.
Gamson W A，Croteau D，Hoynes W. 1992. Media images and the social construction of reality. Annual Review of Sociology，（18）：373-393.
García-Calvo T，Guijarro R，Osuna E. 2010. The phenomenon of physical aggression against health service

personnel：Different perspectives. Medical& Law，29（3）：311-312.

Gitlin T. 1980. The whole world is watching. Berkeley：University of California Press.

Goffman E. 1975. Frame analysis：An essay on the organization of experience. London：Penguin Books Ltd.

Greatbatch D，Dingwall R. 1999. The marginalization of domestic violence in devoice mediation. International Journals of Law，Policy and Family，(13)：174-190.

Gurr T R. 1971. Why Men Rebel. Princeton：Princeton University Press.

Harvey，D. 1973. Social Justice and the City. London：Edward Arnold Ltd.

Hertog M. 2001. A multiperspectival approach to framing analysis：A field guide//Reese S D，Gandy O H，Grant A E. Framing Public Life：Perspectives on Media and Our Understanding of the Social World. New Jersey：Lawrence Erlbaum Associates. 42-67.

Jamous H，Peloille B. 1970. Changes in the French University-hospital system//Jackson J A. Professions and Professionalization. Cambridge：Cambridge University Press.

Jewson. 2009. The disappearance of the sick-man from medical cosmology，1770-1870. International Journal of Epidemiology，(38)：622-633.

Goudsblom J. 1998. De paradox van de pacificatie . Amsterdams Sociologisch Tijdschrift，1999，25：395-406.

Kowalenko T，Walters B L，Khare R K. 2005. Workplace violence：A survey of emergency physicians in the state of michigan. Annals of Emergency Medicine，46（2）：142-147.

Lancet T. 2012. Ending violence against doctors in China. Lancet，379（9828）：1764.

Lefebvre . 1991. The Production of Space. Donald Nicholson-Smith. Malden，Oxford，Carlton：Blackwell Publishing Ltd.

Liang Y W，Lan C F，Hung C T. 2005. Cross-cultural comparison of medical ethics between traditional Chinese medicine and western medicine. The Journal of Health Science，(1)：9-10.

MacCormick N. 1982. Legal Right and Social Democracy：Essays in Legal and Political Philosophy. Oxford，New York：Oxford University Press.

McGuire A L，McCullough L B，Laurence B. 2005. 医生是否应该让患者参与医疗决策. 医学与哲学，(12)：79-80.

Mishler E G. 1984. The Discourse of Medicine：Dialectics of Medical Interviews. New Jersey：Ablex Publishing Corporation.

Mollering G. 2006. Trust：Reason，Routine，Reflexivity. Amsterdam：Elsevier.

Norman L. 2001. Development Sociology，Actor Perspectives. London，New York：Routledge.

Ong L M L，de Haes J C J M，Hoos A M，et al. 1995. Doctor-patient communication：A review of the literature. Social Science & Medicine，40（7）：903-918.

Reese S，Gandy O，Grant A. 2001. Framing Public Life：Perspectives on Media and Our Understanding of the Social World. New Jersey：Lawrence Erlbaum Associates.

Reiser S J. 1978. Medicine and the Reign of Technology. New York：Cambridge University Press.

Rosenbaum E E. 1998. A Taste of My Own Medicine：When the Doctor Is the Patient. New York：Random House.

Sharon D，Tabak N. 2000. Patients' violence towards the staff in psychiatric institutions. Medical，Law，(19)：713-736.

Shields M，Wilkins K. 2009. Factors related to on-the-job abuse of nurses by patients. Health Report，20(2)：7-19.

Hesketh T，Wu D，Mao L D，et al. 2012. Violence against doctors in China. British Medical Journal，(3)：345.

The Commission on Global Governance. 1995. Our global neighborhood：The Report of the Commission on Global Governance. Oxford，New York：Oxford University Press.

Thøgersen S，Ni A. 2010. “He is He，and I am I”：Individual and collective among China's rural elderly .

European Journal of East Asian Studies，7（1）：11-37.

Tilly C. 2002. Micro，macro，or megrim//Tilly C. Stories，Identities，and Political Change. Lanham：Rowan and Littlefield.

Vattimo G. 1992. The Transparent Society. Cambridge：Polity Press.

Wamsley G L. 1990. Refounding Public Administration. Newbury Park：Sage.

Yip W，Hsiao W. 2014. Harnessing the privatisation of China，s fragmented health-care delivery. Lancet，384（8）：805-818.

后　　记

本书从构思、写作到付梓出版，得益于很多师友和亲人的帮助，在此我首先向他们表示由衷的感谢。

感谢我的老师徐昕教授。本书所思考的问题，其灵感来源于 2010 年与他赴郑州参加学术会议的旅程。在跨越长江的飞行中，徐老师略带兴奋地讲述了他关于暴力与法律的一些思考。大概意思是，仅将“暴力”与“法律”这两个命题放在一起，就已经足够富有冲击力——一边是野蛮的极致，一边是文明的标志；一边是激情的破坏，一边是理性的建构。但在人类文明史上，这两者从来都是相伴而行的，甚至是相互交融的。暴力弥漫，法律势微，是社会的不幸，但法律一方面抑制暴力，另一方面何尝不是依赖暴力而有效捍卫文明和秩序？如果能将两者的关系阐述清楚，那么一定是有价值、有分量的学术研究。可惜的是，囿于学科和专业分野，我最终无法将其作为博士学位论文的选题，但“法律与暴力”的命题却成为萦绕于我脑中的不灭印象，最终衍生出本书的内容。

本书的研究方法也得益于徐老师的教导和启迪。他始终强调以问题意识为中心，以跨学科方法“关注社会，思考中国，追求深刻，超越自我”，他的《论私力救济》成为这一研究方法的经典范本。而该书售至脱销，一版再版，作为学术著作是罕见的，也证明了这一方法产生的学术魅力。对以学术研究为志业的人，这种受益应当是终身的。而他的正直、勤奋和出众的才华，仰之弥高，时刻鞭策我保持前进的姿态，唯恐有辱师门。

感谢重庆医科大学公共卫生与管理学院院长邱景富教授，始终以宽容、开放的心态，支持我天马行空地从事也许非主流但自己兴趣盎然并自认为有点儿价值的研究，在日常攀谈中，他对社会问题敏锐的洞察力，对年青学者学术生涯规划的睿智建议，以及对我日常工作生活琐细的关怀，都使我获益匪浅，感动非常。而他关于写作进度的温暖叮嘱也成为本书得以完成的重要动力。感谢副院长蒲川教授，作为卫生法学研究的先行者，他始终鼓励我坚持学术理想，并适时提醒应将政策研究和法律研究、理论论证与社会实证相结合，才能成熟而有效地对社会问题予以思考，这些建议对我摆脱幼稚的“学术愤青”时代具有莫大的帮助。而他拨冗为本书作序，既是对后进的关怀，也是前行的鞭策。

感谢我的研究生侯珊芳、胡颖、李仪、冯倩等同学。本书第七章的域外资料一部分来自侯珊芳同学的辛勤查找。李仪同学承担了本书注释的整理和校对工作，这对于这本注释篇幅略长的书来说，她的工作是十分重要和势必艰辛的。冯倩则承担了本书第四章资料统计的部分烦琐工作。她们与我合作完成的若干篇论文中的观点也成为本书思想内容上不可分割的组成部分。我十分感谢与她们亦师亦友的愉快交流，我也相信，这些秀外慧中的女孩子，未来一定会有更加美满幸福的人生。

感谢当年在西南政法大学求学期间结识的同窗好友及司法研究中心（CJS）的同门小伙伴们。尽管由于研究兴趣的分野，我与他们在学术上的具体交流日趋减少，但他们的勤奋、才气和无休止的进取精神，以及在学术上的硕果累累，既令我羞赧，又成为我还能时常静下心来读书写作的动力。唯一遗憾的是，他们基本都已留母校任教，这使得以友谊为主题的聚餐，奔波到城市的另一头的总是我，感觉混口饭吃好难。

感谢科学出版社孟锐编辑及编辑团队的辛勤劳动，是他们认真负责、务实高效的劳动，令本书得以顺利、如期地出版。

最应当感谢的自然是我的家人。年迈的父母不顾健康情况，从遥远的北方前来帮我照顾孩子，打理家庭琐事，他们一方面适应着环境的变化，另一方面努力为我打造着更好的环境，从无怨言。妻子刘会娜在繁忙的工作之余，仍然承担了大量的家务，而她关于本书第三章“为什么诉诸暴力”初稿的合理质疑，使我及时调整思路并予以修改，避免了不必要的偏颇。还有儿子安之，渐渐地，他成为我工作和生活的精神支柱。为了满足学校的辅导要求，我正在和他同步进行小学二年级课程的学习，在他“绝不坑爹”的誓言中，我将重温我的少年和青春时光，体会这世界的瞬息万变。

再来谈谈与本书有关的一些闲话。

以前听过一个笑话，某秀才写文章时抓耳挠腮，痛苦不已，妻子问他：“难道你写文章比我生小孩还要难吗？”秀才答曰：“你生小孩毕竟肚中有货，而我写文章是肚中无货呀！”未曾想到，写作本书的过程中，我差点成了笑话中的秀才。最初，我试图翻越学科的藩篱，以社会治理的视角更深刻地解释医疗暴力，提出更具解释力的政策和法律建议。但这一过程的艰辛远比想象中更大，我承认，当初有点过于高估自己的能力。值得欣慰的是，在“急赤白脸”“饥不择食”的恶补后，本书中所涉及的多学科知识，稍微显得像模像样些了。由此，我也深深体会到，选择以学术为业，并非是一件令人轻松的事情，尤其是社会科学研究，从来不是产生经济效益的最优选择。

但我仍然喜欢这样的生活。说实在的，这一部分是因为，尽管目前的生活不能产生巨大的经济效益，但也没有令我处于窘迫之中，这对来自普通家庭、体味和目睹过窘迫的我来说，已经弥足珍贵。而更重要的是，每每进行读书、思考和写作时，我感受到这个世界的未知如同磁石一般吸引着我。在探索未知的过程中，既要吸收来自他人的智慧，又必须警惕成为他人思想的容器，既要深刻地认识这个世界，避免纸上谈兵，又不能被眼前的现实过度纠缠，以免“存在即合理”。这一过程看似宁静，实则险象环生，因此，“即有外感中攻，抑郁无聊之事，每一流瞩，烦虑顿消”（徐渭《豁然堂记》）。在这个意义上，我也深刻地理解了“常著文章自娱，颇示己志。忘怀得失，以此自终”（陶渊明《五柳先生传》）。当然，这种自娱如果能与社会需求相结合，将是更大的欣慰。

所以，一些疑问也许不再成为疑问。诸如学术研究能带来什么？能改变什么？关乎家国天下固然重要，但未必能够实现如此宏大的志向。我始终执拗地认为，学术研究能带来的必须首先是跋涉后的自我欢愉，能改变的必须首先是自己对生活和生命的自省，如果这些都不能做到，也许可以考虑换一种生活，毕竟，这世界上还有许多有趣的事情可以去做。

至少目前，我还会充满热情地坚持“自娱”的读书和写作。我可以确保的是，本书写作的结束，意味着下一项研究的开始。汪国真在《热爱生命》里写道：“我不去想未来是平坦还是泥泞，只要热爱生命，一切，都在意料之中。”是的，我也坚信，未来，只要坚持热爱，一切，都在意料之中。

冯　磊

2017年1月8日